Croatie

Pays neuf (à peine trente ans), mais pourtant riche d'une histoire deux fois millénaire, la Croatie cultive avec fierté ses paradoxes : les influences de Vienne et de la Hongrie cohabitent avec celles de Venise et d'Istanbul, tandis que le vert de ses forêts et de ses parcs naturels côtoie le bleu azur qui baigne son littoral infini. En architecture, le baroque est célébré à Zagreb et à Varaždin, alors que les vestiges romains, l'art byzantin et la Renaissance italienne dominent à Poreč, Split et Zadar. En gastronomie, les poissons de l'Adriatique et l'huile d'olive des régions littorales répondent aux viandes en sauce et gibiers de l'intérieur. Ce pays, à la forme insolite de fer à cheval, possède assurément une personnalité unique !

"... bien sûr les archipels de rêve, les crépuscules enchanteurs, bien sûr les murailles de Dubrovnik, l'air qui tremble sur les plages blanches, les îles en suspens dans l'eau turquoise..."
Jean-Marie Laclavetine

SOMMAIRE

NAVIGATOR
SPLIT

Préparez votre voyage

Paré à larguer les amarres !

EN UN CLIN D'ŒIL

La Croatie vue d'un satellite ou par le petit bout de la lorgnette : des chiffres et des données pour cerner l'identité de ce pays.

1 200

Le nombre d'îles, îlots et récifs de Croatie, dont 50 environ sont habités.

87 605

La superficie en km² de la Croatie, dont 35% de territoire marin. La Croatie terrestre est divisée en deux : la Bosnie dispose en effet d'un couloir vers la mer, et il faut franchir cette frontière pour aller de Split à Dubrovnik.

La quantité annuelle d'heures d'ensoleillement sur l'île de Hvar. Le record de Croatie !

4 MILLIONS

Le nombre de Croates et leurs descendants expatriés, soit presque autant que dans le pays même (4,15 millions).

1,3 KG

Le poids d'une truffe blanche découverte en 1999 dans le sol de l'Istrie, région où poussent parmi les plus gros spécimens du monde.

XXS

Sainte-Croix, à Nin, construite au 11e s., est appelée "la plus petite cathédrale du monde."

XXL

Avec 1,85m pour les hommes et 1,71m pour les femmes, les Dalmates sont en moyenne les plus grands d'Europe, voire du monde !

GOT

Split, Dubrovnik, Šibenik, Ston, Krka, Trsteno, Lokrum... autant de lieux qui ont servi de décor à la série *Game of Thrones*.

COLLET SERRÉ

"Cravate" est la déformation en français de *hrvat*, soit "croate" : ce sont des cavaliers du pays qui ont mis à la mode cet accessoire au 17e s. Pour le célébrer, la plus longue cravate du monde (808m !) a été nouée autour de l'arène romaine de Pula en 2003.

CHIEN TACHETÉ

Rendu célèbre par Disney, le dalmatien est originaire de... Dalmatie.

1956

L'année où naît, sur les îles Brijuni, au large de Pula, le mouvement des pays non-alignés. Il s'oppose à la bipolarisation du monde entre États-Unis et URSS.

PIERRE SOUVERAINE

Le calcaire de l'île de Brač, réputé pour sa blancheur et la finesse de son grain, entra dans l'édification du palais de Dioclétien de Split, des parlements de Vienne et de Budapest, mais aussi de la... Maison blanche à Washington.

★ LES INCONTOURNABLES

★ **ZAGREB** (p.44). La discrète capitale croate affiche avec fierté ses multiples facettes : une riche histoire dont témoigne son patrimoine architectural, et une vie sociale animée dans ses bars, parcs et rues piétonnes.

★ **L'ÎLE DE KORČULA** (p.254). Des pinèdes accrochées à des pierres blanches, d'innombrables criques donnant sur une eau cristalline, une adorable cité fortifiée : difficile de quitter cette île bénie des dieux !

★ **ZADAR** (p.164). Les murailles de cette cité millénaire servent d'écrin à des vestiges romains, de splendides églises romanes, des trésors archéologiques et… une vie nocturne trépidante !

★ **L'ÎLE DE RAB** (p.152). Un désert de pierre balayé par le vent d'un côté, et de l'autre, des criques enchanteresses, une péninsule luxuriante et un chef-lieu animé : Rab est l'île de tous les contrastes !

★ **LES ÎLES KORNATI** (p.183). Un archipel à la beauté sauvage, minérale et préservée, pour un séjour loin de tout et une plongée sur les plus beaux fonds marins de Méditerranée.

★ **POREČ** (p.100). La cité idéale pour goûter à la douceur de vie istrienne : cerné par le bleu de l'Adriatique, on y passe de basilique byzantine en plages secrètes, et de palais Renaissance en tables gastronomiques.

★ **LE PARC DES LACS DE PLITVICE** (p.88). Des lacs en terrasse dans des camaïeux de bleu-vert, de délicates cascades blanches sur fond de montagnes boisées : Plitvice est l'un des plus beaux parcs naturels d'Europe !

★ **TROGIR** (p.220). Ramassée sur sa presqu'île, cette petite ville offre une parenthèse hors du temps avec ses élégantes façades ocre, ses ruelles pavées usées par les siècles, et la mer toujours au bout de la rue.

★ **L'ÎLE DE MLJET** (p.288). Surnommée "l'île verte" pour la densité de ses forêts, Mljet, classée en partie parc national, est un petit paradis pour les amateurs de balades et de calme, mais aussi de farniente !

★ **L'ÎLE DE HVAR** (p.236). Campagne sentant la lavande, vieux villages vénitiens perdus dans le maquis et plages léchées par une eau turquoise... Cette île, qui attire la jet-set, concentre toutes les beautés de la Dalmatie.

★ **DUBROVNIK** (p.266). La "Perle de l'Adriatique" mérite bien son surnom, tant ses épais remparts cachent de bijoux, entre églises médiévales, ruelles secrètes aux pavés lustrés et maisons aux balcons ouvragés, coiffées de tuiles orange.

★ **SPLIT** (p.204). Une atmosphère fascinante se dégage de cette ville construite en partie dans un palais romain, où des siècles d'architectures se percutent et s'hybrident. Pas une ville-musée, mais un musée habité !

EN VOILÀ DES IDÉES !

Personnalisez votre séjour en multipliant les expériences selon vos goûts et vos envies.

Trésors antiques

À partir du 4e s. av. J.-C., colons grecs puis romains s'installent en Croatie et y érigent des monuments qui traverseront les siècles.

- **Basilique euphrasienne (Poreč)** (p.100) Un joyau de l'art byzantin aux extraordinaires mosaïques.
- **Amphithéâtre (Pula)** (p.120) L'un des amphithéâtres romains les mieux conservés.
- **Arc de triomphe des Serge (Pula)** (p.121) Une belle porte de ville antique.
- **Forum romain (Zadar)** (p.167) Le plus imposant de Croatie.
- **Palais de Dioclétien (Split)** (p.204) Un palais devenu ville !
- **Cathédrale Saint-Domnius (Split)** (p.205) L'ancien mausolée de l'empereur Dioclétien.
- **Salona (Salona)** (p.213) La principale colonie romaine de Dalmatie.

Chefs-d'œuvre médiévaux et Renaissance

Forteresses trapues, élégantes cathédrales et villages de charme... Les amateurs de vieilles pierres seront comblés.

- **Kaptol et Gradec** (p.44) Le berceau de Zagreb, où il fait bon se perdre.
- **Château de Veliki Tabor (Desinić)** (p.71) Un fleuron de l'architecture défensive Renaissance.
- **Poreč** (p.100) Un important legs vénitien.
- **Rovinj** (p.114) Son centre historique a tout d'un tableau médiéval animé.
- **Rab-ville** (p.152) Pour sa vieille ville fortifiée.
- **Zadar** (p.164) Pour ses chefs-d'œuvre de l'art sacré.
- **Cathédrale Saint-Jacques (Šibenik)** (p.187) Une dentelle de pierre inscrite sur la liste du patrimoine mondial.
- **Cathédrale Saint-Domnius (Split)** (p.205) Des maîtres sculpteurs du Moyen Âge s'y sont brillamment illustrés.
- **Veli Varoš (Split)** (p.212) Le faubourg populaire de la Split médiévale.
- **Cathédrale Saint-Laurent (Trogir)** (p.220) Pour le fabuleux décor de la chapelle funéraire du Bienheureux-Jean-de-Trogir.
- **Korčula-ville** (p.254) Une autre vignette médiévale que cette cité fortifiée posée sur une presqu'île.
- **Dubrovnik** (p.266) La "Perle de l'Adriatique" éblouit par sa richesse architecturale... quand elle n'est pas prise d'assaut !

La Croatie baroque

Les 17e et 18e s. ont légué aux villes croates des palais aux façades pastel et des intérieurs d'églises exubérants.

Varaždin

- **Église Sainte-Catherine (Zagreb)** (p.52) Son intérieur est l'un des plus somptueux du pays.
- **Église Sainte-Marie-de-Jérusalem (Krapina)** (p.70) Une étourdissante ronde de fresques en trompe-l'œil et de stucs dorés !
- **Église Sainte-Marie-des-Neiges (Belec)** (p.73) Un autre joyau du baroque sacré croate.
- **Varaždin** (p.76) Pour ses palais aux façades pastel et ses églises au décor opulent.
- **Tvrđa (Osijek)** (p.80) Cette citadelle offre le plus bel ensemble civil et militaire baroque de Croatie.
- **Cathédrale Saint-Guy (Rijeka)** (p.132) Un manifeste baroque signé d'un architecte jésuite.
- **Église Saint-Blaise (Dubrovnik)** (p.272) Elle rend un vibrant hommage au saint patron de la ville.

Sur des chemins de traverse

Marcher sur un petit sentier qui domine la mer, se balader en montagne ou en forêt... Faites le plein de nature et profitez de paysages somptueux !

- **Parc naturel de la Medvednica** (p.59) Pour un grand bol d'air dans une épaisse forêt mixte, non loin de Zagreb.
- **Parc naturel du Žumberak et des monts Samobor** (p.61) et **Sentier pédagogique d'Otruševec** (p.61) Appréciez les paysages bucoliques de la région de Samobor.
- **Parc naturel des monts Papuk** (p.85) Pour les curiosités géologiques et les hêtraies de cette réserve slavonne et pour sa cascade de Jankovac.
- **Piste cyclable de la Parenzana** (p.104) À pied ou à vélo, découvrez les paysages grandioses de l'Istrie verte.
- **Parc naturel de l'Učka** (p.128) Pour les cheminées de fées des gorges de Vela Draga, dans le nord-est de l'Istrie.
- **Parc national de Risnjak** (p.137) Épiez sa faune, explorez ses canyons karstiques, ses sombres forêts de conifères et ses alpages... à moins de 20km de la mer (et 45km de Rijeka).

Parc national de Paklenica (p.170) D'étranges formations calcaires, une vénérable forêt, des rapaces et des loups, à proximité de Zadar.
Parc naturel du Biokovo (p.225) Pour sa flore endémique, sa faune sauvage et ses vues éblouissantes sur le littoral dalmate.

À la voile ou à la pagaie

Avec ses lacs bleu azur, ses rivières innombrables et ses 5 800km de littoral, la Croatie est le paradis des amateurs de sports nautiques !
Ski Lift Poreč (p.104) Adonnez-vous au ski nautique à Poreč.
Centre de windsurf de Premantura (p.127) Doublez la pointe sud de l'Istrie en kayak, en planche ou en kitesurf.
Cable Krk (Kornič) (p.143) Initiez-vous au wakeboard sur l'île de Krk.
Riva Rafting Centar (p.172) Descendez en kayak ou en raft le cours de la Zrmanja, au nord de Zadar.
Adventure Dalmatia (p.216) Rafting, canoë-kayak et canyoning autour de Split et des îles de Dalmatie centrale.
Yellow Cat (p.233) et **Big Blue** (p.233) Tâtez de la planche ou du kitesurf au large de Bol (île de Brač).
Surf Centar Perna (Orebić) (p.251) Tous les sports de glisse.

Dans une baie de Lastovo

Oreb Club (p.261) Pour un stage de voile ou une simple balade en paddle au large de Korčula.
Adventure Dubrovnik (p.280) Pour une sortie kayak au coucher du soleil.

Avec des enfants

Châteaux forts et tournois de chevalerie, musées ludiques, réserves fauniques, carnaval et autres festivals folkloriques... Sans même parler de ses plages, la Croatie saura assurément distraire les plus jeunes !
Musée d'Art naïf (Zagreb) (p.50) Des peintures vivantes, colorées et pleines d'humour, à la portée de tous.
Musée des Techniques (Zagreb) (p.55) Pour sa section des transports, son planétarium et la reconstitution du laboratoire de Nikola Tesla, inventeur natif de Croatie.
Parc naturel du Lonjsko Polje (p.60) Allez faire un tour en barque dans ses marais et saluer ses cigognes !

- **Théâtre de marionnettes (Zagreb)** (p.69) Inutile de comprendre le croate pour suivre le spectacle !
- **Musée néandertalien de Krapina (Krapina)** (p.70) Une amusante leçon de (pré)histoire et une évocation ludique de l'évolution de notre planète, du big bang au paléolithique.
- **Château de Veliki Tabor (Desinić)** (p.71) Tout en rondeurs, il semble sorti d'un conte.
- **Musée de Slavonie (Osijek)** (p.81) Admirez ses costumes traditionnels.
- **Parc naturel du Kopački rit (Kopačevo)** (p.81) Pour une balade en barque à l'affût de la faune ailée.
- **Bizovačke Toplice-Aquapolis** (p.82) Pour ses sources bienfaisantes et ses toboggans aquatiques
- **Haras d'État (Đakovo)** (p.84) Appréciez la grâce de ses pur-sang.
- **Carnaval de Rijeka** (p.135) Le plus fastueux de Croatie, il dure plus d'un mois (mi-jan.-fév.)
- **Sokolarski centar (Šibenik)** (p.193) Pour approcher des rapaces.
- **Festival international des enfants (Šibenik)** (p.193) Un incontournable du mois de juillet !
- **Sinj** (p.214) Ne manquez pas son tournoi de chevalerie en août.
- **Grotte du Dragon (île de Brač)** (p.233) Pour son bestiaire fantastique.
- **Game of Thrones Dubrovnik Tours (Dubrovnik)** (p.279) Partez sur les traces des héros de la fameuse série.

Plus belle la vue !

La Croatie mêle avec bonheur montagnes et mer, vestiges antiques, ports de charme et villages de carte postale. La promesse de photos sublimes.

- **Tour Lotrščak (Zagreb)** (p.52) Du sommet, vue imprenable sur Zagreb.
- **Forteresse de Medvedgrad** (p.59) Un belvédère sur la capitale et ses environs.
- **Le parc des lacs de Plitvice** (p.88) Ses cascades bouillonnantes et ses lacs d'un bleu irréel composent un décor féerique.
- **Motovun** (p.106) Un village on ne peut plus photogénique.
- **Grožnjan** (p.108) Un labyrinthe médiéval miraculeusement préservé.
- **Paragliding Tandem Istra (Motovun)** (p.110) Survolez les collines d'Istrie en parapente.
- **Zipline Pazinska jama (Pazin)** (p.111) Franchissez en tyrolienne un gouffre vertigineux cher à Jules Verne !
- **Brseč** (p.125) Une vue époustouflante sur le golfe du Kvarner.
- **Aérodrome de Lošinj (Mali Lošinj)** (p.150) Pour un baptême de l'air au-dessus du golfe du Kvarner.
- **Vaganski vrh (Starigrad)** (p.172) Panorama éblouissant sur le massif du Velebit Sud.
- **Forteresse Saint-Michel (Šibenik)** (p.189) Pour immortaliser Šibenik et son canal.

Forteresse espagnole (Hvar-ville) (p.238) Profitez du coucher de soleil sur la ville et les îles Pakleni.
Mont Hum (p.244) L'île de Vis à vos pieds !
Ston (p.248) Un charmant village fortifié de la presqu'île de Pelješac.
Le tour des remparts de Dubrovnik (p.273) Pour mesurer l'ampleur et la beauté de la "Perle de l'Adriatique".

Fonds marins d'exception

Eaux cristallines, mystérieuses grottes et herbiers peuplés de myriades de poissons... Plongeur émérite ou néophyte, vous en prendrez plein les yeux !
Rovinj Sub Diving Center (p.117) Découvrez la ria de Lim et l'une des nombreuses épaves qui gisent au large de Rovinj.
Diving Center Indie (Banjole) (p.127) Plongez au large de Pula.
Squatina Diving Baška (p.143) Explorez les fonds secrets de l'île de Krk.
Diving Base Beli (Beli) (p.150) Plongez autour de Cres.
Diving Sport Center (Mali Lošinj) (p.150) Laissez-vous guider sur le récif de Margarina, l'un des plus beaux sites du pays.
Božava Dive Center (Božava) (p.184) Admirez le fabuleux jardin sous-marin des îles Kornati.
Big Blue (Bol) (p.233) Plongez autour de Brač.
Issa Diving Center (Komiža) (p.246) Pour un baptême de plongée à Vis.
Ankora Diving Center (Zaklopatica) (p.261) Découvrez les riches "dessous" de l'archipel de Lastovo.
Blue Planet (Dubrovnik) (p.280) Explorez les fonds des îles Élaphites.
Aquatica (Pomena) (p.290) Palmez au-dessus de vestiges antiques autour de Mljet.

Plages de rêve

Criques discrètes sous les pins, rochers plats ou sable blond... Posez votre serviette dans des lieux paradisiaques, mais méfiez-vous des oursins !
Cap Kamenjak (Istrie) (p.125) Un long ruban de plages ivoire et de criques désertes au pied de falaises escarpées, à la pointe sud de l'Istrie.
Plages de Lubenice (p.149) Les plus belles de l'île de Cres.
Péninsule de Lopar (île de Rab) (p.154) La plage du Paradis (Rajska Plaža) est idéale avec des enfants.
Zrće (île de Pag) (p.179) Sans doute la plus festive de Croatie, cette plage lunaire accueille les clubbeurs l'été.
Baie de Sakarun (Dugi otok) (p.181) Un coin de paradis (surtout hors saison !) digne d'un lagon des Bahamas.
Zlatni Rat (île de Brač) (p.232) Cette spectaculaire "corne d'or" qui s'avance dans une eau cristalline est tout simplement la plage la plus célèbre de Croatie.
Îles Pakleni (p.240) Des anses magnifiques dans un cadre boisé.

Uvala Stivina (île de Vis) (p.245) Une crique splendide, qui se mérite !
Île de Lokrum (p.277) Une île inhabitée, festonnée de rochers plats sur lesquels poser sa serviette.

100% croate

Des productions locales à tester sur place et à mettre dans votre valise.

Vinoteka Bornstein (Zagreb) (p.67) Vins et eaux-de-vie croates, huile d'olive, truffes et miel d'Istrie.
Croata (Zagreb) (p.67) Pour l'incontournable cravate en soie.
Obitelj Filipec (Samobor) (p.68) Moutarde et vin doux de Samobor.
Vinarija Bolfan (Hraščina) (p.75) et **Vuglec Breg (Škarićevo)** (p.75) Domaines viticoles du Zagorje.
Caves d'Ilok (Ilok) (p.87) et **Celliers de Kutjevo (Kutjevo)** (p.87) Des chais de Slavonie réputés.
Chiavalon (Vodnjan) (p.99), **Clai (Buje)** (p.113), **Grubic Olive Oil (Bale)** (p.119) Pour une dégustation d'huile d'olive.
Vinoteka Epulon (Poreč) (p.105) et **Enoteka Zigante Tartufi (Grožnjan)** (p.113) La crème des productions gourmandes d'Istrie.
Arman Marijan Winery (Vižinada) (p.113) et **Kozlović (Buje)** (p.113) Le meilleur des vins d'Istrie.
Mala Galerija (Rijeka) (p.139) Envie d'un bijou traditionnel ?
Maraska (Zadar) (p.175) Pour son marasquin, liqueur originaire de Zadar.
Île de Pag (p.179) De la dentelle à tous les coins de rue !
Tradicija (Split) (p.219) Faites le plein de biscuits traditionnels.
Podrum Plančić (p.242) et **Zlatan Otok** (p.243) De fameux domaines viticoles de l'île de Hvar.
Konoba Lavčević (Hvar) (p.243) Pour son huile d'olive primée.
Lipanović (Vis) (p.247) Le meilleur vin blanc de l'île.
Cave Grgić (Trstenik) (p.253), **Matuško Vina (Potomje)** (p.253), **PZ i vinarija Dingač (Potomje)** (p.253) Pour goûter la production viticole de la presqu'île de Pelješac.
Cukarin (Korčula-ville) (p.265) Pour ses sablés.
Cave Branimir Cebalo (Korčula) (p.265) L'un des meilleurs *grk* (vin blanc sec et fruité) de la région.
House of Nature (Dubrovnik) (p.286) Des cosmétiques locaux.
Kawa (p.287) et **Galerija Sebastian (Dubrovnik)** (p.287) Artisanat d'art et design croates.

L'Istrie, terre de vignobles

ITINÉRAIRES

Quatre itinéraires pour vous laisser guider selon vos inclinations et le temps dont vous disposez.

Dans le parc naturel du Kopački rit

Dix jours dans l'arrière-pays

Point de mer turquoise ni de station balnéaire en vue, mais des lacs émeraude, des forêts millénaires et des villes baroques au charme authentiquement balkanique.

JOUR 1

Prenez le pouls de **Zagreb** (p.44) sur l'impressionnante **place du Ban-Jelačić** (p.52), point névralgique de la capitale. Visitez la **cathédrale** (p.44), pilier du catholicisme croate, puis allez faire, comme les Zagrébois, le plein de couleurs et de saveurs au **marché de Dolac** (p.67). Vous retrouverez les produits frais des étals dans les assiettes du **Restauran Kerempuh** (p.65). Dirigez-vous ensuite vers la colline de **Gradec** (p.44) et ses musées. N'oubliez pas le troublant et poétique **musée des Cœurs brisés** (p.51). En fin d'après-midi, profitez de l'animation commerçante d'**Ilica** (p.53), puis posez-vous sur une terrasse de la charmante **rue Ivana Tkalčićeva** (p.45). Vous n'aurez plus que quelques pas à faire pour aller goûter la cuisine inventive du restaurant **Trilogija Fino i Vino** (p.65).

JOUR 2

Matin Flânez le long du **Fer à cheval vert** (p.52) de la ville basse. Explorez l'extraordinaire collection de mobilier du **musée des Arts et Métiers** (p.53). Après déjeuner – pourquoi pas au **Burgeraj** (p.64) ? –, détour par le **cimetière de Mirogoj** (p.57) et sa célèbre galerie néo-Renaissance. De là, filez au **musée d'Art contemporain** (p.56), autant pour sa collection que pour son architecture. En soirée, retraversez la Save pour aller festoyer au **Dubravkin put** (p.66).

JOUR 3

Cap sur le Zagorje et ses vallonements boisés. **Kumrovec** (p.72), le village natal de Tito, possède une passionnante collection de vieilles maisons de bois aux intérieurs reconstitués. Perché sur une colline à 13km de là, le **château de Veliki Tabor** (p.71) a fière allure avec ses tours pansues. Goûtez les spécialités du **Grešna Gorica** (p.74), à Desinić, puis gagnez **Krapina** (p.70), la capitale du Zagorje. Son **Musée néandertalien** (p.70) rappelle que cette petite ville romantique est célèbre pour ses sites préhistoriques. Les amateurs de baroque ne manqueront pas l'incroyable **église Sainte-Marie-de-Jérusalem** (p.70). Fin de journée relaxante au spa de **Villa Magdalena** (p.74) et dîner au restaurant de l'hôtel **Krapinske Toplice** (p.74).

JOUR 4

En route pour **Varaždin** (p.76), la "Vienne de Croatie". Flânez dans ses ruelles anciennes aux façades pastel et franchissez le pont-levis du **château** (p.76) pour aller admirer les collections d'armes, de meubles et de costumes du musée municipal. Déjeunez au **Verglec** (p.79). Appréciez le décor baroque de la **cathédrale de l'Assomption** (p.272), puis le cadre verdoyant du **cimetière** (p.77) dessiné par Herman Haller. Pour un dîner bucolique, poussez jusqu'à l'auberge **Zlatne Gorice** (p.79), à Varaždin Breg.

JOUR 5

Courte étape à **Hlebine**, berceau de l'art naïf croate (p.78). À 120km au sud, le **parc des monts Papuk** (p.85) vous attend pour une revigorante balade en forêt. En chemin, vous aurez acheté de quoi pique-niquer à Virovitica. Dans

l'après-midi, après une halte-dégustation aux **celliers de Kutjevo** (p.87), prenez la route de **Đakovo** (p.83), cité réputée pour sa charcuterie. À tester au **Restauran Croatia Turist** (p.87).

JOUR 6

Visitez les **haras d'État** (p.84), où les lipizzans sont choyés depuis des siècles, puis la monumentale **cathédrale Saint-Pierre** (p.83), qui veille sur Đakovo. Déjeunez chez **Mon Ami** (p.87) avant de prendre la route d'**Osijek** (p.80), capitale administrative de la Slavonie. Cette ville industrielle ménage quelques belles surprises comme les façades Sécessions de son **avenue de l'Europe** (p.80) ou sa **Tvrđa** (p.80), imposante citadelle baroque qui héberge le riche musée de Slavonie. Dîner au **Waldinger** (p.338), réputé pour la qualité de ses produits.

JOUR 7

Prévoyez un pique-nique pour passer la journée dans le splendide **parc naturel du Kopački rit** (p.81). S'il n'y a pas trop de monde, profitez d'une excursion en barque sur ses canaux jusqu'au grand lac Kopačko. Ne manquez pas le château de Tikveš. Pour un supplément d'âme, soupez à l'auberge **Baranjska kuća** de Karanac (p.86).

JOUR 8

Arrêt à **Vukovar** (p.82), ville martyre de la guerre d'indépendance joliment restaurée, à l'image de son **palais Eltz** (p.82). Détour par le site archéologique de **Vučedol** (p.83) avant de pousser jusqu'à **Ilok** pour ses chais médiévaux (p.87). Déjeunez face au Danube, à l'**Hotel Dunav** (Julija Benešića

Ferme du Lonjsko Polje

62 Tél. [032] 596 500). Puis gagnez **Požega** (p.84), son centre baroque, sa gracieuse place de la Sainte-Trinité et sa vénérable église Saint-Laurent. Au dîner, découvrez l'excellente charcuterie locale à la table de l'**Hotel Grgin Dol** (p.87).

JOUR 9

Excursion dans le **parc naturel du Lonjsko Polje** (p.60). Cette vaste zone marécageuse, qui recèle de ravissants villages en bois, est le rendez-vous des oiseaux, notamment des cigognes. Faites étape dans une maison d'hôtes de **Čigoć** (p.60). Si vous préférez pousser jusqu'à **Sisak**, dînez au **Restauran Cocktail** (Dr Ante Starčevića 27 Tél. [044] 549 137).

JOUR 10

Profitez des agréables terrasses de **Sisak** et visitez sa forteresse du 16e s. avant de prendre la route de **Samobor** (p.59), pour une dernière étape (gastronomique). Régalez-vous d'une *kremšnita* de la pâtisserie **U Prolazu** (p.63) et faites provision de moutarde et de *bermet* chez **Obitelj Filipec** (p.68).

Presqu'île de Pelješac : la forteresse et la muraille défendant Ston et Mali Ston

De Zagreb à Dubrovnik en douze jours

C'est parti pour une grande traversée du pays qui va vous mener, à travers des paysages grandioses, des montagnes boisées des Balkans aux villages de pêcheurs de la côte adriatique.

JOURS 1 ET 2

Zagreb, cf. Dix jours dans l'arrière-pays (p.24). Dans l'après-midi du 2e jour, prenez la route de **Plitvice** (comptez 2h de trajet). Vous pourrez dîner de spécialités locales à l'**Hotel Plitvice** (p.90).

JOUR 3

Consacrez la journée à la découverte du splendide **parc national des Lacs de Plitvice** (p.88). Présentez-vous à l'entrée avant 9h si vous voulez éviter la foule. Pour l'itinéraire H, qui mêle traversée en bateau électrique du lac Kozjak – le plus majestueux de ses plans d'eau opalescents – et randonnée le long d'impressionnantes chutes, comptez 6 heures.

JOUR 4

Partez de bonne heure et prévoyez un pique-nique pour aller explorer le **parc national de Paklenica** (p.170), ses gorges vertigineuses et sa forêt millénaire. Gagnez ensuite l'adorable cité fortifiée de **Nin** (p.170) et son passionnant

Musée archéologique. Ralliez **Zadar** (p.164) en début de soirée. Chez **Niko** (p.174), on vous servira un dîner iodé typiquement dalmate.

JOUR 5

Découvrez la Zadar vénitienne : passez sous la **porte de la Terre-Ferme** (p.164) pour rejoindre l'adorable **place des Cinq-Puits**. Ne manquez pas l'**église Saint-Siméon** et sa chasse en argent (p.165). Flânez sur le **marché** de la vieille ville (p.175), l'un des plus colorés de Dalmatie, avant de vous régaler d'une généreuse "assiette des deux pêcheurs" au **2Ribara** (p.173). Puis remontez le temps sur le **forum romain** (p.167), en l'**église Saint-Donat** et au **Musée archéologique**. En début de soirée, poussez jusqu'à la Riva pour la **Salutation au soleil** (p.169). Longez la promenade du front de mer jusqu'au vieux port et, pour rester sur une note romantique, dînez au restaurant **Foša** (p.174).

JOUR 6

En route pour **Šibenik** (p.186) et sa charmante vieille ville piétonne. Goûtez l'animation de la rue **Zagrebačka** (p.186), artère pavée jalonnée d'adorables églises et de nobles façades, et saluez l'élégance gothico-Renaissance de la **cathédrale Saint-Jacques** (p.187), l'une des plus belles églises du pays. Pourquoi ne pas vous attabler sous les arcades de la **Gradska Vijećnica** (p.194), l'ancien hôtel de ville ? Prenez ensuite la route du nord : le **parc national de la Krka** (p.190) vous réserve une série de cascades des plus impressionnantes dans un écrin luxuriant. Le soir, remettez-vous de vos émotions chez **Pelegrini** (p.194) devant une assiette toute en précision.

JOUR 7

Blotti sur un îlot, le vieux centre piéton de **Trogir** (p.220) recèle, lui aussi, des merveilles médiévales. Profitez des heures matinales pour flâner dans ses venelles dallées, admirer la **cathédrale Saint-Laurent** (p.220) et vous extasier devant les vitrines de la **Pinacothèque** (p.221). Craquez pour l'une des pizzas du **Piccolo Ponte** (p.222). Il vous suffira ensuite d'une heure de bateau pour vous retrouver à prendre le soleil dans une crique tranquille de l'île de **Drvenik Veli** (p.222). Le soir, le bœuf mariné à la dalmate du restaurant **Alka** (p.223) sera encore meilleur sur son toit-terrasse !

JOUR 8

Découvrez **Split** (p.204), incroyable cité lovée dans l'ancien palais d'un empereur romain. Profitez des heures encore fraîches de la journée pour déambuler dans le fascinant **palais de Dioclétien** (p.204) devenu le centre-ville de Split, avec la **cathédrale Saint-Domnius** et le **temple de Jupiter** (p.206). Après avoir déjeuné à la **Konoba Marul** (p.217), plongez dans les **salles souterraines** (p.204) du palais – niche de dragons de *Game of Thrones*. Puis dans les collections du **Musée archéologique** (p.211) pour mieux comprendre l'histoire de

Split

la ville. Dînez d'un poisson tout frais pêché au **Nostromo** (p.218). Split dort peu : l'**Academia Club Ghetto** (p.219) vous le prouvera de façon éclatante.

JOUR 9

Quittez le centre de Split pour musarder dans les venelles médiévales de **Veli Varoš** (p.212) jusqu'au belvédère de Vidilica et à son café : le panorama est somptueux. Au pied de la **colline du Marjan** (p.202) vous attend la **galerie Meštrović** (p.213), une élégante villa des années 1930 peuplée d'œuvres du célèbre sculpteur. Gagnez en taxi la **baie de Bačvice** (p.215), ses terrasses, sa plage de sable fin et son eau limpide pour un farniente impérial... Après une petite dégustation à la **Vinoteka Terra** (p.203), dînez sous les voûtes rassurantes du restaurant **Ma : Toni** (p.203).

JOUR 10

Direction la **presqu'île de Pelješac** (p.248) et ses merveilles hors des sentiers battus. **Mali Ston** (p.248) est célèbre pour ses fortifications médiévales... et plus encore pour ses huîtres et ses moules à déguster sur l'une des terrasses du port. Prêt pour une sortie plongée à partir du tranquille petit port de **Trstenik** (p.249) ? L'endroit est tout aussi idéal pour la baignade. Dînez les pieds dans l'eau sous la tonnelle de la **Konoba Maris** (p.347).

JOUR 11

À vous **Dubrovnik** (p.266), la "Perle de l'Adriatique" ! Appréciez la perspective du **Stradun** (p.266) et ses façades ciselées. Cet axe majeur vous conduira au vieux port sur lequel donne le **palais du Recteur** (p.273), le plus beaux de la cité. Gagnez ensuite la **cathédrale de l'Assomption** (p.272) et son trésor. Après déjeuner, profitez de l'air conditionné (et de la passionnante collection) du **Musée maritime** (p.274). Au coucher du soleil, faites le tour des **remparts** (p.273) et posez-vous pour un apéritif au **Mala Buža Bar** (p.281). Puis ode aux saveurs de la mer chez **Kamenice** (p.283)

JOUR 12

Prenez le téléphérique pour profiter d'un panorama époustouflant du haut du **mont Srđ** (p.276). Redescendez vers le vieux port et embarquez pour l'**île de Lokrum** (p.277) (10min de traversée). Au programme, baignade et visite du fort royal. De retour à Dubrovnik, poussez jusqu'à la **galerie d'Art moderne** (p.276) pour admirer le travail d'artistes de la région. Réservez chez **Zuzori** (p.284) pour vous régaler de pâtes à la truffe d'Istrie.

Le village perché de Motovun

Quatre jours en Istrie

Villages perchés, collines plantées de vignes et d'oliviers, à la terre rouge mais à la lumière douce, plateaux troués de grottes, rivages sauvages, villégiatures Belle Époque... L'Istrie est un condensé d'histoire et de paysages.

JOUR 1

Archipel des Brijuni (p.124) Optez pour le dépaysement total et embarquez pour cet archipel aux 14 îles aussi verdoyantes qu'idylliques. Au retour, rendez-vous à **Vodnjan** (p.124) pour savourer votre premier repas istrien sur la terrasse du restaurant **Vodnjanka** (p.129). Après avoir arpenté les ruelles médiévales de **Bale** (p.114), accordez-vous une pause sur la terrasse ombragée de l'auberge **Kamene Priče** (p.119). Puis gagnez **Rovinj** (p.114) la Vénitienne. Déambulez "à la fraîche" dans ses venelles colorées et régalez-vous de poisson et de fruits de mer au **Restauran Monte** (p.119). Dernier verre au **Limbo** (p.118).

JOUR 2

Prenez des forces au **Circolo** (p.118), sur le port de Rovinj, avant de vous enfoncer dans le **fjord de Lim** (p.117) : petit tour en barque dans la ria et déjeuner de crevettes ou d'huîtres au bord de l'eau. Après un détour par la **grotte de Baredine** (p.103) et ses féériques draperies calcaires, gagnez **Poreč** (p.100) la Romaine et sa grandiose basilique euphrasienne (p.100). Flânez dans la vieille ville et observez l'agitation du port du haut de la **Torre Rotonda**

(p.104). Octroyez-vous un repas régional dans le décor médiéval de **Peterokutna Kula** (p.105).

JOUR 3

Gagnez de bon matin le village d'artistes de **Grožnjan** (p.108) et flânez dans ses ruelles inchangées depuis le Moyen Âge. Visible de Grožnjan, **Motovun** (p.106) est l'archétype du village médiéval perché. Passez sous sa double porte vénitienne pour aller vous attabler au **Kaštel** (p.111) en profitant du panorama sur la vallée de la Mirna. Puis partez chasser la truffe noire avec les **Karlić** (p.111) : au programme, balade autour du lac de Butoniga, initiation aux techniques de repérage, puis dégustation et/ou achat de truffes. Le village fortifié de **Buzet** (p.108) est considéré comme la capitale croate de la truffe. Après une flânerie dans ses murs, offrez-vous à la **Stara Oštarija** (p.112) un dîner... aux truffes, de l'entrée au dessert !

JOUR 4

De **Kotli** (p.110), village bucolique baigné par la Mirna, gagnez le hameau perché de **Hum** (p.108) et son Allée glagolitique. Déjeunez de viande fumée et de truffes à la **Humska Konoba** (p.112). Rendez-vous ensuite à **Pazin** (p.107) et grimpez dans la ville haute jusqu'au château fort posé au bord d'un gouffre. Puis, tel Mathias Sandorf, le héros de Jules Verne, enfoncez-vous dans les entrailles de la terre en longeant la rivière Pazinčica. Terminez votre périple à **Pula** (p.120). Flânez autour du **fort vénitien** (p.123) et goûtez l'ambiance de la place du **Forum** (p.121). Après une pause au **Caffe Uliks** (p.128), admirez l'**arc de triomphe des Serge** (p.121), plus belle porte de la vieille ville. Visitez au crépuscule l'**amphithéâtre romain** (p.120), emblème de Pula.

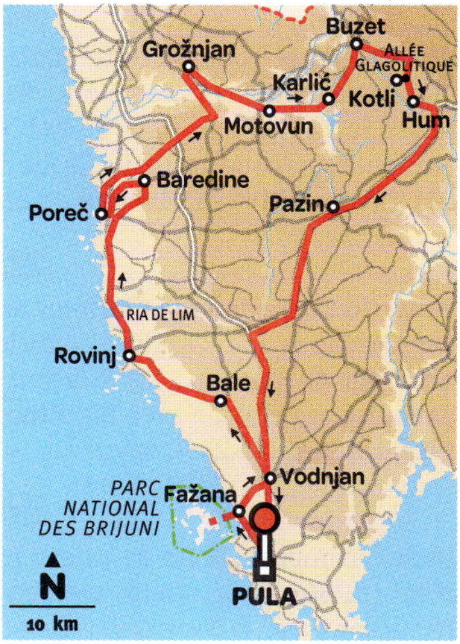

L'archipel des Kornati

Sept jours d'île en île

Difficile de visiter les 698 îles que l'on dénombre en Croatie ! Mais quelques sauts de puce vous amèneront sur les plus belles de celles qui sont ancrées au large de la Dalmatie.

JOUR 1

À Split, sautez dans un ferry matinal pour **Supetar** (p.230), à **Brač** (p.345), grande île réputée pour sa pierre blanche et ses sculpteurs. En car ou en taxi, ralliez la station balnéaire de **Bol** (p.232), et octroyez-vous une journée de farniente sur la spectaculaire flèche de sable blanc de **Zlatni Rat**. Régalez-vous à la **Taverna Riva** (p.235) tout en observant l'agitation du port.

JOUR 2

Pourvu d'un pique-nique, affrétez un bateau-taxi à Bol et faites-vous déposer dans la baie de Blac. Grimpez parmi les chênes-lièges jusqu'à l'impressionnant **ermitage de Blaca** (p.233). Si la journée n'est pas trop entamée, allez plonger dans la grande bleue avec **Big Blue** (p.233). Une faim de loup ? Direction la **Pizzeria Maza** (p.235), sa vue sur le large et ses pizzas géantes.

JOUR 3

De Bol, comptez 20min de bateau jusqu'au débarcadère de **Jelsa**, sur l'île de **Hvar** (p.236). De là, rendez-vous en taxi à **Vrboska** (p.239), charmant port à l'imposante église. Poussez la porte du musée de la Pêche. Après déjeuner, un

taxi vous emmènera en 15min à **Stari Grad** (p.238). Admirez au passage le parcellaire régulier des olivaies et des vignes hérité de l'Antiquité. Profitez des venelles tortueuses de Stari Grad et du calme du **monastère dominicain** (p.239). En taxi, flottant cette fois, allez explorer les criques de la **presqu'île de Kabal** (p.239). Le soir, savourez la cuisine familiale de la taverne **Antika** (p.241).

JOUR 4

Gagnez **Hvar-ville** (p.236) en car ou en taxi. L'ambiance jet-set du "Saint-Tropez croate" se dissipe à mesure que l'on s'enfonce dans ses venelles médiévales. Admirez la **place Saint-Étienne** (p.236), sa cathédrale et ses nobles façades Renaissance. Poussez jusqu'au **monastère franciscain** (p.237) avant d'aller vous baigner dans une crique au sud de la ville. Regagnez les hauteurs pour dîner au **Đorđota Vartal** (p.241). Son poisson grillé et sa terrasse panoramique vous donneront envie de revenir !

JOUR 5

Prévoyez un pique-nique et faites-vous déposer en bateau-taxi sur les sauvages **îles Pakleni** (p.240) aux pinèdes odorantes. En marchant un peu, vous n'aurez guère de mal à trouver une crique peu fréquentée, à l'eau cristalline. Pour couronner cette journée paradisiaque, dîner de haute volée (vous aurez réservé) au **Restaurant Park** (p.241), à Hvar-Ville.

JOUR 6

Comptez moins d'une heure de ferry de Hvar à l'île préservée de **Vis** (p.244). De **Vis-Ville**, filez en taxi jusqu'à l'adorable port de **Komiža** et achetez une excursion pour l'îlot de **Biševo** (p.245) et sa grotte Bleue – à faire avant midi ! Au retour, flânez dans le village ou offrez vous un baptême de plongée avec l'**Issa Diving Center** (p.246). Dîner à la **Konoba Barba** (p.247).

JOUR 7

En embarquant à Vis à 7h, vous serez à **Pomena**, sur l'édénique **île de Mljet** (p.288), pour le déjeuner. Explorez le splendide **parc national** (p.288) et ses deux lacs salés. Ne passez pas à côté du **monastère Sainte-Marie** (p.288) posé au milieu des eaux turquoise. Le soir, dégustez une langouste grillée à la **Konoba Ana** (p.291).

Continental et agricole, le nord de la Croatie revendique sa position à la croisée des influences slave et austro-hongroise. Cité millénaire et capitale dynamique, Zagreb est incontournable, mais ne négligez pas le Zagorje, terre de chevaliers et de légendes, les splendeurs baroques de Varaždin, les vastes plaines de Slavonie, ni les joyaux naturels que sont le parc du Kopački rit et les lacs de Plitvice.

Zagreb et le Nord

Place du Ban-Jelačić, Zagreb

Plan 1

MARIBOR
Ptuj
SLOVÉNIE
DRAVA
Mursko Središće
MEDIMURJE
209
Nagykanisza
Letenye
Trnovec
208
Čakovec
Vinica
Opeka
2
A4
VARAŽDIN
MURA
20
Klenovnik
Maruševec
508
Trakoščan
Ludbreg
Nagyatád
206
207
Pregrada
Krapina
35
Ivanec
Varaždinske Toplice
2
41
Gola
V. Tabor
Miljana
Bežanec
Belec
Koprivnica
Hlebine
A2
Zlatar
Starigrad
Kumrovec
T. Toplice
Zlatar-Bistrica
22
41
Molve
ZAGORJE
205
Zabok
Križevci
Klanjec
Gornja Stubica
Marija Bistrica
Đurđevac
SAVA
Stubičke Toplice
43
Krško
SOTLA
PARC NATUREL DE LA MEDVEDNICA
Sv. Ivan Zelina
28
BJELOVAR
Pitomača
KRKA
Brdovec
Zaprešić
A4
41
Vrbovec
2
A3
26
ČESMA
Virovitica
SESVETE
28
Samobor
PARC NATUREL DU ŽUMBERAK ET DES MONTS SAMOBOR
ZAGREB
Ivanić Grad
Grubišno Polje
Velika Mlaka
VELIKA GORICA
26
505
A1
Jastrebarsko
A3
V. Zdenci
V. Batsaji
Buševec
TUROPOLJE
SAVA
Ozalj
31
VUKOMERIČKE GORICE
A11
Poporača
Garešnica
Daruvar
6
Pisarovina
30
ODRA
45
KARLOVAC
36
36
Sela
Kutina
5
Pakrac
SISAK
Duga resa
Bosiljevo
KUPA
Petrinja
Čigoč
Lipovljani
47
984 M
Lipik
MREŽNICA
KORANA
31
37
224
Sunja
PARC NATUREL DU LONJSKO POLJE
Glina
6
Novska
5
PSUNJ
Vojnić
GLINA
30
BANOVINA
Krapje
Cernik
23
1
216
Topusko
Jasenovac
A3
Nova Gradiška
UNA
Hrv. Kostajnica
Vel. Kladuša
SAVA
5
Bos. Dubica
Bos. Gradiška
Slunj
47
Plaški
6
KORANA
Bos. Novi
42
217
Bos. Krupa
52
PARC DES LACS DE PLITVICE
Bihač
PLJEŠEVICA
BANJA LUKA
UNA
25
1
Udbina
218
1

KAPOSVÁR
HONGRIE
Baja
PÉCS
Mohács
Barcš
DRAVA
SERBIE
PODRAVINA
Donji Miholjac
Beli Manastir
BARANJA
Zmajevac
Suza
Sombor
Kneževi Vinogradi
Tikveški dvorak
Apatin
DUNAV
Slatina
Valpovo
DRAVA
Darda
Bilje
PARC NATUREL DU KOPAČKI RIT
Kopačevo
Voćin
Čačinci
Bizovac
Bizovačke Toplice-Aquapolis
PARC NATUREL DES MONTS PAPUK
Orahovica
Duzluk
Đurđenovac
Koška
OSIJEK
Aljmaš
Erdut
Dalj
Našice
KRNDIJA
Velika
Kaptol
Kutjevo
VUKA
Trpinja
Borovo
Trenkovo
Vukovar
Vučedol
Nuštar
Ovčara
DANUBE
Sotin
Đakovo
Ivankovo
Vinkovci
Požega
SLAVONIE
Ilok
St. Mikanovci
St. Jankovci
Lovas
St. Petrovo Selo
SLAVONSKI BROD
Vrpolje
Cerna
BOSUT
Tovarnik
Komletinci
Luzani
Sibinj
D. Andrijevci
V. Kopanika
Lipovac
Oriovac
Bos. Brod
Davor
Županja
Bos. Samac
Bošnjaci
Spačva
BELGRADE
Derventa
Gunja
Brčko
SAVA
Gradačac
Bijeljina
BOSNIE-HERZÉGOVINE
TUZLA
N
20 km

CINQ BONNES RAISONS...

... de humer l'air du temps dans les rues de la capitale et de s'imprégner des paysages et des traditions balkaniques de l'arrière-pays croate.

LE PARC NATUREL DES MONTS PAPUK (p.85), pour pédaler sur le chemin du Riesling (15km) à travers les forêts du parc et le vignoble de Kutjevo.

VARAŽDIN (p.76), pour rosir de plaisir à la vue de ses façades baroques.

VARAŽDINSKE TOPLICE (p.78), pour tester ses sources chaudes .

☀ **LE PARC NATUREL DU LONJSKO POLJE** (p.60), pour remonter le temps au pays des cigognes en dormant dans l'une des maisons de bois de Čigoć.

☀ **ZAGREB** (p.44), pour faire le plein d'énergie en respectant, le samedi, la tradition de la *špica* : passer des heures à siroter un verre en terrasse pour voir et être vu.

RENDEZ-VOUS AVEC...

Artiste, historienne de l'art, traductrice... **Loreta Gudelj** a tous les talents, mais elle est surtout connue en tant que styliste, plusieurs fois récompensée pour ses marques Loré et Arte. Passionnée par le *lifestyle*, le design et les produits bio, elle vous présente ses coups de cœur à Zagreb, sa ville.

Mon musée-atelier

B Atelier d'Ivan Meštrović

La demeure et l'atelier de ce grand artiste multidisciplinaire est l'endroit idéal pour découvrir l'art croate moderne et contemporain. Je m'y rends très souvent, notamment l'été, quand sont organisés des événements culturels dans le jardinet...

Mletačka 8 (01) 48 51 123 www.mestrovic.hr Mar.-sam. 10h-18h, dim. 10h-14h Travaux d'une durée indéterminée prévus pour 2022 € 40kn

Mon café chic

C Velvet Café

Un café Art déco chic et discret. Selon mon humeur, je choisis l'un des espaces : un moderne, un autre plus intimiste, ou le jardin-terrasse verdoyant. J'emprunte un livre dans la bibliothèque, et je m'installe pour déguster une *kremšnita* (feuilleté à la crème), certainement l'une des meilleures de la ville. Puis je prends mon temps pour boire mon café, comme le font tous les Croates !

Dežmanova 9 (01) 48 46 743 Tlj. 8h-22h

LORÉ CONCEPT STORE

La boutique de Loreta Gudelj, bien connue des fashionistas de Zagreb.

A Loré Concept Store
Gundulićeva 29a www.loretagudelj.com Lun.-sam. 9h-20h

Mon brunch

D Melt – Gelato & Brunch Bar

Si vous avez envie d'une glace artisanale ou d'un brunch en plein centre-ville, voici une adresse incontournable. Des crèmes glacées sans gluten, originales et goûteuses à déguster dans un décor convivial et lumineux. Pour le brunch, testez l'*avocado toast* ou l'*açai bowl* !

ZAGREB Radićeva 3a (01) 34 54 384 meltzagreb.com Tlj. 9h-22h

Ma boulangerie

E Korica

Elle s'est rapidement taillé une place en vue dans la capitale ! J'aime son pain de tradition française, et tout est fait sur place, à l'ancienne : baguettes, pains de campagne, sandwiches, croissants au beurre

Dans l'atelier d'Ivan Meštrović

ou aux amandes, brioches, etc. Il faut absolument goûter la spécialité de la maison : le *cruffin* meringue citron, à déguster sur place avec son café ou à emporter.

Preradovićeva 39 📱(01) 62 31 995 korica.hr
🕒 Lun.-ven. 7h-19h, sam. 8h-15h

Ma table bio

F Zrno Bio Bistro

Si vous souhaitez faire un bon repas sans gluten, bio ou végane, Zrno ("La Graine") est l'endroit parfait. Les produits proviennent de la ferme des gérants, dans les environs de Zagreb. Du local donc, copieux, léger et sain. À savourer en terrasse ou à l'intérieur, dans une ambiance chaleureuse.

Medulićeva 20 📱(01) 48 47 540 www.zrnobiobistro.hr 🕒 Lun.-sam. 12h-21h30

SI ZAGREB ÉTAIT...

Une couleur Ce serait le bleu, couleur du blason de la ville, des trams, ou du Dinamo de Zagreb, le club de foot local.

Mon coin de verdure

G Parc Maksimir

Le poumon vert de Zagreb, et sans doute le parc préféré des habitants ! J'adore me promener autour de ses lacs, et je tombe souvent nez-à-nez avec un écureuil facétieux ou un autre locataire à poils ou à plumes de ses espaces boisés ou découverts...

🕒 Tlj. 24h/24

Mon escapade nature

H Mont Sljeme

Pour une bonne bouffée d'oxygène, rien ne vaut une équipée dans le massif de la Medvednica, à 15min de voiture du centre. J'y vais pour décompresser le temps d'une randonnée aux beaux jours ou pour skier l'hiver : les pistes du mont Sljeme sont praticables même en soirée (p.62).

20km env. au nord de Zagreb via Dolje
📱(01) 45 53 382 www.sljeme.hr

ZAGREB ★

Chaleureuse cité millénaire qui offre autant à l'aficionado d'architecture qu'aux amateurs de terrasses de café, ville dynamique et estudiantine, Zagreb s'avère également verte et sportive : édifiée sur les contreforts du massif de la Medvednica, où la nature n'est jamais très loin, voici une capitale à taille humaine !

ACCÈS ET INFOS

- L'aéroport international est situé 17km au sud-est de la capitale. Bus pour le centre-ville toutes les 30min de 7h à 20h (trajet 20-30min, 35kn). En taxi, comptez 100-200kn.
- Des trains relient Zagreb à toutes les grandes villes de Croatie (Osijek, Varaždin, Rijeka, Pula, Split), mais aussi à Belgrade, Bucarest, Budapest, Ljubljana, Vienne, Munich, Venise, etc.
- En ville, les autobus et les tramways circulent en principe de 4h à 0h. Tarif 10-15kn, forfait 24h 30kn. Un funiculaire (Zet Uspinjača) relie la ville basse (accès Tomićeva) et la ville haute (Strossmayerovo šetalište) toutes les 10min (4kn).
- Centre d'informations touristiques (plan 3, B2) Trg bana Jelačića 11 📱(01) 48 14 051 www.infozagreb.hr
- Office de tourisme régional (plan 3, B4) Preradovićeva 42 📱01 48 73 665 www.tzzz.hr
- Zagreb Card Accès gratuit et illimité aux transports en commun pour 24h (98kn) ou 72h (135kn), et réductions sur les entrées aux musées de la ville.

À VOIR

Zagreb s'est construite en plusieurs époques, comme en témoigne son urbanisme. Au nord de la ville s'élèvent les deux collines historiques, Gradec et Kaptol, qui forment la ville haute (Gornji Grad), excellent point de départ pour découvrir la capitale. En contrebas, Trg bana Jelačića, la place du Ban-Josip-Jelačić, marque le centre de Zagreb. Elle se prolonge vers l'ouest par Ilica, la grande artère commerçante. Au sud de la place et jusqu'à la ligne de chemin de fer, s'étend la ville basse (Donji Grad), sortie de terre à la fin du 19e s., et au quadrillage rigide. Plus au sud, le cours de la Save sépare, d'un côté, le centre historique de la capitale, et de l'autre Novi Zagreb.

KAPTOL ET GRADEC

Ces deux quartiers historiques, chacun accroché à sa colline, étaient au 11e s. deux bourgs rivaux. Kaptol, ancien siège épiscopal, possède une impressionnante cathédrale, tandis que Gradec, plus commerçant, offre au promeneur façades baroques et ruelles encore éclairées, pour la plupart, par des becs de gaz. Les deux villes ne se sont officiellement alliées qu'en 1850 !

Tours de force

Cathédrale / Katedrala Marijina Uznesenja (plan 3, C2)

La cathédrale de l'Assomption-de-la-Vierge-Marie a connu une histoire mouvementée. Fondée au 13e s., dévastée par les Tatars en 1242, fortifiée contre les Ottomans aux 16e et 17e s., elle fut ravagée par le séisme de 1880 ! Sa

À NE PAS MANQUER

- Marché de Dolac
- Musée de la Ville de Zagreb
- Atelier d'Ivan Meštrović
- Musée d'Art naïf
- Église Sainte-Catherine
- Musée des Arts et Métiers
- Galerie Strossmayer des Maîtres anciens
- Parc naturel du Lonjsko Polje

La colline de Kaptol et sa cathédrale

reconstruction par Herman Bollé a imposé le style néogothique et ses deux tours massives de 103 et 105m. Elle abrite les monuments funéraires de Croates illustres mais surtout un magnifique **trésor**, l'un des plus riches d'Europe, avec notamment une impressionnante collection de médailles précieuses et d'habits liturgiques remontant au 11e s.

Kaptol 31 (01) 48 14 727 Lun.-sam. 7h-11h et 17h-19h, dim. 7h-12h et 17h30-18h30 Trésor 20kn

Le ventre de Zagreb

Marché de Dolac / Tržnica Dolac (plan 4, B2)

Le grand marché populaire de la capitale bat son plein chaque matin. Primeuristes et fleuristes installent leurs étals sur l'esplanade, sous les parasols rouges typiques de Šestine, un village de la Medvednica dominant la capitale. Au sous-sol officient charcutiers, bouchers et fromagers. Le marché aux poissons occupe une annexe, sur un côté de la place. Effectuez quelques emplettes dans cette débauche de couleurs et de senteurs, avant d'aller prendre un verre en terrasse ou d'admirer le bulbe vert et or de l'église Sainte-Marie. Au nord de l'esplanade, s'ouvre la petite rue Opatovina, bordée de vieilles maisons restaurées et de cafés-bars.

Dolac Lun.-sam. 6h30-14h, dim. 6h30-13h

Se la couler douce

Rue Ivana Tkalčića (Tkalčićeva) (plan 4, B1-B2)

Cette longue artère piétonne fut aménagée en 1898 sur le lit de la rivière qui coulait entre les collines de Kaptol et de Gradec, ce qui lui valut le surnom de "*Potok*" (ruisseau). Tkalčićeva est l'une des plus jolies rues de la ville, avec ses terrasses animées, et ses adorables maisons basses aux couleurs pastel et aux balcons de bois. C'est sans doute là que s'exprime le mieux la douceur de vivre zagréboise !

Pieux passage

Porte de Pierre / Kamenita Vrata (plan 4, B1-B2)

La dernière des quatre portes du Gradec médiéval fut endommagée par le grand incendie de 1731 (mais restaurée en 1760). Sous la voûte se trouve une étonnante chapelle votive, éclairée par des cierges et couverte d'ex-voto, où les habitants honorent depuis des siècles un tableau de la Vierge, miraculeusement épargné par les flammes. En remontant la rue Kamenita, remarquez, au n°9, l'une des plus anciennes pharmacies de Croatie (1355).

Les clés de la cité

Musée de la Ville de Zagreb / Muzej grada Zagreba (plan 4, B1)

Installé dans l'ancien couvent des Clarisses (17e s.), il retrace les grandes étapes de l'évolution de la cité depuis ses origines. Vous découvrirez ainsi les témoignages d'une occupation préhistorique du site, puis pourrez suivre la construction de la cathédrale, les conflits qui opposèrent les deux collines, Gradec et Kaptol, avant leur unification au 16e s., la période austro-hongroise et la Renaissance illyrienne illustrée par la figure du ban Josip Jelačić, puis le développement de la ville basse, à la charnière des 19e et 20e s., avec des reconstitutions d'intérieurs. Points forts de la section consacrée au 20e s., les grandes inventions et l'école zagréboise de dessin animé. Un passionnant préambule à vos balades dans la capitale.

Opatička 20 (01) 48 51 361 www.mgz.hr Mar.-sam. 10h-18h, dim. 10h-14h 30kn

> **DRÔLE D'AFFAIRE**
> La **martre, *kuna*** en croate, est représentée sur les toits de l'église Saint-Marc. La fourrure de ce petit carnassier servit à payer l'impôt dès l'époque romaine. Au 13e s., elle figurait sur un écu d'argent frappé par les bans croates, et c'est donc tout naturellement qu'elle a donné son nom à la monnaie actuelle du pays.

Élève de Rodin

Atelier d'Ivan Meštrović (plan 4, A1)

L'œuvre du grand sculpteur croate Ivan Meštrović (1883-1962) est présentée dans les trois maisons contiguës où il vécut et travailla de 1922 à 1942. Vous y retrouverez toutes les lignes directrices de son œuvre : les leçons de son maître Rodin (*Artiste au travail*, 1914), son patriotisme (*Histoire des Croates*, 1932) et sa ferveur religieuse (nombreuses *Vierges à l'Enfant*). Le mobilier et certaines parties de l'ensemble ont été réalisés par l'artiste, également architecte. Cela rajoute un caractère intime, habité, à cette exposition magistrale.

Mletačka 8 (01) 48 51 123 www.mestrovic.hr Mar.-sam. 10h-18h, dim. 10h-14h
Travaux d'une durée indéterminée prévus pour 2022 40kn

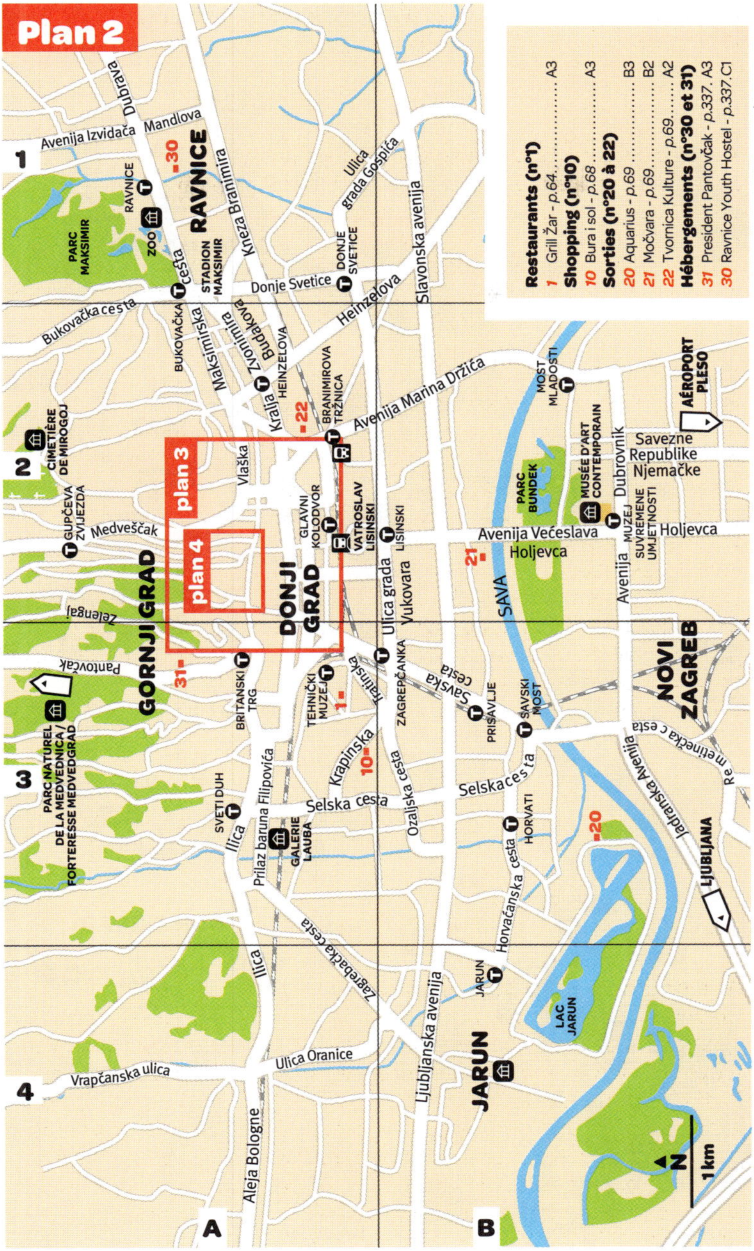
Plan 2
Restaurants (n°1)
1 Grill Žar - p.64 .... A3
Shopping (n°10)
10 Bura i sol - p.68 .... A3
Sorties (n°20 à 22)
20 Aquarius - p.69 .... B3
21 Močvara - p.69 .... B2
22 Tvornica Kulture - p.69 .... A2
Hébergements (n°30 et 31)
31 President Pantovčak - p.337. A3
30 Ravnice Youth Hostel - p.337. C1
plan 3
plan 4
PARC MAKSIMIR
RAVNICE
STADION MAKSIMIR
ZOO
CIMETIÈRE DE MIROGOJ
GORNJI GRAD
DONJI GRAD
GLAVNI KOLODVOR
PARC NATUREL DE LA MEDVEDNICA / FORTERESSE MEDVEDGRAD
GALERIE LAUBA
PARC BUNDEK
MUSÉE D'ART CONTEMPORAIN
SAVA
NOVI ZAGREB
LAC JARUN
JARUN
AÉROPORT PLESO
LJUBLJANA
1 km
N

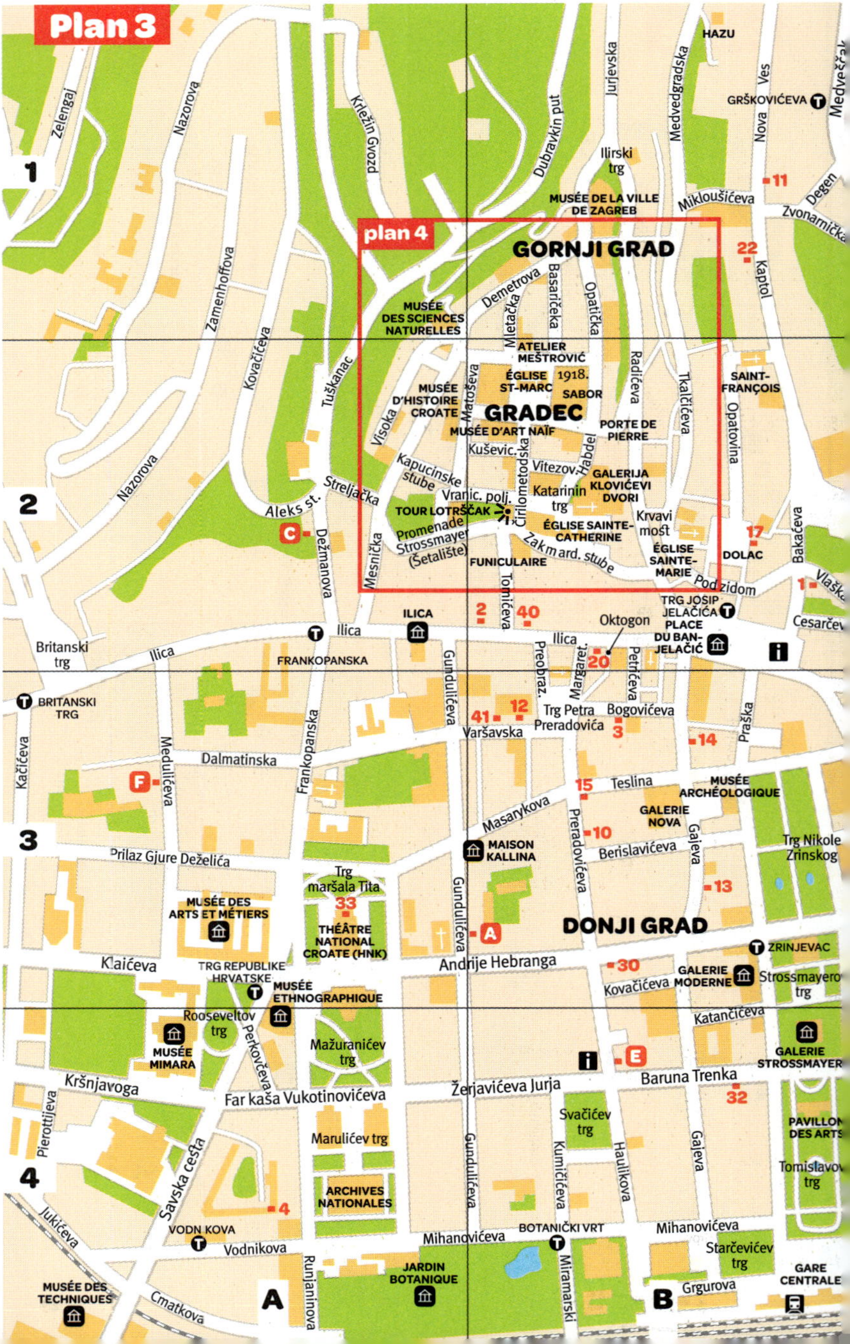
Plan 3
plan 4
GORNJI GRAD
GRADEC
DONJI GRAD
MUSÉE DES SCIENCES NATURELLES
ATELIER MEŠTROVIĆ
ÉGLISE ST-MARC
SABOR
MUSÉE D'HISTOIRE CROATE
MUSÉE D'ART NAÏF
PORTE DE PIERRE
GALERIJA KLOVIĆEVI DVORI
TOUR LOTRŠČAK
ÉGLISE SAINTE-CATHERINE
ÉGLISE SAINTE-MARIE
FUNICULAIRE
Promenade Strossmayer (Šetalište)
MUSÉE DE LA VILLE DE ZAGREB
HAZU
SAINT-FRANÇOIS
DOLAC
TRG JOSIP JELAČIĆA
PLACE DU BAN-JELAČIĆ
Oktogon
ILICA
FRANKOPANSKA
BRITANSKI TRG
MUSÉE ARCHÉOLOGIQUE
GALERIE NOVA
MAISON KALLINA
MUSÉE DES ARTS ET MÉTIERS
THÉÂTRE NATIONAL CROATE (HNK)
TRG REPUBLIKE HRVATSKE
MUSÉE ETHNOGRAPHIQUE
MUSÉE MIMARA
GALERIE MODERNE
ZRINJEVAC
GALERIE STROSSMAYER
PAVILLON DES ARTS
ARCHIVES NATIONALES
JARDIN BOTANIQUE
BOTANIČKI VRT
VODNIKOVA
MUSÉE DES TECHNIQUES
GARE CENTRALE
GRŠKOVIĆEVA
Trg Nikole Zrinskog
Strossmayerov trg
Tomislavov trg
Starčevićev trg
Trg maršala Tita
Rooseveltov trg
Mažuranićev trg
Marulićev trg
Svačićev trg
Trg Petra Preradovića
Britanski trg
Ilirski trg
Katarinin trg
Krvavi most
1918.
A
B
1
2
3
4
2
3
4
10
11
12
13
14
15
17
20
22
30
32
33
40
41
A
C
E
F

Pauses (n°1 à 4)
- *1* Amélie - *p.62* B2
- *3* Millennium - *p.63* B3
- *4* Savska 14 – Krivi Put - *p.63*... A4
- *2* Vincek slastičarnica - *p.62*... B2

Restaurants (n°10 à 17)
- *11* Baltazar - *p.66* B1
- *12* Batak Grill - *p.64* B3
- *13* Bistro Fotić - *p.64* B3
- *14* Boban - *p.65* B3
- *10* Burgeraj - *p.64* B3
- *15* Korčula - *p.65* B3
- *16* Mali Bar-Pizzeria Karijola-Bar à vins - *p.65* C2
- *17* Restoran Kerempuh - *p.65* .. B2

Shopping (n°20 à 22)
- *20* Croata - *p.67* B1
- *21* Kantarion - *p.67* C3
- *22* Vinoteka Bornstein - *p.67* B1

Sorties (n°30 à 33)
- *30* Old Pharmacy Pub - *p.68* B3
- *31* Sax - *p.69* C3
- *32* Théâtre de marionnettes - *p.69* B4
- *33* Théâtre national croate - *p.69* A3

Hébergements (n°40)
- *40* Jägerhorn - *p.337* B2

RENDEZ-VOUS AVEC...

Retrouvez les adresses de Loreta Gudelj

Pauses
- C Velvet Café - *p.42* A2

Restaurants
- F Zrno Bio Bistro - *p.43* A3

Shopping
- E Korica - *p.42* B4
- A Loré Concept Store - *p.42*... B3

Centre névralgique

Place Saint-Marc / Markov trg (plan 4, A1-A2)

La place qui s'étend devant l'église Saint-Marc est le siège des institutions nationales. À l'ouest s'élève l'édifice baroque du **palais du Ban** (Banski Dvori, 1808). Cette ancienne résidence officielle des vice-rois de Croatie est le siège du gouvernement. Le Parlement croate se réunit, lui, au **Sabor** (1910), à l'est de la place. C'est là que fut proclamée, en octobre 1918, la séparation de la Croatie de l'Empire austro-hongrois. Au sud de la place, à l'angle de la rue Saints-Cyrille-et-Méthode (Ćirilometodska), remarquez la tête sculptée de Matija Gubec, meneur de la révolution paysanne de 1573 supplicié sur l'esplanade.

Plus près de toit

Église Saint-Marc / Crkva Svetog Marka (plan 4, A1)

C'est dans ce sanctuaire du 13e s. que les bans de Croatie et les dignitaires locaux venaient jadis prêter serment. Son toit polychrome de tuiles vernissées – un ajout des années 1880 – figure sur les cartes postales de la capitale. Sur son pan sud sont reproduits le blason du royaume Triunitaire (Croatie, Dalmatie et Slavonie) et celui (à droite) de la cité. Avant d'entrer, arrêtez-vous devant les statues du portail sud, réalisées au 14e s. dans l'atelier d'Ivan Parler. Le christ monumental du chœur est signé Ivan Meštrović, tout comme les émouvantes *Pietà* et *Vierge Marie* des autels latéraux.

Markov trg ◷ Accessible aux heures de messe

Dans un écrin baroque

Musée d'Histoire croate / Hrvatski povijesni muzej (plan 4, A2)

Le musée possède un fonds très riche (mobilier, objets usuels, armes, tableaux, sculptures, photographies, etc.), présenté par roulement dans le cadre d'expositions thématiques. Son atout maître : il est logé dans le palais Vojković-Oršić (1764), plus bel édifice baroque de la ville haute.

Matoševa 9 ☏ (01) 48 51 900 www.hismus.hr ◷ Lun.-ven. 10h-18h, sam.-dim. 10h-13h € 15kn

Au musée des Cœurs brisés

Pastel et pastoral

Musée d'Art naïf / Hrvatski muzej naivne umjetnosti (plan 4, A2)

Les œuvres de l'école de Hlebine (p.78), vivantes et colorées, ne manquent ni d'humour ni de sensibilité, oscillant entre le réalisme cru et la fantasmagorie. Les scènes champêtres et les paysages d'Ivan Generalić (1914-1992), de Franjo

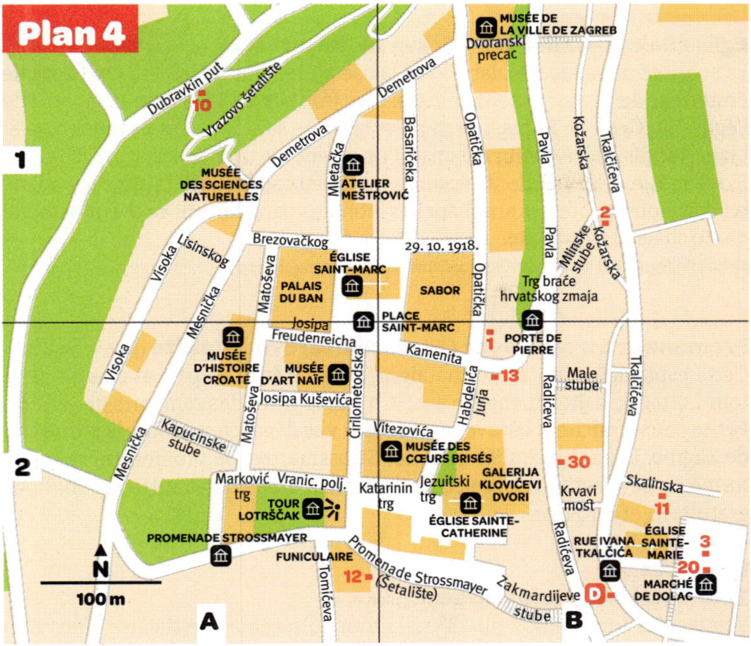

Pauses (n°1 à 3)
3 Broom 44 - *p.63* B2
1 Kavana Lav - *p.63* B2
2 Melin - *p.63* B1

Restaurants (n°10 à 13)
10 Dubravkin put - *p.66* A1
11 Nokturno - *p.64* B2
12 Pod Gričkim Topom - *p.66* .. A2
13 Trilogija Fino i Vino - *p.65* B2

Shopping (n°20)
20 Marché de Dolac - *p.67* B2

Hébergements (n°30)
30 Sobe Zagreb 17 - *p.337* B2

RENDEZ-VOUS AVEC...
Retrouvez les adresses de Loreta Gudelj

Pauses
D Melt – Gelato & Brunch Bar - *p.42* B2

Mraz (1910-1981) ou de Mirko Virius (1889-1943), précurseurs du mouvement, y sont bien sûr à l'honneur, tout comme les œuvres de leurs successeurs, ainsi que celles d'artistes naïfs étrangers.

Svetog Ćirila i Metoda 3 (01) 48 51 911 www.hmnu.hr Lun.-ven. 10h-17h 40kn

Art en rupture

Musée des Cœurs brisés / Muzej prekinutih veza (plan 4, B2)

Ouvert dans une aile du palais Kulmer, ce lieu magique est dédié aux amours mortes. Les créateurs ont réuni (et continuent à collecter) des milliers de souvenirs d'amours défuntes venus du monde entier : objets du quotidien, anodins ou symboliques, lettres, bijoux ou habits. Cela donne un musée concept émouvant, véritable œuvre d'art vivante en perpétuelle évolution. Bar et jolie boutique de souvenirs.

Cirilometodska 2 (01) 48 51 021 brokenships.com Tlj. 10h-21h 40kn

Opulence baroque

Église Sainte-Catherine / Crkva Sv. Katarine (plan 4, B2)

La sobriété de sa façade blanche ne laisse nullement imaginer la richesse de l'intérieur de ce monument édifié par les Jésuites au 17e s., sur le modèle de l'église du Gesù de Rome. Les murs et la voûte sont tapissés de stucs rose et blanc, tandis que le chœur est orné d'un splendide trompe-l'œil, réalisé par le Slovène K. A. Jelovšek, dont l'éclairage astucieux accentue l'illusion. Les autels en bois noir et doré des six chapelles latérales parachèvent ce décor baroque d'une chaleur étonnante.

Katarinin trg (01) 48 51 950 Accessible aux heures de messe

Balade à la fraîche

Promenade Strossmayer / Strossmayerovo šetalište (plan 4, A2-B2)

Cette esplanade plantée de châtaigniers, qui s'étire de part et d'autre de la tour Lotrščak, a été aménagée au 19e s. sur le tracé des remparts de Gradec. Petite pause fraîcheur bienvenue en été et vue dégagée sur toute la partie sud de Zagreb. Durant les nuits d'été de "Strossmartre", la promenade se transforme en lieu festif avec projections de films, concerts et autres animations gratuites... et arrosées.

Une vue canon

Tour Lotrščak / Kula Lotrščak (plan 4, A2)

Vestige des fortification du 13e s., la tour Lotrščak est le théâtre d'un cérémonial inchangé depuis une centaine d'années. Chaque jour à midi pile, on y tire un coup de canon qui, selon la légende, commémore la mise en déroute d'une armée turque impressionnée par l'adresse des artilleurs croates. En vérité, ce "rituel" fut instauré en 1877 pour permettre aux églises de mettre leurs horloges à l'heure. Du belvédère, au sommet de la tour, vue imprenable sur les toits de Zagreb.

Strossmayerovo šetalište 9 (01) 48 51 768 Mar.-ven. 10h-19h, sam.-dim. 11h-19h € 20kn

LA VILLE BASSE (DONJI GRAD)

L'aménagement de la ville basse, lancé au milieu du 19e s., accordait une place importante aux espaces verts. Une succession de squares le long de larges avenues, le tout formant un grand "U", d'où son nom usuel de **"Fer à cheval vert"**. Les façades historicistes (fin 19e s.) et Sécession (début 20e s.) qui jalonnent le parcours n'ont pas toutes été rénovées, mais l'ensemble a fière allure, surtout lorsqu'une myriade de tulipes égaie les parterres au printemps.

Au cœur de la ville

Place du Ban-Jelačić / Trg bana Jelačića (plan 3, B2)

Entre ville haute et ville basse, cette esplanade fut aménagée dans les années 1830 sur l'ancien champ de foire médiéval. Centre névralgique de Zagreb, elle accueille, chaque jour, la valse des tramways et des piétons. Ses hautes façades historicistes et modernes voient défiler les grandes manifestations

Le tramway, place du Ban-Jelačić

sociales et culturelles locales. Elle doit son nom au ban (vice-roi) Josip Jelačić (1801-1859), général autrichien et héros populaire qui a permis l'unification des territoires croates et aboli le servage.

Fièvre acheteuse

Ilica (plan 3, A2-B2)

Ilica est depuis plusieurs siècles la grande artère commerçante de Zagreb (et la plus longue rue de la ville). Boutiques d'artisans et enseignes de grandes marques, cafés cachés et bars où l'on se montre, pâtisseries et restaurants s'y succèdent sur plusieurs centaines de mètres, et les Zagrébois l'arpentent, de jour comme de nuit.

Fleurs de faïence

Maison Kallina / Kuća Kallina (plan 3, B3)

Ne manquez la magnifique façade Sécession de cette maison à l'angle des rues Masarykova et Gundulićeva. Son revêtement tout de céramique pastel rappelle qu'elle a été édifiée en 1903 pour le compte d'un certain Josip Kallina, propriétaire d'une faïencerie.

Masarykova / Gundulićeva

Merveilles du quotidien

Musée des Arts et Métiers / Muzej za umjetnost i obrt - MUO 👍 (plan 3, A3)

La renommée internationale de ce musée n'est plus à faire. Outre des expositions temporaires, ce bâtiment aussi néo-Renaissance (1887) que jaune, signé Herman Bollé, abrite une extraordinaire collection de mobilier et d'objets décoratifs conçus et/ou utilisés en Croatie : gothique, baroque, rococo, Biedermeier, Art nouveau... Rien ne manque ! Bon guide en anglais en vente au guichet (30kn).

Trg maršala Tita 10 (01) 48 82 125 www.muo.hr Mar.-sam. 11h-19h, dim. 10h-14h € 20kn

Curieuse collection

Musée Mimara / Muzej Mimara (plan 3, A4)

Cet élégant bâtiment néo-Renaissance (1895) abrite les quelque 3 500 œuvres d'art léguées à la ville par l'énigmatique Croate Ante Topić Mimara (1898-1987). La vie de ce généreux donateur demeure en effet mystérieuse (notamment durant et après la Seconde Guerre mondiale), tout comme l'origine de son extraordinaire collection... Outre des porcelaines Ming et des verreries d'Égypte antique, elle comprend un nombre étonnant de tableaux de maîtres européens (Rembrandt, Velázquez, Turner, Delacroix), dont l'authenticité demeure pour certains encore sujette à caution. Compte tenu de la richesse de cette collection, mieux vaut privilégier certains thèmes, plutôt que de tout voir au pas de course.

Rooseveltov trg 5 (01) 48 28 100 www.mimara.hr Fermé pour travaux

Costumes et coutumes

Musée ethnographique / Etnografski muzej (plan 3, A3-A4)

Ce musée installé dans un grand bâtiment Sécession propose une extraordinaire collection de costumes chamarrés et d'outils traditionnels provenant de toutes les provinces de la Croatie. Au rez-de-chaussée, un bel ensemble de pièces de "cultures non-européennes", rapportées d'Asie, d'Afrique, d'Amérique et d'Océanie par des marins et voyageurs croates à la fin du 19e s.

Mažuranićev trg 14 (01) 48 26 220 www.emz.hr Mar.-sam. 10h-18h, dim. 10h-13h € 20kn

Pavillon d'exposition du jardin botanique

Belles mécaniques

Musée des Techniques / Tehnički muzej (plan 3, A4)

Parmi les quelque 6 000 machines et dispositifs mécaniques en tout genre que présente ce musée, il convient de signaler pour les enfants la section des transports (locomotives, sous-marins, vieilles voitures, etc.) et celle dévolue aux camions de pompiers. Également dignes d'intérêt : le planétarium, la reconstitution d'une mine de charbon, sur près de 300m dans les sous-sols, et le cabinet d'expérimentations de Nikola Tesla où sont reproduites les expériences magnétiques et électriques de ce génial physicien croate d'origine serbe (1856-1943).

Savska cesta 18 (01) 48 44 050 tmnt.hr Mar.-ven. 9h-17h (visite de la mine 15h, démonstration Nikola Tesla 15h30), sam.-dim. 9h-13h (visite de la mine 11h, démonstration Nikola Tesla 11h30) 25kn

Pause verte

Jardin botanique / Botanički vrt (plan 3, A4-B4)

Fondé en 1889, le jardin botanique compte plusieurs milliers d'espèces réparties entre un arboretum, des parterres à la française et quelques serres fermées au public. Il offre un agréable refuge ombragé aux flâneurs, et une fraîcheur bienvenue en été autour de ses deux petits lacs.

Marulićev trg 9a (01) 48 98 066 botanickivrt.biol.pmf.hr Avr.-oct. : lun.-mar. 9h-14h30, mer.-dim. 9h-18h Entrée libre

Inestimable

Galerie Strossmayer des Maîtres anciens / Strossmayerova Galerija starih majstora (plan 3, B4)

La collection de tableaux léguée par l'évêque Strossmayer rassemble des joyaux de la peinture européenne du 15e au 19e s. Elle fait la part belle aux écoles italienne et espagnole (Fra Angelico, Carpaccio, Bellini, Véronèse), mais comprend également des œuvres de maîtres flamands et hollandais (grivois *Mariage paysan* de Pieter Bruegel le Jeune). Une salle est consacrée à la peinture française des 17e-19e s. : paysage de Courbet et admirable scène de souk à Marrakech de Delacroix. Les amateurs apprécieront cette sélection éclairée, loin de l'étourdissante accumulation de certains musées zagrébois ! En sortant, jetez un coup d'œil à l'original de la plaque de Baška (1100), découverte dans l'île de Krk et conservée dans l'atrium (hall d'entrée) du bâtiment. Il s'agit du plus ancien objet en langue croate, en alphabet glagolitique.

Trg Nikole Š. Zrinskog 11 Académie croate des sciences et des arts (HAZU), 2e ét. (01) 48 95 117 www.sgallery.hazu.hr Fermé pour travaux

Créateurs locaux

Galerie moderne / Moderna galerija (plan 3, B3)

Occupant deux étages (un par siècle) du palais Vranyczany, ce musée présente plus de 700 chefs-d'œuvre de la création artistique croate des 19e et 20e s., des portraits de Vlaho Bukovac (1855-1922) à l'art conceptuel des années

1990-2000, en passant par les scènes parisiennes de Miroslav Kraljević (1885-1913) et les bronzes d'Ivan Meštrović (1883-1962).

Andrije Hebranga 1 (01) 60 41 040 www.moderna-galerija.hr Mar.-ven. 11h-19h, sam.-dim. 11h-14h € 40kn

L'art d'aujourd'hui

Foyer des plasticiens croates / Hrvatsko društvo likovnih umjetnika (plan 3, C3)

Cette étonnante rotonde posée sur une esplanade de la ville basse fut édifiée en 1938 par le sculpteur Ivan Meštrović pour accueillir des expositions. Durant la Seconde Guerre mondiale, elle fut un temps transformée en... mosquée avant de retrouver sa vocation initiale en 1951. Désormais, une quarantaine d'accrochages s'y succèdent chaque année, mettant en lumière des plasticiens croates et étrangers.

Trg žrtava fašizma 16 (01) 46 11 819 www.hdlu.hr Mer.-ven. 11h-19h, sam.-dim. 10h-18h € 20kn

LES QUARTIERS EXCENTRÉS

Ambiance balnéaire

Jarun (plan 2, B3-B4)

Ce quartier situé au sud-ouest de la capitale, au nord de la Save, s'est développé à partir de la fin des années 1970 autour du **lac Jarun**, vaste plan d'eau aménagé, également connu sous le nom de Zagrebačko more, la "petite mer de Zagreb". Il attire en nombre les habitants de la ville aux beaux jours.

Grand bol d'art

Musée d'Art contemporain / Muzej suvremene umjetnosti - MSU (plan 2, B2)

Occupant un imposant bâtiment fonctionnaliste (2009) et puisant dans un fonds de quelque 12 000 peintures, dessins, sculptures, photos, vidéos, etc., la collection permanente présente les principaux courants qui animent l'art contemporain international depuis 1945. La part belle revient, bien évidemment, à l'art croate : abstraction avec le collectif Exat 51, constructivisme de Nouvelle Tendance, œuvres conceptuelles de Gorgona, etc. Le complexe accueille également des expositions temporaires et des spectacles dans son auditorium multimédia, ainsi qu'une librairie avec salle de lecture, une boutique et un café-restaurant.

Av. Dubrovnik 17 (01) 60 52 700 www.msu.hr Mar.-ven. 11h-19h, sam.-dim. 11h-18h € 30kn

Au milieu des animaux

Zoo (plan 2, B1)

C'est l'un des plus anciens parcs zoologiques des Balkans. Posté au sud du parc Maksimir, il est certes d'une taille modeste (7ha) mais agréablement aménagé et végétalisé. Il regroupe 275 espèces d'animaux, dont des lions, des panthères des neiges, des hippopotames nains, des pandas roux, etc. Le

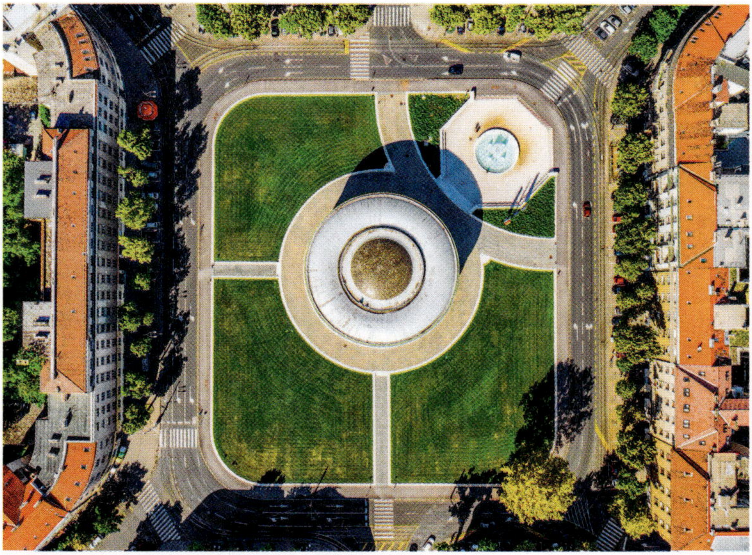

Le Foyer des plasticiens croates vu du ciel

mercredi, en vous annonçant à l'avance, vous pouvez devenir "soigneur d'un jour" et participer à l'entretien des animaux (tarif 400kn).

Maksimirski perivoj bb (01) 23 02 198 www.zoo.hr Tlj. 9h-16h 30kn

Repos éternel

Cimetière de Mirogoj / Groblje Mirogoj (plan 2, A2)

Le cimetière monumental de Mirogoj, ouvert depuis 1876, s'impose comme l'un des sites les plus visités de la ville. L'extraordinaire galerie néo-Renaissance d'Herman Bollé, couverte de lierre et coiffée d'imposants dômes verts, offre au promeneur une suite de saisissantes statues funéraires. Vous resterez notamment saisi par la puissance des statues de Frangeš Mihanović (partie sud). Dans les allées du cimetière, les tombes arborent croix catholiques, caractères cyrilliques, étoiles de David ou tarbouches musulmans.

Aleja Hermanna Bollea 27 (01) 46 96 700 www.gradskagroblja.hr Avr.-oct. : tlj. 6h-20h ; nov.-mars : tlj. 7h30-18h

Manège enchanté

Galerie Lauba (plan 2, A3)

Ces anciennes écuries de l'armée austro-hongroise sont devenues une "maison pour les gens et pour l'art" à la programmation exaltante : expositions de jeunes artistes croates, spectacles de danse, concerts, etc., sous la houlette de l'association Lauba. Ateliers pour les enfants et café.

Prilaz baruna Filipovića 23a 091 63 02 100 www.lauba.hr Tlj. 16h-22h 40kn

AU PAYS DES CIGOGNES

Čigoć, qui abrite le centre d'information du parc du Lonjsko Polje (p.60), n'a pas usurpé son nom ! En effet, au début du printemps, plus de 200 cigognes revenues de leur hivernage en Afrique s'installent dans ce joli petit village typique de... 120 habitants. On ne s'étonnera donc pas qu'en 1994 la Fondation européenne pour la conservation de la nature ait proclamé Čigoć "premier village européen des cigognes". Presque chaque toit de maison ou de grange est coiffé d'un imposant nid, qui peut dater de plus de 50 ans et peser plus de 700kg ! Cette profusion tient à des conditions météo particulièrement propices et à la proximité d'étangs poissonneux. En juin, vous devriez voir les parents nourrir les cigogneaux et craqueter entre eux. Les jeunes quitteront le nid en août, suivis de leurs parents en septembre pour un trajet de 13 000km vers l'Afrique orientale ou australe. Leur secret pour ne pas se perdre ? Leur cerveau – comme celui de bien d'autres êtres vivants – contient des cristaux de magnétite qui les aident à s'orienter.

Les cigognes du Lonjsko Polje

DANS LES ENVIRONS

Pour les envies de promenade

Parc naturel de la Medvednica / Park prirode Medvednica

Ce joli massif forestier mêlant hêtres, sapins, chênes et châtaigniers, qui s'étend juste au nord de la capitale, est l'un des buts d'excursion dominicale préférés des Zagrébois. Le mont Sljeme, son point culminant (1 035m), dispose d'un petit domaine skiable – cf. Skiez aux portes de la capitale (p.62) –, mais son site le plus fréquenté est la **forteresse de Medvedgrad**. Cet austère édifice du 13e s., abandonné après un séisme en 1590, a été restauré et offre un panorama vertigineux sur Zagreb et ses environs. Un film éducatif y présente le parc naturel, son histoire et ses points d'intérêt.

Centre d'information de Bliznec Non loin du téléphérique (01) 45 86 317 www.pp-medvednica.hr **Forteresse de Medvedgrad / Utvrda Medvedgrad** 10km env. au nord de Zagreb (01) 45 86 317 Jan.-mars : sam.-dim. 10h-17h ; avr.-sept. : mar.-dim. 11h-19h ; oct.-déc. : mar.-dim. 10h-18h Fermé pour travaux jusqu'à fin 2019 15kn

Ambiance sylvestre

Chapelle Sainte-Barbe / Crkva Sv. Barbare

Petite merveille de bois, la chapelle Sainte-Barbe du 17e s. se cache dans le bourg de Velika Mlaka, à deux pas de l'aéroport de Zagreb. La nef, qui peine à accueillir tous les fidèles lors des offices, est tapissée jusqu'au plafond de splendides panneaux peints de bouquets de fleurs et de scènes de la vie du Christ et de sainte Barbe. Beaucoup de cachet !

Velika Mlaka (12km au sud de Zagreb de Zagreb, dir. aéroport/Velika Gorica/Sisak) (01) 62 22 378 Dim. 10h30-11h et 12h-12h30

Parenthèse antique

Andautonia

Près du village de Šćitarjevo s'étendent les ruines de la cité romaine d'Andautonia. Les fouilles en cours ont permis de dégager tronçons de rues, restes de thermes et de villas, mais aussi outils, vaisselle et monnaie du 1er au 4e s. de notre ère. Une stèle votive du 3e s. représentant Némésis laisse à penser que la ville attirait des combats de gladiateurs. Chaque année, en avril, les journées d'Andautonia accueillent de nombreux visiteurs avec des ateliers de fouille, des repas romains et des jeux pour les enfants.

Šćitarjevo Velika Gorica (env. 10km au sud de Zagreb) (01) 48 00 009 www.amz.hr/en/visit/archaeological-park-andautonia Mai-oct. : sam.-dim. 12h-18h 20kn

Tranquille et charmant

Samobor

Samobor doit beaucoup à sa **place du roi-Tomislav** (Trg kralja Tomislava). Quand il fait beau, les terrasses des cafés et des salons de thé qui la bordent permettent d'admirer façades baroques et maisons basses aux couleurs pastel. L'ensemble est dominé par l'imposant clocher à bulbe de l'**église Sainte-Anastasie** (Crkva sv. Anastazije, 17e s.), édifiée sur la rive sud de la Gradna. À l'est de la place, plusieurs passerelles invitent à une balade en slalom le long de la rivière. À l'ouest, un pont de bois couvert permet de rejoindre le musée de Samobor et la **promenade Franjo-Tuđman** (Šetalište Franje Tuđmana). En longeant la rivière dans cette direction sur env. 1km, vous atteindrez **Saint-Michel** (Crkva Sv. Mihajla), adorable église gothique de la fin du 15e s., remaniée dans le style baroque.

25km à l'ouest de Zagreb

Le royaume des oiseaux

Parc naturel du Lonjsko Polje

À une centaine de kilomètres au sud de Zagreb, ce parc naturel qui s'étire le long de la Sava constitue la plus vaste zone humide protégée du bassin du Danube (506km^2)... et un paradis pour les oiseaux : près de 250 espèces, sédentaires et migratrices, y ont été répertoriées. Toutefois, ce sont les cigognes qui font la notoriété du Lonjsko Polje. Au-delà de ses ressources naturelles, le parc mérite aussi le détour pour son patrimoine bâti, la plupart des villages ayant conservé de robustes maisons en bois, vieilles pour certaines de plus de 150 ans. Prévoyez de consacrer une bonne journée à sa découverte, au départ de **Sisak** (85km au sud-est de Zagreb par l'autoroute A3-E70). De là, vous suivrez, vers l'est, la petite route qui sinue entre villages, prairies, forêts et marais sur une digue pas toujours asphaltée de près de 70km, jusqu'au bourg de Jasenovac. Le printemps est la meilleure saison pour visiter le parc, en voiture, en bateau, à vélo ou à cheval, quand la végétation s'épanouit et qu'arrivent les oiseaux migrateurs.

Čigoć (044) 611 190 www.pp-lonjsko-polje.hr 40kn Centre d'information de Čigoć Čigoč 26 90km au sud-est de Zagreb par A11/D36 (044) 715 115 Tlj. 9h-17h

À FAIRE

Assistez au défilé... de mode

Le *špica* est une étonnante tradition typiquement zagréboise : le samedi, entre 10h et 15h, les habitants de la capitale sortent faire leurs courses. Mais certains revêtent pour l'occasion leurs tenues les plus recherchées. Emplettes faites, ils se promènent afin de voir et d'être vus. C'est un festival de robes longues, de "street wear gipsy chic", de costumes bien coupés et de lunettes de soleil griffées. Un défilé de rue qui s'apprécie pleinement des terrasses de cafés de la grand-place.

Chinez aux puces de Zagreb

Le dimanche matin, un marché aux antiquités (vaisselle rétro, fripes, vieux papiers et objets de collection de la période communiste) se déploie sur la place **Britanski**. D'autres puces, plus vastes mais bien plus *roots*, se tiennent au sud de la Save, non loin des grands ensembles de Novi Zagreb. Ce sont celles de **Hrelić** (Hrelić Jakuševac, Sajmišna cesta 8).

Profitez de la "petit mer" de Zagreb

Base de loisirs du lac Jarun / Rekreacijsko športski centar (plan 2, A2)

Vaste plan d'eau artificiel aménagé juste au nord de la Save, le lac Jarun forme, aux beaux jours, la "petite mer" de Zagreb. Les nageurs sont nombreux à profiter de ses eaux claires, tandis que cyclistes et joggeurs s'en donnent à cœur joie tout autour. Des clubs d'aviron, de canoë-kayak, de voile, etc. sont installés sur sa rive, et des concerts en plein air accueillent, début juillet, les meilleurs groupes mondiaux, dans le cadre du Festival VIP INmusic.

Jarun bb Zagreb (01) 64 21 355 www.sportskiobjekti.hr

Randonnez dans les monts Samobor

Parc naturel du Žumberak et des monts Samobor / Park prirode Žumberak-Samoborsko gorje

Cette réserve naturelle protège les monts Samobor et la chaîne du Žumberak. Hêtraies, pâturages, vignobles, vergers et petits villages tranquilles... La variété des paysages de ces deux massifs vallonnés et leur faible altitude (180m-1 178m) attirent les randonneurs de toute la région, et de nombreux itinéraires balisés ont été tracés pour permettre aussi bien de courtes balades que des treks de plusieurs jours. Pour en savoir plus, rendez-vous au centre d'information du parc, dans le village de Slani Dol.

Samobor **Centre d'information de Slani Dol** Slani Dol 1 (38km à l'ouest de Zagreb, et 9km à l'ouest de Samobor, dir. Jastrebarsko) (01) 33 27 660 www.park-zumberak.hr
Lun.-ven. 8h-16h

Le long du lac Jarun

Sentier pédagogique d'Otruševec
Au départ de l'auberge Kod Špilje (p.67), ce parcours balisé permet de mesurer en une boucle d'un peu plus d'une heure toute la richesse des paysages de la région : sous-bois, champs, vignes, point de vue sur la plaine jusqu'à Zagreb, ainsi que de curieux "trous d'air" dans le sol, où l'on peut sentir un souffle frais jaillir des profondeurs à travers de minuscules fissures. Ne manquez pas la **grotte de Grgos**, à l'entrée d'Otruševec, et ses spectaculaires concrétions calcaires !

5km au nord-ouest de Samobor

Skiez aux portes de la capitale
À quelques kilomètres seulement de Zagreb, le versant nord du **mont Sljeme** accueille, l'hiver, une mini-station de ski : 4km de pistes, deux téléskis, un télésiège, quelques restaurants et un hôtel (le Tomislavov Dom). Il y a de quoi s'amuser toute une journée sans se ruiner (forfait à 120kn) et même prolonger le plaisir en soirée puisque les pistes sont éclairées ! En été, le massif est propice à de belles randonnées (carte des sentiers et des refuges à l'office de tourisme de Zagreb).

Mont Sljeme 20km env. au nord de Zagreb via Dolje (01) 45 53 382 www.sljeme.hr
Location de matériel Hrvoje Sport Grada Vukovara 237 Zagreb

NOS ADRESSES

PAUSES

Havre sucré
Amélie ♥
Une adresse incontournable du centre-ville, lieu de rencontre des Zagrébois pour une pause café ou thé, agrémentée de pâtisseries sucrées ou en-cas salés dans un décor de maison de poupées, au pied de Kaptol. Par beau temps, prenez place en terrasse et dégustez la fameuse Torta Amélie, spécialité de la maison. Pâtisserie 15-20kn, café ou thé 9-13kn.

ZAGREB (plan 3, B2 n°1) Vlaška 6
(01) 55 83 360 www.slasticeamelie.com
Lun.-sam. 8h-23h, dim. 9h-23h

Pour sa *torta*
Vincek slastičarnica
Ses gâteaux à la crème et ses glaces sont réputées, mais la spécialité de la maison demeure la *Vincek Torta*, délice alliant chocolat blanc et noir, miel, noix, cannelle et crème – bien sûr ! Plusieurs autres adresses dans la capitale.

ZAGREB (plan 3, B2 n°2) Ilica 18
(01) 48 33 612 www.vincek.com.hr
Lun.-sam. 8h30-23h

Enchanteur
Melin
Sans doute le bar le moins cher et le moins m'as-tu-vu de la rue Tkalčićeva. Excellente atmosphère, que vous vous installiez dans la salle, sous la verrière ou en terrasse. À savourer pour sa fraîcheur les après-midi d'été, et le soir pour son ambiance musicale. Concerts le jeudi soir hors saison.

ZAGREB (plan 4, B1 n°2) Tkalčićeva / Kožarska 19 (01) 48 28 966 Tlj. 10h-0h

La *kremšnita*, spécialité de Samobor

À manger et à danser

Millennium

Au rez-de-chaussée, la pâtisserie attire irrésistiblement avec ses gâteaux multicolores et ses dizaines de glaces aux parfums variés, mais n'hésitez pas à prendre l'ascenseur pour vous retrouver dans un bar lounge aux tons pastel, murs de galets, jeux de lumières et écran géant ! L'un des lieux de rendez-vous de la jeunesse huppée zagréboise. Pâtisseries 15-30kn, glaces 25-30kn, cocktails 35kn.

ZAGREB (plan 3, B3 n°3) Bogovićeva 7 (01) 48 10 849 www.slasticarnica-millennium.hr Tlj. 9h-0h

Le QG des jeunes

Savska 14 – Krivi Put

Krivi Put ("fausse route" en croate) a déménagé plusieurs fois avant de s'établir sur Savska. Et, à chaque fois, l'énergie alternative de ceux qui se retrouvent sur ces bancs et ces tabourets, le long de tables en bois, dans la cour, semble se régénérer. L'un des endroits préférés des étudiants de Zagreb.

ZAGREB (plan 3, A4 n°4) Savska 14
Tlj. 10h-2h

Entre deux courses

Broom 44

Un petit café tout en bois clair, dans l'esprit scandinave, face au marché de Dolac. Des galettes, des tartes et des beignets pour accompagner un excellent expresso, mais aussi quelques plats végétariens ou végans... servis avec le sourire.

ZAGREB (plan 4, B2 n°3) Dolac 8
095 907 40 47 Lun.-sam. 6h30-15h, dim. 8h-14h

Lieu unique

Kavana Lav ♥

Un endroit plein de charme, aménagé avec raffinement dans un ancien palais, avec une superbe petite terrasse surveillée par un lion de pierre. L'endroit idéal pour faire une pause accompagnée d'en-cas sucrés ou salés faits maison. Également expositions de peinture, de sculpture, soirées tango, concerts, etc. Café-thé 10-25kn, pâtisserie 18-22kn, glace 10-12kn, en-cas 30-50kn.

ZAGREB (plan 4, B2 n°1) Opatička 2
(01) 49 22 108 Lun.-jeu. 17h-23h, ven.-sam. 17h-0h

La crème de la crème

U Prolazu

Ce modeste café-pâtisserie de la grand-place de Samobor propose la meilleure *kremšnita*, sorte de mille-feuille emblématique de la ville. Terrasse aux beaux jours.

SAMOBOR Trg Kralja Tomislava 5
(01) 33 66 420 Tlj. 7h-23h

Et aussi **Velvet Café** (p.42), **Melt – Gelato & Brunch Bar** et **Korica** (p.42) à Zagreb.

RESTAURANTS

La Botte dans l'assiette

Nokturno

Dans une ruelle pentue de Kaptol, ce grand restaurant-pizzeria, fréquenté par les touristes comme par les Zagrébois, ne désemplit pas. Vaste choix de pizzas, de pâtes, de risottos, de viandes, de salades... Certes, rien de très raffiné, mais la modestie des prix et l'accueil, fort sympathique, justifie l'affluence. Terrasse. Pizza ou plat à partir de 30kn. Attention, prévoyez un peu d'attente.

ZAGREB (plan 4, B2 n°11) Skalinska 4
(01) 48 13 394 nokturno.hr
Dim.-jeu. 8h-0h, ven.-sam. 9h-1h

Comme là-bas

Burgeraj

Les meilleurs burgers de Zagreb ! Tout est fait maison, du pain de mie aux sauces, en passant par la préparation de la viande hachée. Essayez le Bacon Cheese, avec ses rondelles de pommes de terre et sa sauce bacon ou ketchup (44kn). Et testez l'une des bières artisanales de fabrication locale ou américaine. Comptez 50-60kn le repas.

ZAGREB (plan 3, B3 n°10) Preradovićeva 13
(01) 48 76 791 Lun.-jeu. 12h-21h, ven.-sam. 12h-22h

À l'aise braise

Grill Žar

De l'avis général, le meilleur grill de la capitale, même s'il ne paie pas de mine. Grillades à la braise, viandes de qualité parfaitement cuites, belles proportions et prix modérés. Également un menu végétarien. Plats à partir de 30kn.

ZAGREB (plan 2, A3 n°1) Badalićeva 19
(01) 38 20 251 Lun.-sam. 9h-22h, dim. 11h-16h30

***Peka* de poulpe**

Kefta croate

Batak Grill

Un restaurant de grillades caché dans la galerie commerciale Cvjetni, agrémenté d'une terrasse (non-fumeurs) et d'une décoration très scandinave. À la carte, vaste choix de grillades de bœuf "à la Leskovac" (une sorte de kefta), servies accompagnées de légumes de saison. Réservation conseillée si vous êtes plusieurs. Repas 70-120kn avec boisson.

ZAGREB (plan 3, B3 n°12) Petra Preradovića 6
091 46 22 334 www.batak-grill.hr
Tlj. 11h-22h

En direct du marché

Bistro Fotić

À deux pas de Trg Bana Jelačića, un joli petit bistrot avec terrasse, aux couleurs de l'enfance. Au menu, des assiettes pleines de créativité et de produits de saison venus du marché de Dolac : pâtes fraîches maison, viande en sauce, poisson ou plats végétariens... Bonne carte des vins du pays. Formule 40kn, repas 60-120kn. Petit déjeuner jusqu'à 11h.

ZAGREB (plan 3, B3 n°13) Gajeva 25
(01) 48 10 476 www.bistrofotic.com
Lun.-sam. 8h-23h

Assiettes à la fête

Trilogija Fino i Vino ♥

Pas de menu, mais des plats à l'ardoise selon les produits frais du marché de Dolac, trois entrées, trois plats (viande et poisson) et trois desserts servis par un personnel sympathique et bilingue. Une cuisine imaginative qu'accompagne une formidable carte de plus de 130 vins, locaux ou internationaux. Atmosphère chaleureuse sous des voûtes médiévales, à deux pas de la Vieille Porte. Repas 150-180kn.

ZAGREB (plan 4, B2 n°13) Kaptol 10
(01) 48 45 336 www.finoivino.com
Lun.-sam. 12h-23h

Tout en fraîcheur

Restoran Kerempuh

Son nom rend hommage à Petrica Kerempuh, héros malheureux d'une ballade (1936) du grand écrivain national Miroslav Krleža, et dont la statue se dresse à l'extérieur. La cuisine de saison est plutôt goûteuse et d'une fraîcheur irréprochable. Et pour cause : tous les ingrédients sont choisis le matin même au marché de Dolac, juste en dessous de la terrasse. Belle carte de vins croates. Plats 30-140kn.

ZAGREB (plan 3, B2 n°17) Kaptol 3
(01) 48 19 000 Tlj. 8h-16h

Droit au but

Boban

Que ce soit dans le cadre acidulé du café ou sous les voûtes en brique du restaurant, il y a toujours foule chez Boban ! Si le bon rapport qualité-prix des plats de pâtes et autres risottos y est pour beaucoup, la réputation de cet établissement tient aussi à la notoriété de son fondateur, le footballeur Zvonimir Boban, ancien joueur du Milan AC. Comptez 100-150kn le repas.

ZAGREB (plan 3, B3 n°14) Gajeva 9
(01) 48 11 549 www.boban.hr Tlj. 11h-23h

Trois ambiances

Mali Bar-Pizzeria Karijola-Bar à vins

Un escalier à flanc de colline avec, à chaque étage, une terrasse et des saveurs différentes : au premier, le restaurant **Mali Bar** sert (au déjeuner) une cuisine gastronomique à base de délicieux assortiments de tapas réalisés par une cuisinière renommée (plats 65-130kn). Au second, la **pizzeria Karijola** est connue pour préparer les meilleures pizzas de la ville (40-80kn). Enfin, tout en haut, un sympathique **bar à vins**.

ZAGREB (plan 3, C2 n°16) Vlaška 63
(01) 55 31 016 ou (01) 36 67 044
www.pizzeria-karijola.com Tlj. 12h-23h

Tentants tentacules

Korčula

Voilà un restaurant où il serait impardonnable de ne pas s'arrêter pour faire honneur à la spécialité : le *Pečena hobotnica s krumpirom*, soit du poulpe grillé au four avec des pommes de terre, de l'ail et du vin blanc (135kn). Un délice, fondant à souhait ! Autres plats à partir de 80kn.

ZAGREB (plan 3, B3 n°15) Teslina 17
(01) 48 11 331 restoran-korcula.hr
Lun.-sam. 12h-0h, dim. 12h-17h

Ambiance médiévale

Stari Puntijar ⚲⚲

Étrange atmosphère d'inspiration médiévale dans cette salle décorée de hallebardes, de mousquets et d'images anciennes de Zagreb. Vous vous croiriez dans un décor un peu vieillot, et pourtant, cette salle a vu défiler les dignitaires locaux depuis l'époque titiste. Cave à vins impressionnante, cuisine internationale et locale. Plats 60-160kn.

ZAGREB (hors plan 2 par B1) Gračanska cesta 65 (sur la route de Sljeme) (01) 46 75 600 Tlj. 12h-23h

Dîner de Roi mage

Baltazar ♥⚲⚲⚲

Au fil des ans, cette vénérable auberge spécialisé dans les viandes de Slavonie et du Zagorje s'est agrandie. Après la véranda Gaspar – où sont plutôt servis des poissons –, s'est ajoutée une cave à vins, logiquement baptisée Melkior. La qualité des produits et leur présentation en font une étape gastronomique appréciable. Plats 80-250kn.

ZAGREB (plan 3, B1 n°11) Nova Ves 4 (01) 46 66 999 baltazar.hr Lun.-sam. 12h-0h, dim. 12h-17h

Repas romantique

Pod Gričkim Topom ⚲⚲⚲

Accrochée aux pentes boisées de Gradec, sous la tour Lotrščak, la terrasse de ce restaurant offre une vue splendide sur les toits de Zagreb. Un cadre romantique pour déguster un poisson grillé, suivi d'une petite liqueur digestive. L'intérieur, plutôt chaleureux avec son parquet clair, ses poutres apparentes et son mur en brique, se montre tout aussi accueillant. Plats 90-180kn.

ZAGREB (plan 4, A2 n°12) Zakmardijeve stube 5 (01) 48 33 607 Lun.-sam. 10h-22h

Luxe et élégance

Dubravkin put ⚲⚲⚲

Considéré comme l'une des meilleures tables de la ville, ce restaurant gastronomique (turbot au chou-fleur, pistaches et œufs de truite ; roulade de lapin crème carotte et abricot séchés, couscous et choux de Bruxelles) occupe un site de choix dans la verdure, sous le flanc ouest de Tuškanac. Clientèle et cadre élégants, déjeuner 150-200kn, dîner env. 300kn, menus dégustation à partir de 495kn.

ZAGREB (plan 4, A1 n°10) Dubravkin Put bb (01) 48 34 975 dubravkin-put.com Lun.-sam. 12h-0h

Veau le détour

Pri Staroj Vuri ⚲⚲

Installée sur une hauteur au sud du centre-ville, cette belle demeure baroque abrite l'un des restaurants de viande les plus réputés de Samobor. Jouez la sécurité et savourez le fameux *teleća koljenica*, jarret de veau fondant à souhait, une spécialité de la maison. Jolie terrasse ombragée. Plats 55-85kn, repas complet env. 120-140kn.

SAMOBOR Giznik 2 (01) 33 60 548 Mar.-sam. 12h-23h, dim. 11h-18h

Le champion des champignons

Krčma "Gabreku 1929" ♥⚲⚲

Depuis 1929, comme son nom l'indique, le bistrot Gabrek sert une cuisine soignée qui porte haut les richesses gastronomiques de la région. Soupe aux champignons mémorable, sanglier aux canneberges, jarret de veau ou foie braisé : la qualité est dans l'assiette et la clientèle au rendez-vous. Mieux vaut donc réserver. Plats 38-150Kn, repas env. 150kn.

SAMOBOR Starogradska 46 ☎ (01) 33 60 722 www.gabrek.hr 🕒 Lun.-sam. 12h-22h, dim. 12h-18h

De la ferme à l'assiette

Kod Špilje ♥

Excellente cuisine traditionnelle avec les produits de la ferme des propriétaires (canards, oies, chapons, fruits et légumes...). En entrée, foie gras, omelette au sang de chapon, champignons variés ; en plat de résistance, des volailles maison aux pâtes fraîches, aux châtaignes, etc. Menus 100kn-150kn. Face au restaurant, la grotte Grgos, inventée par le patron en 1973 et visitable sur demande, ravira les enfants.

OTRUŠEVEC Otruševec 17 (5km au nord-ouest de Samobor) ☎ (01) 33 75 888 gostionica-kodspilje.hr 🕒 Mar.-dim. 10h-23h

Et aussi **Zrno Bio Bistro** (p.43) à Zagreb.

SHOPPING

Grandes halles

Marché de Dolac ♥

C'est le grand marché populaire de Zagreb (p.45). Approvisionné par les petits producteurs de la région, il bat son plein tous les matins.

ZAGREB (plan 4, B2 n°20) Colline de Kaptol Dolac 🕒 Lun.-sam. 6h30-14h, dim. 6h30-13h

Vins divins

Vinoteka Bornstein ♥

Proche de la cathédrale, cette très belle cave voûtée en brique cache une excellente sélection de vins croates et étrangers, d'eaux-de-vie, et des produits gourmands d'Istrie (huile d'olive, truffes, miel...). Espace dégustation. Une bonne bouteille de vin croate vous coûtera de 100 à 200kn.

ZAGREB (plan 3, B1 n°22) Kaptol 19 ☎ (01) 48 12 361 www.bornstein.hr 🕒 Lun.-sam. 10h-20h

Cols au sommet

Croata

Pour ceux qui ne sauraient pas encore que la cravate est originaire de Croatie – cf. Le nœud de l'affaire (p.68) –, cette enseigne, présente dans tout le pays, propose de belles pièces en soie ornées de motifs traditionnels et de caractères glagolitiques. Comptez 250kn minimum.

Au marché de Dolac

ZAGREB (plan 3, B1 n°20) Ilica 5 ☎ (01) 64 57 052 www.croata.hr 🕒 Lun.-ven. 9h-20h, sam. 9h-15h

Cosmétiques bio

Kantarion

Une jolie petite boutique dédiée aux cosmétiques bio *made in Croatia*. Savons naturels, soins pour le corps et le visage – tel le baume à l'immortelle et à la cire d'abeille –, huiles

LE NŒUD DE L'AFFAIRE
Recrutés dans l'armée royale française au 17e s., des cavaliers croates avaient l'habitude de partir en campagne une écharpe de tissu blanc nouée autour de leur cou. "Croate" se prononçant "cravate" dans leur langue, cette appellation leur fut vite associée, et l'adoption de cet objet par Louis XIV et sa cour fit le reste : la cravate était née !

essentielles ou de massage, teintures mère, bougies... L'assurance de trouver là un petit souvenir utile, pour soi ou pour offrir.

ZAGREB (plan 3, C3 n°21) Martićeva 14C
(01) 79 80 295 www.kantarion.eu
Lun.-ven. 9h-20h, sam. 9h-14h

Jambon d'exception
Bura i sol

Amoureux du jambon dalmate de Drniš, le fameux *pršut*, et en quête d'autres souvenirs gourmands ? Cette boutique, à deux pas du marché de Trešnjavka, est faite pour vous ! Le propriétaire, Domagoj Marin, commercialise des jambons élaborés à l'ancienne, selon les principes biodynamiques en matière de maturation, des fromages régionaux de caractère et du vin. Également une sélection d'eaux-de-vie artisanales... De quoi repartir joyeux, assurément !

ZAGREB (plan 2, A3 n°10) Krapinska 27
098 997 66 29 Lun.-ven. 10h-17h, sam. 9h et 14h

Moutarde et apéro
Obitelj Filipec

Antun, descendant de la longue lignée Filipec, produit, comme ses aïeux depuis plus de 200 ans, la fameuse moutarde de Samobor et le *bermet*, un apéritif aigre-doux non moins réputé contenant de la figue et du raisin. Les deux produits sont en vente dans une minuscule boutique, d'où vous pourrez apercevoir les fûts dans la petite cave familiale. Comptez 90kn la bouteille de *bermet* et 40kn le pot de moutarde.

SAMOBOR Stražnička 1a (01) 33 64 835
www.bermetfilipec.hr Lun.-sam. 8h-18h

Et aussi **Lore Concept Store** (p.42) à Zagreb.

SORTIES

Les nuits de Zagreb n'ont rien à envier à celles des autres capitales européennes ! La ville regorge de cafés-concerts, de clubs et de boîtes de nuit en tout genre. Les lieux à la mode sont regroupés sur la rive nord de la Save et au bord du lac Jarun.

Nuit d'apothicaire
Old Pharmacy Pub

Derrière une très belle façade du 19e s. un tantinet décrépie, se cache un faux vieux pub anglais installé dans les locaux d'une vieille pharmacie. Boiseries, parquets, écrans géants pour les retransmissions sportives et bon choix de bières et de whiskys. Dans la salle non-fumeur, de confortables chesterfield invitent à l'intimité.

ZAGREB (plan 3, B3 n°30) Andrije Hebranga 11
091 24 56 183 Lun.-ven. 8h-2h

Théâtre national croate

Zagreb underground

Močvara

Gigantesque centre culturel alternatif installé dans une usine désaffectée de la rive nord de la Save, le "Marais" (traduction de *močvara*) réunit tous les genres pour des projections, performances, lectures et happenings, mais surtout pour ses concerts (du jazz au metal en passant par le funk) et ses nuits endiablées sur la piste de danse. Incontournable.

ZAGREB (plan 2, B2 n°21) Trnjanski nasip bb (01) 61 59 667 www.mochvara.hr

Soirée de feu

Sax

Vaste club chaleureux à découvrir le jeudi, vendredi ou samedi soir, quand les concerts de variété, de rock, de pop, ou de soul attirent un public euphorique voire déchaîné. Excellente soirée garantie !

ZAGREB (plan 3, C3 n°31) Palmotićeva 22 (01) 48 72 836 www.sax-zg.hr Lun.-sam. 20h-4h Fermé juil.-août

Gros poissons de l'électro

Aquarius

Installé au bord du lac Jarun, l'Aquarius est LA boîte branchée de Zagreb. Tandis que de célèbres DJ officient aux platines, une foule particulièrement compacte de *beautiful people* se déhanche sur la piste ronde. Terrasse en été.

ZAGREB (plan 2, B3 n°20) Aleja Matije Ljubeka bb (01) 36 40 234 Tlj. 8h-4h

Plutôt *heavy metal* ?

Tvornica Kulture

Cette immense salle de concerts, bien connue du milieu alternatif, accueille régulièrement sur ses deux scènes des groupes locaux et étrangers. Concerts en semaine, DJ le week-end.

ZAGREB (plan 2, A2 n°22) Šubićeva 2 (01) 45 78 389 www.tvornicakulture.com Tlj. 23h-4h Café ouvert tlj. 7h-23h

Culture locale

Théâtre national croate

Le meilleur moyen de découvrir le Théâtre national croate, splendide édifice de la fin du 19e s., c'est encore d'assister à l'un des excellents spectacles qui y sont donnés ! Billet de 35 à 200kn.

ZAGREB (plan 3, A3 n°33) Trg maršala Tita 15 (01) 48 88 488 www.hnk.hr Sept.-juin

À la porte des pantins

Théâtre de marionnettes

Depuis 1948, ce théâtre propose des spectacles de marionnettes, créations ou issus du répertoire, qui séduisent les petits et les grands enfants quelle que soit leur langue maternelle. Tarif 30-40kn.

ZAGREB (plan 3, B4 n°32) Trg kralja Tomislava 19 (01) 48 78 445 www.zkl.hr Mar.-ven. 14h-19h, sam.-dim. 9h-12h30

LE ZAGORJE

Cette région frontalière avec la Slovénie, calme et bucolique, récompense les rares touristes qui s'y aventurent avec de magnifiques paysages de collines où randonner, de charmants petits villages médiévaux et d'impressionnants manoirs anciens. Tout cela dans une ambiance plus autrichienne que méditerranéenne.

À VOIR

KRAPINA

Si la capitale du Zagorje croate ne mérite qu'une brève halte, ce bourg de quelque 5 000 habitants, baigné par la Krapinica, n'en possède pas moins une longue et riche histoire... En 1899, sur le site de Hušnjak, à la sortie de la localité, l'archéologue et paléontologue Dragutin Gorjanović-Kramberger découvrit les restes fossilisés d'une vingtaine d'hominidés du paléolithique moyen (150 000-40 000 ans), d'un type néandertalien qu'on baptisa *Homo krapinensis*. Plus récemment, Krapina a vu naître le poète Ljudevit Gaj (1809-1872), artisan du renouveau national croate et d'une réforme linguistique.

ACCÈS ET INFOS

- Krapina, capitale du Zagorje, est à 65km de Zagreb, au nord. Trains (avec changement à Zabok) et bus tlj., trajets 1h20.
- Office de tourisme de Krapina Magistratska 11 (049) 371 330 www.tzg-krapina.hr
- Office de tourisme régional du Krapina-Zagorje Magistratska 3 Krapina (049) 233 653 www.tzkzz.hr

À l'âge de pierre

Musée néandertalien de Krapina / Muzej Krapinskih Neandertalaca

Tel l'abri-sous-roche voisin où furent découverts en 1898 les restes d'une vingtaine de néandertaliens, ce musée multimédia se fond dans son environnement. Il invite ses visiteur à remonter le temps pour suivre l'évolution de notre planète, du big bang au paléolithique. Il met par ailleurs en scène, dans un diorama et un film, ce que pouvait être le quotidien de l'homme de Krapina, chasseur-cueilleur cousin d'*Homo sapiens*, posant aussi la question de sa descendance génétique. Le musée présente également les animaux qui peuplaient la région il y a plus de 130 000 ans (rhinocéros, ours des cavernes, loups gris, cerfs géants...).

Šetalište Vilibalda Sluge (500m au nord du centre-ville, de l'autre côté de la rivière) (049) 371 491 www.mkn.mhz.hr Mar.-ven. 9h-17h, sam.-dim. 10h-18h Billetterie fermée 1h avant 60kn

Stucs et dorures

Église Sainte-Marie-de-Jérusalem / Crkva Majke Božje Jeruzalemske

Perchée dans le hameau de Trški Vrh, à l'est de Krapina, cette église de pèlerinage dissimule, derrière une jolie enceinte octogonale à tourelles, un

À NE PAS MANQUER

- Église Sainte-Marie-de-Jérusalem (Krapina)
- Château de Veliki Tabor (Desinić)
- Église Sainte-Marie-des-Neiges
- Château de Trakošćan

Le château de Veliki Tabor

magnifique décor baroque de 1750. L'accumulation de fresques en trompe-l'œil, de stucs dorés, et les volumes tout en courbes de la nef font presque tourner la tête ! Plus bas, derrière l'église, les stations du chemin de croix renferment d'originales peintures contemporaines.

À 1km du centre de Krapina en remontant les rues Kardinala Stepinca puis Miroslava Krleže (049) 371 456 www.zupa-krapina.hr Pour les messes de 7h, 9h et 11h, sinon appeler ou demander la clé au gardien (maison verte à gauche de l'entrée principale)

À L'OUEST DE KRAPINA

Vignette baroque

Église de la Visitation / Sv. Marija od Pohoda

Juché sur une colline et ceint de murailles, ce sanctuaire baroque (1657) jouit d'une vue somptueuse sur le vignoble du Zagorje. Même si sa nef a perdu beaucoup de son lustre, cette église de pèlerinage ne manque pas de charme.

Vinagora (21km à l'ouest de Krapina) (049) 343 012 Dim. matin, ou demander la clé au presbytère voisin

Forteresse perchée

Château de Veliki Tabor / Dvor Veliki Tabor

Édifié au 16e s. par les comtes Ratkaj, le château de Veliki Tabor, avec son imposante structure pentagonale et ses tours pansues, est l'un des fleurons de l'architecture défensive adoptée par les Croates à la Renaissance. De loin, l'impression de puissance est saisissante ! Cour triangulaire, galeries à arcades chapelle, caves voûtées, salles et donjon ont été remarquablement restaurés.

Desinić (env. 25km à l'ouest de Krapina, et 3km à pied de Desinić) (049) 374 970 www.veliki-tabor.hr Avr., oct. : mar.-ven. 9h-17h, sam.-dim. 10h-18h ; nov.-fév. : mar.-dim. 9h-16h € 25kn

Passé composé

Kumrovec

C'est dans ce petit village que naquit en 1892 un certain Josip Broz, plus connu sous le pseudonyme de **Tito** (1892-1980). Si le père du socialisme yougoslave a fait la célébrité de Kumrovec (sa maison natale se visite), on s'y rend désormais pour son passionnant **écomusée du Vieux Village**. L'ensemble se compose d'une trentaine de maisonnettes, de fermes et de granges en bois, en torchis ou en brique, à l'intérieur desquelles ont été reconstituées des scènes de la vie rurale des 19e et 20e s. Une sortie à faire en famille !

9km au sud de Desinić **Écomusée / Muzej Staro Selo** Kumrovec bb (049) 225 834 www.mss.mhz.hr Mar.-ven. 9h-17h, sam.-dim. 10h-18h € 25kn

Very Important Croates

Klanjec

Ce petit village a vu naître deux Croates célèbres : le poète **Antun Mihanović** (1796-1861), auteur de l'hymne national, et le sculpteur **Antun Augustinčić** (1900-1979), élève d'Ivan Meštrović. Une **galerie** (Galerija Antuna Augustinčića) présente œuvres de jeunesse et sculptures monumentales du second, notamment la statue équestre *La Paix*, dont l'original trône depuis 1954 devant le siège des Nations unies à New York. Le village est dominé par l'imposante silhouette du monastère franciscain du 17e s. qui renferme deux splendides sarcophages en étain doré et argenté. Visite sur demande auprès du gardien.

6km au sud-est de Kumrovec www.klanjec.hr

Trakošćan et son château

AU SUD DE KRAPINA

Le plus grand centre de pèlerinage catholique croate

Marija Bistrica

Depuis des siècles, Marija Bistrica voit affluer des centaines de milliers de fidèles venus honorer sa Vierge noire du 15e s. Selon la légende, cette statue aurait été cachée par un prêtre en 1545, lors de l'avancée ottomane, et redécouverte en 1588. La statue est conservée en l'**église Sainte-Marie**, qui domine le village. La galerie couverte du sanctuaire, typique des églises de pèlerinage, est tapissée d'ex-voto et de fresques illustrant les miracles attribués à cette *Vierge à l'Enfant* portée par un croissant de lune. L'église doit ses tourelles aux tuiles polychromes et son éclectisme architectural à la grande réhabilitation entreprise par Herman Bollé en 1879. C'est dans le vaste amphithéâtre au pied du chemin de croix que le pape Jean-Paul II annonça, en 1998, la béatification du cardinal Stepinac.

Env. 35km au sud-est de Krapina

Le berceau d'une jacquerie célèbre

Gornja Stubica

Un sentiment de plénitude accompagne l'arrivée à Gornja Stubica : le village semble s'étirer paresseusement, sans réelle limite, sur plusieurs collines. Mais au-delà de la balade champêtre, sachez que Gornja Stubica occupe une place particulière dans l'histoire de la région. C'est là que débuta en 1573 la grande jacquerie suscitée par les exactions commises par les seigneurs locaux au nom de la guerre contre les Turcs. La répression fut terrible : 6 000 paysans furent pendus et des dizaines de villages incendiés. Le chef des insurgés, Matija Gubec, qui s'était fait proclamer "roi", fut symboliquement couronné de fer chauffé à blanc avant d'être écartelé à Zagreb. Le musée de la Révolte paysanne, au château de Gornja Stubica, relate en détail ces événements sanglants. Sur la colline sud, au pied de l'église, se dresse le célèbre tilleul dit de Gubec (Gupčeva Lipa), sous lequel serait née l'insurrection.

Env. 15km à l'ouest de Marija Bistrica **Musée de la Révolte paysanne / Muzej seljačkih buna** Samci 64 **(049) 587 880 www.msb.mhz.hr Avr.-sept. : tlj. 9h-19h ; oct.-mars : tlj. 9h-17h € 25kn**

À L'EST DE KRAPINA

Baroque sacré

Église Sainte-Marie-des-Neiges / Crkva Sv. Marije Snježne

Perdu dans les contreforts des monts Ivanščica, le village de Belec s'impose comme une étape obligée pour tous les amateurs d'art sacré, grâce à sa petite église de pèlerinage Sainte-Marie-des-Neiges (18e s.), l'une des perles du baroque croate. Elle est entourée de remparts pour se protéger des incursions ottomanes. En sortant, une petite balade vous mènera jusqu'à la jolie chapelle blanche Saint-Georges (Sv. Jurja), sur les hauteurs du village.

Belec (env. 30km à l'est de Krapina par la D29) (049) 465 302 zupa-bdms-belec.hr Dim. matin ou joindre le père Mirko Borjan

Fort romantique

Château de Trakošćan / Dvor Trakošćan

Dominant un grand lac artificiel, le château de Trakošćan est l'un des plus visités de la région. La forteresse d'origine (14e s.) fut donnée par les Habsbourg aux comtes Drašković en récompense de leurs faits d'armes face aux Ottomans. Cette famille le transforma en une élégante résidence romantique au 19e s. La visite permet d'admirer une grande partie du mobilier d'origine, ainsi qu'une riche collection d'armes et d'œuvres d'art. En redescendant, prenez le temps d'une petite balade ou d'un pique-nique au bord du lac.

22km au nord-est de Krapina (042) 796 281 www.trakoscan.hr Avr.-oct. : tlj. 10h-18h ; nov.-mars : tlj. 9h-17h € 40kn

À FAIRE

Offrez-vous une remise en forme

Krapinske Toplice

Les sources chaudes de Krapinske Toplice (39°-41°C), riches en calcium et en magnésium, ont donné naissance à l'une des stations thermales les plus connues du Zagorje occidental. Complexe médical et base de loisirs avec 11 piscines, dont 4 découvertes. Vous pouvez séjourner à l'**hôtel-villa Magdalena** (chambre double env. 500kn : jacuzzi dans la chambre, usage illimité du sauna et du centre de remise en forme, etc.).

10km au sud-ouest de Krapina **Villa Magdalena** Mirna 1 (049) 233 333
www.villa-magdalena.net

Stubičke Toplice

Ce petit village doit sa renommée à ses sources chaudes (de 43°C à 63°C). La station thermale, fondée à la fin du 18e s. par l'évêque de Zagreb, Mgr Vrhovac, compte un complexe hospitalier et plusieurs piscines publiques. La plupart des bassins sont découverts et aménagés dans la verdure.

25km au sud de Krapina

NOS ADRESSES

PAUSE

Halte fortifiante

Relax

Voilà une pâtisserie qui vous permettra de reprendre des forces après avoir crapahuté dans Krapina, jusqu'au musée néandertalien et dans ses environs. Les gâteaux arborent des couleurs et des parfums inventifs, et les glaces artisanales sont tout aussi alléchantes.

KRAPINA Ante Starčevića 4 (049) 371 989
Lun.-ven. 7h-21h30, sam.-dim. 8h-22h

RESTAURANTS

Air d'Italie

Pizzeria Picikato

Une valeur sûre dans une ville qui manque de de bonnes tables ! Ses pizzas géantes cuites au feu de bois régalent les locaux et les (rares) touristes depuis plusieurs décennies. La pâte est fine et croustillante, la bière fraîche, l'addition légère... Que demander de plus ? Repas 60-80kn.

KRAPINA Magistratska 2 (049) 370 795
pizzeria-picikato.business.site
Lun.-sam. 7h-22h, dim. 8h-22h

Une chaumière, une vraie

Grešna Gorica

Ce restaurant logé dans une vieille ferme fait souvent salle comble le dimanche. Spécialités du Zagorje à savourer en hiver sous un toit de chaume ou l'été sur une agréable

LA RECETTE

ŠTRUKLI SA SIROM (RAVIOLIS AU FROMAGE)

Pour 4 pers.

Pour la pâte
250g de farine
10 cl d'eau tiède
1 œuf
1 pincée de sel
Huile

Pour la garniture
500g de faisselle ou de ricotta
1 œuf
1 c. à s. de sel

Pour le nappage
50cl de crème liquide
1 œuf
1 pincée de sel

Dans un saladier, mélangez la farine, le sel, l'eau tiède et l'œuf. Formez une boule, huilez-la légèrement et laissez reposer 30min à température ambiante. Préchauffez le four à 200°C. Sur une plaque farinée, étalez la pâte pour former un grand carré. Dans un bol, mélangez le fromage frais, l'œuf et le sel. Étalez cette garniture sur la pâte et repliez cette dernière sur elle-même. Découpez de petits coussins de 5cm de côté et disposez-les dans un plat beurré. Versez dessus le mélange crème liquide, œuf et sel. Enfournez pour 35-40min.

terrasse, avec vue sur le château de Veliki Tabor. Aire de jeux et animaux en semi-liberté. Env. 100-120kn le repas.

DESINIĆ (sur la gauche, 1,5km après Desinić, sur la route de Veliki Tabor) (049) 343 001 www.gresna-gorica.hr Tlj. 10h-21h

Vin sur vingt

Vinarija Bolfan

Au milieu du domaine viticole de 20ha trône un magnifique chalet-restaurant où les vins de Tomislav Bolfan accompagnent la gastronomie régionale. Au menu, la fameuse dinde désossée et sa sauce aux myrtilles ainsi que les roulés de veau, légumes et pignons, sauce aux poires… Repas 120-250kn (sur rés.). Voir aussi Hébergements (p.338).

HRAŠČINA Gornjaki 56 (45km à l'est de Krapina) (049) 458 287 www.bolfanvinskivrh.hr Mer.-sam. 12h-20h, dim. 12h-18h (restaurant)

Avec vue sur les vignes

Vuglec Breg

Dans un village typique du Zagorje, au milieu d'un domaine viticole, le restaurant avec cheminée et terrasse propose de roboratives recettes traditionnelles (plats 100-150kn), tandis qu'un bar à vins permet de goûter au *Zlatni Vuglec*, un pétillant blanc produit sur place.

ŠKARIĆEVO Škarićevo 151 (6km au sud de Krapina) (049) 345 015 www.vuglec-breg.hr

VARAŽDIN

Bienvenue dans la "capitale du baroque, de la musique et des fleurs" ! Une appellation loin d'être usurpée, comme vous le découvrirez en flânant dans les rues piétonnes de la vieille ville, jalonnées de palais aux façades pastel et aux imposantes portes cochères. Une ville d'histoire, mais également de son temps, animée par sa population estudiantine.

ACCÈS ET INFOS

- Varaždin se trouve 90km au nord de Zagreb par l'A4. Liaisons en train tlj. (2h10).
- Office de tourisme de Varaždin Ivana Padovca 3 (042) 210 987 www.tourism-varazdin.hr
- Office de tourisme du Koprivnica-Križevci Trg bana Josipa Jelačića 7 Koprivnica (048) 621 433 www.koprivnicatourism.com

À VOIR

VARAŽDIN

Solide musée

Château / Stari Grad

Pour gagner le château, au nord-ouest du centre-ville, franchissez le pont-levis et la porte de l'ancienne tour de guet (16e s.). La forteresse du 12e s., amplement remaniée au 16e s. pour faire face à la menace ottomane, accueille le musée municipal et ses belles collections de costumes, d'armes et de mobilier de la Renaissance au début du 20e s.

Strossmayerovo 3 (042) 658 754 www.gmv.hr Mar.-ven. 9h-17h, w.-e. 9h-13h € 35kn

En plein centre

Place du Roi-Tomislav / Trg kralja Tomislava

Centre névralgique de Varaždin, cette harmonieuse place piétonne est envahie par les tables des cafés aux beaux jours. L'hôtel de ville veille sur l'esplanade depuis 1573, tandis que sur le côté sud-ouest de la place, vous pourrez admirer d'anciennes demeures de marchands comme la maison Ritz, la plus vieille de la ville (1540). Le palais Drašković, sur le côté est, fut édifié vers 1750 pour accueillir le Parlement, lorsque la ville devint brièvement capitale du pays.

Débauche de dorures

Cathédrale de l'Assomption / Katedrala Uznesenja Marijina

La toute première église baroque de la ville (1646) se dresse au sud-est de la place du Roi-Tomislav. Ne manquez pas les scènes peintes par Ivan Ranger sur les stalles du chœur (1737) et surtout l'autel débordant de colonnes torses, de peintures, de stucs et de sculptures dorées.

Pavlinska 5 (042) 210 688 Tlj. 8h-10h et 17h-20h

Cherchez la petite bête

Musée d'Entomologie / Entomološki odjel-Svijet kukaca

Installé dans le palais Herzer (1795), ce musée propose une passionnante promenade interactive dans le monde des insectes. La collection, lancée en

À NE PAS MANQUER

- Cathédrale de l'Assomption
- Cimetière
- Hlebine

Cathédrale de l'Assomption, Varaždin

1954 par le professeur Franjo Koščec (1882-1968), compte aujourd'hui près de 4 500 spécimens de toutes les tailles et toutes les couleurs, superbement présentés dans des tiroirs coulissants ou des vitrines reconstituant leur habitat naturel. À découvrir en famille !

Franjevački trg 6 (042) 213 491 www.gmv.hr Mar.-ven. 9h-17h, sam.-dim. 9h-13h 35kn

Parenthèse artistique
Place Miljenko-Stančić / Trg M. Stančića

Cette placette pavée pleine de charme, cernée de vieilles demeures aux toits de tuiles, apparaît un peu hors du temps. Derrière la façade polychrome rococo du palais Sermage (1759) se trouve la **galerie des Maîtres anciens et modernes** qui présente en alternance des expositions temporaires et une partie de son fonds composé de peintures européennes du 15e au 20e s., comme le *Hélène Fourment* de Rubens.

Galerie des Maîtres anciens et modernes Palača Sermage Trg M. Stančića 3 **(042) 214 172 www.gmv.hr Mar.-ven. 9h-17h, sam.-dim. 9h-13h 35kn**

Beauté naturelle
Cimetière / Varaždinsko Groblje

Herman Haller, le paysagiste qui aménagea ce cimetière en 1905, décida d'en faire un agréable lieu de promenade, où seule la nature ferait office de décor. Ici pas de lugubres sépultures monumentales mais des haies de buis, des magnolias et des tombes si discrètes qu'il est impossible de distinguer les riches des pauvres. Même le sculpteur Frangeš Mihanović semble s'être prêté au jeu en troquant ses œuvres démesurées contre de sobres reliefs funéraires.

Hallerova aleja Lever du soleil-coucher du soleil

DANS LES ENVIRONS

Histoire d'eaux

Varaždinske Toplice

Grand centre thermal du nord de la Croatie spécialisé dans le traitement des rhumatismes, cette jolie petite ville de 2 000 habitants s'accroche à une colline verdoyante. On peut profiter de ses eaux sulfureuses (58°C) dans son immense centre de cure, mais aussi visiter le site archéologique d'**Aquæ Iasæ**, son forum et ses thermes romains du 3e s. (Rimskodobne iskopine), au nord-est de la colline. Plus bas, adossée à l'église Saint-Martin (Crkva sv. Martina), l'élégante forteresse (Stari Grad) des 16e-17e s. abrite l'office de tourisme et une petite collection archéologique.

Env. 10km au sud de Varaždin **Centre thermal** Trg Slobode 1 (042) 630 000 www.minerva.hr Piscines 35-40kn **Office de tourisme** Trg Slobode 16 (042) 633 133 www.toplice-vz.hr Juil.-août : tlj. 8h-17h ; sept.-juin : lun.-ven. 8h-16h

Dans le jardin de la galerie d'Art naïf, Hlebine

Paradis naïf

Hlebine

Bienvenue dans le berceau de l'art naïf croate où le décor ressemble à s'y méprendre aux scènes paysannes dépeintes par les précurseurs de l'école de Hlebine ! Presque inattendu au centre du village,un lumineux bâtiment moderne héberge la **galerie Hlebine** et les œuvres majeures de trois générations d'artistes naïfs. Une salle est consacrée au célébre Ivan Generalić. Vous pourrez ensuite visiter l'atelier et la maison de ce dernier à la sortie du village (dir. Koprivnica).

65km à l'est de Varaždin **Galerie d'Art naïf de Hlebine** Trg Ivana Generalića 15 (048) 836 075 www.hlebine.hr Lun.-ven. 10h-16h, sam. 10h-14h 10kn

Art bien protégé

Đurđevac

Cette bourgade est dominée par un imposant château du 16e s. Et au 1er étage de ce dernier, sous les poutres apparentes, la **galerie de Stari Grad** dresse un excellent panorama de la peinture croate du 20e s. Outre quelques œuvres naïves, mentionnons les gravures de Tomislav Krizman et les portraits de Vlaho Bukovac et d'Anka Krizmanić.

75km au sud-est de Varaždin **Galerie de Stari Grad** Starogradska 21 (048) 812 230 Lun.-ven. 8h-16h, sam.-dim. 12h-18h

À FAIRE

Faites une cure de spectacles

Les dix derniers jours du mois d'août, près de 1 600 comédiens, musiciens et acrobates en provenance d'une vingtaine de pays envahissent les rues de Varaždin (p.76) pour le **Špancirfest**. Au programme, des centaines de spectacles de rue, de concerts et de performances qui transforment la ville en une scène géante, mais aussi des expositions, des ateliers pour les petits et les grands, des stands de dégustation... L'ambiance est on ne peut plus festive, mais les hôtels sont alors pris d'assaut !

Špancirfest (042) 210 987 www.spancirfest.com Fin août

NOS ADRESSES

RESTAURANTS

Pizza ombragée

Domenico

Cette pizzeria nichée au fond d'une impasse doit son succès tant à la qualité de ses plats (copieux et bon marché) qu'à son agréable véranda donnant sur le parc Vatroslav Jagić. Repas 50-70kn.

VARAŽDIN Trg Slobode 9 (042) 212 017 Lun.-ven. 10h-23h, sam. 10h-0h, dim. 10h-23h

Trésor de Varaždin

Verglec

À deux pas du centre et du château, ce sympathique restaurant sert une cuisine variée à des prix très abordables. Viande en sauce ou grillée, poisson (sandre à l'ail...), pâtes variées. Une bonne étape. Plats 35-80kn.

VARAŽDIN Kranjčevićeva 12 (042) 211 131 Lun.-jeu. 10h-21h, ven.-dim. 10h-22h

Pause gastronomique

Varaždin

Établi en face de la gare et donc un peu excentré, l'hôtel Varaždin dispose d'un restaurant où officie un jeune chef en devenir et qui mérite à lui seul le détour : filet de dinde gratinée aux asperges, médaillons de biche aux airelles, beignet de veau au foie gras... Plats 60-120kn.

VARAŽDIN Kolodvorska 19 (042) 290 720 www.hotelvarazdin.com 10h-23h

Cosy

Zlatne Gorice

Cette élégante villa posée au sommet d'une colline, entre Varaždin et Varaždinske Toplice, jouit d'un panorama bucolique sur toute la région. À perte de vue, des vignes et des villages. Dans l'assiette, des plats traditionnels (les viandes sont excellentes), que l'on peut arroser de vins locaux. Menu 120kn. Terrasse splendide et labyrinthe végétal où les enfants peuvent s'aventurer.

VARAŽDIN BREG Banjščina 104 (10km au sud-est de Varaždin dir. Varaždinske Toplice, 3km après Gornji Kneginec) (042) 666 054 www.zlatne-gorice.eu Mar.-sam. 12h-23h, dim. 12h-20h

LA SLAVONIE

La Slavonie étend ses vastes plaines agricoles aux confins de la Hongrie, de la Serbie et de la Bosnie-Herzégovine. Théâtre de rudes combats lors de la guerre d'indépendance, elle s'ouvre aujourd'hui au tourisme, misant sur le patrimoine architectural d'Osijek, la faune aquatique du parc du Kopački rit, ou encore sur Požega, charmante bourgade posée au cœur des vignes de la Vallis aurea...

ACCÈS ET INFOS

- Osijek est à 280km de Zagreb par l'A3 puis l'A5. Osijek est également reliée à Zagreb par train (3h) ou par avion (1h).
- Office de tourisme d'Osijek Županijska 2 (031) 203 755 www.tzosijek.hr
- Office de tourisme de Vukovar J.J. Strossmayera 15 (032) 442 889 www.turizamvukovar.hr
- Office de tourisme de Đakovo Kralja Tomislava 3 (031) 812 319 www.tzdjakovo.eu
- Office de tourisme de Požega Antuna Kanižlića 3 (034) 274 900 www.pozega-tz.hr

À VOIR

OSIJEK

Quatrième ville de Croatie, ce centre industriel établi sur le cours de la Drave, à une trentaine de kilomètres des frontières serbe et hongroise, est la capitale administrative de la Slavonie. Si ses faubourgs ne sont guère attrayants, Osijek recèle quelques trésors architecturaux, et les étendues sauvages du Kopački rit ne sont pas loin !

Archi beau

Avenue de l'Europe / Europska Avenija

Nulle part en Croatie vous ne verrez un aussi bel ensemble Sécession que sur cette longue et majestueuse avenue qui relie la citadelle (Tvrđa) à la ville haute (Gornji Grad) : lignes convexes et concaves du **cinéma Urania**, motifs géométriques ou floraux, céramique bleu et vert, stucs ocre et beige des demeures bourgeoises... Vous en prendrez plein les yeux !

Harmonie baroque

Citadelle / Tvrđa

Édifiée de 1709 à 1721, la citadelle d'Osijek constitue un magnifique ensemble baroque. La plupart des palais sont désormais occupés par des lycées et des facultés, d'où cette animation perpétuelle de la **place de la Sainte-Trinité** (Trg Sv. Trojstva), harmonieuse place d'armes construite autour d'une délicate colonne (1729) à la mémoire des victimes de la peste. À l'est, le **musée de Slavonie**, installé dans un palais baroque, est l'un des plus anciens et des plus riches de Croatie, avec plus de 500 000 objets. Ses collections paléontologiques, archéologiques, numismatiques, historiques et ethnographiques – dont de magnifiques costumes traditionnels –, sont présentées par roulement. À l'ouest de la place, impossible de manquer les deux énormes bulbes argentés

Le centre d'Osijek

de l'**église Saint-Michel**, construite au 18e s. sur les ruines d'une mosquée et entièrement restaurée depuis la guerre d'indépendance.

Musée de Slavonie Trg Sv. Trojstva 6 (031) 250 730 www.mso.hr Mar.-sam. 10h-18h 20kn

LES ENVIRONS D'OSIJEK

Havre de paix

Parc naturel du Kopački rit / Park prirode Kopački rit

Quelques kilomètres au nord-est d'Osijek, cette réserve protège une vaste zone inondable au confluent de la Drave et du Danube. L'abondance de sa végétation et de sa faune aquatique fait de ce réseau inextricable de canaux, de marais et de lacs un habitat de choix pour près de 260 espèces d'oiseaux et une halte privilégiée pour les migrateurs, rares pour certains : cigogne noire, grande spatule blanche, pygargue. Si les inondations cycliques font le bonheur des loutres et des castors, elles poussent le gros gibier à trouver refuge dans les forêts de chênes, de frênes et de châtaigniers des hauteurs du parc. À découvrir de préférence au printemps ou à l'automne, les lacs étant gelés l'hiver et infestés de moustiques l'été. N'oubliez surtout pas vos jumelles !

Le **bureau d'accueil** du parc est installé dans le centre du village de Kopačevo, à l'orée du parc. Il existe plusieurs formules de visite, en bateau, en barque ou en petit train, incluant le château de Tikveš (80-120kn). Une excursion en barque vous mènera plus loin, jusqu'au grand lac Kopačko (une excursion malheureusement non proposée les jours d'affluence). Des sorties ornithologiques à la journée sont aussi organisées moyennant 150kn/h.

14km au nord-est d'Osijek **Bureau d'accueil du parc** Ritska bb Kopačevo (031) 445 445 pp-kopacki-rit.hr Nov.-mars : 8h-16h ; avr.-oct. : 9h-17h 10kn

Pause détente

Bizovačke Toplice-Aquapolis

Les vertus curatives des eaux de Bizovac (96°C) ont donné naissance à ce gigantesque complexe thermal doté de plusieurs hôtels et restaurants et d'un parc aquatique, dont les enfants adoreront les piscines couvertes et leurs toboggans en spirale. Leurs parents préféreront sans doute profiter des eaux sulfureuses (bienfaisantes, malgré leur odeur et leur couleur peu engageantes) dans ses bassins découverts.

Sunčana 39 Bizovac (20km au nord-ouest d'Osijek) (031) 685 100 www.bizovacke-toplice.hr Dim.-jeu. 8h-20h, ven.-sam. 8h-20h et 21h-0h € 30-50kn

Pause culturelle

Našice

Située sur la D2, cette bourgade peut constituer une agréable étape entre Osijek et Varaždin. L'occasion d'admirer **Saint-Antoine de Padoue** (Crvka sv. Antuna Padovanskog), fort belle église gothique remaniée dans le style baroque, ou d'effectuer une promenade dans le parc romantique qui s'étend en contrebas du **château des Comtes Pejačević** (1811). Cette élégante demeure abrite les intéressantes collections du musée régional (beaux-arts et traditions populaires, dont la reconstitution d'un atelier de potier).

50km au sud-ouest d'Osijek **Musée régional de Našice / Zavičajni muzej Našice**
Trg dr. Franje Tudjmana 5 (031) 613 414 www.zmn.hr Lun. et ven. 8h-15h, mar.-jeu. 8h-18h, sam. 9h-12h € 15kn

VUKOVAR

La ville martyre de la guerre de 1991, victime d'un terrible siège, a fait peau neuve. Ses habitants sont revenus, le vieux quartier baroque a été restauré, et son port sur le Danube accueille de nouveau les bateaux de croisière sur le Danube. La cité est aujourd'hui l'une des plus prospères du pays !

40km au sud-est d'Osijek

Renaissance

Musée municipal / Gradski muzej

Ses collections ont réintégré le palais Eltz (18e s.), joliment restauré. Elles sont divisées en quatre départements, dont le principal est celui consacré à l'histoire de la ville, de la préhistoire jusqu'à la guerre de 1990. Riche et instructif. À voir également, la collection Bauer (art croate fin 19e-début 20e s.), le mémorial Lavoslav Ružička (prix Nobel de chimie) et le mémorial du Congrès du Parti communiste de 1920.

Dvorac Eltz Županijska 2 (032) 441 271 www.muzej-vukovar.hr Mar.-dim. 10h-18h € 40kn

Souvenirs des premiers agriculteurs

Vučedol

Situé le long du Danube, non loin de Vukovar, le site archéologique de Vučedol témoigne d'une civilisation qui s'épanouit dans le sud-est de l'Europe entre 3000 et 2200 avant notre ère. C'est là que fut exhumée en 1938 la célèbre

Colombe de Vučedol, un vase en forme de perdrix, vieux de plus de 4 000 ans, exposé au Musée archéologique de Zagreb. Pour mieux comprendre cette période, visitez le superbe **musée** qui jouxte le site. Il expose dans 19 salles à la présentation particulièrement soignée tous les aspects de cette fascinante civilisation préhistorique.

5km au sud-est de Vukovar Musée de la Culture de Vučedol / Muzej vučedolske kulture Vučedol 252 (032) 373 930 www.vucedol.hr Mar.-dim. 10h-18h 40kn

ILOK

À l'approche d'Ilok, ville la plus orientale de Croatie, les vignes se font de plus en plus nombreuses. Vous voilà dans le royaume incontesté du *traminac*, ce vin blanc sec et fruité, considéré comme l'un des meilleurs du pays. La viticulture remonte, dans la région, à la période romaine ! Ne manquez pas la **visite des chais** aménagés au 17e s. sous la forteresse médiévale qui surveille le Danube (p.87). Flânez le long des remparts, vous y découvrirez un petit mausolée musulman (16e s.) et une église gothique entièrement remaniée par le célèbre Herman Bollé.

38km au sud-est de Vukovar

Domaine viticole Principovac, Ilok

ĐAKOVO

Paisible petite ville de 30 000 habitants, Đakovo s'avère une étape très attachante en Slavonie. La renommée de ses chevaux lipizzans, tout comme la saveur des charcuteries et des vins régionaux n'y sont sans doute pas totalement étrangères ! C'est également le siège d'un important évêché, comme en témoigne l'imposante silhouette de sa cathédrale, visible à plusieurs kilomètres à la ronde.

37km au sud-ouest d'Osijek par l'A5

Union monumentale

Cathédrale Saint-Pierre / Katedrála Sv. Petra

Dominant la ville du haut de ses deux clochers (84m), la cathédrale consacrée en 1882 est l'une des réalisations emblématiques de l'évêque Strossmayer (cf. Sur les traces de...). Façade romane, chevet et dôme de style byzantin : l'éclectisme architectural de cet imposant édifice de brique rouge traduit la volonté d'unifier les Slaves du Sud. L'intérieur est tout aussi monumental. La triple nef, longue de 74m, est tapissée de fresques relatant la vie de saint Pierre. En sortant, remarquez sur la droite l'élégant palais épiscopal néobaroque (1860), face aux maisons basses des chanoines.

Tlj. 8h-12h et 15h-18h

SUR LES TRACES DE...
Josip Juraj Strossmayer (1815-1905), évêque de Đakovo, est un héros croate : élu député, il défendit avec ferveur la cause de son peuple, alors que la Croatie était intégrée à l'empire austro-hongrois. Il soutint également l'union de tous les peuples slaves du Sud, ainsi que le rapprochement des églises catholique et orthodoxe, grâce au rite slavon.

Au grand galop
Haras d'État / Državna ergela Lipicanaca

C'est dans ce haras fondé par les Habsbourg au 16e s., que les premiers lipizzans furent importés de Slovénie par Napoléon Ier. Le haras de Đakovo compte plus de 200 représentants de cette race élancée, que vous pourrez admirer lors des séances de dressage matinal. Sinon, faites le tour des boxes ou rendez-vous à l'autre pôle, le **haras Ivandvor**, au nord de la ville. On y laisse les chevaux s'ébattre en liberté pour leur permettre de se reproduire.

Augusta Šenoe 45 (15min à pied à l'est de la cathédrale) (031) 822 535 www.ergela-djakovo.hr Lun.-ven. 7h-17h, sam.-dim. 9h-13h € 20kn Haras Ivandvor 3km au nord du centre-ville

POŽEGA

À l'écart des centres industriels et des principales voies de communication de Slavonie, cette petite ville ne se traverse pas par hasard. Il faut s'enfoncer dans la région viticole de la Vallis aurea ("vallée d'or") pour rejoindre son joli centre baroque et ses rues piétonnes animées. Au 19e s., les artistes et les intellectuels y étaient si nombreux que Požega reçut le surnom d'"Athènes slavonne". Aujourd'hui, la ville est surtout réputée pour sa charcuterie, notamment ses excellents *kulen*, saucissons aromatisés au paprika.

100km au sud-ouest d'Osijek

En plein cœur
Place de la Sainte-Trinité / Trg Sv. Trojstva

Elle est cernée d'admirables demeures baroques aux couleurs pastel. Sa gracieuse colonne commémore une épidémie de peste. Côté nord, l'austère façade de l'église du monastère franciscain ne laisse rien transparaître de son histoire mouvementée. Érigée au 13e s., elle fut en effet transformée en mosquée par les Ottomans au 16e s., avant d'être ravagée par un incendie au 19e s. !

Discrétion gothique
Église Saint-Laurent / Crkva Sv. Lovre

Blottie contre l'imposant palais épiscopal, l'église Saint-Laurent se remarque à peine. C'est pourtant la plus intéressante et la plus ancienne de Požega. Les voûtes de son abside gothique sont ornées de superbes fresques du 14e s. représentant notamment le Christ Pantocrator, les patriarches, la lune et le soleil. L'orgue néogothique qui se dresse au-dessus de la tribune fut conçu par un collectif d'artistes zagrébois pour l'Exposition millénaire de Budapest en 1896.

(034) 290 300 Dim. 10h-13h (sinon demandez la clé au palais épiscopal)

Les monts Papuk

Richesse intérieure

Cathédrale Sainte-Thérèse / Katedrala Sv. Terezije

Cette église baroque (1763) domine un agréable petit square au nord-est de la place principale. Passé la façade, sobre, une opulente décoration se dévoile : fresques, dorures et faux marbres, ainsi que d'amusants confessionnaux en bois. En face de la cathédrale, notez la statue du moine Luka Ibrišimović, célèbre pour avoir bouté les Ottomans hors de Požega en 1688.

Trg Sv. Terezije Ružica ⏲ Tlj. 7h-12h et 16h30-19h30

LE PARC DES MONTS PAPUK

Une géologie exceptionnelle (des formations vieilles, pour certaines, de 400 millions d'années) a valu au massif d'être classé parc naturel (Park prirode Papuk), puis géoparc (le premier de Croatie) par l'Unesco en 2016. Ses reliefs vallonnés, les plus élevés de Slavonie (953m pour le Vučjak, un volcan éteint), sont couverts de forêts de hêtres et de chênes que vous traverserez pour rejoindre, par de petites routes en lacet, la nationale Osijek-Varaždin. Au programme : balades à pied ou à vélo, escalade, équitation, etc.

Bureau de Velika Stjepana Radića 46 Velika (15km au nord de Požega) (034) 313 030 pp-papuk.hr ⏲ Lun.-ven. 7h-15h

NOS ADRESSES

RESTAURANTS

Assiettes d'eau douce

Galija

Amarrée à la rive sud de la Drave, au cœur d'Osijek, cette péniche offre un cadre des plus plaisants pour profiter de plats de poissons d'eau douce (45-75kn), de risottos (40-45kn) ou de spécialités tex-mex (50-55kn).

OSIJEK Gornjodravska obala bb (031) 283 500 www.galija.co ⏲ Tlj. 10h-22h

Recettes d'antan

Baranjska kuća ♥❍

Une adresse mythique, où l'on perpétue les recettes d'antan (c'est dans la région qu'est née la *kulen*, célèbre saucisse sèche épicée) : poisson d'eau douce pané, grillé ou en ragoût (45-65kn), grillades de viande (35-154kn), charcuteries (essayez le plateau Baranja, composé de *kulen*, jambon fumé, lardons, *čvrarci* et saucissons du pays), escargots à la baranja et leur sauce aux orties (50kn). Le vin du pays orchestre le tout.

KARANAC Kolodvorska 99 (30km au nord d'Osijek) (031) 720 180 www.baranjska-kuca.com Lun.-jeu. 11h-22h, ven.-sam. 11h-1h, dim. 11h-17h

Soupe de poisson traditionnelle

Vins et ragoûts

Restoran Vinarija Josić ♥❍

Voilà le restaurant des celliers Josić, des viticulteurs passionnés. À l'intérieur, dans un coin de la grande salle voûtée, des marmites bouillonnent d'un des meilleurs *fiš paprikaš* du pays (bouillabaisse slavonienne, 54-62kn). Vous trouverez aussi au menu *perkelt* (ragoût) de canard, de silure ou encore de brochet (62kn). Pour les vins, laissez-vous guider par vos hôtes... Vendredi et samedi soir, concerts à ne pas rater.

ZMAJEVAC Planina 194 (34km au nord d'Osijek) (031) 734 410 www.josic.hr Mar.-jeu. 13h-22h, ven.-sam. 13h-0h, dim. 13h-22h

Chaleureux

Piros Čizma ❍

Au milieu des vignobles, avec le cours du Danube en toile de fond, ce restaurant-gîte à la décoration rustique propose de bons plats du terroir : roulade de sandre et ses légumes, *perkelt* (marinade) de poisson, ou le *čobanac* (ragoût) de gibier. Et en dessert, une *štrudla* au fromage et griottes (15kn). Env. 60kn le plat. Vin au verre 4,50-5,50kn.

SUZA Maršala Tita 101 (31km au nord d'Osijek) (031) 733 806 piroscizma.hr Lun.-mer. 7h-19h, jeu.-dim. 9h-19h

Sur le fleuve

Restoran Vrške ❍

Idéalement situé au bord du Danube, ce grand classique d'avant-guerre (d'indépendance) a repris du service, et du meilleur ! Excellente sélection de poisson grillé et de charcuteries régionales à savourer en terrasse face aux flots. Repas 100-120kn.

VUKOVAR Parobrodska 3 (032) 441 788 www.restoran-vrske.hr Tlj. 8h-22h

Table des bois

Kormoran ❍❍

Installé dans une grande ferme, au cœur du parc de Kopački rit, le Kormoran se révèle une destination assez touristique. Aux beaux jours, une agréable terrasse surplombe un jardin où paissent des moutons et des chèvres. À la carte, du poisson, mais aussi du gibier (*divljač*) : sanglier (*divlja svinja*) et cerf (*jelen*), selon le tableau de chasse. Plats 50-100kn.

BILJE Podunavlje bb (15km au nord-est d'Osijek, suivre la digue dir. Tikveš) (031) 753 099 Lun.-sam. 10h-22h, dim. 10h-21h

Sur le gril
Mon Ami

Tout près de la cathédrale, ce petit bistrot-taverne, adresse chère aux habitants de Đakovo, sert d'excellentes grillades de viande, des *čevapi* (kebabs balkaniques), des brochettes, des *pljeskavica* (hamburgers), etc. Également de généreuses pizzas cuites au feu de bois. Copieux petit déjeuner slavonien (40kn). Service très convivial. Grillades 25-85kn, pizzas 17-50kn, salades 10-15kn.

ĐAKOVO Luke Botica 12 (031) 821 477 Tlj. 7h-23h

Pension charcuterie
Restauran Croatia Turist

Donnant sur le parc Strossmayer, cette pension-restaurant (chambres sans grand charme mais propres et confortables) sert d'excellentes *kulen* et *kobasica*, deux variétés de saucisses locales au paprika, préparées au sous-sol ! Si vous le souhaitez, Jadranka, la propriétaire francophone du lieu, se fera un réel plaisir de vous faire visiter le fumoir et le séchoir. Repas 100kn env.

ĐAKOVO P. Preradovića 25 (031) 813 391 www.croatiaturist.hr

Entre ville et campagne
Hotel Grgin Dol

À flanc de colline mais à 5min à pied du centre, le Grgin Dol invite à un séjour des plus plaisants dans ses chambres douillettes. Il possède aussi l'un des meilleurs restaurants de Požega, avec, comme il se doit, une bonne carte de charcuteries, de viandes grillées et de plats en sauce. Terrasse dans le jardin, appréciable en été. Repas 100kn env.

POŽEGA Grgin Dol 20 (034) 273 222 www.hotel-grgin-dol.hr

SHOPPING

Bouteilles de prestige
Caves d'Ilok

Elles occupent des souterrains médiévaux restaurés au 17e s. par la famille Odelscalchi, en même temps que le château qui les domine. Déployée sur trois niveaux, elles ont fourni les 11 000 bouteilles de *traminac* servies lors du couronnement d'Élisabeth II d'Angleterre. Leur visite permet de découvrir d'imposants fûts en chêne et de prendre part à une dégustation.

ILOK Šetalište Mladena Barbarića 4 (032) 590 088 www.ilocki-podrumi.hr Tlj. 7h-23h, sam.-dim. sur rdv 30kn

Bonne dégustation
Celliers de Kutjevo ♥

Les caves de Kutjevo, dans la région de Požega, ont la réputation d'être les meilleures de Croatie. Dans les celliers du château baroque s'alignent des foudres centenaires aux façades sculptées. Autour de la table de pierre qui, dit-on, réalise les vœux des buveurs, laissez-vous tenter par un *graševina*, un pinot gris ou un *traminac*.

KUTJEVO 23km au nord-est de Požega (034) 255 030 www.kutjevo.com Lun.-ven. 7h-15h (sur rés.) 55kn

LE PARC DES LACS DE PLITVICE ★

Seize lacs étagés sur près de 8km, reliés par des cascades bouillonnantes et dont l'incroyable palette de bleus et de verts se détache sur un écrin de montagnes boisées... Vous voilà dans l'un des plus magnifiques parcs d'Europe ! Pour en profiter, privilégiez le printemps ou l'automne : les couleurs sont alors magnifiques, et l'affluence moindre qu'en été.

À VOIR

Dans ce site de 30 000ha, les lacs supérieurs miroitent dans de larges vallées, tandis que les cinq lacs inférieurs, une centaine de mètres plus bas, ont creusé un canyon troué de grottes. La riche faune du parc compte une cinquantaine de mammifères, dont les trois grands prédateurs européens : l'ours, le loup et le lynx. Mais il est peu probable que vous croisiez l'un de ces derniers – ils se cachent dans les recoins les plus reculés du parc. Les circuits proposés (de 2 à 8 heures) sont bien signalés à l'aide de panneaux colorés. Selon vos affinités, vous pourrez arpenter les pontons qui serpentent au ras de l'eau opalescente ou suivre les sentiers qui s'élèvent dans la forêt pour offrir des vues d'ensemble extraordinaires, glisser à bord d'un bateau électrique sur les eaux paisibles du lac Kozjak ou filer dans le train touristique à travers bois. On peut faire le tour des lacs en une journée, mais deux jours dans le parc permettront de varier les itinéraires.

ACCÈS ET INFOS

- Les lacs de Plitviče (Plitvička jezera) se trouvent à 140km de Zagreb par l'A1. Les deux entrées du parc disposent chacune d'un parking (7kn/h) et d'un centre d'information. L'entrée n°1 (à Rastovača) vous conduira au pied des lacs inférieurs, tandis que l'entrée n°2 (à Hladovina) est proche des hôtels et de l'embarcadère.
- Il est formellement interdit de se baigner et de pêcher dans les lacs, de chasser dans le parc, d'y faire du feu et du camping sauvage.
- Nacionalni Park Plitvička Jezera (053) 751 015 www.np-plitvicka-jezera.hr Printemps, automne, hiver : tlj. 7h-18h ; été : tlj. 7h-20h (dernière entrée 18h) Été 150-250kn, printemps/automne/hiver 80-150kn

Pour une mini-croisière

Lac Kozjak

C'est le plus grand du parc (2 350m de long sur une largeur de 135m à 700m). Il relie les lacs supérieurs, au sud, aux lacs inférieurs, au nord. Vous pourrez le traverser dans sa longueur entre les embarcadères P2 et P3. En effectuant cette croisière dans le sens nord-sud (P3 vers P2), vous aurez la surprise de découvrir des cascades en gradins à votre arrivée.

Plateaux turquoise

Petits lacs inférieurs

Au nombre de cinq, ces plans d'eau s'étagent en entonnoir et camaïeu turquoise jusqu'à la grande cascade (Veliki slap), une chute vertigineuse de

À NE PAS MANQUER

- Petits lacs inférieurs
- Lacs supérieurs
- Slunj

Au milieu des cascades de Plitvice

76m, qui donne naissance à la Korana en aval. Magnifique point de vue sur la cataracte en arrivant de l'entrée n°1, ou en suivant le sentier qui part directement à gauche.

Le secret de la tranquillité

Lacs supérieurs

On y accède par un sentier de rondins, qui contourne les splendides lacs Gradinsko et Galovac. Plus vastes que les précédents, ils communiquent par une série de cascades. Ici, tout ruisselle et bouillonne dans une végétation luxuriante. Un contraste saisissant avec la quiétude des eaux du Proščansko, le lac le plus élevé (636m), qui s'étire sur 2 100m. Comme les visiteurs s'aventurent rarement sur sa rive, vous y jouirez d'une parfaite tranquillité.

BON À SAVOIR

Ce parc naturel est le plus visité de Croatie. En été, compte tenu de l'affluence, mieux vaut s'y rendre dès l'ouverture ou en fin d'après-midi. Privilégiez alors le parking P2, évitez ses guichets et gagnez à pied (10-15min) ceux de l'entrée du parc. Nous vous conseillons l'itinéraire H, moins fréquenté et qui permet de voir l'ensemble du site. Le parc se visite aussi l'hiver, quand l'enneigement n'est pas trop important.

Un peu d'ombre

Grottes de Barač / Baračeve Špilje

Compléments de la visite des lacs de Plitvice et de ses trésors karstiques, ces grottes riches en curiosités géologiques (stalactites, stalagmites, etc.) offrent une pause des plus rafraîchissantes en été. Fréquentées depuis la préhistoire, elles sont auréolées d'une légende qui veut qu'elles soient ainsi nommées suite à la victoire d'un certain Barač sur un géant turc.

Nova Kršlja bb Rakovica (8km à l'est de Rakovica, 20km env. au nord-est de l'entrée du parc des lacs de Plitvice) (047) 782 113 www.baraceve-spilje.hr Mars : ven.-dim. 10h-17h ; avr.-mai, sept. : tlj. 10h-18h ; juin-août : tlj. 9h-19h ; oct. : tlj. 10h-17h € 60-75kn

Une histoire d'eau

Slunj

Cette bourgade doit son nom à la Slunjčica, un affluent de la Korana. Juste au-dessous de la nationale, le confluent des deux rivières forme une succession de cascades et de barrages de travertin, au bas desquels s'élèvent les maisons en bois de Rastoke, cœur historique de Slunj qui remonte au 17e s. et dont le moulin à eau moulait jadis les céréales de toute la région. Pratiquement détruit lors de la guerre des années 1990, ce dernier a été patiemment restauré par une poignée de passionnés. Un lieu magique, entre terre et eau, où l'homme et la nature semblent cohabiter en harmonie malgré une histoire tumultueuse.

40km env. au nord-est du parc

NOS ADRESSES

RESTAURANTS

Outre des restaurants, vous trouverez dans le parc plusieurs snacks et cafétérias ainsi que des aires de pique-nique abritées.

Pour sa terrasse

Restoran Poljana

Pratique, car situé au cœur du parc. Si sa cuisine n'a rien de gastronomique, ses prix sont plutôt modérés pour un site aussi fréquenté. Grande terrasse bercée par le bruit de l'eau. Personnel agréable.

PLITVIČKA JEZERA (près de l'hôtel Plitvice) (053) 751 015 Tlj. 7h-18h

Traditionnel

Restoran Lička kuća

Installé au sous-sol d'un grand bâtiment en bois, à côté de l'entrée n°1 du parc, ce restaurant traditionnel s'organise autour de la cuisine, où cochons de lait, agneaux et quartiers de veau rôtissent à la broche sur un immense brasier. Également au menu, des viandes fondantes cuites sous une cloche (*Pod pekom*). Une bonne adresse appréciée des groupes. Repas 150-200kn.

PLITVIČKA JEZERA (053) 751 382 Avr.-oct. : tlj. 11h-23h

Qualité-prix imbattable

Hotel Plitvice

À l'arrière de ce vaste hôtel (p.339), la monumentale salle du restaurant, donnant sur un parc, vous invite à goûter une cuisine régionale très correcte : truite, viande grillée et plats en sauce. Repas 150-200kn.

PLITVIČKA JEZERA (près de l'entrée n°2) (053) 751 100 www.np-plitvicka-jezera.hr Mars-déc. : tlj. 7h-23h

LES MERVEILLES DE LA GÉOLOGIE

Les lacs doivent leur existence à l'érosion de leur substrat rocheux (dolomite ou calcaire) autant qu'à la formation de barrières naturelles de travertin, ou tuf. Le climat et la turbulence des cours d'eau qui les alimentent favorisent la prolifération d'algues et de mousses subaquatiques. Aidées par des bactéries, celles-ci retiennent le carbonate de calcium que la roche libère en se dissolvant dans l'eau. Le dépôt calcaire encroûte peu à peu les végétaux, donnant le tuf. Une barrière rocheuse se forme ainsi par strates sur la rivière, retenant l'eau en amont. Cette dernière continue de s'écouler en cascades ou par infiltration dans les travertins, contribuant ainsi à leur croissance.
Le travertin, roche résistante mais tendre, est utilisé depuis des temps reculés comme matériau de construction.
En vieillissant, il durcit et prend une belle teinte dorée...
En témoignent les plus beaux monuments antiques de Rome, comme le Colisée.

Cascade de tuf

Péninsule plus proche de l'Italie et de la Slovénie que du reste du pays, l'Istrie séduit par la richesse de ses paysages, ses plages tranquilles, ses vestiges romains, ses palais vénitiens et, dans les terres, ses splendides villages médiévaux à la gastronomie d'exception. À l'est, le golfe du Kvarner, son chapelet d'îles paradisiaques et ses eaux limpides poussent au farniente balnéaire !

L'Istrie et le Kvarner

Mosaïque de la basilique euphrasienne, Poreč

Plan 5
GOLFE DE TRIESTE
TRIESTE
ITALIE
SLOVÉNIE
Savudrija
RT SAVUDRIJA
Umag
Petrovija
Buje
Brtonigla
Nova Vas
Grožnjan
Oprtalj
Istarske Toplice
Buzet
Roč
VILLAGES PERCHÉS
Allée Glagolitique
Hum
Vrh
Motovun
Vižinada
Novigrad-Cittanova
Višnjan
Karojba
Baredine
Vranići
N. Vas
Poreč
Beram
Pazin
Lindar
Gračišće
Zbandaj
Sv. Lovreč
Sv. Petar u Šumi
Pićan
Funtana
Vrsar
LIMSKI KANAL
Dvigrad
Kanfanar
Žminj
Svetvinčenat
VENISE, RAVENNE
ÎLE ROUGE
Rovinj
Bale
Palud
Barbariga
Barban
Labin
Rabac
Sv. Marina
Divšići
Rakalj
BAIE DE RAŠA
Peroj
Vodnjan
MALI BRIJUN
PARC NATIONAL DES BRIJUNI
Brijuni
VELI BRIJUN
Fažana
Valbandon
Marčana
Nesactium
Zračna luka "Pula"
PULA
Banjole
Ližnjan
Medulin
Premantura
PORER
RT KAMENJAK
JADRANSKO MORE
ĆIĆARIJA
MIRNA
DRAGA
RAŠA
UČKA
Vela Draga
VOJAK 1 401 M
PARC NATUREL DE L'UČKA
Opatija
Volosko
Kastav
Lovran
Mošćenička Draga
Brseč
Brestova
Plomin
FJORD DE PLOMIN
RIJEKA
Trsat
Kraljevica
GOLFE DE RIJEKA
Zračna luka Rijeka-K
Omišalj
Njivice
Malinska
Dobri
ÎLE DE KRK
Glavotok
Milohnići
Vrh
Valbiska
Krk
KOŠL
SNJEŽNIK 1 506 M
Platak
V. RISNJAK 1 528
RT JABLANAC
TRAMUNTANA
Porozina
Beli
Réserve de Krina
ÎLE DE CRES
Merag
PLAVNIK
Cres
Loznati
CMA PUNTA
KVARNER
Valun
Lubenice
Orlec
VRANSKO JEZERO
Vrana
Martinšćica
ZEČA
KVARNERIĆ
Osor
UNIJE
Nerezine
Pogana
ÎLE DE LOŠINJ
RT SUHA
Ćunski
OTOCI SRAKANE
Artatore
Mali lošinj
Veli Lošinj
SUSAK
ILOVIK
A7
A9
A6
8
200
201
300
302
303
21
48
44
64
66
100
101
102
104
500
N
10 km

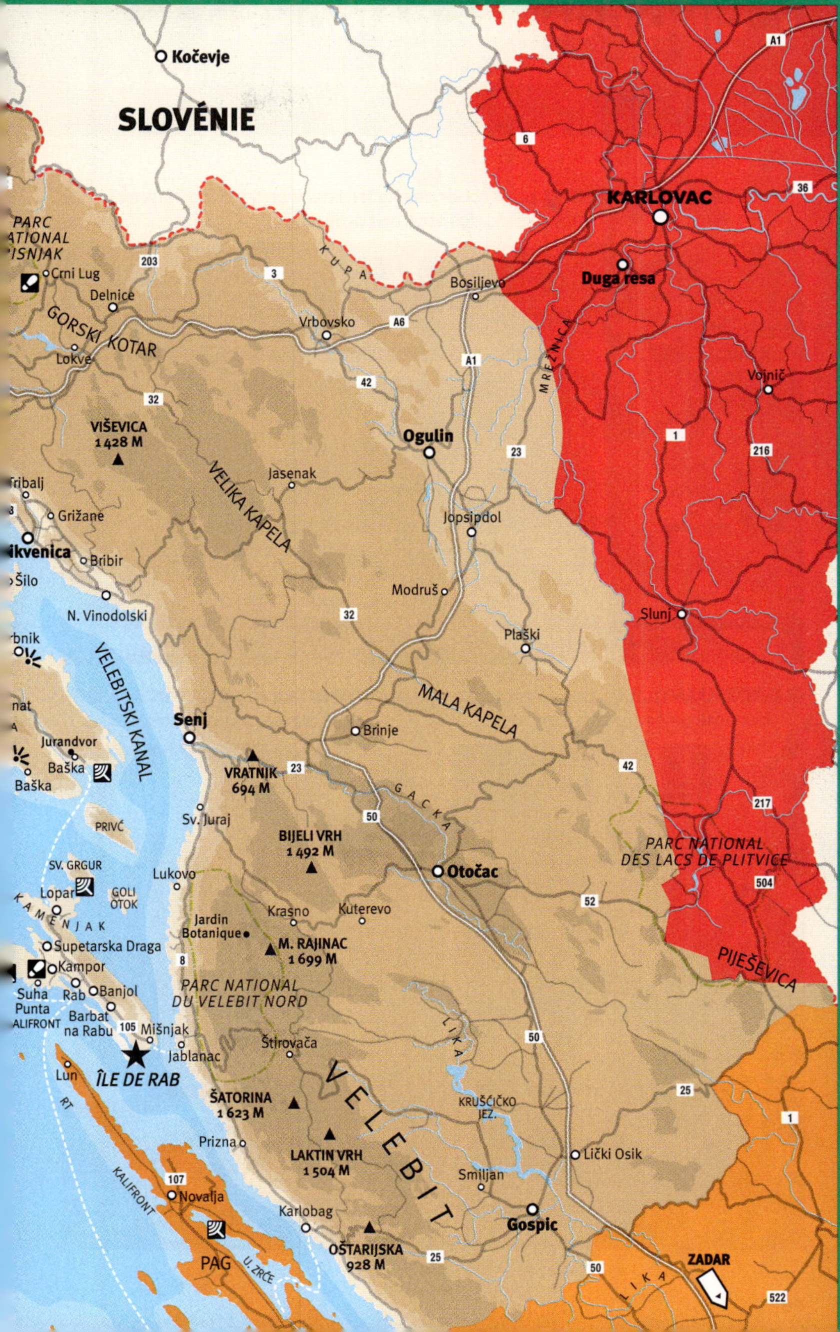
Kočevje
SLOVÉNIE
KUPA
Bosiljevo
KARLOVAC
Duga resa
A1
6
36
A6
3
203
PARC NATIONAL RISNJAK
Crni Lug
Delnice
GORSKI KOTAR
Lokve
Vrbovsko
42
32
MREŽNICA
Vojnić
1
216
VIŠEVICA 1 428 M
Ogulin
23
Jasenak
VELIKA KAPELA
Tribalj
Grižane
Crikvenica
Bribir
Šilo
Jopsipdol
Modruš
N. Vinodolski
32
Slunj
Plaški
VELEBITSKI KANAL
MALA KAPELA
Senj
Brinje
Jurandvor
Baška
Baška
VRATNIK 694 M
23
42
GACKA
217
PRIVĆ
Sv. Juraj
50
BIJELI VRH 1 492 M
PARC NATIONAL DES LACS DE PLITVICE
504
SV. GRGUR
Lukovo
Otočac
Lopar
GOLI OTOK
KAMENJAK
Krasno
Kuterevo
52
Jardin Botanique
M. RAJINAC 1 699 M
PIJEŠEVICA
Supetarska Draga
8
Kampor
Suha Punta
Rab
Banjol
PARC NATIONAL DU VELEBIT NORD
KALIFRONT
Barbat na Rabu
105
Mišnjak
LIKA
50
Jablanac
Štirovača
ÎLE DE RAB
Lun
VELEBIT
25
ŠATORINA 1 623 M
KRUŠČIČKO JEZ.
1
Prizna
LAKTIN VRH 1 504 M
Lički Osik
KALIFRONT
107
Smiljan
Novalja
Karlobag
Gospic
OŠTARIJSKA 928 M
PAG
U. ZRČE
25
50
ZADAR
LIKA
522

CINQ BONNES RAISONS...

... d'explorer les villages perchés et les perles balnéaires d'Istrie et du golfe du Kvarner.

LA RIA DE LIM (p.117), pour gober des huîtres dans ce fjord aux faux airs norvégiens des environs de Rovinj.

GROZNJAN (p.108), pour l'ambiance bohème de ce repaire d'artistes.

L'AMPHITHÉÂTRE DE PULA (p.120), pour assister à un spectacle.

☀ **ROVINJ** (p.114), pour flâner le nez en l'air dans cette "Petite Venise d'Istrie" dont les façades fourmillent de détails remarquables... Et apprécier la composition d'ensemble d'une terrasse de la marina !

☀ **SÉJOURNER DANS UN *AGROTOURIZAM*** (ferme-auberge) pour retrouver les bons produits d'Istrie (vin, truffes, huile d'olive, etc.) sur la table d'hôtes.

RENDEZ-VOUS AVEC...

Glauco Bevilacqua est une référence dans le monde de la gastronomie d'Istrie. Fin connaisseur des vins locaux et responsable régional du mouvement *Slow Food*, il tient aussi un bistrot dans la ville côtière de Novigrad. Il nous dévoile ses meilleures adresses.

Mes vignerons

A Degrassi

Je propose dans mon bistrot plus de cents étiquettes de vins d'Istrie, et si je devais classer les domaines, c'est la maison Degrassi de Savudrija qui arriverait en tête, car elle n'hésite pas à utiliser de nouveaux cépages. Je recommande aussi Ivančić à Novigrad ainsi que Kabola et Kozlović à Momjan, deux domaines magnifiques.

SAVUDRIJA Bašanija Podrumarska 3 (052) 759 250 www.degrassi.hr D Kozlović MOMJAN Vale 78 (052) 779 177 www.kozlovic.hr E Kabola MOMJAN Kanedolo 90 (052) 779 208 www.kabola.hr F Winery Moreno Ivančić NOVIGRAD Domovinskih žrtava 20 095 976 8006 www.ivancic-winery.com

Ma microbrasserie

B Brasserie Vergal

Quand j'ai envie de boire autre chose qu'un vin d'Istrie, je me rends à la brasserie Vergal. Elle produit une bière brassée à l'eau de mer (et donc un peu salée, mais pas trop !) et d'autres "mousses" originales. On y sert aussi à manger.

SAVUDRIJA Frančeskija 52/i www.vergal.beer Été : tlj. 11h-0h

LE BISTROT DE GLAUCO

G Hedonist Lounge Bar & Bistro
NOVIGRAD Mlinska 4B 098 806 660
Tlj. 7h30-0h

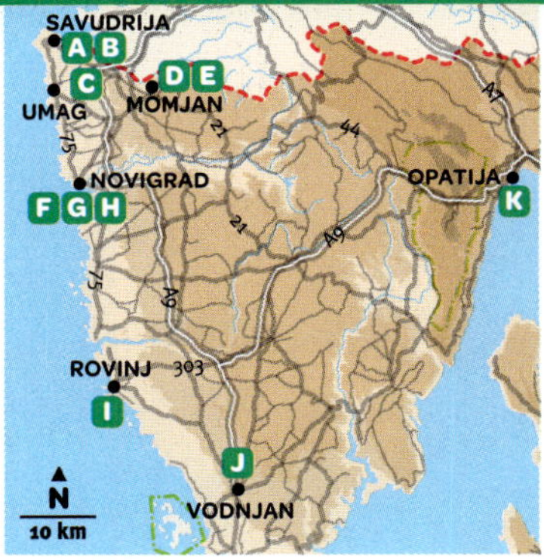

Mon restaurant traditionnel

C Konoba Buščina

Je m'y sens chez moi. Fabiana Mijanović n'utilise que des produits locaux, des calamars aux champignons, pour mitonner les classiques de la gastronomie istrienne... à l'ancienne – elle n'a même pas de friteuse ! À déguster dans une salle rustique et chaleureuse, ou sur la grande terrasse aux beaux jours.

UMAG Buščina 18 (052) 732 088 www.konoba-buscina.hr Lun. et mer.-ven. 15h-23h, sam.-dim. 13h-23h

Mon hôtel

H Rivalmare

Quand des amis me rendent visite à Novigrad, je leur conseille cet hôtel boutique au design épuré, conçu par le Slovène Mario Perossa.

NOVIGRAD Rivarela 19 (052) 555 600 www.rivalmare.hr

La récolte des olives

Ma plage

I Zlatni Rt

Quand j'ai un (bref) moment de répit, je me rends dans la presqu'île de Zlatni Rt ("Cap doré"), au sud de Rovinj. Je laisse la voiture à l'orée du parc forestier et je pars me balader dans cette nature un peu sauvage. Nulle plage de sable aux abords du cap, mais des criques comme je les aime, avec leurs rochers baignant dans une eau limpide... et une vue imprenables sur un chapelet d'îlots.

Mon huile d'olive

J Chiavalon

Il m'arrive de dire que si la Croatie s'était inspirée de l'oléiculture istrienne pour développer son économie, le pays serait aujourd'hui aussi riche que la Suisse ! Certaines des huiles d'olive les plus fréquemment primées au monde sont produites près de Vodnjan. Pour une dégustation, arrêtez-vous chez ce producteur en bio, qui collectionne les médailles.

SI L'ISTRIE ÉTAIT...

Un vin Ce serait le *malvazija*, ce blanc sec et fruité, qui laisse un goût amer au palais. Ce cépage évoque pour moi l'histoire tourmentée de la région et la faculté d'adaptation de sa population.

VODNJAN Vladimira Nazora 16C
(052) 511 906 www.chiavalon.hr
Lun.-ven. 10h-18h, sam. 10h-14h

Ma table en bord de mer

K Plavi Podrum

Ce restaurant qui donne sur le vieux port d'Opatija est une valeur sûre ! Il a même figuré parmi les cent meilleurs au monde. Je m'y suis rendu pour la première fois en 2007 et je me souviens encore de la journée ensoleillée et de l'apéro au champagne... Un endroit délicieux.

OPATIJA Obala Frana Supila 6
(051) 701 223 www.plavipodrum.com
Tlj. 12h-0h

POREČ ★

Établie sur une presqu'île plate comme la main, la vieille ville fortifiée de Poreč (Parenzo) offre un plan de rues hérité des Romains, des maisons à façade gothique, des palais de style Renaissance vénitienne ou baroque et une majestueuse basilique byzantine... Mais la cité est aussi réputée pour la douceur de son climat et pour ses plages.

ACCÈS ET INFOS

- Poreč est à 250km de Zagreb (3h). Des ferrys la relient en saison à Venise (Venezia Lines).
- Office de tourisme (plan 6, A1) Zagrebačka 9 (052) 451 293 www.myporec.com
- Office de tourisme régional d'Istrie (plan 6, B1) Pionirska 1 (052) 452 797 www.istra.hr

À VOIR

POREČ

La vieille ville, installée sur une étroite presqu'île, est traversée d'est en ouest par le Decumanus. Cet axe, hérité des Romains, rejoint la place de la Liberté (Trg Slobode), vers laquelle convergent les grandes artères qui desservent les autres quartiers de Poreč.

C'est Byzance !

Basilique euphrasienne / Eufrazijeva Bazilika (plan 6, B1)

Chef-d'œuvre de l'art byzantin du 6e s., voulu par l'évêque Euphrase, ce bâtiment fait de pierre blonde, magnifique de simplicité et d'harmonie, a été classé en 1997 sur la liste du patrimoine mondial de l'humanité. C'est en fait un complexe épiscopal disposé autour de l'atrium, cour carrée à l'élégante colonnade de marbre. À gauche (ouest) s'élèvent le baptistère octogonal de la même époque et le campanile médiéval (achevé au 16e s.) ; à droite, la basilique elle-même, et en face (au nord), le palais épiscopal (le plus ancien du monde aussi bien conservé !) qui héberge un beau musée des mosaïques. Au nord-est, la sacristie du 15e s. a été restaurée ; la chapelle tréflée du 6e s. est, quant à elle, en travaux.

Eufrazijeva 22 (052) 451 784 Juil.-août : tlj. 9h-21h ; sept.-juin : tlj. 9h-18h € 40kn

Balade antique

Decumanus et rue Saint-Maur / Sv. Mauro (plan 6, A2)

Le Decumanus, l'un des deux axes majeurs de la cité romaine, demeure la colonne vertébrale de Poreč et traverse toute la presqu'île. De la place de la Liberté (Trg Slobode) à la place Marafor, cette rue au dallage clair, poli par des générations de passants, aligne boutiques (souvenirs, joaillerie, mode...), restaurants et cafés-glaciers, drainant un flot continu de touristes aux beaux jours. Vous y verrez quelques belles façades comme celle, intacte, de la maison gothique (Gotička kuća) du 15e s., au n°5, avec ses fenêtres à colonnes. La plus tranquille rue Saint-Maur, axe parallèle au Decumanus, recèle d'autres merveilles telle que la demeure des Deux-Saints (13e s.), dont deux bas-reliefs

À NE PAS MANQUER

- Basilique euphrasienne (Poreč)
- Maison romane (Poreč)
- Sveti Lovreč Pazenatički

La vieille ville de Poreč sur sa presqu'île

honorent la mémoire de Côme et de Damien, chrétiens martyrisés sur ordre de l'empereur Dioclétien.

Ville romaine

Forum et temple de Neptune / Trg Marafor i Neptunov hram

(plan 6, A3)

La petite place Marafor, à l'extrémité ouest du Decumanus, marque l'emplacement du forum, centre de la vie publique de la cité romaine. Bordée de belles façades gothiques et baroques colorées, elle est envahie l'été par les terrasses de cafés. Cette jolie esplanade a conservé une partie de ses dalles antiques patinées par les ans et, sur son côté ouest, les modestes vestiges du temple de Neptune (2e s.).

La scène du balcon

Maison romane / Romanička kuća (plan 6, A2)

Impossible de manquer cette élégante maison du 13e s. chapeautée d'un balcon en bois ajouré (datant du 19e s. et restauré dans les années 1930). Sa façade sur trois niveaux, percée de fenêtres géminées, et son escalier extérieur sont en parfait état. Elle sert de salle d'exposition à une collection ethnographique.

Trg Marafor 1 (052) 431 585 Lors d'expositions temporaires

Le tour des tours

Promenade entre les tours et sur les quais (plan 6, A2)

À l'est de la vieille ville subsistent trois tours datant du 15e s. sous l'occupation vénitienne, et construites pour protéger la ville de la menace ottomane : la **tour ronde** sur Narodni trg, la **tour pentagonale**, au croisement du Decumanus et

Pauses (n°1)
1 Torre Rotonda - *p.104* A2
Restaurants (n°10 et 11)
10 Cardo - *p.105* A2
11 Peterokutna Kula - *p.105* A2
Shopping (n°20)
20 Vinoteka Epulon - *p.105* A2
Hébergements (n°30 et 31)
30 Grand Hotel Palazzo - *p.339*. A3
31 Valamar Riviera Hotel - *p.339* A2

de V. Nazora, et la **tour du nord-est**, sur le quai nord, très endommagée. De cette dernière, une promenade part vers l'ouest et passe derrière la basilique euphrasienne, à proximité de la grosse bâtisse jaune du Conseil d'Istrie, avant de revenir, au sud, sur le très fréquenté quai du Maréchal-Tito.

LES ENVIRONS

Le dessous des karsts

Grotte de Baredine / Jama Baredine

Fréquentée depuis des temps immémoriaux – en témoignent les tessons de poteries antiques retrouvés près de son entrée –, cette vaste grotte n'est ouverte au public que depuis 1995. Au programme de la visite de 45 minutes : forêt de stalactites et de stalagmites, cinq chambres et un lac souterrains. Avec un peu de chance vous apercevrez une salamandre des grottes, un amphibien aveugle à la robe translucide. Prévoyez un vêtement chaud, car la température n'y excède pas 14°C.

Tar – Gedići 55 Nova Vas (9km au nord-est de Poreč, près de Nova Vas : attention, il y a plusieurs localités du même nom en Istrie) 095 421 4210 baredine.com Avr., oct. : tlj. 10h-16h ; mai-juin, sept. : tlj. 10h-17h ; juil.-août : tlj. 10h-18h30 ; nov.-mars : tlj. 11h-14h (mais mieux vaut s'annoncer hors saison) € 75kn

Parenthèse médiévale

Sveti Lovreč Pazenatički

Ce ravissant village, situé sur l'axe Pula-Trieste, abrita au 14e s. le commandement militaire vénitien en Istrie (nommé *Pasenatico*, d'où son nom). Il a conservé une partie de son enceinte médiévale, avec ses tours, ses portes voûtées, et ses vieilles maisons disposées en ovale autour de la place centrale. Une délicate loge municipale (15e s.) y est adossée à l'église romane Saint-Martin (11e s.), qui recèle de belles fresques.

14km au sud-est de Poreč

Une autre sentinelle vénitienne

Novigrad-Cittanova

La vieille ville occupe une île rattachée depuis trois siècles au continent. Ce port de la république de Venise, siège d'un évêché influent, a conservé ses fortifications (restaurées) et quelques beaux palais et demeures Renaissance ou baroques. Voyez le palais Rigo, bâti en 1760 dans la Grand-Rue (Velika ulica). Sur la Grand-Place, l'église Saint-Pélage (Sv. Pelagij) s'élève sur les fondations d'une basilique du 8e s. dont subsiste la crypte. Les venelles aux maisons colorées, la loggia vénitienne, les remparts crénelés donnant sur l'Adriatique et la marina ne laissent pas indifférent. Le musée Gallerion est consacré à la marine, ou plutôt à toutes les flottes qui ont sillonné l'Adriatique. Les plages de la baie ont fait de Novigrad une station fréquentée.

16km au nord de Poreč **Crypte de l'église Saint-Pélage** Veliki trg Haute saison : tlj. 10h-18h **Lapidarium** Veliki trg 8a (052) 726 582 www.muzej-lapidarium.hr Juin : lun.-sam. 10h-13h et 19h-21h ; juil.-août : tlj. 10h-13h et 19h-22h € 10kn **Musée Gallerion** Mlinska 1 098 254 279 www.kuk-marine-museum.eu Avr.-oct. : mer.-sam. 9h-12h et 14h-18h € 30kn

À FAIRE

Baladez-vous à vélo

Piste cyclable de la Parenzana

De nombreuses pistes cyclables ont été tracées sur la Riviera entre Poreč et Umag (au nord), comme dans l'arrière-pays, en direction de Brtoniglia et de Buje. C'est le cas de cette ancienne voie ferrée reliant Poreč (Parenzo en italien) à Trieste, qui serpente jusqu'en Slovénie à travers la grandiose Istrie verte. Un parcours de 120km, en pleine nature, qui passe à proximité des plus beaux villages et des meilleures fermes-auberges d'Istrie (Motovun, Grožnjan, Buje...).

www.parenzana.net

Essayez-vous au téléski sur l'eau

Ski Lift Poreč

Installé sur le rivage, un câble de 650m permet de tracter les skieurs sur l'eau à près de 60km/h. Pour tout public, du débutant au professionnel. Tarif 140kn/1h, 180kn/2h. Location du matériel sur place.

Waterski Club (4km au sud de la vieille ville) 091 474 7714 www.skiliftporec.com
Mai-sept. : tlj. 10h-0h

Plongez !

Le *Coriolanus*, un dragueur de mines de la Royal Navy qui fut coulé au large de Poreč par une mine en mai 1945, est l'une des attractions proposées par tous les centres de plongée de la région.

Subaquatic Diving Center

Un centre très sérieux. Plongée 300kn, sur le site du *Coriolanus* 450kn.

Stella Maris Savudrija (40km au nord de Poreč) (052) 663 220 ou 092 261 6168
www.subaquatic.info

NOS ADRESSES

PAUSES

Pause fortifiée

Torre Rotonda

Comme son nom l'indique, cette terrasse aménagée sur le toit de la "tour Ronde" qui veille sur le port est à essayer par une belle journée ou par une nuit étoilée, pour le panorama sur la mer et l'agitation des quais. En cas de mauvais temps, l'intérieur à l'ambiance très médiévale se révèle tout aussi agréable pour siroter un cocktail ou une bière.

POREČ (plan 6, A2 n°1) Narodni trg 3a
098 255 731 www.torrerotonda.com
Avr.-oct. : tlj. 10h-2h

Et aussi la **brasserie Vergal** (p.98) à Savudrija.

RESTAURANTS

Labyrinthique
Peterokutna Kula ◎◎

Dans la tour pentagonale et sur un pan de rempart s'enchevêtrent plusieurs niveaux et mezzanines tantôt à ciel ouvert, tantôt voûtés de pierre. Au menu, steak aux truffes, spaghettis ou poisson grillé et crêpe en dessert. Repas 120-160kn, un peu plus avec du poisson. Pas de CB.

POREČ (plan 6, A2 n°11) Decumanus 1
(052) 451 378 www.kula-porec.com.hr
Tlj. 12h-0h

En direct de la mer
Cardo ◎◎

L'un des nombreux restaurants de poisson de Poreč, à signaler pour son agréable terrasse, son atmosphère conviviale et son service courtois. Valeur sûre (mais touristique) pour ses assiettes méditerranéennes : salade de poulpe, brochette de langoustines... Repas 150-220kn.

POREČ (plan 6, A2 n°10) Cardo Maximus 8
(052) 452 742 Avr.-oct. : tlj. 11h-0h

Sur le gril
Konoba Kaštel ♥◎◎

Cette auberge sert une savoureuse cuisine à base de produits frais de la ferme et de la forêt : agneau à la broche, veau sous la cendre, jambon fumé (*pršut*) artisanal... Également du poisson et des crustacés, selon l'arrivage du jour. Prenez place à l'une des grandes tables en bois de la deuxième salle si vous voulez profiter de la cheminée. Excellent rapport qualité-prix : repas 120-150kn.

ŽBANDAJ Žbandaj 23 (à 6km de Poreč, sur la route de Pazin) (052) 460 239 Tlj. 12h-23h

Et aussi la **Konoba Buščina** (p.98) à Umag.

Apéritif croate

SHOPPING

Panier gourmand
Vinoteka Epulon ♥

Un concentré en 200 étiquettes de ce qui se boit de mieux dans la région (et le pays). À déguster : le *porečki muškat ruža*, un blanc local. Également des champagnes et vins étrangers, de la grappa, du miel et des condiments à base de truffe... Mais l'Epulon, c'est aussi un bar où vous dégusterez une très bonne cuisine locale.

POREČ (plan 6, A2 n°20) Eufrazijeva 31
099 731 0131 Été : tlj. 10h-1h ; hiver : tlj. 10h-13h

Et aussi **Degrassi** (p.98) à Savudrija, **Moreno Ivančić** à Novigrad.

LES VILLAGES PERCHÉS

Héritiers des forteresses bâties par les Histres dans l'Antiquité, les villages perchés qui parsèment l'intérieur de la péninsule offrent aux visiteurs une alchimie unique, mélangeant venelles médiévales, enceintes vénitiennes et demeures baroques. Ils constituent aussi des destinations de choix pour les gastronomes !

À VOIR

MOTOVUN

Remparts médiévaux, ruelles pavées, façades blanches et toits ocre : difficile d'être plus photogénique que ce charmant village modestement perché à 270m d'altitude, sur la rive droite de la Mirna. Son chemin de ronde permet d'embrasser toute la campagne environnante. Au loin moutonnent des collines plantées de chênes rouvres ou de vigne et coiffées de bourgades médiévales. Oubliés du temps, les habitants fument leur jambon (*pršut*), élaborent leur vin et leur huile d'olive avec amour et vont, à l'automne, déterrer des truffes blanches dans les sous-bois.

ACCÈS ET INFOS

- Motovun, dominant la vallée de la Mirna, est situé 28km au nord-est de Poreč. Liaisons en car avec Poreč, Pazin ou Pula.
- Office de tourisme de Motovun Trg Andrea Antico 1 (052) 681 726 www.tz-motovun.hr
- Office de tourisme de Buzet Šetalište Vladimira Gortana 9 (052) 662 343 www.tz-buzet.hr
- Office de tourisme de Buje Prvog Svibnja 2 (052) 773 353 www.coloursofistria.com

Ronde bucolique

Remparts

Les remparts (13e-14e s.) sont très bien conservés, et leur chemin de ronde offre une vue magnifique sur les collines voisines comme sur la ville haute : vieilles maisons gothiques, ruelles pavées, treilles et jardins potagers. Inoubliable. Passez sous une double porte (14e s.), pour gagner le cœur de la petite cité.

Un air de Toscane

Place Andrea-Antico / Trg Andrea Antico

Cette vaste *piazza* blanche bordée de l'austère façade du grand palais roman (12e-13e s.) respire la sérénité. Poussez la porte de l'église Saint-Étienne bâtie au début du 17e s., vous y verrez un autel portatif en or ciselé du 14e s., et toute la campagne du haut du campanile.

AU SUD DE MOTOVUN

Mur d'images

Église Sainte-Marie-sur-les-Dalles / Sv. Marija na Škrilinah

En contrebas du somnolent village perché de Beram, cette modeste chapelle recèle un trésor inestimable de la peinture médiévale : ses murs et ses voûtes

À NE PAS MANQUER

- Remparts de Motovun
- Église Sainte-Marie-sur-les-Dalles (Beram)
- Grožnjan
- Survol du gouffre de Pazin

Motovun, protégé par ses remparts

sont tapissés de fresques réalisées en 1474 par Ivan de Kastav. Ces compositions révèlent autant un talent magistral que des détails de la vie en Istrie à la fin du 15e s. Un chef-d'œuvre !

Beram (15km au sud de Motovun – prévenez de votre arrivée) (052) 626 016 € 20kn

COULEUR LOCALE

En contrebas de Motovun, la Mirna, fleuve au débit aujourd'hui minuscule, constituait au Moyen Âge une importante voie navigable : c'est par lui qu'étaient acheminées vers Venise les billes de chêne de la forêt de Motovun, destinées à consolider les pilotis de la Sérénissime. Aujourd'hui, cette forêt, bien réduite, recèle une autre richesse : la truffe.

Forteresse vertigineuse

Pazin

Centre économique et culturel de l'Istrie intérieure, Pazin (Pisino en italien) est dominé par une forteresse perchée au bord d'un précipice. Ce massif château, remanié aux 14e et 16e s. et fort bien conservé, abrite d'intéressantes collections ethnographiques (bijoux, costumes, meubles, outils et instruments de musique traditionnels). À une centaine de mètres en contrebas, la rivière Pazinčica disparaît dans une sombre cavité karstique, le **gouffre de Pazin** ! Vous pourrez descendre dans cet abîme, immortalisé par Jules Verne dans *Mathias Sandorf*, accompagné par un guide pour une balade de 3h/3h30 ouverte à tous. Elle permet de s'aventurer dans les premières cavités souterraines où la rivière forme trois lacs avant de disparaître dans un siphon.

20km au sud-est de Motovun Gouffre de Pazin / Pazinska jama 091 512 1528 ou 098 330 038 (association spéléologique) pazin-cave.com € 230kn

AU NORD DE MOTOVUN

La ville des artistes

Grožnjan

Vous vous abandonnerez facilement au charme de Grisignana (son nom italien), et à son labyrinthe médiéval miraculeusement préservé avec ses minuscules venelles serpentant entre les maisons ocre. De passages voûtés en recoins, dans un jeu d'ombre et de lumière, gagnez la grand-place, son église baroque, son campanile et surtout sa vue extraordinaire sur les collines environnantes... Pas étonnant que des écrivains et des artistes aient décidé de s'installer dans ce village abandonné dans les années 1960. Il compte désormais une vingtaine de galeries d'art et de boutiques d'artisans !

10km au nord-ouest de Motovun

Village vigie

Buje

Stratégiquement posé à 200m de hauteur à la croisée des axes Pula-Trieste et Umag-Buzet, Buje (ou Buie) fut longtemps surnommé la "Tour de garde de l'Istrie". Habitée depuis les temps préhistoriques, la romaine *Bullea* domine les routes touristiques des vins et de la truffe, et demeure aujourd'hui une petite ville commerçante très animée. Son centre historique, protégé par des fortifications restaurées à la période vénitienne (15e s.), ne manque pas de cachet. Sur sa place ronde s'élèvent une belle demeure patricienne, et l'église Saint-Servulus (16e s.), bâtie sur les vestiges d'un temple romain.

25km au nord-ouest de Motovun

BUZET ET SES ENVIRONS

La capitale de la truffe

Buzet

Fondé par les Histres, occupé par les Romains et utilisé par les Vénitiens comme capitanat, ce petit village s'impose aujourd'hui comme la capitale reconnue de la truffe. Les bons restaurants côtoyant les témoignages de ce riche passé, Buzet mérite une promenade le long de ses ruelles pavées. Un petit Musée régional restitue la longue histoire et l'artisanat local que ses habitants font revivre, le temps des festivités automnales dédiées à la truffe.

15km au nord-est de Motovun

La plus petite ville du monde

Hum

Couronnant une colline haute de 340m, Hum s'enorgueillit d'être "la plus petite ville du monde". Elle enserre de ses murailles restaurées une douzaine de maisons, une très belle loggia, une galerie d'art-boutique de souvenirs et un restaurant. Elle a aussi conservé une porte de 1552 et un campanile. Dans son cimetière, hors les murs, l'**église Saint-Jérôme** (Sv. Jeronim) abrite des fresques romanes du 12e s. et de nombreux graffitis glagolitiques de la même époque (clé au restaurant Humska). Sur la route de Hum à Roč, les 11 monuments de

L'ISTRIE, TERRE GOURMANDE

Au carrefour des influences méditerranéennes et continentales et baignant dans un climat idéalement doux, l'Istrie s'impose comme une terre de Cocagne pour les gourmets ! Il y a d'abord l'incontournable trio de spécialités, qui ont valu à la région une réputation mondiale : huile d'olive, vins et truffe. La première produite depuis l'Antiquité remporte encore aujourd'hui les meilleurs concours internationaux. Parmi les différentes variétés, vous pourrez tester la *bjelica*, la *karbonaca*, la *buža* ou la *rosinjola*. Les vins d'Istrie ont effectué un vrai bond qualitatif depuis les années 2000, avec la biodynamie. Le cépage le plus largement répandu est la *malvazija*, qui donne des vins couleur de paille, plutôt secs, fleuris et fruités, avec un léger arrière-goût d'amande. Plus de 50% des rouges d'Istrie sont issus du *teran*, un cépage local qui donne des vins puissants, aux arômes de fruits sauvages. Enfin, la truffe croate n'a rien à envier à celle d'Alba ou du Périgord. Symbole de la cuisine istrienne, elle s'accommode à toutes les sauces et s'immisce dans tous les plats. Il ne faut pas non plus négliger le bœuf *boškarin*, race rustique ancienne connue pour sa tendreté, les asperges sauvages, récoltées au printemps, sans parler des fruits de mer... Bon appétit !

Dans les chais du domaine Matošević, Istrie

l'**Allée glagolitique** (Aleja glagoljaša) glorifient l'alphabet du même nom, le premier du monde slave, cf. Il était une fois (p.142).

20km au nord-est de Motovun

L'anti-village perché
Kotli

Ce hameau pratiquement abandonné est une petite perle nichée au creux (pour une fois) du lit de la Mirna, à proximité de l'allée glagolitique et au bout d'un pont branlant. Son très vieux moulin et ses quelques maisons en phase

Cascade de Kotli

de restauration côtoient une cascade remplissant des vasques naturelles, une dizaine de mètres plus bas, où il fait bon se baigner au printemps (en plein été, la rivière est souvent à sec). Une auberge complète le tableau, discret paradis qui pourrait ne pas le rester très longtemps.

11km au sud-est de Buzet (de Hum, dir. Roč, puis à Brnobići prendre à droite)

À FAIRE

Prenez de la hauteur
Paragliding Tandem Istra

Quoi de mieux que voler en silence au-dessus des collines pour profiter au mieux des paysages grandioses de l'Istrie ? Vous pouvez pratiquer le parapente dans la région de Motovun, près de la station thermale d'Istarske Toplice, ou dans les environs de Buzet (site de Raspadalica, l'un des plus beaux spots d'Istrie). Sasha ou Airie, deux grands professionnels, vous emmèneront dans les airs pour un baptême inoubliable. Env. 700kn/pers.

Motovun 098 222 8081 www.istraparagliding.com Sur réservation

Survolez un gouffre

Zipline Pazinska jama

Une tyrolienne a été installée au-dessus du gouffre de Pazin. D'une longueur de 220m, elle permet de voler en toute sécurité au-dessus de l'abîme cher à Jules Verne. Grand frisson garanti. Tarif 140kn.

Pazin 091 543 7718 Mai-sept. : tlj. 10h-18h

Suivez la ruée vers l'or noir

Karlić Tartufi

Pionniers de la chasse aux truffes, les Karlić vous accompagnent au cours d'une promenade d'environ 3h dans les environs boisés du village de Paladini, et vous initient aux méthodes de recherche (avec leur chien). Attention, s'il est rare qu'on en revienne bredouille, les truffes découvertes demeurent leur propriété ! Mais le prix comprend un repas aux truffes avec omelette, saucisses et fromages arrosés de vins de la maison. Tarif 1 000-1 100kn/2 ou 3 pers. Laissez-vous tenter par les truffes (noires), proposées à des prix nettement inférieurs à ceux qu'affichent les boutiques spécialisées de la région (25g/70kn).

Paladini 14 Buzet (13km au sud-ouest de Buzet via Sveti Donat et Vrh) (052) 667 304 www.karlictartufi.hr Sur réservation

NOS ADRESSES

PAUSE

Halte panoramique

Caffe Bar Vero

Sa terrasse vaut le déplacement : installée en corniche, elle s'ouvre sur un panorama impressionnant. L'adresse idéale pour une pause contemplative, avec une bière artisanale dans la main et un peu de musique de jazz dans les oreilles. Également des pizzas et des pâtes.

GROŽNJAN Korner 3 (052) 776 026 Tlj. 8h-23h

RESTAURANTS

Palace central

Kaštel ♥ ϘϘϘ

Au rez-de-chaussée de l'hôtel romantique du même nom (p.339), le restaurant gastronomique sert une excellente cuisine istrienne : truffes (blanche et noire), mais aussi pâtes (*fuži*, gnocchis) ou gibier, le tout agrémenté d'excellents vins de la région. L'établissement est également labellisé pour servir du bœuf *boškarin*. Belle terrasse ombragée de châtaigniers.

MOTOVUN Trg Andrea Antico 7 (052) 681 607 www.hotel-kastel-motovun.hr Tlj. 8h-22h (restaurant)

Au coin du feu

Konoba Vela Vrata ϘϘ

À l'entrée du village perché de Beram, une auberge familiale dont la salle aux poutres et pierres apparentes est prolongée par une agréable terrasse dominant la vallée. Steak *Vela Vrata* aux truffes blanches (200kn) ou noires (150kn), pâtes maison aux truffes (100kn), omelettes aux truffes (70kn) ou aux asperges (35kn).

BERAM Beram 41 091 781 4995
Mar.-dim. 12h-23h30

Comme à la maison
Agroturizam Dešković

Installée sur l'exploitation des Dešković, cette table rustique jouit d'une excellente réputation. Vous y savourerez les produits maison : *pršut* (jambon fumé), huile d'olive, volailles, vins de table (*malvazija*, *refošk*, *teran*), fruits et légumes. Repas 130-150kn, vin compris.

GROŽNJAN Kostanjica 58 (500m en amont des chais Zigante dir. Kostanjica) 098 197 7985 vina-deskovic.hr
Lun.-ven. 13h-19h sur réservation

Jamais trop de truffe
Restaurant Zigante

Carpaccio de daim à la truffe noire, pâtes aux truffes blanches, glace aux truffes... Tout ici se décline autour du royal champignon. Le cadre est celui d'une grande cave à vins avec, accrochée au mur, la maquette de la plus grosse truffe jamais pesée (1,310kg), déterrée en 1999 par le patron. Prix assez élevés : menu dégustation (7 plats 690kn), à la carte env. 350kn.

LIVADE Livade 7 (3km au nord de Motovun) (052) 664 302 www.restaurantzigante.com
Tlj. 12h-22h

Délices rustiques
Humska Konoba

Hors les murs de Hum, cette minuscule taverne rustique est réputée pour ses viandes fumées, ses pâtes aux truffes (95kn), son goulasch et

***Taglierini* à la truffe blanche**

ses charcuteries locales. Beau panorama de la terrasse. Repas 85-190kn.

HUM Hum 2 (12km au sud-est de Buzet, dir. Rijeka, puis Hum) 091 600 3456 www.hum.hr/humskakonoba Mi-mars-mi-oct. : tlj. 12h-20h ; mi-oct.-mi-mars : sam.-dim. 12h-18h

Au rythme des saisons
Gostiona Toklarija ♥

Une taverne des environs de Buzet aménagée dans une huilerie du 14e s. Adepte du *slow food*, le patron cuisinier ne propose que des ingrédients de saison : raviolis au jambon fumé, plats aux truffes, asperges sauvages et fromages maison. Réservation obligatoire pour espérer arracher un des 17 couverts. Pas de CB. Repas entier aux truffes 500kn tout compris.

SOVINJSKO POLJE Sovinjsko Polje 11 (8km au sud-ouest de Buzet) 091 926 6769
Mer.-lun. 13h-22h

Le plein des sens
Stara Oštarija ♥

Quelle vue ! Ce restaurant gastronomique offre depuis sa terrasse un panorama somptueux sur la vallée. Et dans les assiettes ? Une excellente cuisine istrienne : polenta, risotto ou pâtes maison à 75kn, ou, pourquoi pas, le mémorable menu dégustation à 800kn pour deux, qui décline la truffe sous toutes ses formes de l'entrée au dessert !

BUZET Petra Flega 5 (052) 694 003
Mer.-lun. 6h-21h

Régal perché
Konoba Vrh

La taverne de la famille Petohlep attire les foules, surtout pour son jambon fumé, ses spécialités à la truffe ou encore ses gnocchis et *fuži* traditionnels au fromage, aux champignons ou aux... orties. Plats 90-180kn. Mieux vaut réserver – et appeler la veille pour déguster la *peka* (viande braisée sous la cloche).

VRH Vrh 2 (11km au sud de Buzet)
(052) 667 123 www.vrh.com.hr
Jan.-mars : sam.-dim. 13h-22h ; avr.-déc. : mar.-dim. 13h-22h

SHOPPING

Le top des bouteilles
Arman Marijan Winery ♥

L'un des domaines viticoles les plus réputés d'Istrie. Vous pourrez déguster et acheter dans cette jolie cave attenante au domaine les AOC produites sur les coteaux : *malvazija*, *teran*, chardonnay, pinot...

VIŽINADA Narduči 3 (dans le village, dir. Poreč sur 1km puis à droite dir. Vranje Selo et Narduči) (052) 446 094 www.arman.hr

Cave à voir
Kozlović ♥

Ce viticulteur produit un classique de la région : le *momjanski muškat* (muscat de Momjan), vin blanc doux qui se marie bien avec les fromages locaux. La maison Kozlović propose également des vins issus de la *malvazija*, du *teran*, et le Violetta, un vin de table rosé.

MOMJAN Vale 78 (à 9km de Buje, 3km après Momjan) (052) 779 177 www.kozlovic.hr
Lun.-sam. 12h-19h

Le patron de la gastronomie
Enoteka Zigante Tartufi

Les boutiques (*trgovina*), caves (*enoteka*) ou restaurants Zigante sont présents dans toute l'Istrie. Giancarlo Zigante, qui a acquis sa renommée grâce à la truffe, blanche ou noire, propose aussi toutes sortes de produits istriens (huiles d'olive, fromages de brebis, miel et divers alcools de plantes aromatiques parfumés aux... truffes). Sans compter une sélection pointilleuse de vins.

GROŽNJAN Gorjan 5 (052) 776 099 www.zigantetartufi.com Été : tlj. 9h-21h ; hiver : w.-e. 10h-18h **Trgovina Zigante Tartufi** **BUZET** Trg Fontana (052) 663 340 Avr.-oct. : 9h-20h

Tout bio, tout bon
Clai

Outre des vins exclusivement conduits en biodynamie (comme le *malvazija* à 165kn la bouteille), Giorgio Clai produit une excellente huile d'olive bio issue de l'agriculture durable (80kn les 50cl).

KRASICA Brajki 104 (5km au sud-est de Buje) (052) 776 175 www.clai.hr
Lun.-ven. 10h-18h, sam. 10h-14h

ROVINJ

Dominée par son campanile vénitien, la vieille ville est blottie sur sa presqu'île, dont les flancs, agrémentés d'augustes façades ocre, tombent dans la mer. La "Petite Venise croate" offre au visiteur des venelles médiévales ivoirines, une marina trépidante et des plages en lisière de forêt où se dorer. Une destination au charme irrésistible.

ACCÈS ET INFOS

- Rovinj se trouve 35km (mais 40min) au sud de Poreč. Liaisons en bateau en saison avec Venise (Venezia Lines). Liaisons en car avec Zagreb, Pula, Rijeka, Dubrovnik...
- Office de tourisme (plan 7, A3) Pina Budicina 12 (052) 811 566 rovinj-tourism.com

À VOIR

ROVINJ

La vieille ville (Stari Grad) a tout d'un tableau médiéval animé. Au hasard de votre flânerie, vous grimperez d'une venelle pavée vers un passage voûté, d'une placette à une galerie sous arcades. Pas d'édifice mémorable, mais une foule de détails remarquables : une fenêtre gothique, un balcon Renaissance, un lion vénitien sculpté dans la pierre... Au sommet de la colline, sur le parvis de Sainte-Euphémie, les touristes se font plus rares.

Névralgique

Place du Maréchal-Tito / Trg M. Tita (plan 7, A2)

Lien entre le port et la cité, elle est le centre incontesté de Rovinj, le lieu de rendez-vous et de passage, regorgeant de terrasses. Parmi ses édifices notables, citons la tour de l'Horloge, monument vénitien arborant le symbolique lion ailé de saint Marc, l'arc des Balbi, érigé en 1680 à l'emplacement de l'ancienne porte de l'Est et l'ancien hôtel de ville, qui abrite le musée municipal.

Un air de Venise

Église Sainte-Euphémie / Crkva Sv. Eufemije (plan 7, A3)

Vous repérerez de loin ce campanile, haut de 63m. Construit en 1654, il reproduit celui de Saint-Marc à Venise, mais à son sommet trône une statue en bronze de sainte Euphémie, patronne de la ville. Martyrisée en 304 en Grèce, elle aurait miraculeusement vogué sur la Méditerranée et l'Adriatique pour échouer sur le rivage de Rovinj, en l'an 800. L'église en elle même, de style baroque, renferme le sarcophage présumé de la sainte.

Tlj. 10h-19h (hors saison 16h) Campanile (052) 815 615 À la demande

DANS LES ENVIRONS

Bijou médiéval

Bale

Couronnant une colline, ce charmant village d'origine romaine offre un formidable voyage au Moyen Âge, au fil de ses ruelles pavées et de ses façades

À NE PAS MANQUER

- Rovinj
- Bale
- Svetvinčenat
- Ria de Lim

Place du Maréchal-Tito, Rovinj

blanches. À voir, la mairie, le palais Bembo (Renaissance) et, au sommet de la colline, l'église paroissiale Saint-Julien et son campanile, de style roman. Sa crypte abrite une importante collection de sculptures du haut Moyen Âge. À quelques mètres de la vieille ville, ne manquez pas la chapelle de l'Esprit-Saint (Sveti Duh), entièrement peinte de fresques du 15e s.

13km au sud-est de Rovinj, sur la route de Pula

Vestiges et prestige

Dvigrad

Il reste peu de chose des deux châteaux de Dvigrad (ou Due Castelli) dévastés durant la guerre entre Venise et l'Autriche, puis définitivement abandonnés en 1631 à la suite d'une épidémie de peste. Et pourtant, en se promenant parmi les ruines au milieu des arbres, vous imaginerez sans peine la richesse de cette ville médiévale, avec ses maisons, ses boutiques, son donjon et sa basilique romane du 11e s. Le panorama y est superbe.

17km au nord-est de Rovinj

Comme en Italie

Svetvinčenat

Ce village mérite le détour pour sa vaste et magnifique place où s'élèvent, dans une ambiance toscane, plusieurs maisons Renaissance subtilement décaties, une belle église (15e s.) et les remparts blancs d'un château médiéval remanié à la fin du 16e s. L'église romane Saint-Vincent (Sv. Vinčenat), près du cimetière, construite par les moines bénédictins qui fondèrent la ville, est réputée pour ses fresques du 13e s.

30km à l'est de Rovinj

Plan 7
1
2
3
4
A
B
100 m
N
Circonvallazione Fratelli Lorenzetto
Istarska
G. Carduccija
Fontana
Zagrebačka
31
ZLATNI RT
Omladinska
Malka Laginje
TVORNICA DUHANA ROVINJ D.D
Mattea Benussija
POSTE
Obala Vladimira Nazora
MONTE MULINI
Dominica Pergolisa
Fontera
M. Zelka
G. Mazzinija
Ratarska
Agricoltori
Trg na Lovski
Pusta
Trg Tabakina
Obala Alda Negrija
N. Quarantotto
R. Daveggije
I. Rakovca
Trg Brodograditišta
Marca Garbina
Angelo Zullanja
A. Milossa
Trg M. Campitellija
Duga ulica
Androna Lunga
Poljana Sv. Jakova
Carera
Trg kralja Epulona
Vodrijanska
Dignano
Obala Alda Rismondija
Trg Sv. Franje
E. de Amicisa
Vladimira Gortana
Poljana Sv. Duha
PLACE DU MARÉCHAL-TITO
Trg G. Matteoti
Ferija Augusta
Trg Na Mosti
Driovier
Ive Pietra
Giuseppea Garibaldija
MUSÉE MUNICIPAL
Arsenal
Obala P. Budicina
MAISON DE LA BATANA
AQUARIUM
Trg Valdibora
Vladimira Švalbe
S. Chiurca
Casale
Grisia
Garzotta
Montalbano
Trevisol
VIEILLE VILLE
Bregovita Monte
ÉGLISE SAINTE-EUPHÉMIE
Trg Sv. Eufemije
Svetoga Križa
Šetalište braće Gnot
LUKA ROVINJ
SV. KATARINA
MER ADRIATIQUE
Pauses (n°1 et 2)
1 Circolo - p.118 .... A2
2 Limbo - p.118 .... A3
Restaurants (n°10 à 13)
10 Amfora - p.118 .... B2
11 Kantinon Tavern - p.118 .... A2
12 Konoba Veli Jože - p.118 .... A3
13 Monte - p.119 .... A3
Hébergements (n°30 et 31)
30 Hotel Adriatic - p.340 .... A3
31 Porta Antica Residences - p.340 .... A3

Fjord croate
Ria de Lim / Limski kanal

Cette vallée maritime (ria) qui s'enfonce sur 11km dans les terres, entre Rovinj et Poreč, dessine un ruban turquoise que dominent d'abruptes falaises karstiques de plus de 100m de hauteur percées de grottes. Une merveille de la nature qui fait le bonheur des visiteurs comme des ostréiculteurs et mytiliculteurs locaux : la faible salinité de l'eau est propice à l'élevage des huîtres et des moules. La ria n'est accessible qu'en de rares points. Pour admirer les splendides paysages, les automobilistes pourront suivre la route de Vrsar vers le *Kanal*. Les autres se joindront à une mini-croisière organisée à partir de Rovinj ou de Poreč.

13km au nord-est de Rovinj

À FAIRE

Piquez une tête
Des échelles fixées sur les rochers permettent de descendre du chemin de ronde pour se baigner sous les remparts de **Rovinj**. Quelques plages de galets (parmi les rochers) au nord et au sud de la ville, devant les hôtels.

Pratiquez la plongée
Rovinj Sub Diving Center

Parmi les spots appréciés des environs de Rovinj, sortent du lot la ria de Lim et les nombreuses épaves qui gisent au large, dont celle du *Baron-Gautsch*, un navire autrichien coulé par une mine en 1914. Vous pourrez aussi plonger à partir de Vrsar, à une quinzaine de kilomètres au nord de Rovinj.

Braće Brajkovića bb Rovinj 098 196 9502
www.rovinj-sub.hr

Exploration du *Baron-Gautsch*

Observez les oiseaux migrateurs
Palud

L'unique réserve ornithologique d'Istrie est une crique en bord de mer où se mêlent eau de pluie et eau salée. Cet étrange endroit, accessible uniquement à pied, est une halte pour de nombreux oiseaux migrateurs (plus de 200 espèces) que vous observerez après une courte marche grâce à des abris aménagés sur la berge.

8km au sud-ouest de Rovinj et 5km au nord-est de Bale

NOS ADRESSES

PAUSES

Esprit d'escalier
Limbo ♥

Au cœur de la vieille ville, ce minuscule bar posté sur le chemin de la basilique propose une pause originale sur des coussins installés à même les marches, pour siroter une boisson (40kn), déguster une assiette de jambon (60kn) ou de fromage (40kn).

ROVINJ (plan 7, A3 n°2) Casale 22b
091 570 5318 Haute saison : tlj. 18h-0h

À la fraîche
Circolo

Tout en décontraction et fer forgé, ce "bar-apéritif" s'est installé sur une charmante place en retrait de la rue Carera. Une belle terrasse autour d'un vieux puits, idéale pour se désaltérer l'après-midi, mais aussi pour ses cocktails du soir.

ROVINJ (plan 7, A2 n°1) Trg Campitelli 1
091 518 1229 barcircolo.eatbu.hr
Haute saison : tlj. 8h-14h et 18h-2h

RESTAURANTS

Joyeuse ambiance
Kantinon Tavern ♥

Cette grande auberge chaleureuse avec ses tables de bois, ses tonneaux et son brouhaha, occupe de très beaux anciens chais près du port. Spécialité de la maison : les moules, à la provençale, au curry, au basilic. Repas 100-150kn.

ROVINJ (plan 7, A2 n°11) A. Rismonda bb
(052) 816 075 Mar.-dim. 12h-22h

Prêts à être cuisinés !

Savoureux bric-à-brac
Konoba Veli Jože

Une adresse connue des locaux pour sa décoration de brocante (scaphandrier, amphores, accordéons aux murs), sa chouette ambiance et ses recettes traditionnelles : salade de poulpe (*hobotnica*), filets de sardines, fromages et pâtes aux truffes, morue, agneau rôti. À faire couler avec un verre de *degrassi* ou de *kozlovic*… Repas 100-150kn.

ROVINJ (plan 7, A3 n°12) Sv. Križa 1
(052) 816 337 velijoze.net
Lun.-sam. 11h-1h, dim. 11h-0h

Le top du port
Amfora

Le plus élégant des restaurants de poisson du port. Petite fontaine, mobilier en fer forgé, service courtois. Le plateau de poissons (demandez à le voir !) est superbe et les différents risottos (au thon, aux truffes) méritent le détour. Repas 200kn minimum.

ROVINJ (plan 7, B2 n°10) A. Rismonda 23 (052) 816 663 www.amfora-rovinj.com Tlj. 14h-22h

Gastronomique
Monte

La table la plus chic de Rovinj se cache dans une ruelle de la vieille ville, au pied de l'église Sainte-Euphémie. La salle opte pour une décoration moderne et colorée. Dans les assiettes, une cuisine très inventive : homard, couronne de poissons à la sauce au safran et aux câpres, gazpacho de fraises... Trois superbes menus dégustation thématiques à 850kn.

ROVINJ (plan 7, A3 n°13) Montalbano 75 (052) 830 203 www.monte.hr Tlj. 18h30-23h

Histoire de bien manger
Kamene Priče

Aménagée autour de trois courettes ombragées dans les dépendances du château Bembo, cette auberge raconte des histoires de pierres (*Kamene Priče*) et d'humains. Cuisine simple du marché, fraîcheur irréprochable, belle cave de vins et accueil formidable. Repas 150-250kn. Également 4 appartements (370-520kn).

BALE Castel 57 (052) 824 235 www.kameneprice.com Avr.-oct. : tlj. 10h-23h

De la ferme à l'assiette
Konoba Poli Ondine

Cette ferme-auberge vous accueille dans le hameau de Bričanci, à la sortie est de Svetivinčenat. Au menu, des recettes traditionnelles d'Istrie élaborées dans les règles de l'art, tel le goulasch au bœuf accompagné de fuži (pâtes artisanales). À déguster dans une salle de style rustique ou sur une terrasse couverte. Également un comptoir traiteur : saucisson, jambon fumé, fromages artisanaux et plats à emporter. Possibilité d'aller saluer les bovins – la fameuse race locale boškarin, à la belle robe grise et aux longues cornes – et les chevaux de la ferme... et de dormir sur place. Comptez 70-100kn le repas (rés. conseillée).

BRIČANCI Bričanci (1,1km au nord-est de Svetivinčenat) 092 254 24 83 Été : tlj. 12h-23h ; reste de l'année sur rés.

SHOPPING

À Rovinj, les ruelles qui grimpent vers l'église Sainte-Euphémie (Grisia, Casale, Švalbe) sont jalonnées d'ateliers d'artistes et d'artisans d'art.

Huile prodigieuse
Grubic Olive Oil

Dans une grange des années 1930, où trônent d'antiques pressoirs restaurés, Emmanuel Grubić produit chaque année, à partir de ses 1 600 oliviers, l'une des meilleures huiles d'olive au monde. Visite, démonstration, dégustation, vente : une agréable manière de joindre culture et art culinaire.

BALE (à la sortie orientale du village, au croisement avec la route 21) 098 854 623 grubic.hr Avr.-mai : lun.-sam. 9h-16h ; juin-août : lun.-sam. 9h-18h

PULA

Véritable musée à ciel ouvert avec son amphithéâtre romain, sa forteresse vénitienne et ses monuments Renaissance ou Sécession, Pula est une ville pleine d'énergie, aussi vivante l'été que l'hiver ! Comme Dante, Jules Verne ou James Joyce, vous allez tomber sous le charme de cette cité au caractère affirmé !

ACCÈS ET INFOS

- Pula est à 270km de Zagreb et 58km de Poreč. Liaisons en bateau (été) avec Venise (Adriatic Lines) et Trieste (Triestelines) ; en train avec Zagreb.
- Liaisons en avion directes avec Paris en saison (Easyjet).
- Sur place, les bus Pulapromet desservent efficacement la ville et ses environs.
- Office de tourisme de Pula (plan 8, A2) Forum 3 (052) 219 197 www.pulainfo.hr
- Office de tourisme de Labin A. Negri 20 (052) 855 560 www.rabac-labin.com
- Bureau du parc des Brijuni Brionska 10 Fažana (052) 525 882 www.np-brijuni.hr

À VOIR

PULA

Un œil sur l'Adriatique, l'autre tourné vers l'arrière-pays : la situation stratégique de Pula, à la pointe sud de la péninsule d'Istrie, en a fait très tôt une capitale régionale. En témoigne son urbanisme, qui suit encore celui de la cité romaine : des axes concentriques partant de la colline qui porte la forteresse.

La reine des arènes

Amphithéâtre / Amfiteatar (plan 8, B2)

Comptant parmi les six plus vastes amphithéâtres romains encore debout, il dessine une ellipse de 133m sur 105m avec quatre registres d'arcades. Construit sous Auguste et agrandi par Vespasien (69-79), il accueillit jusqu'au 5e s. des combats de gladiateurs et de fauves auxquels pouvaient assister quelque 24 000 spectateurs. Une grande partie des gradins a disparu mais le reste demeure incroyablement préservé. L'arène prête son cadre à des concerts et autres manifestations culturelles, dont le fameux Festival du film de Pula.

Flavijevska bb (052) 219 028 Juin-sept. : tlj. 8h-22h ; oct. : tlj. 9h-20h ; nov.-mars : 9h-17h ; avr.-mai : 9h-21h 70kn

Simple et belle

Cathédrale Sainte-Marie / Katedrala Sv. Marije (plan 8, A2)

Bâtie au 4e s., incendiée par les Vénitiens en 1242, puis restaurée au 15e s., elle fut agrandie au 17e s. Une histoire longue et mouvementée ! Derrière une façade Renaissance, un intérieur épuré avec des murs ocre, des colonnes à chapiteaux et des arcades en plein cintre. Les pierres des arènes ont servi à construire son élégant campanile.

Kandlerova 19 Été : tlj. 10h-17h Messes à 8h (croate) et 9h (italien)

À NE PAS MANQUER

- Amphithéâtre (Pula)
- Arc de triomphe des Serge (Pula)
- Vodnjan
- Parc national des Brijuni
- Vieille ville de Labin
- Kastav

L'amphithéâtre romain de Pula

Au centre

Forum (plan 8, A2)

Si le Forum a perdu sa fonction depuis la chute de Rome, il n'en demeure pas moins le centre de la vie sociale et politique de Pula. Une pause dans l'un des cafés qui donnent sur l'esplanade vous laissera le temps de profiter au mieux de cet espace aéré et lumineux, tout en admirant le **temple d'Auguste** (1er s.) et l'**hôtel de ville** (13e s.).

Discret chef-d'œuvre

Chapelle Sainte-Marie "Formoza" / Bazilika Sv. Marije Formoze (plan 8, A3)

Posté à l'entrée d'un petit parc, ce délicat et menu chef-d'œuvre de l'art byzantin paraît bien seul ! Mais son charme n'en est que plus grand. Les Vénitiens l'ont dépouillé de ses marbres et de ses mosaïques : de la basilique paléochrétienne Sainte-Marie édifiée au cours du 6e s. ne restent qu'un pan du mur nord de l'église et l'une des deux chapelles latérales, en forme de croix grecque.

Flaciusova

Entrée en majesté

Arc de triomphe des Serge / Slavoluk Sergijevaca (plan 8, B3)

La plus belle porte de Pula fut érigée à la fin du 1er s. av. J.-C. en l'honneur de trois frères, membres de la famille patricienne des Serge, pour les services qu'ils avaient rendus à la ville. Communément appelée "porte Dorée", elle possède sur sa façade ouest (intérieure) une riche ornementation parfois symbolique : grappes de raisin, Victoires ailées, serpent entre les serres d'un aigle...

Entre Portarata et Sergijevaca

Pauses (n°1 à 3)
1 Bounty Pub - *p.129* B3
2 Caffe Uliks - *p.128*......... A3-B3
3 Kunstkafe-Cvajner - *p.128* ... A2

Restaurants (n°10 à 12)
10 Kažun - *p.129*.................. B1
11 Milan - *p.129*................... A3
12 Pizzeria Orfej - *p.129*.......... A2

Shopping (n°20)
20 Marché municipal - *p.131*..... B3

Sorties (n°30)
30 Centre culturel Karlo-Rojc - *p.131*............................ A3

Hébergements (n°40 à 42)
40 Amfiteatar - *p.340*............ B2
42 HI Hostel Pula - *p.340*........ A3
41 Pula City Point Rooms - *p.340*................ B2

Symétrie

Porte Double ou porte Géminée / Dvojna vrata (plan 8, B2)

Cet ouvrage de la fin du 2e s. était l'une des entrées de la ville romaine. La route qui le reliait à l'amphithéâtre se poursuivait, au nord, jusqu'à Rijeka. Il sert dorénavant d'accès au musée archéologique d'Istrie (côté sud), fermé pour rénovation depuis plusieurs années.

Carrarina

> **DRÔLE D'HISTOIRE**
> Après le vol de la Toison d'or, dérobée par Jason et ses Argonautes à Éétès, roi de Colchide, une armée poursuivit les détrousseurs jusqu'en Istrie. Jason mit alors à mort Absyrte, le fils d'Éétès : craignant la colère de leur roi, les soldats de Colchide renoncèrent à rentrer, s'installant à l'endroit même du meurtre, dans un lieu qu'ils appelèrent Polis, d'où Pula.

Panorama fortifié

Fort vénitien / Mletačka utvrda (plan 8, A2)

Le village istrien perché sur la plus haute colline de Pula laissa place au capitole romain, puis à un fort médiéval. Au 17e s., les Vénitiens confient à un Français, Antoine de Ville, les plans d'une nouvelle forteresse médiévale, dont le chemin de ronde offre une excellente vue sur la ville. Le château quant à lui abrite le musée historique d'Istrie (Povijesni muzej Istre), dont la visite ne s'impose pas.

Gradinski uspon 6 (052) 211 566 www.ppmi.hr Avr.-sept. : tlj. 9h-21h ; oct.-mars : tlj. 9h-17h € 20kn

Tous aux abris !

Souterrains / Zerostrasse (plan 8, B2)

Creusé pendant la Première Guerre mondiale pour stocker des munitions, ce réseau de souterrains sous le *kaštel* fut aménagé et étendu après la Seconde Guerre pour servir d'abri à la population en cas d'attaque atomique. Au point convergent de ces galeries bétonnées, une grande salle d'exposition sur l'histoire de l'arsenal. Étonnant et... frais (env. 18°C).

Carrarina (052) 211 566 Avr.-sept. : tlj. 9h-21h ; oct.-mars : tlj. 9h-17h € 40kn

Château d'eau

Aquarium

Il est installé dans l'ancien fortin de Verudela, construit pour protéger l'entrée de l'arsenal de Pula, alors principal port militaire de l'empire austro-hongrois. Ses 60 bassins donnent un aperçu complet de la faune marine de l'Adriatique et de la Méditerranée, comme des lacs et des rivières d'Europe. En vous aventurant dans les tunnels et les escaliers jusqu'au toit du fortin, vous aurez une vue inoubliable sur Pula et la campagne istrienne.

Verudela bb (5km au sud de la vieille ville) Bus 2 et 3 (052) 381 402 www.aquarium.hr Juin-août : tlj. 9h-22h ; sept. : tlj. 9h-21h ; oct. : tlj. 9h-18h ; nov.-mai : lun.-ven. 9h-16h, sam.-dim. 9h-17h € 130kn

DANS LES ENVIRONS PROCHES

Merveilles sacrées

Vodnjan

Ce village vit de vin et d'huile d'olive depuis l'Antiquité ! D'ailleurs, vous serez immergés dans un autre temps en flânant dans les ruelles pavées bordées de petites maisons de pierre de son centre baroque. L'**église Saint-Blaise**, la plus haute d'Istrie, abrite une remarquable collection d'art sacré (dont une épine de la couronne du Christ !) et de corps momifiés de plusieurs saints.

16km au nord-est de Pula Église Saint-Blaise Župni trg (052) 511 420
Juin-sept. : lun.-sam. 9h-19h, dim. 12h-17h ; oct.-mai sur rdv

Le cap Kamenjak

Îles magiques

Parc national des Brijuni

Quatorze îles dispersées au large de Fažana forment le parc national des Brijuni (Nacionalni Park Brijuni) qui abrite plus de 680 espèces végétales et 250 espèces d'animaux. Mais seule l'île de **Veli Brijun** se visite. Désertée, elle est rachetée au 19e s. par Paul Kupelwieser, un industriel autrichien qui la transforme en un exubérant jardin d'acclimatation où se presse l'aristocratie européenne. En 1947, le maréchal Tito s'y fait même construire une résidence secondaire ! Au fil de la balade vous y croiserez des vestiges d'un temple de Vénus, une forteresse byzantine et des villas célèbres comme la villa Blanche – où, le 19 juillet 1956, Tito, Nasser et Nehru signèrent la *Déclaration des non-alignés* –, ou encore la villa Adriatica... sans compter les animaux. Pour la visite, vous pouvez participer à une excursion en petit train électrique (option un peu frustrante) ou louer un vélo (50kn/h) et laisser le hasard décider de votre chemin. Hébergement possible, mais il faut s'y prendre à l'avance !

Embarcadère à Fažana (7km au nord-ouest de Pula, bus 21, billet 15kn) De 4 à 12 liaisons/j. avec Veli Brijun selon la saison (durée de la traversée 15-20min) Vélos personnels interdits sur l'île, mais possibilité d'en louer sur place (052) 525 882 np-brijuni.hr

Criques au top

Cap Kamenjak

À l'extrême sud de la péninsule istrienne, ce parc naturel littoral offre un grand bol de nature avec ses criques désertes baignées par une eau cristalline et ses falaises escarpées. La côte est jalonnée de paillotes, tel que le Safari Bar, au sud-ouest, qui sert une petite restauration fort acceptable dans un décor à la Robinson Crusoé. Location de vélos, de kayaks de mer et de planches à voile au centre nautique de Premantura.

Premantura 12km env. au sud de Pula (dir. Premantura, puis chemin poussiéreux et caillouteux sur 2-3km après le péage de 40kn pour les voitures)

SUR LA CÔTE EST, DE PULA À RIJEKA

Haute en couleur

Vieille ville de Labin

Postée sur une colline de 300m, la vieille ville de Labin occupe un site remarquable. Passez la porte Saint-Flore (1587) pour découvrir ses façades jaunes, ocre ou blanches, rehaussées de bleu et de vert, ses églises gothiques, ses galeries d'art et quelques maisonnettes aux jardins fleuris, d'où monte, l'été, un parfum de lavande. Du petit bastion (*fortica*) aménagé dans la muraille orientale de la vieille ville, vue merveilleuse sur le golfe : en face, au premier plan, la ligne des collines littorales plongeant à droite (au sud) vers la baie de Rabac. Derrière, les eaux du Kvarner, puis les sols arides et les affleurements rocheux de l'île de Cres. Au loin, les sommets du Velebit.

42km au nord-est de Pula

Tranches de vie

Musée national de Labin / Narodni muzej

Impossible de rater l'élégante façade ocre rouge du palais Battiala-Lazzarini (17e s.) et ses balcons à balustrade ! Le musée qui l'occupe brosse un intéressant tableau de la région : sections archéologique au rez-de-chaussée (amphores romaines), ethnographique (outils agricoles en bois, vêtements, instruments de musique) au 1er étage et, tout en haut, expositions d'art contemporain. Vous pourrez même y entreprendre la visite d'une galerie de mine de charbon plus vraie que nature reconstituée dans les sous-sols !

1. Maja 6 Labin (052) 852 477 Avr.-mai : lun.-sam. 10h-13h ; juin-août : lun.-sam. 10h-13h et 17h-20h, dim. 11h-15h ; sept.-oct. : lun.-sam. 10h-13h et 17h-20h 20kn

Plus près du soleil

Brseč

Ce village perché sur une falaise à 150m au-dessus de la mer invite à une belle promenade au milieu des maisons en pierre blanche ou brune, fissurées, apprivoisées par les herbes sèches. La vue sur le golfe, avec les îles de Cres et de Susak en toile de fond, est à couper le souffle.

23km au nord-est de Labin

Tourisme vintage

Lovran

Véritable berceau du tourisme croate, cette station balnéaire aligne hôtels de la Sécession viennoise et luxueuses villas de la charnière des 19e et 20e s. Une petite église romane indique l'accès au port, où se rassemblent en musique, à l'heure de l'apéritif, les pêcheurs du coin. De l'autre côté de la rue principale, un petit passage débouche sur la vieille ville avec ses façades aux couleurs chaudes, ses cafés et ses nombreuses galeries d'art. Ne manquez pas les belles fresques du 15e s. de l'église Saint-Georges.

40km au nord de Labin

Station Belle Époque

Opatija

Avant la Première Guerre mondiale, la ville comptait une douzaine d'établissements de cure pour tout le gotha européen. Depuis, Opatija s'est modernisée avec ses hôtels, night-clubs, boutiques et plages aménagées, mais elle a conservé certains de ses atours Belle Époque. Faites un détour par la **villa Angiolina**, pour son original petit musée du Tourisme croate et son élégant parc Sv. Jakov agrémenté d'essences exotiques (plus de 150 espèces venues du monde entier). Autre curiosité, le **pavillon des Arts Juraj-Matija-Šporer** cerné par un émouvant mur couvert de fresques représentant ceux, qui, de Gustav Mahler à Robert De Niro, ont fréquenté cette station balnéaire historique.

6km au nord de Lovran Villa Angiolina Dans le parc Sv. Jakob, au sud du port de plaisance (051) 603 636 www.hrmt.hr Mar.-dim. 9h-13h et 17h-21h 20kn Pavillon des Arts Juraj-Matija-Šporer / Umjetnički paviljon Juraj Matija Šporer À côté du grand hôtel Kvarner (051) 603 636 www.hrmt.hr Horaires variables

Promenade XXL

Lungomare

Sur 12km, entre Lovran et Volosko (via Ika, Ičići et Opatija), cette promenade bitumée ou carrelée et abritée du vent permet de longer le littoral, agrémenté de petites plages de galets ou de rochers. Bordé de villas, d'hôtels et de jardins, cet itinéraire magique permet de se figurer le faste d'antan de la riviera liburnienne.

Place forte

Kastav

Située sur les contreforts du massif de l'Učka, à 365m d'altitude, cette ancienne place forte médiévale fait assurément partie des plus beaux villages de la région. Construite sur un plan circulaire, Kastav abrite derrière les vestiges de ses murailles et de ses six tours de défense un lacis de ruelles pavées, de passages voûtés et d'escaliers qui serpentent vers son campanile du 17e s. et son panorama splendide. À ce passé architectural s'ajoute une riche histoire culturelle, puisque c'est ici que fut installée (en 1866) la première salle de lecture en langue croate.

7km au nord-est d'Opatija

La vieille ville de Kastav

À FAIRE

Essayez-vous à la plongée

Diving Center Indie

Depuis 1998, Željko et son équipe font découvrir les fonds marins à partir du camping de Banjole. Comptez 130kn la location de l'équipement complet, 440kn la plongée découverte. Juste à côté du centre, un restaurant et des tables de ping-pong pour ceux qui attendent les plongeurs !

Banjole Camping Indie Banjole 96 Banjole (10km au sud-est de Pula) (052) 573 658 www.istradiving.com Printemps, été

Pratiquez la planche à voile

Centre de windsurf de Premantura

Vous trouverez ici tous les équipements possibles pour partir à la découverte du cap Kamenjak : location de vélos (20kn/h), de kayaks de mer (40kn/h), de planches à voile (70kn/h) et de kitesurfs. Cours et excursions organisées.

Camping Stupice Premantura (12km au sud de Pula, sur la côte est de la presqu'île) 091 512 3646 www.windsurfing.hr Printemps, été

Mettez-vous dans la peau d'un mineur de fond

Istra inspirit

Soucieuse de faire connaître le passé industriel du bassin minier de Labin, dont les derniers puits ont fermé en 1999, l'association *Istra inspirit* propose la visite d'une authentique mine de charbon de Raša, cité ouvrière située

5km au sud-ouest de Labin. À 150m sous terre, vêtu d'un bleu de mine et coiffé d'une lampe frontale, vous éprouverez, pendant 2-3h, le frisson des gueules noires avant de savourer un repas traditionnel au centre culturel Lamparna, à Labin, dans un énorme carreau de mine en voie de restauration.

Labin ☎ (052) 880 088 www.istrainspirit.hr 🕒 Dates et tarifs sur demande auprès de l'association

Dans le parc de l'Učka

Randonnez en bord de mer
Parc naturel de l'Učka

Paradis des amoureux de la nature, des randonneurs et autres sportifs, le massif de l'Učka s'étend au-dessus de la côte liburnienne et de l'Adriatique. De nombreux sentiers balisés et une dizaine de pistes cyclables ont été tracés dans son 'épaisse forêt pour permettre aux visiteurs du parc de découvrir toutes ses richesses. À l'ouest, il faut absolument s'aventurer dans les profondes **gorges de la Vela Draga** ponctuées de "cheminées de fées", des colonnes calcaires qui peuvent atteindre 100m de hauteur, faisant la joie des adeptes de l'escalade.

Bureau du parc Liganj 42 Lovran ☎ (051) 770 100 www.pp-ucka.hr 🕒 Lun.-ven. 8h-16h

NOS ADRESSES

PAUSES

Or en bar
Kunstkafe-Cvajner

Installé dans une ancienne banque austro-hongroise du Forum, ce café-bar attire, du matin au soir, le gratin de Pula. Salle grandiose avec ses ornements Art nouveau, ses hauts plafonds italiens (1927) et ses fresques anciennes affleurant çà et là sur les murs. Le café abrite également la galerie d'art moderne et contemporain Cvajner.

PULA (plan 8, A2 n°3) Forum 2 ☎ (052) 216 502 🕒 Été : tlj. 8h-1h ; hiver : tlj. 8h-22h

Café culturel
Caffe Uliks

Tout en cuivre et boiseries, le cadre évoque une cabine de bateau et l'enseigne, le roman de James Joyce. De fait, c'est dans cet immeuble que logea l'auteur d'*Ulysse* (1922) lors de son séjour à Pula en 1904-1905. En bon Irlandais, il fréquenta ce pub, le temps d'écrire *Les Gens de Dublin*... L'établissement n'a guère changé depuis, au détail près que c'est une statue et non l'écrivain qui est attablée en terrasse.

PULA (plan 8, A3-B3 n°2) Trg Portarata 1 (052) 219 158 Juin-sept. : tlj. 7h-2h ; oct.-mai : tlj. 7h-0h

Un coin d'Irlande

Bounty Pub

Le plus populaire des pubs irlandais de la ville, à deux pas du marché central.

PULA (plan 8, B3 n°1) Verunska 8 (052) 218 088 Lun.-sam. 7h-23h, dim. 7h-21h

RESTAURANTS

Italie à petit prix

Pizzeria Orfej ☺

Entre le Forum et la cathédrale, sur la très passante Kandlerova, venez déguster ses copieuses pizzas *Orfej*, *Napoletana* (aux anchois) ou *Fantazija* (complète) pour 30-40kn, l'un des meilleurs rapports qualité-prix de la ville. Également des pâtes (30-40kn), des grillades ou des calamars (35-55kn). Agréable terrasse ombragée.

PULA (plan 8, A2 n°12) Konzula Istranina 1 (052) 214 405 Lun.-sam. 8h-23h, dim. 12h-23h

Cuisine authentique

Kažun ☺☺

Murs en pierres apparentes et larges tables de bois : voilà une véritable taverne istrienne ! Et des assiettes au diapason avec des recettes authentiques et des produits du coin, comme les risottos aux fruits de mer, le *pršut*, ou les préparations de scampis. Pâtes et pain maison. Repas 120-180kn.

PULA (plan 8, B1 n°10) Vitasovićeva 2 (2km au nord du centre, par 43. Istarske Divizje) (052) 223 184 Tlj. 11h-23h

Symphonie de saveurs

Milan ♥☺☺

Cet hôtel-restaurant perpétue une longue tradition gastronomique à Pula. Dans un beau bâtiment de verre et de pierre, délectez-vous d'assiettes modernes et précises à la présentation raffinée ! Fruits de mer, crustacés et poissons sont les vedettes d'une carte évolutive qui suit le rythme des saisons et de la mer. Essayez la sélection d'entrées froides Milan ou le menu dégustation de 7 plats, et testez l'huile d'olive maison, la fameuse Terra Caviada. Sur réservation. Plats 95-175kn.

PULA (plan 8, A3 n°11) Stoja 4 (1,5km au sud du centre, au début de la péninsule de Stoja) (052) 300 200 www.milanpula.com Mai-mi-oct. : tlj. 12h-23h ; mi-oct.-avr. : lun.-sam. 12h-23h (restaurant)

L'Istrie dans l'assiette

Vodnjanka ♥☺☺

À Vodnjan, la gastronomie istrienne est à l'honneur : raviolis aux asperges sauvages, steak à la truffe noire... Goûtez également aux desserts locaux : *fritule* (beignets moelleux aux raisins secs), *kroštule* (beignets longs, secs et croquants) et délicieux gâteaux fourrés à la crème ou aux fruits. Privilégiez la terrasse, pour sa jolie vue sur les toits de la vieille ville. Plats 70-180kn.

VODNJAN Istarska bb (16km au nord-est de Pula) (052) 511 435 vodnjanka.com Lun.-sam. 11h-0h

Comme son nom l'indique...
Konoba Alla Beccaccia ◒◒

En attendant une navette pour les Brijuni, vous pourrez goûter la spécialité de cette *konoba* familiale de la périphérie de Fažana, dans un cadre de verdure intimiste : la bécasse (*becaccia*) et ses légumes du potager. Et pour ceux qui n'aiment pas le gibier, d'autres plats de viande, des pâtes et du poisson bien préparés. Service parfois un peu lent.

VALBANDON Pineta 25 (env. 7km au nord-ouest de Pula, juste avant Fažana) (052) 520 753 www.beccaccia.hr Déc.-oct. : tlj. 12h-0h

Quelle vue !
Kvarner ◒◒

Dans la vieille ville de Labin, juste derrière la jolie loggia de la place Tito voilà une adresse bon marché avec au menu, une cuisine très honnête (pâtes à la truffe, scampis à la plancha, poisson grillé) et une terrasse sur les remparts et son magnifique panorama sur les îles de Cres et Krk. Repas env. 150kn.

LABIN Š. San Marco bb (052) 852 336 kvarnerlabin.com Tlj. 10h-22h

Le meilleur de la mer
Najade ◒◒◒

Najade est une institution portée par le chef Mato Mišković. Le cadre est un peu vieillot mais les fruits de mer sont au sommet, pêchés du matin et cuits à la perfection : scampis, écrevisses, daurade royale, baudroie... Foncez sur la terrasse en direct sur la mer et le petit port. Belle carte de vins d'Istrie, service très chaleureux. Repas 250kn. Réservation indispensable.

LOVRAN Šetalište M. Tita 60 (051) 291 866 Tlj. 11h-1h

Luxe et volupté
Villa Ariston ♥◒◒◒

Une terrasse en escalier glisse vers le rivage d'Opatija, de jolies tables s'éparpillent sous les tonnelles et les arbres du jardin. Romantique en diable ! Dans les assiettes, une cuisine raffinée (suprême de poulet aux truffes, *fuži* aux fruits de mer, poisson grillé...) et une addition salée : repas 250-300kn. Menus dégustation à 390, 510 et 1 000kn.

OPATIJA M. Tita 179 (au sud de la ville) (051) 271 379 www.villa-ariston.hr Tlj. 18h-0h

Comme à la maison
Konoba Tramerka ♥◒◒

Dans une ruelle pavée à quelques mètres du port de Volosko, cette minuscule auberge (9 tables !) mérite le détour. La "mamma" prépare une merveille de cuisine avec des produits sélectionnés (jambon Dujmovic, bœuf *boškarin*, poissons du jour). Tout est parfait mais dans la simplicité et la bonne humeur. Carpaccio de thon ou risotto aux langoustines 80kn. Repas env. 150kn.

VOLOSKO Dr A. Mohorovičiča 15 (3km au nord d'Opatija) (051) 701 707 konoba-tramerka.com Haute saison : mar.-dim. 13h-23h

Expérience culinaire
Kukuriku ♥◒◒◒

Célèbre dans toute la Croatie, le restaurant de Nenad Kukurin constitue un incontournable de la région. Adepte et pionnier du *slow food*, il élabore quotidiennement sa carte en fonction des produits du marché... Précisez juste si vous préférez un menu à base de viande ou de poisson et laissez-vous faire ! Somptueuse carte des vins, croates et internationaux. Repas 200kn minimum, menus 240-300kn.

KASTAV Trg Lokvina 3 (10km au nord-est d'Opatija) (051) 691 519 www.kukuriku.hr
Tlj. 10h-22h

Et aussi **Plavi Podrum** (p.99) à Opatija.

SHOPPING

Joyeux bazar
Marché municipal

Dans ce bel édifice Art nouveau en verre et acier de 1903, vous trouverez le marché à la viande et au poisson. À l'extérieur, étals de primeurs, boutiques, cafés ; chahut, rires, bousculades... Bref, un haut lieu de la vie sociale pulanaise.

PULA (plan 8, B3 n°20) Narodni trg
Tlj. 7h-14h

Et aussi **Chiavalon** (p.99) à Vodnjan.

Terrasses de cafés du marché municipal, Pula

SORTIES

Courant alternatif
Centre culturel Karlo-Rojc / Kulturni centar Karlo Rojc

Datant de 1870, cet immense bâtiment fut tour à tour une école militaire, une caserne, un squat et enfin un centre culturel alternatif, occupé (légalement) par une centaine d'associations et de collectifs. Vous pouvez déambuler dans des couloirs couverts de milliers de graffitis, assister à des concerts (plutôt punk rock), à des débats ou à des expositions, ou simplement boire un verre.

PULA (plan 8, A3 n°30) Gajeva 3
rojcnet.pula.org

RIJEKA

Rijeka, le plus grand port de Croatie, ne possède ni plages ni monuments mémorables. Mais sa situation au fond du golfe du Kvarner, face aux îles, en a fait une plaque tournante du tourisme. L'animation de son Korzo comme les façades Belles Époque du centre-ville font tout son charme, et elle accueille en janvier-février un carnaval flamboyant !

ACCÈS ET INFOS

- Rijeka est à 165km de Zagreb, et 110km au nord-est de Pula.
- Liaisons en avion avec Split, Dubrovnik et Zagreb ; en train avec Zagreb et Split ; en bateau avec les îles de Pag, Rab, Cres et Lošinj.
- Office de tourisme (plan 9, B3) Užarska 14 (051) 335 882 www.visitrijeka.hr Haute saison : lun.-ven. 8h-20h, sam. 8h-14h

À VOIR

Croisette locale

Riva (plan 9, B3-B4)

Bordés par d'élégants palais Sécession, les quais de Rijeka ont gagné sur les eaux à la suite du formidable développement industriel et portuaire de la ville. Cafés et restaurants ont colonisé le rez-de-chaussée de ses immeubles, tandis que, de l'autre côté de cette artère très passante, les ferries arrivent et repartent vers le Kvarner et la Dalmatie, alimentant le flux des touristes.

L'avenue où être vu

Korzo (plan 9, B2-B3)

Cette longue artère piétonne parallèle à la Riva, qui s'étend de la place de l'Adriatique (Jadranski trg) au canal Mrtvi (Mrtvi kanal), constitue depuis l'époque autrichienne les Champs-Élysées de Rijeka ! Elle est sillonnée par un flot continu d'accros du shopping, de salariés pressés et de touristes le nez levé vers ses façades colorées Sécession ou modernistes.

Croix miraculeuse

Cathédrale Saint-Guy / Katedrala Svetog Vida (plan 9, A2)

Ce sanctuaire en rotonde, consacré au saint patron de la ville (saint Vitus en croate), fut construit au 17e s. par les Jésuites sur le modèle de Santa Maria della Salute, à Venise. Elle abrite un crucifix gothique du 13e s. attaché à une légende : les plaies du Christ se seraient mises à saigner après avoir reçu une pierre lancée par un habitant mécontent d'avoir perdu au jeu...

Trg Grivica 11 Tlj. 6h-17h

Cabinet de curiosités

Musée d'Histoire et de la Marine / Povijesni i pomorski muzej (plan 9, A3)

Ce musée occupe l'ancien palais des gouverneurs hongrois, un majestueux édifice néo-Renaissance. Au 1er étage, autour d'un hall somptueux, du mobilier

À NE PAS MANQUER

- Korzo
- Cathédrale Saint-Guy
- Marché municipal
- Complexe Rikard Benčić
- Château de Trsat

Le long du canal Mrtvi, à Rijeka

et objets d'art des 18e et 19e s., des violons et du matériel de laboratoire du physicien Franjo Kresnik. Au 2e étage : maquettes de bateaux, instruments de navigation, histoire des chantiers navals...

Muzejski trg 1 (051) 213 578 www.ppmhp.hr Lun. 9h-16h, mar.-sam. 9h-20h, dim. 9h-13h € 15kn

Beau et bon

Marché municipal / Gradska tržnica (plan 9, B2)

Les deux élégantes halles du marché couvert, en verre et métal (1881), annoncent l'Art nouveau. La halle aux poissons, qui s'élève au sud (1914) arbore de belles lignes Sécession.

Le long de Trninina et V. Lisinskog, entre Ivana Zajca et Demetrova Tous les matins

Bouillon de culture

Complexe Rikard Benčić (plan 9, A4)

D'amples travaux ont fait de cette raffinerie de sucre du 18e s., devenue en 1851 une manufacture de tabac, le nouveau pôle culturel de Rijeka. Le complexe héberge le musée municipal, le musée d'Art moderne et contemporain, la bibliothèque municipale et une Cité des enfants (bibliothèque, ateliers créatifs, expositions et spectacles). Dans ce projet de revitalisation doit s'inscrire en 2022 l'ouverture au public du *Galeb*, mythique yacht du maréchal Tito (117m de long) transformé en musée flottant doublé d'un hôtel-restaurant.

Musée municipal / Muzej grada Rijeke Krešimirova 28 (051) 336 711 www.muzej-rijeka.hr Mar.-dim. 11h-20h **Musée d'Art moderne et contemporain / Muzej moderne i suvremene umjetnosti** Krešimirova 26C (051) 492 611 www.mmsu.hr Mar.-ven. 12h-19h, sam.-dim. 12h-17h **Cité des enfants / Dječja kuća** Nikole Tesle (051) 211 573 https://djecjakuca.hr Lun.-mer. et ven. 8h-19h30, jeu. 10h-19h30, sam. 10h-13h

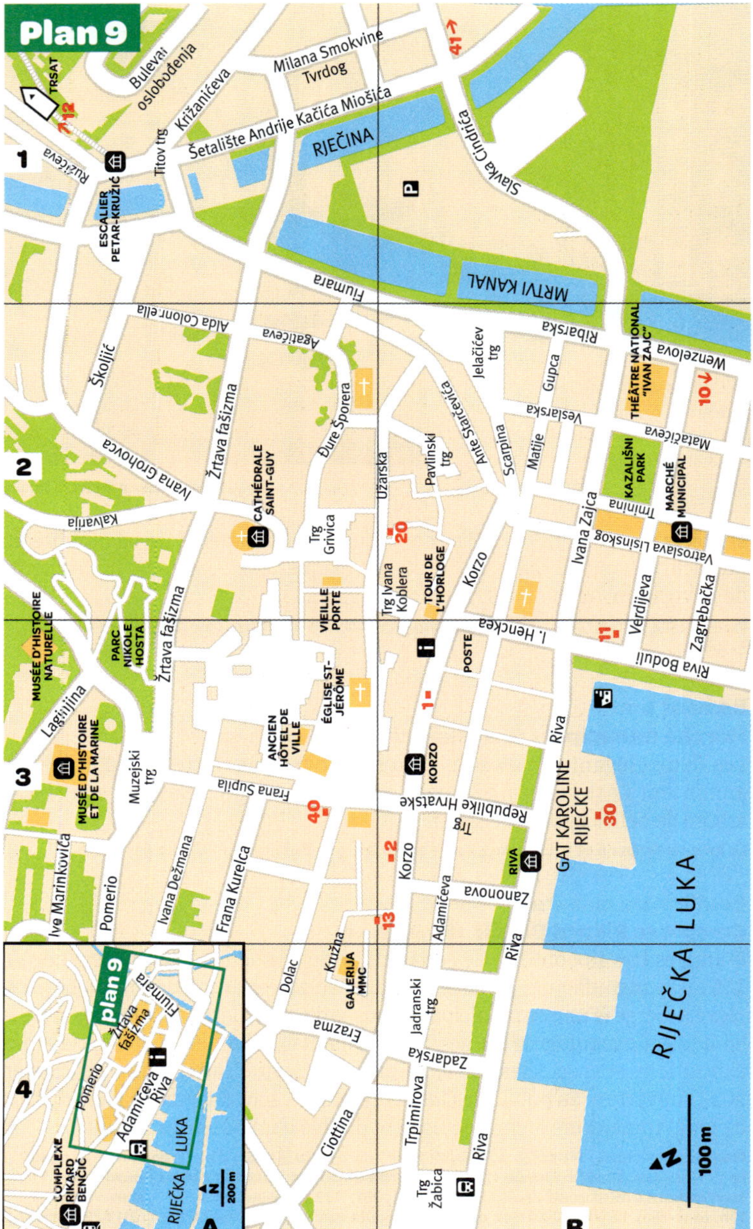

Plan 9
TRSAT
12
Bulevar oslobođenja
Križanićeva
Milana Smokvine
Tvrdog
Šetalište Andrije Kačića Miošića
RJEČINA
41
Titov trg
Ružićeva
ESCALIER PETAR-KRUŽIĆ
Slavka Cindrića
P
MRTVI KANAL
Fiumara
Alda Colonnella
Agatićeva
Školjić
Žrtava fašizma
Đure Šporera
Ivana Grohovca
CATHÉDRALE SAINT-GUY
Kalvarija
Trg Grivica
Užarska
Pavlinski trg
Ante Starčevića
Jelačićev trg
Ribarska
Gupca
Scarpina
Matije
Vešlarska
THÉÂTRE NATIONAL "IVAN ZAJC"
Wenzelova
10
Matačićeva
KAZALIŠNI PARK
MARCHÉ MUNICIPAL
Trninina
Ivana Zajca
Vatroslava Lisinskog
20
Trg Ivana Koblera
TOUR DE L'HORLOGE
Korzo
VIEILLE PORTE
MUSÉE D'HISTOIRE NATURELLE
PARC NIKOLE HOSTA
Žrtava fašizma
ÉGLISE ST-JÉRÔME
I. Henckea
POSTE
Verdijeva
Zagrebačka
11
Riva Boduli
1
Laginjina
ANCIEN HÔTEL DE VILLE
MUSÉE D'HISTOIRE ET DE LA MARINE
Muzejski trg
KORZO
Riva
Frana Supila
40
Republike Hrvatske
Trg
GAT KAROLINE RIJEČKE
30
Ive Marinkovića
Pomerio
Ivana Dežmana
Frana Kurelca
2
Korzo
RIVA
Zanonova
13
Adamićeva
Riva
RIJEČKA LUKA
Dolac
Kružna
GALERIJA MMC
Erazma
Jadranski trg
Zadarska
Trpimirova
Ciottina
Riva
Trg Žabica
100 m
1
2
3
4
A
B
plan 9
Fiumara
Žrtava fašizma
Pomerio
Adamićeva
Riva
LUKA
RIJEČKA
COMPLEXE RIKARD BENČIĆ
200 m

Quartier perché

Trsat (hors plan 9 par A1)

Du haut de la colline de Trsat(139m), le regard porte loin sur le golfe du Kvarner. Quelques cafés se sont installés sur Frankopanski trg, placette voisine de Notre-Dame-de-Trsat et du monastère franciscain.

Accès bus n°2 ou par l'escalier Petar-Kružić

Ascension à la marche

Escalier Petar-Kružić / Stube Petra Kružića (plan 9, A1)

Cet escalier de 538 marches qui grimpe de la rue Križanić au sommet de la colline de Trsat doit son nom au capitaine des Uscoques – pirates (chrétiens) – qui lança sa construction en 1531. Le parcours est jalonné de chapelles votives pour les pèlerins qui se rendent à Notre-Dame-de-Trsat.

Sacré emplacement

Notre-Dame-de-Trsat / Crkva Gospe Trsatske (hors plan 9 par C1)

Cette église de pèlerinage est surnommée la Nazareth croate car, selon la légende, les anges chargés de transporter la maison de la Sainte Famille à Loreto, en Italie, auraient fait halte sur le site. La chapelle érigée au 13e s. pour célébrer le miracle fut agrandie au 15e s. et reçut sa forme actuelle en 1824. Sur le maître-autel trône une icône qui aurait été peinte par saint Luc.

Frankopanski trg. 12 (051) 452 900 trsat.svetiste.com.hr Tlj. 7h-19h

Étrange mélange

Château de Trsat / Kaštel Trsatska gradina (hors plan 9 par A1)

La forteresse bâtie au début du 13e s. par les Frankopan, seigneurs de Krk et de Trsat, fut conquise par les Habsbourg puis abandonnée après le séisme dévastateur de 1750. Au 19e s., un officier de l'armée autrichienne la racheta et la restaura dans un étonnant style néogothique, lui ajoutant un mausolée de style grec antique ! Le château abrite un café, une boutique-galerie d'art et un petit musée. Son donjon offre une vue imprenable sur Rijeka et le golfe.

Partizanski put 9a (051) 217 714 Tlj. 9h-0h € 15kn

À FAIRE

Assistez au carnaval de Rijeka

Tradition ravivée dans les années 1980, le carnaval de Rijeka est l'un des plus grands au monde, juste après ceux de Rio et de Venise ! De mi-janvier au

INVENTIONS CROATES

La Croatie peut s'enorgueillir de maintes inventions ! Marin Getaldić (1568-1626) conçoit plusieurs miroirs paraboliques, dont l'un est conservé au Musée maritime de Greenwich. En 1616, Faust Vrančić (1551-1617), de Šibenik, publie une étude sur la résistance de la voilure à l'air, les *Machinæ novæ*, où figure un prototype du parachute. Le jésuite Ruđer Bošković (1711-1787) invente la lunette achromatique, et sa théorie des particules élémentaires en fait le père de l'atomisme. Officier de la marine austro-hongroise, Ivan Lupis (1814-1875) conçoit la première torpille en 1860. Ferdinand Zeppelin doit sa notoriété aux plans du ballon dirigeable à armature métallique achetés à la veuve du Zagrébois David Schwartz (1852-1897). Edvard Penkala (1871-1923) dépose plus de 80 brevets dont, en 1906, celui du premier stylo mécanique à réservoir intégré. Toutefois, le plus grand inventeur croate demeure Nikola Tesla (1856-1943). Ce physicien émigre en 1884 aux États-Unis, où il travaille avec Thomas Edison avant d'ouvrir son propre laboratoire. Il dépose plus de 100 brevets dans le domaine de l'électrotechnique, dont on retiendra le radar, la lampe à pastille de carbone, ancêtre du tube de néon, le moteur électrique à courant alternatif, le générateur électrique et le projet de la première station de radio. C'est en son honneur que l'on a baptisé tesla (T) l'unité d'induction magnétique en 1956.

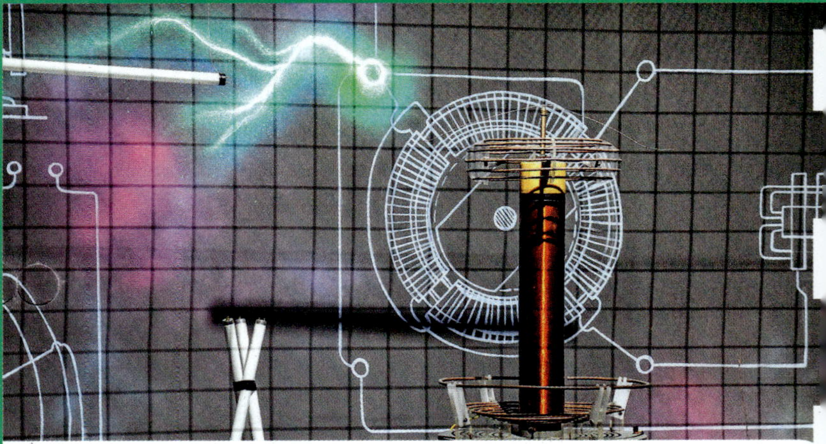

Générateur électrique, ou bobine de Tesla

mercredi des Cendres, ce sont plus de 20 000 carnavaliers venus du monde entier et 600 000 spectateurs qui s'égaillent dans les rues du centre-ville, où se succèdent défilés, reconstitutions historiques et bals masqués. Personnages emblématiques de ces folles journées, les *zvončari* déferlent dans les rues en dansant sous des masques à cornes, vêtus de peaux de mouton et armés de masses et de clochettes, avec pour mission de faire le plus de bruit possible afin de chasser les mauvais esprits de l'hiver. Fantasque et fantastique.

(051) 335 882 www.rijecki-karneval.hr

Sillonnez les sentiers du Gorski kotar

Parc national de Risnjak / Nacionalni park Risnjak

Cette réserve naturelle de 64km^2 s'étend autour du mont Risnjak (1 528m), point culminant du Gorski kotar, le massif le plus boisé de Croatie. Situé à 15km à vol d'oiseau de Rijeka, celui-ci doit sa riche biodiversité à la double influence méditerranéenne et continentale. La complexité de ses reliefs karstiques, facteur d'isolement, et son réseau hydrographique alimenté par la Kupa ont également favorisé la conservation de sa flore et de sa faune. L'entrée principale et le siège du parc (cartes des sentiers et guides accompagnateurs) se trouvent à Crni Lug, à l'orée sud-est du domaine protégé. De là, le **sentier pédagogique de la Leska** (Poučna staza Leska) invite à découvrir, en 2h et une boucle de 4,2km, les milieux les plus représentatifs du parc. Ce parcours vous fera longer une dépression en forme d'entonnoir, des prairies d'altitude, un aven et une source karstique auprès de laquelle un affût vous permettra peut-être d'observer, plus qu'une *leska* (noisette), un loup !

45km au nord-est de Rijeka www.np-risnjak.hr € 45kn **Bureau du parc** Bijela Vodica 48 Crni Lug Delnice (051) 836 133

NOS ADRESSES

PAUSES

Classe les glaces

Corso

Pour tester l'un des nombreux parfums de glaces (5kn la simple, 28kn la coupe), ou déguster une pâtisserie en observant la foule du Korzo.

RIJEKA (plan 9, B3 n°1) Korzo 20
091 142 1866 Tlj. 8h-21h

Étape sur le Korso

Filodrammatica

Au rez-de-chaussée d'un bel immeuble aussi austro-hongrois que jaune poussin, ce vénérable établissement offre aux chalands une impressionnante carte de boissons (24kn le spritz), une déco moderne et une belle collection de lustres en cristal ! Son agréable terrasse sur le Korzo en fait le grand café le plus connu et le plus couru de toute la ville.

RIJEKA (plan 9, B3 n°2) Korzo 28
(051) 211 696 Lun.-ven. 8h-19h30, sam. 8h-13h

RESTAURANTS

Taverne au top
Mornar ⚲⚲

Idéalement placé entre le port et le marché (pratique pour l'approvisionnement), ce bistrot populaire propose dans un cadre chaleureux des poissons ultra-frais à des prix très abordables : steak de thon au gril, bar (*brancino*) à la Mornar dans une sauce au vin, risotto aux fruits de mer, ragoût de morue... Une belle adresse mais beaucoup de monde : réservez ! Repas 100-150kn.

RIJEKA (plan 9, B3 n°11) Riva Boduli 5a
(051) 312 222 bistro-mornar.business.site
Tlj. 8h-23h

Ambiance marine
Zlatna školjka ♥⚲⚲⚲

Oh le cadre raffiné ! Lumières tamisées, murs incrustés de pierres et de coquillages et musique douce... la sérénité nous gagne. Dans l'assiette, des produits locaux : *pršut*, carpaccios, calamars grillés (*lignje na žaru*) ou gnocchis au crabe (*njoki s rakovicom*). Repas env. 200kn, poisson grillé 400kn le kilo.

RIJEKA (plan 9, A3-B3 n°13) Kružna 12a
(051) 213 782 Lun.-sam. 11h-23h

À l'abordage
Konoba Na kantunu ⚲⚲

Cette "taverne du coin" (son nom en croate) déploie sa terrasse sur le quai, le long d'un petit canal. Au menu, du poisson et des crustacés pêchés du jour, à choisir dans la vitrine. Ne manquez pas le poisson blanc cuit à l'huile d'olive et sa fondue de chou braisé (70-95kn selon le poisson), et en dessert, la *torta* yaourt et citron aux fruits des bois (15kn). Belle carte de vins au verre. Service très chaleureux.

RIJEKA (plan 9, B2 n°10) Demetrova 3
(051) 313 271 Lun.-sam. 8h-23h

Du sérieux !
Konoba Tarsa ⚲⚲

La réputation de cette taverne gastronomique juchée sur les hauteurs de Rijeka, à quelques encablures de la forteresse de Trsat, n'est plus à faire. Sa belle charpente et ses antiquités

Terrasses de la Riva, Rijeka

LA RECETTE

LANGOUSTINES À LA *BUZARA*

Pour 4 pers.
16 langoustines,
3 tomates
1 oignon
2 grosses c. à s. de chapelure
2 clous de girofle
1 c. à c. de paprika
1 gousse d'ail, persil
1 grand verre de vin blanc sec

Débitez en dés les tomates ébouillantées et pelées. Faites dorer l'oignon émincé dans l'huile chaude d'une poêle, ajoutez les dés de tomate, l'ail et le persil émincés, salez et poivrez. Laissez les tomates rendre un peu de leur eau avant d'ajouter la chapelure, le paprika et le vin blanc. Remuez. À ébullition, ajoutez les langoustines et les clous de girofle, couvrez et laissez cuire à feu doux 15-20min. Accompagnez de polenta ou de pain de maïs.

assurent à la salle une ambiance chaleureuse, et la terrasse est agréable. La carte mixe les classiques (salade de calamars, saucisse aux truffes, etc.) et des spécialités maison aux noms évocateurs de l'histoire nationale – agneau "Nikola IV", tournedos "Gašpar Knežić", de quoi réviser en attendant son repas ! Les plats sont savoureux et bien présentés, mais le vin fait vite grimper l'addition. Comptez 100-200kn le repas hors boisson. Réservation conseillée.

RIJEKA (plan 9, A1 n°12) Josipa Kulfaneka 10, Strmica (051) 452 089 https://tarsa-konoba.com Mar.-dim. 11h-0h

SHOPPING

Or et Maure
Mala Galerija

Le *morčići* est un bijou en or et émail représentant une tête de Maure coiffée d'un turban, célébrant la victoire contre les Turcs au 17e s. Dans cette boutique, il se décline sous forme de boucles d'oreilles (premier prix : 100kn), de broches (50kn) ou de colliers (80kn). Les tableaux représentant ces bijoux se vendent de 100 à 1 200kn.

RIJEKA (plan 9, B2 n°20) Užarska 25 (051) 335 403 www.mala-galerija.hr Lun.-ven. 8h30-19h30, sam. 8h-14h

SORTIES

Musique à quai
Karolina

Dans ce bar lounge verre et métal posté sur le port la jeunesse branchée vient à toute heure boire un café ou un cocktail à l'abri de la circulation. Très agréable terrasse pour observer le ballet des bateaux et des badauds. DJ en soirée.

RIJEKA (plan 9, B3 n°30) Gat Karoline Riječke 091 490 4042 Mar.-jeu. et dim. 7h-0h, ven.-sam. 7h-6h

L'ÎLE DE KRK

Krk (prononcez "Keurk"), la plus grande île de l'Adriatique (409km²), est aussi la plus proche du continent, auquel elle est reliée par un pont. Rien d'étonnant, donc, à ce que les vacanciers s'y précipitent pour profiter de ses agréables stations balnéaires, de ses paysages sauvages ou de son chef-lieu médiéval.

À VOIR

KRK-VILLE

Le vieux centre ceint de remparts offre au promeneur un agréable labyrinthe de venelles dallées et de vénérables voûtes, coincé entre le massif château des Frankopan, en bord de mer, et le monastère bénédictin sur les hauteurs. Les amateurs de boutiques, galeries d'art, cafés et glaciers arpenteront la rue Strossmayer, l'artère principale. Ceux qui préfèrent la tranquillité déambuleront dans les rues J. Križanić (Jurja Križanića) et Nikole Udina Algarottia. Au-delà de la porte de la Liberté, à l'est, se trouve une petite plage de béton.

ACCÈS ET INFOS

- Accès par un pont à péage, 20km au sud de Rijeka. La ville de Krk est à 55km de Rijeka.
- Liaisons en bateau avec les îles de Cres et de Rab.
- Office de tourisme de l'île de Krk 051 221 359 www.krk.hr
- Office de tourisme de Krk-ville Vela Placa 1/1 051 221 414 www.tz-krk.hr

Toujours animée
Grand-Place / Vela Placa

Modeste par la taille mais grande par l'agitation, cette place médiévale (ancien forum romain) se situe à la charnière entre le centre historique, le port et la ville nouvelle. L'été il y a foule ! Notez, sur la tour de garde du 16e s., une rare horloge avec un cadran de 24h : minuit se trouve en bas !

Trésor caché
Église Saint-Quirin / Sv. Kvirin

Cette petite église romane (12e s.), dédiée au protecteur de la ville, se trouve à touche-touche de la cathédrale. Elle constituait la chapelle haute de cette dernière, réservée aux comtes Frankopan et aux évêques de Krk. Vous y trouverez une petite collection d'art sacré dont un remarquable retable en argent ciselé sculpté en 1477 par P. Koler. Son clocher à bulbe (15e s.) se voit de loin en ville !

Trg Sv. Kvirina Avr.-mi-oct. : tlj. 9h30-13h 5kn

Mélange des genres
Cathédrale Notre-Dame-de-l'Assomption / Katedrala Uznesenja Marijina

Plutôt modeste, ce sanctuaire fut érigé selon un plan à trois nefs, sur le site d'une basilique des 5e-6e s. (voir l'abside), elle-même construite avec les pierres

À NE PAS MANQUER

- Vieille ville de Krk
- Église Saint-Quirin (Krk-ville)
- Route Punat-Stara Baška
- Vrbnik
- Église Sainte-Lucie (Jurandvor)

Le centre de Krk-ville, avec le clocher de la cathédrale

de thermes romains ! Le chantier, lancé à la fin du 11e s., se poursuivit jusqu'au 18e s., ce qui donne un étonnant mélange des époques avec des colonnes romanes, une chapelle gothique, ou encore des peintures Renaissance, comme la *Mise au tombeau* de Giovanni Antonio Pordenone...

Tlj. 9h-13h et 17h30-19h30

DANS LE RESTE DE L'ÎLE

Bibliothèque insulaire

Monastère franciscain de Košljun / Franjevački samostan Košljun

Ce beau monastère établi depuis le 16e s. sur l'îlot boisé de Košljun, au cœur de la baie de Punat, possède une très riche bibliothèque (avec nombre d'ouvrages en écriture glagolitique) et un intéressant musée réunissant art sacré et collection ethnographique. Et prendre un bateau (trajet de 5min, 25kn AR) pour découvrir une bibliothèque est tout de même assez chic ! D'ailleurs une tenue correcte est requise.

Île de Košljun 051 854 017 www.kosljun.hr Avr.-oct. : lun.-sam. 9h30-17h, dim. 10h30-12h30 ; nov.-mars : lun.-sam. 9h30-15h, dim. 10h30-12h30 € 30kn

Détour indispensable

Route Punat-Stara Baška

La magnifique route de corniche (route 5125) qui relie Punat au petit village de pêcheurs de Stara Baška, 10km au sud-est, traverse un désert de pierres, semé de rares oasis de garrigue et dominant la mer dont le bleu concurrence celui du ciel. Environ 7km avant Stara Baška, un panneau signale le passage du 45e parallèle : vous vous trouvez alors à la latitude de Bordeaux, de Turin et d'Ottawa...

Quelle plage !

Baška

Cette station balnéaire installée au fond d'une anse plein sud, que des ferries relient à Rab, possède la plus belle plage de l'île. Attention, il y a du monde ! La vieille ville piétonne et le joli port méritent aussi le coup d'œil, notamment pour l'église baroque de la Sainte-Trinité (18e s.) et pour le musée installé dans l'ancien presbytère et sa collection ethnographique.

20km au sud-est de Krk par la 102, 43km au sud du pont

La baie de Baška

Entre Adriatique et vignobles

Vrbnik 👍

Avec ses passages voûtés, ses petites églises et ses ruelles en escalier de plus en plus étroites à mesure de la montée, Vrbnik ("veurbeunik") ne manque pas de charme… L'inscription en glagolitique sur la façade de l'église et les précieux manuscrits conservés dans le petit musée attenant rappellent que le village fut longtemps un sanctuaire de cette écriture, instaurée au 9e s., cf. Il était une fois. En continuant à droite derrière l'église, vous atteignez les hauteurs du village et un belvédère à la vue splendide. Enfin, ne partez pas sans déguster un verre de *vrbnička žlahtina*, l'excellent blanc sec local.

12km au nord-est de Krk-ville (route de Baška, puis à gauche après 6km)

IL ÉTAIT UNE FOIS

L'**alphabet glagolitique** est le plus ancien alphabet slave connu. Au Moyen Âge, il est couramment utilisé en Croatie, mais aussi en Bulgarie et au Monténégro. Il doit son succès à son utilisation par Cyrille et Méthode pour traduire la Bible en vieux slave au 9e s. Bien que concurrencé par l'alphabet cyrillique, il restera longtemps utilisé durant les liturgies.

La stèle de Baška

Église Sainte-Lucie / Sv. Lucije

C'est dans cette charmante église du 9e s., vestige d'une abbaye bénédictine, que fut découverte, en 1851, la fameuse **plaque de Baška** (Bašćanska ploča), gravée vers 1100. Cette inscription constitue le plus ancien texte glagolitique connu utilisant l'épithète "croate". Cette "pierre précieuse de la langue croate" ayant été transportée à l'Académie des sciences et des arts de Zagreb en 1934, l'église n'en abrite que la reproduction.

Jurandvor (2,5km au nord de Baška, sur la route de Krk, en suivant le panneau Bašćanska ploča) Été : tlj. 10h-16h € 25kn

Le cœur de l'île

Dobrinj

En s'enfonçant dans les terres, le paysage devient franchement campagnard et montagneux, surtout dans les environs de ce petit village médiéval, organisé autour de son église Saint-Étienne (Sv. Stjepan). Sur le porche de cette dernière, une belle plaque en écriture glagolitique (1510) répond à une autre en bronze, dans le jardin public voisin, relatant de façon très réaliste la lutte des partisans pendant la Seconde Guerre mondiale. Panorama superbe jusqu'à la mer.

13km au nord de Krk-ville

À FAIRE

Allez à la plage

Les plages les plus proches de Krk-ville se trouvent du côté de la zone hôtelière de Dražica, à 5-10min à pied à l'est du centre par la porte de la Liberté. Criques, rochers et béton. La plus belle plage de l'île est celle de **Baška** ; c'est aussi la plus fréquentée... Pour le calme, poursuivez, au sud de Punat, en direction de **Stara Baška**. Paysages lunaires et eau turquoise au fond de criques désertes...

Plongez !

Squatina Diving Baška

Marco et Gero sont deux professionnels qui vous emmèneront sur les sites secrets de l'île. Pack de 6 plongées 1 110kn.

Zarok bb Baška 051 856 034 www.squatinadiving.com

Tentez le wakeboard

Cable Krk

Le wakeboard consiste à faire des sauts en surf, tracté sur l'eau par un câble de 650m à plus de 30km/h ! Cable Krk vous donne la possibilité de tester ce nouveau sport de glisse, et d'expérimenter ainsi d'incroyables sensations... Accessible à tous, débutants comme pros. Tarifs 100kn/1h, 230kn/1j.

Prvo more na Dunatu Kornič (4km à l'est de Krk-ville) 091 262 7303 www.wakeboarder.hr Mai-sept. : 10h-20h

NOS ADRESSES

PAUSES

Bar de star

Caffe Bogart

En entrant dans ce bar convivial, au rez-de-chaussée de l'hôtel Marina, vous comprendrez pourquoi il mérite son nom : les murs sont tapissés de photo d'Humphrey Bogart ! Jolie terrasse donnant sur le port.

KRK-VILLE Obala H. Mornarice 8
091 581 8646 Tlj. 11h-23h

Vue au calme

Pub Tiffany

Sur les remparts, face au parc Kamplin et non loin du château, une terrasse moins convoitée que celles de la Riva, à découvrir aux beaux jours (et belles soirées).

KRK-VILLE Stepinca 2 051 222 686
Avr.-sept. : tlj. 9h-2h

Tout en un

Beach Bar Casa del Padrone

Ce joli *beach bar* déploie ses grands parasols, ses hamacs, transats et cabines de massage sur une plage de gravier entre Krk-Ville et Punat. Outre un bar à cocktails (50-80kn), vous y trouverez de la restauration légère (12h-19h), des glaces et des pâtisseries. L'été, des DJ et des groupes assurent l'animation certains soirs, l'occasion de prolonger la fête jusque tard dans la nuit ! Transat (avec place de parking et rafraîchissement) 100kn la journée. Réservation conseillée en juillet-août.

KORNIČ Sv. Dunat bb (5km à l'est de Krk-ville) 095 574 31 05 www.krcki-dvori.hr/beach-bar Avr.-oct. : lun.-ven. 12h-0h, sam.-dim. 8h-2h

RESTAURANTS

Simplement bon

Konoba Nono ♥QQ

Une cantine réputée pour ses recettes simples et savoureuses (tagliatelles aux fruits de mer, calamars grillés, pizzas...), et pour son pain "maison". Accueil convivial dans la grande salle ornée de tonneaux et de filets de pêche ou sur la terrasse ombragée quand il fait beau. Pizzas à partir de 35kn, autres plats 50-80kn, comptez 160kn pour le poisson.

KRK-VILLE Krčkih Iseljenika 8 (de la porte de la Liberté, dir. la plage puis tourner à gauche à la 1re intersection) 051 222 221 nono-krk.com Tlj. 10h-23h

L'as des langoustines

Frankopan QQQ

Sur une placette tranquille, devant l'église Saint-Quirin, une agréable terrasse où déguster les langoustines que le fils de la maison va pêcher avant le service. Portion de langoustines 90kn, ou 500kn le kilo.

KRK-VILLE Trg Sv. Kvirina 1 051 221 437
Avr.-oct. : tlj. 10h-0h

Pas de chichi

Konoba Placa Q

Des recettes simples et des assiettes généreuses dans cette minuscule taverne du vieux Baška : *pršut, sir* (fromage) et terrine de poisson. Comptez 35kn la salade, 80kn le plat (poisson un peu plus cher).

BAŠKA Gorinka 2 091 533 1258
Mai-oct. : tlj. 18h-0h

Délices de la mer
Cicibela

Un petit bateau jaune et bleu, sur la promenade, signale cette valeur sûre de Baška : du poisson, découpé sous vos yeux, du homard et des langoustines de première fraîcheur... À déguster dans une salle claire à la décoration marine, et aux grandes baies vitrées, face à la plage, l'Adriatique et au Velebit. Repas 150kn minimum.

BAŠKA E. Geistlicha 22a 051 856 013
www.cicibela.hr Avr.-oct. : tlj. 10h-0h

Tout pour plaire
Nada ♥

Outre une cuisine locale bien maîtrisée (risotto, poissons grillés, *šurlice* aux scampis...), cette adresse réputée assemble et met en bouteille son propre *vrbnička žlahtina*, le vin blanc de la région. Tout cela se déguste le soir sur la magnifique terrasse donnant sur la mer, mais plutôt dans la cave fraîche à midi. Repas env. 130kn, bouteille de *žlahtina* à emporter 50kn.

Terrasse du Nada, Vrbnik

VRBNIK Glavaca 22 051 857 065
www.nada-vrbnik.hr Avr.-sept. : tlj. 11h-20h

Dans le cochon
Kuća Krčkog pršuta

Dans le village de Vrh ("veuhr"), les Žužić se sont spécialisés dans la charcuterie. Dans un bel espace de dégustation-restauration avec terrasse, savourez jambons, saucissons, pâtés, le tout accompagné de fromages et de vins locaux, tel le *žlahtina* de Vrbnik. En dessert, testez l'énigmatique *Krčka jedra* ("voile de Krk"). Vente de jambon 200-250kn le kilo. Repas 50-100kn.

VRH Bok od Brozića 40 (5km au nord-ouest de Krk-ville) 051 686 098 www.kuca-krckog-prsuta.com Juil.-août : tlj. 12h-23h ; sept.-juin : tlj. 12h-21h

SORTIES

Ambiance underground
Volsonis ♥

Ce bar-discothèque occupe tout un ensemble de caves et de ruines du 4e s., découvert par hasard lors d'une rénovation. Les augustes murs s'habillent de lumière quand les danseurs déboulent. Sinon il y a un joli jardin pour prendre un verre, assis sur un bloc de pierre antique. Cocktail 35-60kn, pizza 40-90kn.

KRK-VILLE Vela Placa 8 051 880 249
www.volsonis.hr Mai-sept. : tlj. 7h-0h ; oct.-avr. : jeu.-dim. 7h-0h et discothèque 23h-5h

LES ÎLES DE CRES ET DE LOŠINJ

Ces deux sœurs sont si différentes qu'elles se complètent avec bonheur ! L'étroit chenal (11m) qui sépare la longue île de Cres de la petite Lošinj a, en effet, tout d'une frontière : autant la première est restée sauvage, avec sa garrigue, ses pins et ses oliviers, autant la seconde paraît "apprivoisée", ayant séduit de longe date les touristes, notamment par la douceur de son climat.

À VOIR

CRES

L'île de Cres (prononcer "tsresse") s'étire tout en longueur, sur 70km, du nord au sud. De la longue route qui relie le massif de la Tramontana (au nord) au canal de Lošinj (au sud), la mer n'est jamais loin : les 250km de côtes dessinent une série de criques, d'anses et de baies dont la plus vaste, sur la côte ouest, abrite Valun et Cres, le chef-lieu. Avec un peu de chance, vous verrez planer un vautour fauve, espèce emblématique de l'île.

ACCÈS ET INFOS

- Les ferries de Jadrolinija relient l'île de Cre à Brestova, en Istrie (trajet 20min), et à l'île de Krk en saison. La compagnie relie aussi Lošinj à Zadar. Le catamaran de la compagnie Kapetan Luka qui relie Rijeka à Mali Lošinj toute l'année dessert Cres-ville.
- Les deux îles sont reliées par un pont routier.
- Office de tourisme de l'île et de la ville de Cres Cons 10 Cres-ville (051) 571 535 www.tzg-cres.hr
- Office de tourisme de l'île et de Mali Lošinj Priko 42 Mali Lošinj (sur la petite marina du centre) (051) 231 884 visitlosinj.hr
  Haute saison : lun.-ven. 8h-16h, sam. 8h-13h

La belle endormie

Cres-ville

Ce sont les Vénitiens qui ont développé le port de Cres au 15e s. Depuis, l'ambiance s'est bien calmée et vous profiterez d'une agréable petite ville de carte postale, assez peu touristique, avec des façades colorées donnant sur l'eau, un petit lacis de ruelles pavées de dalles claires et la belle place F. Petrić (au nord-ouest) où les maraîchers installent leurs étals le matin, et des peintres locaux leur chevalet l'après-midi. Le palais Arsan, aux exquises fenêtres gothico-Renaissance, abrite la collection lapidaire et archéologique du **musée municipal**.

Musée municipal / Creski muzej Palača Arsan Ribarska 7 **(051) 344 963** **Mai-mi-juin, mi-sept.-mi-oct. : mar.-ven. 10h-13h ; mi-juin-mi-sept. : mar.-dim. 10h-13h et 19h-23h** **10kn**

Quel cachet !

Beli

De sa fondation par les Romains ne restent qu'un pont et quelques pierres, mais cette petite cité a conservé tout son cachet médiéval : ruelles tortueuses, passages voûtés, façades romano-gothiques, fortifications... Et la petite plage,

À NE PAS MANQUER

- Cres-ville
- Osor (Cres)
- Musée de l'Apoxyomène (Lošinj)
- Veli Lošinj

Oliviers de Cres

aux confins d'un chemin vertigineux à flanc de falaise, est bien agréable en été. Pour rejoindre Beli, la route de corniche, entre garrigue, forêts touffues et mer, s'avère splendide.

20km au nord de Cres-ville

Bout de monde et charme fou

Lubenice

Ce hameau quasi abandonné (une dizaine d'habitants !), dont les fondations remontent sans doute à l'époque préhistorique, domine du haut d'un rocher de 380m une mer qui s'étend dans un azur infini. À visiter pour le site, ses vieilles maisons aux tuiles oranges, et pour la vue. En été, des soirées de musique classique y sont organisées. Très belle petite plage en contrebas (sentier très raide).

20km au sud-ouest de Cres-ville (petite route bordée de murets en pierre à partir de Valun)
€ Accès pédestre en saison, parking payant (15kn) à l'entrée du village

Musée à ciel ouvert

Osor

Ce port fondé par les Grecs fut la capitale des deux îles jusqu'au 15e s., avant d'être remplacé par Cres et de devenir ce village assoupi au ras de l'eau. Mais quel charme : ruelles pavées, vénérables maisons bordées de murets de pierre, jardins débordant de fleurs... Sur la grand-place s'élèvent la cathédrale de l'Assomption (15e s.) et l'ancienne loge municipale occupée par un musée archéologique. Pour rejoindre les vestiges de l'abbaye bénédictine Saint-Pierre (11e s.), suivez l'ancien chemin de ronde, au sud.

34km au sud de Cres

LOŠINJ

Lošinj ("Lochigne", 75km²) est tout aussi étroite que Cres. Mali Lošinj, son chef-lieu, est à 22km du pont qui la relie à Cres. Les autres îles habitées de l'archipel de Cres-Lošinj sont Unije, Susak, Ilovik et Vele Srakane.

Flânerie Renaissance

Mali Lošinj

Ce port prit son essor au 17e s. pour devenir l'un des plus importants de l'Adriatique ! Bordés de vieilles demeures d'armateurs et de négociants, les quais convergent sur Trg Republike Hrvatske, la grand-place gagnée sur l'eau et ses terrasses ombragées. Plus haut, dans la verdure, se cachent quelques villas bâties par l'aristocratie autrichienne à la fin du 19e s. Aussi tranquille que le port est animé, la vieille ville se prête à la flânerie. À l'heure de la sieste, vous n'y croiserez guère que des chats qui s'étirent, un ou deux habitants qui s'affairent et quelques touristes... Ses escaliers et ses ruelles, parfois bordés de façades Renaissance, vous mèneront à la belle église baroque de la Nativité (Crkva Rođenja B.D. Marije, 18e s.).

Le port de Mali Lošinj

Quel athlète !

Musée de l'Apoxyomène / Muzej apoksiomena

Un bronze antique haut de 1,92m représentant un apoxyomène (athlète faisant sa toilette) fut découvert par un plongeur au large de l'île en 1996. Après une restauration minutieuse et une exposition itinérante (il a notamment été présenté au Louvre, au British Museum, etc.), ce chef-d'œuvre attribué à l'école du sculpteur grec Lysippe (2e-1er s. av. J.-C.) bénéficie aujourd'hui de son propre musée, le palais Kvarner restauré pour l'accueillir, et d'une muséographie à la hauteur de l'œuvre : superbe et originale.

Riva lošinjskih kapetana 13 Mali Lošinj (051) 734 260 www.muzejapoksiomena.hr Mi-juin-mi-sept. : mar.-dim. 9h-22h ; mi-avr.-mi-juin, mi-sept.-mi-oct. : mar.-dim. 10h-18h ; mi-oct.-mi-avr. : mar.-dim. 9h-17h Réservation impérative € 50kn

Décor à croquer
Veli Lošinj

Jadis plus grande que Mali Lošinj, Veli Lošinj ("la petite Lošinj") est aujourd'hui une adorable cité colorée blottie au fond d'une crique. Laissez votre voiture sur l'un des parkings aménagés au bord de la grand-route (4kn/6h) et descendez à pied la rue Vladimir-Nazor pour rejoindre les quais. L'entrée du port est dominée par l'austère façade rose saumon de l'église Saint-Antoine-Abbé (Sv. Antun Opat). Datant de 1676, elle recèle des toiles de maîtres italiens, dont Vivarini. L'agréable chemin qui longe l'église mène à une petite chapelle qui jouit d'une vue imprenable sur le port et le massif du Velebit...

4km au sud-ouest de Mali Lošinj

Explosion de senteurs
Jardin de l'île parfumée / Miomirisni otočki vrt

Sur les hauteur de Mali Lošinj, derrière les murs d'une petite maison typique, se trouve le jardin extraordinaire de Sandra Nicolich. Après un verre de bienvenue, elle vous conduira d'allées en escaliers et de buissons en parterres pour vous faire admirer sa collection de plantes de l'île et surtout respirer sauge, myrte, lavande, romarin, immortelle... Vous pourrez en emporter un souvenir grâce aux utilisations multiples de ces végétaux magiques : cosmétiques bio, huiles essentielles, marmelade, savon, etc.

Bukovica 6 Mali Lošinj 098 326 519 www.miomirisni-vrt.hr Mars-juin, sept.-déc. : tlj. 8h-15h ; juil.-août : tlj. 8h30-12h30 et 18h-21h € Entrée libre

À FAIRE

Allez à la plage
Plages de Lubenice

En contrebas de Lubenice (Cres), se trouvent deux des plus belles plages de l'île, voire du pays : celle de **Sveti Ivan** ou **Lubenice Beach**, accessible en 45min environ de marche par un sentier entretenu (mais il faudra au moins le double pour remonter...), et la plage de **Žanja**, ou **Plava Grota** (Blue Cave), autre merveille que vous pouvez rejoindre par le même chemin mais en bifurquant sur la gauche au bout d'un quart d'heure de descente. Solution de facilité : des bateaux-taxi proposent l'excursion au départ du port de Cres.

Plages de Mali Lošinj

À Mali Lošinj, la plupart des plages aménagées se situent dans la zone de Čikat, tandis que les plus agréables s'étendent devant les hôtels Aurora et Hortensia (au sud-ouest) et les plus proches dans le quartier Saint-Martin.

Randonnez à vélo
Parmi les 250km de pistes aménagées qui sillonnent l'archipel, se distingue le formidable **sentier entre Mali et Veli Lošinj**. Serpentant sous les arbres (et donc ombragé), il épouse en douceur les formes du rivage et permet de découvrir des criques insoupçonnées.

Plongez avec des bouteilles

Diving Base Beli

Ce club réputé de Beli, sur Cres, propose une plongée découverte (tout compris 375kn), avec possibilité de partir directement de la plage.

Pansion Tramontana Beli 2 (051) 840 519 www.beli-tramontana.com

Diving Sport Center

À Lošinj, un club de plongée très fiable. À partir de 400kn pour une sortie incluant le transport en bateau sur le site et l'équipement. Demandez à voir le récif de **Margarina**, l'un des plus beaux sites du pays (plongée également à l'hôtel Punta de Veli Lošinj).

Mali Lošinj (sur la rive nord de la baie de Čikat) (051) 233 900 www.diver.hr

Prenez de la hauteur

Aérodrome de Lošinj

Survoler le littoral découpé du golfe frangé de la mer azur est une expérience que vous n'oublierez pas ! Du petit aéroport de l'île, vous pourrez réaliser un baptême de l'air (vols de 15min, 30min ou 1h, à partir de 500kn/pers.).

Privlaka 19 (12km au nord-ouest de Mali Lošinj) (051) 231 666 www.airportmalilosinj.hr
Sur réservation

Profitez des soirées musicales d'Osor

Du 15 juillet au 15 août, Osor (île de Cres) sort de sa somnolence le temps de ses Soirées musicales, un festival international de musique classique. Les concerts ont lieu dans la cathédrale et se poursuivent souvent tard dans les rues.

Soirées musicales d'Osor / Osorske glazbene večeri **Cres-ville (051) 237 110 www.osorfestival.eu Mi-juil.-mi-août**

NOS ADRESSES

RESTAURANTS

En bord de mer

Pansion Tramontana

Cette pension familiale dispose d'un restaurant fortement recommandable pour sa solide cuisine traditionnelle du golfe. De quoi reprendre des forces avant d'aller crapahuter sur les sentiers du Tramontana pour observer les vautours fauves. Repas env. 150kn, assiette de *pršut* 55kn.

BELI (CRES) Petite route à gauche avant d'arriver au village (051) 840 519 www.beli-tramontana.com

Charmant

Konoba Bonifačić ♥

Une terrasse ombragée, le chant des cigales et un service appliqué : vous vous sentirez bien dans cette taverne. Au menu, des plats traditionnels maîtrisés : agneau aux asperges sauvages, *pršut*, fromage de brebis, viandes grillées... Repas 150-180kn, un peu plus avec du poisson.

OSOR (CRES) Osor 64 (accès par le chemin de ronde, au-dessus de la plage) (051) 237 413 Haute saison : tlj. 14h-23h

Tiramisu : à Lošinj, l'Italie n'est pas loin !

Seigneur des agneaux

Gostionica Bukaleta ⚲⚲

Une auberge perdue dans un petit hameau aride au milieu de nulle part, dont la spécialité est l'agneau *tramuntana* : cuisiné au four, grillé à la broche ou servi en escalope, il est fondant à souhait. Ajoutez-y des pommes de terre rôties, et vous comprendrez pourquoi certains clients viennent de loin pour y goûter. Comptez 100kn pour un solide plat d'agneau. Également des chambres aménagées dans des dépendances.

LOZNATI (CRES) 6km au sud de Cres-ville (051) 571 606 Avr.-sept. : 12h-23h

Pieds dans l'eau

Lanterna Grill ⚲

Ce bistrot de pêcheurs niché dans une ancienne chapelle du tranquille quartier Saint-Martin dispose d'une terrasse au bord de l'eau et de petits bateaux pour aller pêcher ! Repas env. 100kn. Poisson un peu plus cher (140-400kn le kilo).

MALI LOŠINJ (LOŠINJ) Cikat 24 (051) 896 6147 Mai-oct. : 11h-20h

Sous la treille

Corrado ⚲⚲

Cette petite konoba qui sert des spécialités de pâtes et de risottos et d'autres classiques croates invite à une parenthèse romantique dans l'agitation du port. Plats 75-150kn.

MALI LOŠINJ (LOŠINJ) Sv. Marija 1 (051) 232 487 Été : tlj. 11h-14h et 17h-0h

Affaire de famille

Restoran Artatore Janja ♥⚲⚲⚲

Plusieurs fois primé, ce restaurant s'impose comme l'un des meilleurs de l'île, sinon du golfe. M. Zabavnik est aux fourneaux, son épouse tient la caisse et ses enfants assurent le service. Spécialité de la maison : soupe traditionnelle de homard et poisson, mais aussi les asperges, servies avec des langoustines (235kn/500g) ou de l'agneau local (140kn). Jolie terrasse sous les arcades.

ARTATORE (LOŠINJ) Artatore 132 (8km au nord de Mali Lošinj) (051) 232 932 Tlj. 12h-22h

Chef voyageur

Bora Bar Trattoria ♥⚲⚲⚲

Curieux parcours que celui de ce chef italien ayant quitté son restaurant du New Jersey (États-Unis) pour ouvrir une trattoria chic dans le minuscule port de Rovenska ! Il concocte une cuisine précise et enthousiasmante : raviolis aux truffes, carpaccio de poulpe, tiramisu maison... Très belle terrasse sur le port. Repas 200kn minimum.

VELI LOŠINJ (LOŠINJ) Rovenska 3 (à 10min du centre par le sentier qui longe les plages vers l'est, ou par les ruelles qui descendent du parking principal) (051) 867 544 www.borabar.net Avr.-oct. : tlj. 10h-21h

L'ÎLE DE RAB ★

Discrète merveille du golfe du Kvarner ancrée entre Krk et Pag, l'île de Rab (93km²) possède deux visages. Côté est, un saisissant désert minéral posé sur des eaux cristallines et battu par la bora, vent de nord-est froid et desséchant. Côté ouest, une façade colorée et luxuriante, agrémentée de nombreuses criques et d'une pétillante capitale.

ACCÈS ET INFOS

- Liaisons en ferry (compagnie Rapska Plovidba) entre Stinica, sur le continent, et Mišnjak, au sud de l'île (trajet 15min). Autre liaison avec Jadrolinija pour les îles de Krk et de Pag, et Rijeka.
- Office de tourisme de Rab-ville Trg Municipium Arba 8 051 724 064 www.rab-visit.com

À VOIR

Les deux ports de Rab sont Lopar, au nord, et Mišnjak, au sud. Protégé par la chaîne montagneuse qui traverse l'île de part en part, Rab, le chef-lieu, est installé au milieu de la côte occidentale, concentrant la majeure partie de la population.

RAB-VILLE

Piquée de quatre campaniles romans, la vieille cité médiévale s'est construite de façon un peu anarchique sur le cap Kaldanac. Son pittoresque lacis de ruelles est propice à la flânerie.

Patchwork antique

Rue Haute / Gornja Ulica

De la place Saint-Christophe, deux escaliers grimpent vers Gornja et ses belles églises. Styles et matériaux se confrontent et se mélangent dans cette agréable artère qui suit le rempart occidental. Ici, comme dans le reste de la vieille ville, vous apercevrez quelques éléments décoratifs provenant d'édifices antiques.

Beauté romane

Cathédrale Sainte-Marie-Majeure / Sv. Marija Velika

Construite sur des fondations paléochrétiennes, la plus belle église de Rab fut consacrée au 12e s. par le pape Alexandre III. Sa façade en pierre rose et blanche est typiquement romane, tandis que la pietà un peu fruste qui surmonte son portail et ses fonts baptismaux sont des ajouts Renaissance. Sainte-Marie est réputée pour son impressionnant et harmonieux campanile roman construit à distance, car le sol était trop meuble près de la cathédrale.

Au bout d'Ivana Rabljanina 051 724 195 Mai-sept. : lun.-sam. 11h30-13h, dim. 19h30-20h30

Palais et apéro

Place du Municipe / Trg Municipium Arbæ

Cette place envahie par les terrasses de cafés, et toute tournée vers le port, est bordée au nord par le palais du Recteur (15e s.), qui abrite désormais la

À NE PAS MANQUER

- Vieux centre de Rab-ville
- Cathédrale Sainte-Marie-Majeure
- Église Saint-Jean-l'Évangéliste

La ville de Rab, installée sur le cap Kaldanac

mairie. La façade principalement romane porte des fenêtres Renaissance au 1er étage et gothiques au 2e ! Notez les trois têtes de lions qui soutiennent le balcon d'où le recteur s'adressait à ses administrés. Bel atrium à l'intérieur.

Vestiges sacrés

Église Saint-Jean-l'Évangéliste / Sv. Ivan Evanđelista

Quelques fûts de colonnes, arcs et soubassements de murs : voilà tout ce qui reste de cette église du 11e s., bâtie à partir d'une basilique du 6e s. Le campanile roman, en revanche, est intact et son sommet offre, après un escalier très raide, un beau panorama sur la ville et ses environs.

Gornja ⏲ Tlj.

Café des édiles

Loge municipale / Gradska loža

Ce délicieux édifice, construit en 1509 pour abriter les réunions du conseil municipal, accueille aujourd'hui un café. La tour de l'Horloge, percée d'un passage voûté, lui fait face. Une galerie d'art occupe la petite église voisine.

Plokata Gospi (en retrait de la place du Municipe)

L'ÎLE DE RAB

Le plein de merveilles

Monastère Sainte-Euphémie / Samostan Sv. Eufemije

Ce tout petit monastère franciscain (1466) recèle des merveilles insoupçonnées, tels le polyptyque des frères Vivarini dans la basilique, et les œuvres du moine Testen. Vous pourrez aussi visiter le cloître et la bibliothèque.

1km au nord de Rab (route de Kampor) ☎ 051 724 951 ⏲ Tlj. 10h-12h et 16h-18h

Paradis boisé
Péninsule de Kalifront

Les bois et les criques de cette vaste réserve naturelle, dans l'ouest de l'île, font le bonheur des marcheurs et des cyclistes. Accès de Kampor et de la station balnéaire de Suha Punta, ou en taxi-boat de Rab.

Deux ambiances
Supetarska Draga

Outre la principale marina de l'île, cette bourgade établie au fond d'une baie profonde abrite, dans un champ, Saint-Pierre (Sv. Petar), église du 11e s. superbement conservée. Ce sanctuaire immaculé, aux magnifiques chapiteaux romans, dépendait d'une abbaye bénédictine, fermée au 15e s.

7km au nord-ouest de Rab-ville, sur la route de Lopar

Sur le sable
Lopar et sa péninsule

La péninsule de Lopar, dans le nord-est de l'île, reproduit en miniature les contrastes climatiques de Rab : un versant au vent aride, qui tranche avec un côté sous le vent luxuriant. Ses plages tout simplement magnifiques attirent de nombreux touristes. La ville de Lopar, quant à elle, aurait vu naître saint Marin qui allait fonder au 4e s. la minuscule république homonyme.

14km au nord-est de Rab-ville

À FAIRE

Piquez une tête

C'est incontestablement dans la péninsule de Lopar– la plage du Paradis (*Rajska Plaža)* est idéale avec des enfants – et sur la côte nord-ouest de l'île, entre Suha Punta et Kampor (presqu'île protégée interdite aux voitures) que vous profiterez des plus belles plages de sable. Vous pouvez aussi vous baigner à Barbat et Banjol et dans la baie de Supetarska Draga.

NOS ADRESSES

PAUSE

C'est du gâteau
Kuća rabske torte

À la fois biscuiterie avec son atelier et son comptoir de dégustation, musée et boutique de souvenirs gourmands (jambon, fromages de brebis, bons vins, etc.), la Maison du gâteau de Rab est une institution. On peut y prendre un café en terrasse accompagné d'une des productions maison ou suivre leur élaboration de la salle tout en pierre et bois.

RAB-VILLE Stjepana Radića 5 051 774 863 www.rabskatorta.com Tlj. 10h-22h

À l'heure espagnole

Tapas Bar Kampanel

Une quinzaine de tables dressées sur trois terrasses étagées à l'ombre du campanile. Et un intéressant choix de tapas (30kn env.) pour commencer la soirée. Visez la terrasse la plus haute pour la vue sur la ville et le port.

RAB-VILLE Put Kaldanca 12 098 822 729
Printemps, été : tlj. 11h-14h et 18h-0h

RESTAURANTS

Le goût de la tradition

Konoba Rab

Décor de poutres et de pierres apparentes pour une roborative cuisine traditionnelle. Spécialités : le poulet, e veau et l'agneau cuits sous la cendre (*pod pekom*, 150kn-250kn le kilo). Vin en bouteille, merlot et *malvazija* servis au verre.

RAB-VILLE Kneza Branimira 3 051 725 666
Lun.-sam. 10h-14h et 17h-23h, dim. 17h-23h

Terroir croate

Santa Maria

Haut plafond voûté, pierres apparentes, colonnes... Le décor en jette ! De fait, le Santa Maria est logé dans un palais du 18e s. à la splendide terrasse. Bon produits pour une solide cuisine : *pršut*, fromage de Pag, risottos, langoustines, etc. Repas 120-150kn, un peu plus avec un poisson.

RAB-VILLE Dinka Dokule 6 (au bout de Srednja ulica) 051 724 196 Tlj. 10h-23h

Le spécialiste du poisson

Labirint ♥

L'une des meilleures tables de poisson de la région, tenue par la famille Pičuljan depuis... 1946 ! Amusante déco rustico-marine, terrasse et cheminée. Env. 250kn le repas et 350kn le kilo de poisson (plat pour 2 pers.).

RAB-VILLE Srednja 9 051 771 145 labirint-rab.com Haute saison : tlj. 12h-15h et 17h30-0h

Un goût de paradis

Konoba Marenda ♥

Une taverne toute simple dans un cadre paradisiaque, au bout d'une presqu'île, avec une belle terrasse juste au-dessus d'une crique de sable déserte et abritée du vent. Des plats sans fioritures, en provenance directe de la mer : calamars, moules ou langoustines à la *buzara*, tartare de thon. Repas 100-120kn.

GONAR Supertarska draga 320a (de Rab, dir. Supertarska Draga, passez le village puis encore 2km) 022 336 077
Lun.-ven. 7h-23h

La terrasse du Santa Maria, Rab-ville

Moins fréquentée que le sud du pays, la Dalmatie septentrionale ne manque pourtant pas d'atouts : une capitale rayonnante, Zadar ; une étonnante collection de parcs nationaux, des chutes de la Krka aux forêts de Paklenica en passant par l'archipel désertique des Kornati ; les criques et plages splendides de l'île de Pag... Injustement méconnu, le nord de la Dalmatie se révèle ainsi chaudement recommandable !

Le nord de la Dalmatie

Dans l'archipel des Kornati

Plan 10
Lun
RT
Prizna
Žigljen
107
Novalja
KALIFRONT
U. ZRĆE
Kolan
Mandre
Šimuni
Bošana
Pag
MAUN
ŠATORINA
1 623 M
VELEBIT
LAKTIN VRH
1 504 M
Karlobag
OŠTARIJSKA
928 M
25
KRUŠČIČKO JEZ.
RIJEKA, ZAGREB
Lički Osik
Gospic
50
LIKA
ILOVIK
SILBA
OLIB
VELEBITSKI KANAL
ÎLE DE PAG
VISOČICA
1 615 M
VAGANSKI VRH
1 757 M
SV. BRDO
1 753 M
PARC NATIONAL PAKLENICA
8
106
FREMUDA
MER DE VIM
Ložice
Vir
VIR
Privlaka
Nin
BAIE DE LJUBAČ
Marasovići
V. Paklenica
Starigrad-Paklenica
M. Paklenica
Seline
ŠKARDA
IST
MOLAT
Posedarje
54
MER DE NOVIGRAD
Kruš
306
SESTRUNJ
RIVANJ
A1
56
Novigrad
Veli Rat
Božava
Muline
Ugljan
ZADAR
Smilčić
502
U. SAKARUN
109
UGLJAN
ANCÔNE
Brbinj
Preko
Bibinje
D. Zemunik
SV. MIHOVIL
Savar
Kali
Sukošan
Veli-Iž
Kukljica
Benkovac
RAVA
IŽ
U. BRŠANJ
Zdrelac
DUGI OTOK
ARCHIPEL DE ZADAR
110
503
Dobropaljana
Luka
PAŠMAN
Biograd na Moru
Žman
Zaglav
Pašman
Vrana
Sali
SIT
Tkon
Pakoštan
PARC NATUREL DE TELAŠĆICA
PARC NATUREL VRANSKO JEZERO
VRANSKO JEZERO
ŽUT
VRGADA
MER ADRIATIQUE
LEVRNAKA
Vrulje
Betina
Murter
121
MANA
KORNAT
Tisno
MURTER
PIŠKERA
LAVSA
ÎLES KORNATI
SMOKVICA
PARC NATIONAL DES KORNATI
KURBA VELA
ANCÔNE
N
10 km

BOSNIE-
HERZÉGOVINE
UNA
Udbina
Martin
Brod
Bruvno
Gračac
Cerovačka
Spilja
Obrovac
Knin
Burnum
KRKA
Biskupija
Kistanje
Cetina
Rupe
Oklaj
Uzdolje
KOZJAK
Roški
Slap
Širitovci
Visovac
Drniš
Drinovci
PERUČKO
JEZ.
Skradin
Dubravice
Lozovac
ČIKOLA
CETINA
PARC NATIONAL
DE LA KRKA
Vodice
Dubrava
Šibenik
PRVIC
Sinj
Brnaze
ZLARIN
Brodarica
DALMACIJA
Jurlinovi
Dvori
Boraja
Trilj
KOZJAK
Burnji
Primošten
Kaštela
Klis
Solin
Salonac
MOSOR
Marina
Seget
Arbanija
Strobeč
Trogir
ČIOVO
SPLIT
Ermitage
Rodstrana
DRVENIK
MALI
DRVENIK
VELI
1
218
522
50
27
33
59
56
33
56
59
56
219
511
A1
62
58
8

QUATRE BONNES RAISONS...

... de découvrir les sommets karstiques, les cités millénaires et les îles désertiques de Dalmatie septentrionale.

ZADAR (p.164), pour saluer, sur le front de mer, le coucher du soleil en musique et en lumière.

ŠIBENIK (p.186), pour ses nombreux festivals estivaux, dont l'un est tout particulièrement destiné aux enfants.

☀ **LE CANYON DE LA ZRMANJA** (p.172), pour faire le plein de sensations fortes en escaladant ses abrupts ou en descendant la rivière en raft ou en kayak.

☀ **L'ARCHIPEL DES KORNATI** (p.183), pour débrancher complètement en louant une robinsonnade sur l'une de ses îles désertes.

RENDEZ-VOUS AVEC...

Difficile de dire si **Vladimir Skračić** est davantage un pêcheur ou un expert en linguistique ! Originaire de l'île de Murter et ancien recteur adjoint de l'université de Zadar, il s'est occupé durant longtemps du lexique et de la toponymie de l'Adriatique. Mais sa première passion demeure la pêche au filet, comme elle était pratiquée autrefois. Voici ses adresses de cœur.

Ma promenade

A Quais du vieux Zadar

Le matin, vers 7h, je sors promener mon chien. Du pont piéton (plan 11, A2) près de chez moi, je fais le tour de la péninsule en comptant les bateaux en bois parmi ceux qui sont amarrés. Hélas, j'en vois de moins en moins...

Mon musée à souvenirs

B Musée du Verre antique

Au musée du Verre antique (p.165) de Zadar, vous découvrirez un aspect important de l'histoire de la ville et vous pourrez acheter de la verrerie artisanale réalisée d'après des modèles antiques.

ZADAR **Poljana Zemaljskog odbora 1**
(023) 363 832 www.mas-zadar.hr Été : tlj. 9h-21h ; hiver : lun.-sam. 9h-16h € 30kn

Ma table à Zadar

C Konoba Skoblar

Le frère du footballeur Josip Skoblar a ouvert cette *konoba* tout près de la Kopnena vrata, la porte de la Terre-ferme de Zadar. Je m'y sens presque comme à la maison ! À la carte, des plats traditionnels accommodés avec une touche de modernité. Et tout à fait abordables.

ZADAR **Trg Petra Zoranića bb (023) 213 236 konoba-skoblar.eatbu.hr Tlj. 9h-23h**

Mon café

D Caffè bar Illy

Avec mes amis et mes collègues de l'Académie, nous nous y attablons presque tous les jours, vers midi. Le café y est presque aussi bon qu'en Italie. Il n'y a rien de sophistiqué dans ce bar de quartier, et c'est pour cela que je l'aime bien.

ZADAR **Sokolska 095 891 0806**
Tlj. 7h-22h

SI ZADAR ÉTAIT...

Un poisson Ce serait le picarel, qu'on appelle *manula*, ou *gira oblica* à Zadar. Il fait partie de l'identité de la ville, et même s'il est assez petit (on en compte au moins une trentaine dans un kilo), sa chair est excellente. Il est vendu à partir de novembre.

L'île de Lavsa

Mon marché fermier

E Marché de Benkovac

Le 10 du mois, un grand marché se tient à Benkovac. Fait extraordinaire pour une bourgade aussi modeste, les stands s'étirent sur plus d'un kilomètre, attirant jusqu'à 20 000 personnes. On y trouve de l'alimentation, des vêtements, de l'artisanat, mais aussi du bétail et du matériel agricole à des prix défiant toute concurrence.

Env. 40km au sud-est de Zadar

Ma taverne préférée

F Konoba Jadran

C'est ce qu'on appelle une *krčma*, un bistrot plutôt qu'un restaurant. Quand j'étais jeune, j'y allais surtout boire des verres. L'endroit a changé de propriétaires depuis, mais pas vraiment de carte, et j'apprécie ses plats simples du terroir.

MURTER-VILLE Rudina 4 (022) 661 287
Tlj. 10h-22h

LA RÉGATE DE VLADIMIR SKRAČIĆ

Je suis à l'origine de la régate Latinsko Idro, qui vise à promouvoir la culture de la voile traditionnelle. Je suis donc très attaché à cet événement annuel. Il ne s'agit pas seulement de naviguer entre Murter et Betina, mais de rappeler la place qu'occupait (et qu'occupe) la mer dans le quotidien des Dalmates.

G Latinsko Idro
MURTER-VILLE 098 336 851
www.latinskoidro.hr En sept.

Mon île

H Lavsa

Il faut savoir que la plupart des familles de Murter possèdent des terrains aux îles Kornati. Et ce depuis le 17e s. Mon bout d'archipel à moi se trouve à Lavsa, île voisine de Piškera (p.183). J'y vais pour pêcher et prendre soin de mes oliviers. Mais je n'aime pas trop me baigner !

ZADAR ★

Ville d'art et d'histoire, Zadar abrite quelques splendides monuments médiévaux, miraculeusement épargnés par les nombreux conflits qui l'ont touchée. Mais l'ancienne Jadera romaine est aussi un pôle universitaire dynamique et bon vivant, mélange qui en fait l'une des cités les plus attachantes du pays. Non loin, le parc Paklenica est un paradis pour tous les amoureux de la nature.

À VOIR

Établie sur une presqu'île, la vieille ville a hérité son plan en damier des Romains. Son artère principale, Široka ulica (Kalelarga), n'est autre que l'ancien *decumanus*, qui dessert le marché et le forum. Un long lungomare (promenade du front de mer) conduit aux zones hôtelières de Puntamika et de Borik, 5km au nord-ouest de la presqu'île.

ACCÈS ET INFOS

- Zadar est à 290km de Zagreb et de Rijeka, et à 155km de Split.
- Liaisons en avion avec Paris (Ryanair et Transavia) et Marseille en saison (Ryanair) ; avec Zagreb et Pula (Croatia Airlines). Liaisons en bateau avec Ancône (Italie), Mali Lošinj et Dugi otok.
- Le centre historique n'est pas accessible en voiture : garez-vous au pied des remparts, ou sur obala kneza Branimira (plan 11, C1), non loin de la passerelle qui mène à la vieille ville.
- Office de tourisme municipal (plan 11, A2) (023) 316 166 www.zadar.travel

LA VIEILLE VILLE

Triomphe vénitien

Porte de la Terre-ferme / Kopnena vrata (plan 11, B1)

Au 16e s., les Vénitiens décidèrent de renforcer les défenses de la cité face à la menace ottomane. Ils édifièrent ainsi des fortifications dont cette porte majestueuse, magnifique arc de triomphe Renaissance. Au-dessus du passage central, observez le protecteur de la ville, saint Chrysogone, à cheval, et un imposant lion ailé de Saint-Marc (avec une patte sur un livre ouvert signifiant que le monument fut érigé en temps de paix).

Au fond du petit port de Foša

Parvis à voir

Place des Cinq-Puits / Trg pet bunara 👍 (plan 11, A1-B1)

Cette adorable esplanade doit son nom et tout son charme à ses cinq puits en enfilade. Ils fournirent jusqu'au 19e s. de l'eau puisée dans une citerne aménagée en 1574 dans une ancienne douve médiévale, en prévision d'un éventuel siège ottoman. La menace turque écartée, le bastion Grimani attenant fut transformé en jardin public (le premier de Dalmatie). Au sud-ouest, la tour du Capitaine, un ancien poste de garde, accueille des expositions temporaires d'art contemporain et au nord une colonne, vestige du forum.

À NE PAS MANQUER

- Place des Cinq-Puits (Zadar)
- Église Saint-Siméon (Zadar)
- Forum romain (Zadar)
- Église Saint-Donat (Zadar)
- Cathédrale Sainte-Anastasie (Zadar)
- Musée d'Art sacré (Zadar)
- Riva (Zadar)
- Nin
- Parc national de Paklenica

Détail de la porte de la Terre-Ferme, Zadar

Allez à la châsse

Église Saint-Siméon / Crkva Sv. Šime (plan 11, A1)

Initialement dédiée à saint Étienne, l'église changea de patron quand elle accueillit la châsse de Saint-Siméon, chef-d'œuvre de Francesco da Milano, offert à la ville en 1381 par le roi Louis Ier d'Anjou pour éviter qu'elle ne retourne dans le giron vénitien (raté, Venise reviendra en 1409 et pour quatre siècles !). Le coffre en bois de cèdre surmonté du gisant du saint est recouvert de 250kg d'argent et de feuilles d'or.

Trg Šime Budinića (023) 211 705 Tlj. 8h-11h et 17h-19h

Les verres du décor

Musée du Verre antique / Muzej antičkog stakla (plan 11, A2)

Le palais Cosmacendi (1877) a été restauré pour accueillir ce musée dédié au Verre antique, constitué d'une collection issue de différents sites archéologiques dalmates, de bijoux, de vaisselle et de miniatures en verre de la période romaine (1er s. av. J.-C.-5e s. de notre ère). Un atelier, au 1er étage, permet de s'initier à la technique des souffleurs de verre.

Poljana Zemaljskog odbora 1 (023) 363 832 www.mas-zadar.hr Été : tlj. 9h-21h ; hiver : lun.-sam. 9h-16h 30kn

Nez en l'air

Rue Don Ive Prodana (plan 11, A2)

Admirez les belles façades gothico-Renaissance (15e s.) du palais Grisogono, à l'extrémité sud-est de la rue, au coin de Smiljanić, et celle du palais Petrizio, à hauteur de l'église Saint-Siméon. Sur la place Nationale, le palais Ghirardini doit à Nicolas le Florentin la fenêtre ouvragée (1480) de son premier étage.

Plan 11
RENDEZ-VOUS AVEC...
Retrouvez les adresses de Vladimir Skračić
Pauses
D Caffè bar Illy - p.162 .... B1
Restaurants
C Konoba Skoblar - p.162.... A1-B1
LUKA JAZINE
MER ADRIATIQUE
POLUOTOK
VAROŠ
FOŠA
Perivoj Jarula
Perivoj kraljice Jelene Madijevke
PLACE DES CINQ-PUITS
MUSÉE DU VERRE ANTIQUE
NOVA VRATA
ÉGLISE SAINT-SIMÉON
DON IVE PRODANA
PLACE NATIONALE
GALERIE D'ART DU MUSÉE MUNICIPAL
SAINT-MICHEL
PORTE DE LA TERRE-FERME
FACULTÉ DE LETTRES ET SCIENCES HUMAINES
MARCHÉ
SAINT-CHRYSOGONE
PORTE SAINT-CHRYSOGONE
MUSÉE ARCHÉOLOGIQUE
MUSÉE D'ART SACRÉ
POSTE
SAINT-DONAT
FORUM ROMAIN
CATHÉDRALE SAINTE-ANASTASIE
MONASTÈRE FRANCISCAIN
QUAI DU ROI-PETAR-KREŠIMIR-IV
SALUTATION AU SOLEIL
FRONT DE MER
ORGUES DE MER
Obala Kneza Branimira
Obala kralja Tomislava
Liburnska obala
Istarska obala
Obala kralja Petra Krešimira IV
Obala kralja Petra Krešimira IV (Front de Mer)
Kralja Dmitra Zvonimira
Ante Kuzmanića
Medu bedemima
Bartula Kašića
Šime Vitasovića
Narodnog Lista
Trg Petra Zoranića
Trg 5 bunara
Medulićeva
L. Smiljanića
Fredrica Grisogona
J. Barakovića
E. Kotromanić
Trg Šime Budinića
Špire Brusine
Rudera Boškovića
Kovačka
Sirac
Mihovila Pavlinovića
Sv. Nedilijice
Varoška
M. Klaića
Borelli
Jurjeva
Blaža
K. Dalmatina
Široka
Jurja Dalmatinca
Hrvatinića
Hrvoja Vukšića
Zlatarska
Bedemi zadarskih pobuna
Dalmatinskog Sabora
Dalmatinske Zore
Plemića
Štomorica
Br. Vranjanin
Madijevaca
Jadro
Kn. Šubića Bribir.
Brne Krnarutića
Pod bedemom
Pape Aleksandra III
Poljana
Opatice Čike
V. Papafave
Šimuna Kožičića Benje
Trg Opatice Čike
Zeleni trg
Zadarskog mira 1358
Jurja Divnića
N. Matafare
Mate Karamana
Trg Sv. Stošije
Zanotija
J. Čuke
Prok Grgura
I. Bjankinija
Tanzlindera
Fra. D. Fab.
Bilšić
Braće
Bersa
Trg 3 bunara
Sv. L.
B. Mandića
Trg Sv. Frane
Božidara Petranovića
P. hr. čitao
Bianchija
I. Brčića
Luke Jelića
I. Danila
200 m
N
1
2
3
A
B

Pauses (n°1 à 4)
2 Caffe Galerija Đina - *p.173* ... B2
3 Kavana Lovre - *p.173* A2
4 Slastičarnica Donat - *p.173*... A3
1 Tramonto - *p.173* B2
Restaurants (n°10 à 13)
10 2Ribara - *p.173* B2
11 Barbakan - *p.173* B1
12 Foša - *p.174* B1
13 Trattoria Canzona - *p.174*.... B2
Shopping (n°20 et 21)
20 Maraska - *p.175*................ B3
21 Marché de Zadar - *p.175* ....B
Sorties (n°30 et 31)
30 Arsenal - *p.175* A3
31 The Garden - *p.175*........... A4
Hébergements (n°40 et 41)
40 Art Hotel Kalelarga - *p.342*... A2
41 Hotel Bastion - *p.342*......... A4

Discrète pépite

Place Nationale / Narodni trg (plan 11, A2)

C'est la grand-place de Zadar depuis le Moyen Âge. Dans le café Lovre (p.173), se cachent les vestiges de l'église Saint-Laurent, plus vieil édifice de l'esplanade (Sv. Lovro, 11e s.). Juste à côté se dresse le curieux bâtiment de la Garde municipale (16e s.), coiffé d'une tour d'horloge. Lui fait face la loge municipale, de la même époque, mais plusieurs fois remaniée depuis. Les baies vitrées furent ajoutées en 1885 pour protéger une précieuse bibliothèque.

Le meilleur du terroir

Marché (plan 11, A2)

Tout le quartier, près de la passerelle piétonne, fut rasé par les bombes en 1944. Mais ce marché est désormais l'un des plus animés de la région (p.167). À proximité, on distingue les ruines de l'église Sainte-Marie-Majeure, détruite en 1570 pour laisser place à la muraille vénitienne, et des vestiges de palais et des remparts médiévaux.

Dans le nord-est de la vieille ville, entre Vukšića et les fortifications

Super roman

Église Saint-Chrysogone / Crkva Sv. Krševana (plan 11, A2-A3)

Le délicat décor toscan de son abside et de sa façade sud fait tout le charme de cette église romane aux dimensions imposantes, érigée au 12e s. Elle est rarement ouverte, mais si vous parvenez à y entrer, vous pourrez admirer quelques fresques d'origine et, sur le maître-autel, quatre statues en marbre blanc du Vénitien Tagliapietra (1701) représentant Anastasie, Zoïle, Chrysogone et Siméon, les quatre patrons de Zadar. Le campanile (15e-16e s.) est resté inachevé.

Angle de Poljana Pape Aleksandra III et de Brne Krnarutića

Le centre de Jadera

Forum romain / Zeleni trg (plan 11, B3)

Populeuse, envahie par les terrasses de cafés, cette vaste esplanade débouchant sur la mer fait encore son effet. Le plus grand forum romain de Croatie (presque 100m sur 50) a été au cœur de la cité du 1er s. av. J.-C. jusqu'au 3e s., où il acquit sa forme définitive. Vous pourrez deviner encore les fondations de boutiques au sud-est et au nord-est. L'église Saint-Élias (Sv. Ilija) se trouve à la place du temple dédié à la triade capitoline (Jupiter, Junon et Minerve). Non loin, la dernière colonne debout servait de pilori au Moyen Âge.

Tout en hauteur

Église Saint-Donat / Crkva Sv. Donata (plan 11, B3)

Cette imposante rotonde, haute de 27m, est le monument emblématique de Zadar. Elle fut édifiée à la fin du 8e s. par l'évêque Donat sur le modèle carolingien : deux cylindres emboîtés et flanqués, à l'est, de trois absides. Ses hauts murs extérieurs ont des airs de forteresse. L'intérieur est encore plus saisissant de verticalité. Six robustes piliers rectangulaires délimitent le déambulatoire de la nef centrale, que deux colonnes romaines (piquées au forum) séparent du chœur. La galerie en rotonde du 1er étage est empruntée au modèle byzantin. Saint-Donat accueille l'été des concerts de musique classique.

Šimuna Kožičića Benje (023) 250 613 Avr.-mai, sept.-oct. : tlj. 9h-17h ; juin-août : tlj. 9h-21h 40kn

Ample vaisseau de pierre

Cathédrale Sainte-Anastasie / Katedrala Sv. Stošije (plan 11, A3)

Avec sa série d'arcatures aveugles et ses colonnettes, cette cathédrale (13e s.) se donne des allures toscanes ! À l'intérieur, les proportions de l'édifice surprennent. Sainte-Anastasie est, en effet, la plus grande cathédrale de Dalmatie. Les bas-côtés, surmontés de petites galeries à arcades, abritent des autels, dont celui du Saint-Sacrement (nef droite), réalisé en 1719 par Viviani. Le chœur se distingue par son ciborium gothique (1332) et par ses superbes stalles sculptées. Dans la chapelle de l'abside gauche, vous pourrez admirer le sarcophage en marbre du 9e s. renfermant les reliques de sainte Anastasie. Du haut du campanile, vous bénéficierez d'un fabuleux panorama sur Zadar.

Trg Sv. Stošije (023) 251 708 Tlj. 8h-19h30 Campanile 15kn

Six millénaires d'histoire

Musée archéologique / Arheološki muzej (plan 11, A3)

Dans un bâtiment moderne, à l'est du forum, ce vaste musée retrace l'évolution de la région de la préhistoire au Moyen Âge. Bijoux, fibules, pièces de monnaie et céramiques peintes de l'âge du fer (9e-1er s. av. J.-C.) témoignent du formidable essor de la civilisation liburnienne.

Šimuna Kožičića Benje (023) 250 516 Juin-mi-juil., mi-sept.-mi-oct. : tlj. 9h-19h ; mi-juil.-mi-août : tlj. 9h-21h ; nov.-mars : lun.-ven. 9h-14h ; avr.-mai : lun.-ven. 9h-15h 40kn

Trésor fabuleux

Musée d'Art sacré / Stalna izlozba crkvene umjetnosti (plan 11, B3)

Une prodigieuse exposition d'art sacré constituée par les Bénédictines depuis le 11e s. ! Fort bien mise en valeur par des lumières ambrées et une muséographie captivante, ce trésor occupe deux ailes de leur couvent. Au rez-de-chaussée, une collection lapidaire médiévale (stèles, chapiteaux, bas-reliefs) et la reconstitution de l'église Sainte-Dominique, du 11e s. Au 1er étage sont réunis les fameux "Ors et Argents" ciselés par des orfèvres de Zadar : calices, ciboires, ostensoirs et surtout extraordinaires reliquaires (bras de saint Isidore du 12e s.). Parmi les merveilles du 2e étage figurent des statues de saints en

La Salutation au soleil, sur le front de mer de Zadar

bois polychrome du Vénitien Matteo Moronzon (15e s.) et l'exceptionnel polyptyque de Vittore Carpaccio (fin du 15e s.) pour la cathédrale Sainte-Anastasie.

Trg Opatice Čike 1 ☎ (023) 250 496 ⏲ Été : lun.-sam. 10h-13h et 17h-19h, dim. et j. fér. 10h-13h ; hiver : lun.-sam. 10h-12h30 et 17h-18h30 € 30kn

Sons et lumières

Riva 👍 (plan 11, B4)

Vaste, aéré, bordé de quelques belles façades, le front de mer vous réserve de merveilleux moments de flânerie, au son (surprenant) des **orgues marines** (*Morske orgulje*) de Nikola Bašić activées par les vagues. L'architecte a également conçu non loin la **Salutation au soleil** (*Pozdrav suncu*), un grand cercle constitué de batteries solaires dont les jeux de lumière, à la tombée de la nuit, jettent d'étonnantes notes de couleur sur la promenade.

Bouffée d'oxygène

Quai du Roi-Petar-Krešimir-IV / Obala kralja Petra Krešimira IV (plan 11, B1-B4)

Après l'agitation de la vieille ville, le quai du Roi-Petar-Krešimir-IV, au sud-ouest de la presqu'île, offre une parenthèse de calme, encore plus délicieuse au coucher du soleil. À l'extrémité sud-est de la Riva, près des fortifications et du petit port de Foša, vous remarquerez un vaste édifice jaune pâle qui abrite plusieurs départements de la faculté des lettres et des sciences humaines de Zadar, la plus ancienne université croate (1396).

Noctambule

Varoš (plan 11, B2)

Le plus vieux quartier de la ville a beaucoup souffert lors de la Seconde Guerre mondiale, mais la jeunesse étudiante se l'est approprié et en a fait l'épicentre de la vie nocturne locale.

Au sud-ouest de la place Nationale, entre Špire Brusine et la Riva

AU NORD, NIN

La plus ancienne ville du pays

Nin

Cette adorable cité fortifiée (1 700 hab.), nichée sur un îlot au milieu d'une lagune et occupée depuis l'époque romaine (sous le nom d'Ænona), a été jusqu'au 13e s. une ville de premier plan. Elle a décliné suite aux guerres ottomanes et aux crises de paludisme. Pour mieux apprécier la grandeur passée de Nin, visitez son joli **musée archéologique**, sur la place principale (poteries et bijoux préhistoriques, mosaïques et bas-reliefs antiques, sculpture médiévale...). Derrière le musée (par la rue Šubića Bribirskih), vous pourrez voir les vestiges d'un grand temple du 1er s. Autre curiosité, la minuscule et toute blanche Sainte-Croix (Sv. Križ, 9e s.), présentée comme "la plus petite cathédrale du monde". Enfin, avant de quitter l'île, faites une petite promenade sur ses quais, auxquels sont amarrées des barques du chenal aux couleurs changeantes. Attention, la ville est interdite aux voitures : il faudra vous garer sur la terre ferme, près de l'office de tourisme.

15km au nord-ouest de Zadar **Musée archéologique / Muzej ninskih starina** Trg Kraljevac 8 (023) 250 542 Mai-juin : lun.-sam. 9h-14h ; juil.-août : tlj. 9h-14h et 18h-22h ; sept. : tlj. 9h-19h ; oct.-avr. : tlj. 9h-14h sur réservation 20kn

SUR LES TRACES DE...

Nikola Tesla, célèbre physicien (1856-1943), est né à Smiljan, au nord de Zadar. On doit à cet inventeur de génie l'utilisation du courant alternatif dans le réseau électrique, l'avion à décollage vertical, les prémisses du radar et de la télécommande radio. Comme il était issu d'une famille serbe, mais né en Croatie, les deux pays se disputent sa gloire.

À L'EST, LE PARC NATIONAL DE PAKLENICA

Classé réserve internationale de la biosphère, le **massif du Velebit** dessine un spectaculaire arc montagneux parallèle au littoral Adriatique sur 145km. En son sein, le parc national de Paklenica, créé en 1949, s'étend sur 96km^2 autour des deux profonds canyons que deux rivières, la Velika Paklenica et la Mala Paklenica, ont creusés. Ses paysages permettent de mesurer toute la complexité du relief de cet impressionnant massif karstique, paradis des alpinistes, des randonneurs et de tous les amoureux de la nature. Outre ses parois vertigineuses et ses chaos rocheux, le parc est réputé pour sa forêt, l'une des plus vieilles du bassin méditerranéen, où cohabitent des milliers d'espèces végétales et animales. Méditerranéenne à basse altitude, elle devient montagnarde et subalpine, avec notamment des pins noirs dont la résine (*paklina*), qui servait jadis à calfater les coques de bateau, a donné son nom au parc. Quelque 150km de sentiers balisés vous attendent et vous permettent de découvrir de splendides panoramas, quel que soit votre niveau. Faites-vous conseiller, selon le temps dont vous disposez, au bureau du parc à **Starigrad**.

Accès par Starigrad Paklenica, 45km au nord-est de Zadar Été : tlj. 6h30-20h ; hiver : tlj. 8h-17h 40-60kn, supplément grotte de Manita Peć 20kn, visites guidées du parc 400-

Le parc national de Paklenica

800kn **Bureau du parc** Dr F. Tuđmana 14a Starigrad (023) 369 155 www.np-paklenica.hr
Association croate des sports de montagne (01) 48 23 624 www.hps.hr

Dans les profondeurs

Grotte de Manita Peć

Environ 1km en amont d'Anića Luka (soit 1h15 de marche du 2e parking !), vous pourrez prendre, à gauche, la sente raide et tortueuse qui grimpe jusqu'à cette grotte, la seule ouverte au public parmi les 70 que compte le parc. Ce "Poêle fou" recèle 175m de galeries remplies de stalactites, de stalagmites et autres concrétions aux formes insolites, parfois vieilles de 80 000 ans. Impressionnant ! La visite d'environ 30min se fait obligatoirement avec un guide. Attention, il ne fait pas chaud dans les profondeurs !

(023) 369 155 np-paklenica.hr Avr. : sam. 10h-13h ; mai, oct. : lun., mer. et sam. 10h-13h ; juin : mer. et sam.-lun. 10h-13h ; juil.-sept. : tlj. 10h-13h € 30kn

Balade au fond du canyon

Du canyon de la Velika Paklenica à la cabane de Lugarnica

Vous pourrez, selon l'affluence, laisser votre voiture sur le premier parking (à l'entrée principale) ou, 1,5km plus loin, à l'entrée du canyon. En gravissant le sentier abrupt qui remonte le spectaculaire canyon au fond duquel bouillonne la Velika Paklenica, vous verrez sûrement des alpinistes aux prises avec les parois de cette gorge, haute par endroits de 400m. Le sentier principal continue de suivre le fond verdoyant de la vallée – une bifurcation propose d'aller grimper sur l'Anića Kuk, sommet de 712m aux splendides points de vue. L'itinéraire rejoint la cabane de Lugarnica (440m d'altitude) où vous pourrez vous restaurer simplement. Comptez 2h de marche depuis le second parking. Passé Lugarnica, vous débouchez sur un vaste plateau d'où vous apercevez au loin, derrière les hêtres et les pins noirs, les sommets de la haute Velika Paklenica. Le refuge de Planinarski Dom se trouve alors à 1,5km.

Pour les marcheurs

Vaganski vrh

Par temps clair, le point culminant du parc et du Velebit sud (1 758m) offre des vues sublimes sur le massif. Accès le plus commode par Velika Paklenica. Comptez 3-4h de marche à partir de la cabane de Lugarnica en prenant à droite après le refuge de Planinarski Dom.

Sur les falaises du parc de Paklenica

À FAIRE

Passez une nuit de pleine lune à Zadar

Les nuits de la pleine lune, en été, le front de mer de Zadar est éclairé par des torches et des bougies, tandis que les bateaux amarrés se transforment en marché flottant. Vous y dégusterez des produits frais de la région.

Pratiquez l'escalade

Avec plus de 400 voies, presque toutes équipées, sur des parois de 40 à 350m de haut, le **parc Paklenica** constitue l'un des meilleurs sites d'escalade d'Europe. Le permis indispensable coûte selon la saison de 80 à 100kn pour 3 jours, et de 120 à 150kn pour 5 jours.

Explorez le canyon de la Zrmanja

Riva Rafting Centar

La rivière Zrmanja s'enfonce sur 14km dans un canyon de plus de 200m de profondeur, terrain de jeu idéal pour s'essayer avec Riva Rafting Centar au canyoning, au kayaking ou au rafting dans des paysages vertigineux où se succèdent cascades et rapides. Et excursions vers le delta, beaucoup plus calmes, en aval d'**Obrovac**. Comptez par exemple 280kn/pers. pour une virée en raft ou en kayak, 150kn pour un tour de 2h en bateau.

Župani, Drage 7a Obrovac (30km au sud-est de Starigrad) (023) 689 920
riva-rafting-centar.hr Haute saison : lun.-ven. 8h-15h, sam.-dim. 8h-13h

NOS ADRESSES

PAUSES

Sucré et sacré
Slastičarnica Donat

Tout simplement le meilleur glacier de la ville (une vingtaine de parfums à disposition) et en sus, pour ne rien gâcher, vue imprenable sur la cathédrale Sainte-Anastasie depuis sa mignonne terrasse.

ZADAR (plan 11, A3 n°4) Trg Sv. Stošije 4
(023) 250 829 www.donatice.hr
Été : tlj. 7h-0h

Café de la chapelle
Kavana Lovre

Dans son arrière-salle, surprise ! Vous débouchez dans la belle et sobre chapelle Saint-Laurent, la plus vieille église de la ville (11e s.) avec ses colonnes antiques. Magnifique terrasse sur la place Nationale pour vous détendre à l'ombre des parasols. Petits déjeuners, jus de fruits frais, cocktails et coupes de glaces (25-40kn), et toutes sortes de cafés.

ZADAR (plan 11, A2 n°3) Trg Narodni
(023) 212 678 Lun. 7h-23h, mar.-ven. 8h-22h, sam. 7h-23h, dim. 8h-22h

Avec les artistes
Caffe Galerija Đina

Le repaire des artistes ! La petite salle qui donne directement sur la rue fait office de galerie d'exposition et accueille des soirées littéraires. Grand choix de cafés, de fruits pressés et de cocktails (25-40kn).

ZADAR (plan 11, B2 n°2) Varoška 2
(023) 314 774 Tlj. 8h-0h

Plein les yeux
Tramonto

Installez-vous à cette magnifique terrasse posée sur la vaste promenade du quai Krešimir pour profiter de la vue parfaitement dégagée sur le Zadarski kanal et l'île d'Ugljan. Idéal pour un apéritif sur le coucher du soleil (la cuisine est sans intérêt).

ZADAR (plan 11, B2 n°1) Obala Petra Krešimira IV (023) 316 532 Tlj. 10h-0h

Et aussi **Caffè bar Illy** (p.162) à Zadar.

RESTAURANTS

Tous au self !
Barbakan

Déjeuner dans un restaurant universitaire ? Et pourquoi pas quand, en plus des prix ultra-doux, on profite du décor solennel d'une cour médiévale ! Authentique, original et plutôt bon !

ZADAR (plan 11, B1 n°11) Ruđera Boškovića 5
(023) 300 970 Lun.-ven. 11h30-16h30 et 17h30-20h, sam.-dim. 11h30-14h30

Gros appétits
2Ribara ♥

Bien connue des habitants de Zadar, cette adresse régale les gourmands avec ses portions généreuses à prix d'ami comme l'"assiette des deux pêcheurs" (anchois marinés, anchois salés, poulpe, jambon fumé, fromage et terrine de thon) à 260kn pour deux ou l'énorme assortiment de viandes grillées (filet de bœuf, escalope de

Planche croate

porc, escalope de veau, steak haché, dinde et frites !) à 210kn pour deux. Belle salle moderne et terrasse.

ZADAR (plan 11, B2 n°10) Blaža Jurjeva 1 (023) 213 445 2ribara.com Tlj. 11h-23h

Viva Italia !

Trattoria Canzona

Au cœur du quartier animé de Varoš, dans un cadre charmant, des pizzas aussi goûteuses que copieuses, de délicieux risottos et plats de pâtes, mais aussi des grillades, des fruits de mer et du poisson. Une terrasse et un service agréable... Que demander de plus ?

ZADAR (plan 11, B2 n°13) Sv. Nedilijice 2 Stomorica (023) 212 081 Lun.-jeu. 16h-23h, ven.-sam. 12h-23h

Tous les sens

Niko

Pour les yeux : une vue splendide sur Zadar et la côte. Pour la bouche : une délicieuse cuisine dalmate à base de poisson, de coquillages et de crustacés, avec en spécialité les pâtes vertes aux langoustines (100kn). Et pour les oreilles : des *klape* (chanteurs a cappella). Belle salle intimiste climatisée, ambiance chaleureuse et décontractée.

ZADAR (hors plan 11 par A2) Obala kneza Domagoja 9 (Puntamika) (023) 337 888 www.hotel-niko.hr Tlj. 12h-0h

Romantique et pas toc

Foša

Quelle vue ! De la formidable terrasse, le panorama s'ouvre sur l'entrée du charmant petit port de Foša et les fortifications de Zadar. Supplément de romantisme au soleil couchant ! Et dans les assiettes ? La pêche du jour pour d'excellentes recettes de la mer (risottos, dorade gratinée aux herbes dalmates, pâtes aux gambas et moules fumées...). Plats 160-230kn, menu à midi 150kn, autres menus à partir de 250kn.

ZADAR (plan 11, B1 n°12) Kralja Dmitra Zvonimira 2 (023) 314 421 www.fosa.hr Tlj. 12h-1h

Au calme

Konoba Marosovići

Au cœur du vieux bourg de Starigrad, sur la route du parc national de Paklenica, voilà une authentique taverne dalmate avec ses tables en bois massif dressées sous les chênes de la place. La carte satisfera tous les appétits avec ses plats copieux et savoureux : salade de calamars, grillades de viande et de poisson, et un délicieux risotto à l'encre de seiche. Réservation conseillée. Comptez 100-220kn le repas.

STARIGRAD PAKLENICA Trg Marasovića 091 218 76 78 Tlj. 12h-23h

Et aussi **Konoba Skoblar** (p.162) à Zadar.

SHOPPING

Le plein de super

Marché de Zadar / Zadarska Tržnica

Point névralgique de la vieille ville, ce marché saturé d'arômes et de couleurs est le lieu idéal où faire provision de bons produits de la région et de ses îles : primeurs, *maraschino*, huile d'olive, figues séchées, charcuterie et fromages artisanaux, sans oublier un grand choix de poissons et autres produits de la mer. Les mercredi, vendredi et samedi, jours d'affluence, mieux vaut s'y rendre assez tôt. Le marché accueille par ailleurs plusieurs festivals gastronomiques : Meat Me Festival, Tuna Sushi and Wine Festival en été, Festival de l'Avent en fin d'année.

ZADAR (plan 11, B1 n°21) Pod bedemom 1/A (023) 254 600 www.trznicazadar.hr Tlj. 7h-15h

Cerise sur le cocktail

Maraska

Le *maraschino*, ou marasquin, une liqueur à base de cerises acides titrant 25°, fut inventé au 16e s. à Zadar par des apothicaires dominicains, et se tailla une réputation internationale au 19e s. Elle retrouve aujourd'hui des couleurs comme ingrédient de cocktails. Maraska en perpétue la fabrication.

ZADAR (plan 11, B3 n°20) Mate Karamana 3 (023) 208 800 www.maraska.hr Juil.-août : lun.-ven. 9h-22h, sam.-dim. 9h-13h ; sept.-juin : lun.-sam. 8h-20h

SORTIES

Un espace canon

Arsenal ♥

Dans le décor grandiose d'un ancien arsenal vénitien, voilà un véritable espace conceptuel. Tout à la fois café lounge (avec fauteuils moelleux de rigueur), restaurant, centre culturel (salles de concert), galerie d'art, boutiques (vinothèque, souvenirs du musée archéologique, etc.), mais aussi point d'information touristique, espace wifi... Indispensable pour appréhender le Zadar contemporain.

ZADAR (plan 11, A3 n°30) Trg Tri Bunara 1 (023) 253 821 www.arsenalzadar.com Lun.-mar. et sam. 8h-1h, ven.-sam. 8h-2h

Cocktails et musique

The Garden

Ce lounge bar branché de Zadar domine le port du bout de la presqu'île. Pour un cocktail (60kn) allongé sur un matelas face à la mer. En saison, trip hop, reggae, funk et électro font partie de la playlist des DJ engagés par des propriétaires de renom : le producteur et le batteur de UB40.

ZADAR (plan 11, A4 n°31) Bedemi zadarskih pobuna 5 (023) 250 631 www.thegarden.hr Mai-sept. : tlj. 10h-1h

L'ÎLE DE PAG

Cette grande île rocailleuse et blanche (285km²) est remarquable pour ses paysages presque lunaires, balayés par la bora, vent venant de l'est. Mais elle attire aussi pour ses traditions : agneaux de pré-salé, vin blanc sec, dentelle ou un fameux fromage de brebis !

ACCÈS ET INFOS

- L'île est reliée au continent par un pont, 30km au nord de Zadar.
- Liaisons en bateau avec Jadrolinija entre Rijeka et Novalja (nord de l'île), et entre Prizna (continent) et Žigljen (nord-est de Pag).
- Office de tourisme de Pag-ville Špitala 2 (023) 611 286 www.tzgpag.hr
- Office de tourisme de Novalja Trg Briščić 1 (053) 661 404 www.tz-novalja.hr

À VOIR

Pag s'étend sur une soixantaine de kilomètres de long et 5km de large. Son chef-lieu, Pag (Pag-ville), est installé au sud d'une baie qui s'étire au nord jusqu'à l'arrière-pays de Novalja, l'autre grande station balnéaire de l'île. La route qui traverse l'île dans sa longueur en dessert toutes les agglomérations.

PAG-VILLE

L'agglomération s'étend de part et d'autre de la baie de Pag. Un pont piéton assure le passage entre la vieille ville, sur la rive nord-est avec ses belles demeures gothiques ou Renaissance, et le quartier plus récent, en face, où se trouvent les grands hôtels. Attention, les insulaires appellent Stari Grad (littéralement "vieille ville") la localité sur une colline, 3km au sud de Pag-ville qui fut abandonnée au 15ᵉ s. Cette "vieille vieille ville" a conservé une atmosphère médiévale et une dizaine de petites églises et chapelles. La "nouvelle Pag" avec ses puissantes fortifications fut construite entre 1443 et 1473 selon un plan en damier dessiné par Georges le Dalmate.

Esplanade immaculée
Place du Roi-Krešimir-IV / Trg kralja Petra Krešimira IV

Cette vaste et harmonieuse place dallée est dominée par le palais du Recteur (siège de l'administration locale jusqu'en 1905) et par l'église paroissiale Sainte-Marie. Profitez de ses belles façades ocre le temps d'une pause sur la terrasse d'un de ses cafés ou sur le parvis de l'église.

Simple et harmonieuse
Église Sainte-Marie / Crkva Sv. Marije

Avec sa façade Renaissance sobre et élégante, ornée d'une rosace, cette belle église du 15ᵉ s. trône sur la place du Roi-Krešimir-IV. L'intérieur comprend trois nefs rythmées par des colonnes à chapiteaux historiés et un plafond décoré de stucs baroques. La chapelle de droite abrite un précieux crucifix du

À NE PAS MANQUER

- Pag-ville
- Lun

Le port de Pag-ville

12e s. Si vous vous trouvez à Pag-ville le 15 août, ne manquez pas la procession de la Vierge qui se rend de cette église à l'ancienne collégiale Sainte-Marie, à Stari Grad.

Trg kralja Petra Krešimira IV ☎ (023) 611 576 🕒 Tlj. 8h-12h et 16h-20h

Les pros du fil

Galerie de la Dentelle / Galerija paške čipke

Installé dans le splendide palais ducal, ce petit musée-boutique est consacré à cet artisanat local qui fit longtemps la gloire de l'île. Sous les Habsbourg, deux dentellières de Pag vivaient en permanence à Vienne, au service exclusif de la Cour impériale ! Bien sûr vous trouverez des dentelles à tous les coins de rue, mais les mauvaises langues vous diront qu'elles sont réalisées au crochet ! Les pièces les plus belles et les plus délicates sont bel et bien là !

Trg kralja Petra Krešimira IV ☎ 091 534 0176 🕒 Mai : tlj. 10h-13h ; juin-août : tlj. 20h-22h30 ; sept.-oct. : 10h-13h

DANS LE RESTE DE L'ÎLE

Dans le nord-ouest de l'île, quelques bourgades au bord de l'eau, comme Šimuni et les ports de Mandre et de Lun, moins fréquentés, offrent une alternative

> **COULEUR LOCALE**
>
> Le **fromage de brebis** local, le *paški sir*, est sans doute le plus apprécié du pays. Il doit son goût unique aux pâturages, riches en sel apporté par l'air marin, et en herbes médicinales. Le petit lait de brebis, tout aussi riche en saveur, sert, lui, à la fabrication de la *skuta*, ou *puina*, un fromage frais proche de la ricotta.

à l'effervescence de Pag-ville et la station balnéaire de Novalja. Environ 3km au sud-ouest de Pag-ville, sur la route de Novalja, ne manquez pas la vue somptueuse sur l'île et, au loin, sur la chaîne du Velebit.

Oliviers millénaires

Lun 👍

Cet adorable village établi à la pointe nord de Pag est réputé pour son huile d'olive. Ici, les murets de pierres blanches sont plus hauts que dans le reste de l'île, afin de protéger du vent glacé continental les milliers d'oliviers, et ce depuis 1 500 ans pour certains ! Un parcours balisé dans l'oliveraie permet de déambuler entre les énormes troncs tordus, pliés, et de rejoindre le petit port de Tovarnele, moins de 1km au nord.

45km au nord-ouest de Pag-ville

De Rome à la techno

Novalja

Station balnéaire sans grand charme, Novalja est surtout connue pour sa **plage de Zrće**, dont les discothèques attirent l'été des hordes de jeunes venus de tout le pays. Elle abrite également les vestiges de trois basiliques des 4e-5e s., et dissimule sous ses rues un aqueduc romain du 1er s. (Talijanova buža). Vous pourrez visiter un tronçon de ses 1 042m de canalisations (renseignements à l'office de tourisme). Environ 2km à l'est, dans la commune de Caska, dorment les vestiges de l'antique **Cissa**, ville la plus importante de l'île jusqu'au 4e s.

23km au nord-ouest de Pag-ville

NOS ADRESSES

PAUSE

Roi du quai

Caffe bar Riva

Apprécié des jeunes, le Riva est le spot idéal pour profiter du coucher du soleil derrière les collines de Pag et, les soirs d'été, de l'animation du front de mer.

PAG-VILLE Branimirova obala 8 (quelques mètres à l'ouest de l'office de tourisme et du pont piéton) Tlj. 8h-2h

RESTAURANTS

Simple et bon

Bistro Na Tale €€

À l'ombre du vieux figuier, un restaurant de grillades tout en simplicité : steaks, fruits de mer, poisson grillé, brochettes. Environ 45kn l'entrée (*pršut*, fromage de Pag), 180kn le poisson, 270kn le kilo d'agneau de Pag. Pizza à partir de 35kn.

PAG-VILLE Radićeva 2 (dans le sud-est de la vieille ville) (023) 611 194 Été : tlj. 8h-0h ; hiver : tlj. 12h-0h

Saveurs de Méditerranée

Tony ☺☺

Dans le nord-ouest de la vieille ville, au bord de l'eau, le restaurant de l'hôtel Tony propose une alléchante palette de recettes méditerranéennes : bouillabaisse (*paški žgvacet*), agneau de Pag (*paška janjetina*), scampis à la *buzara* (sauce tomate au vin blanc). Repas 150-200kn.

PAG-VILLE Dubrovačka 39 (au bout de Šetalište A. Starčevića) (023) 611 370 www.hotel-tony.com Mai-sept. : tlj. 10h-0h Hors saison sur rés.

Sans prétention

Konoba Barcarola ☺☺

Une petite taverne à la déco marine, qui sert une honnête cuisine familiale. Comptez 250kn le kg pour un bar (*brancin*) ou une daurade (*orada*), 60kn l'assiette de calamars grillés, 40-45kn celle de fromage de Pag. Ne partez pas sans goûter le schnaps maison !

PAG-VILLE V. Nazora 12 (sur le quai, à l'ouest de la Vieille Ville) (023) 611 239 Avr.-sept. : tlj. 10h-23h

Brochette de poisson

Temple hédoniste

Hotel Boškinac ♥☺☺☺

Ambassadeur du *slow food*, le restaurant gastronomique de ce havre de bien-être (p.343) est l'un des meilleurs de la région. Repas environ 250-300kn sans le vin. Et sa cave à vins permet de goûter du fromage et des cépages de Pag issus de la propriété (35-150kn).

NOVALJA Novaljsko polje (053) 663 500 www.boskinac.com Mars-déc.

SORTIES

Non stop party

Plage de Zrče

Chaque été, l'Aquarius, le Kalypso ou le Papaya, transforment cette plage de fins graviers (prononcez "Zertchia") en un immense dancefloor accessible 24h/24, attirant des milliers de fêtards venus de toute l'Europe. Amateurs d'ambiance familiale, passez votre chemin !

NOVALJA 3km à l'est de Novalja (en été, un bus relie toutes les heures, jour et nuit, Novalja à Pag-ville et à Zrče)

ATTENTION À LA "FAUSSE" DENTELLE

À Pag, vous trouverez des dentelles à tous les coins de rues (notamment sur la très commerçante Kralja Tomislava), mais attention aux trop bonnes affaires ! Les dentelles les moins chères sont en général réalisées au crochet. Un non-sens pour les puristes ! La véritable dentelle de Pag est réalisée à l'aiguille.

L'ARCHIPEL DE ZADAR

De Silba aux Kornati, en passant par Dugi otok ou Ugljan, l'archipel de Zadar compte quelque 200 îles et îlots habités ou déserts. Les visiter, c'est échapper (un peu) à la foule et se plonger dans la Dalmatie typique : des villages paisibles, une végétation de pins et de garrigue, des plages peu fréquentées et de splendides fonds marins.

ACCÈS ET INFOS

- Liaisons en bateau de Zadar à Brbinj, sur l'île de Dugi otok (trajet 1h40), et à Preko sur l'île d'Ugljan (25min). Pour Tkon, sur l'île de Pašman, départ de Biograd (20min).
- Office de tourisme de Dugi otok Obala Petra Lorinja bb Sali (023) 377 094 www.dugiotok.hr
- Office de tourisme d'Ugljan (023) 288 011 www.ugljan.hr
- Office de tourisme de Pašman Pašman bb (023) 260 155 www.pasman.hr
- Nacionalni Park Kornati Butina 2 Murter-ville (au 2e étage du bâtiment qui abrite le bar, à côté de la poste) (022) 435 740 www.np-kornati.hr
- Office de tourisme de Murter Rudina bb (022) 434 995 www.tzo-murter.hr

À VOIR

DUGI OTOK

Dugi otok, l'“île Longue” (113km²), est bien moins fréquentée que ses deux voisines, Ugljan et Pašman. Elle n'a pourtant rien à leur envier : un relief plein de caractère, l'une des plus belles plages de l'archipel de Zadar, une immense baie aux impressionnantes falaises et d'innombrables criques tranquilles... Du phare de Veli Rat, à la pointe nord de l'île, une belle route vous conduira jusqu'au magnifique parc naturel de Telašćica. Non loin de là, à Sali, vous pourrez embarquer pour une excursion aux Kornati.

Petite capitale

Sali

Le chef-lieu de Dugi otok tire son nom de ses salines médiévales. Port de pêche réputé, base d'excursion aux Kornati et siège de l'administration du parc naturel de Telašćica, Sali s'impose comme un village animé et charmant avec ses façades pastel. Vous y trouverez des cafés, restaurants et une ravissante église du 15e s. Au nord de Sali, à Zaglav, se trouve un autre embarcadère pour Zadar. Excursions d'une journée proposées sur les quais de Sali et de Zaglav : départ vers 9h, retour vers 18h, comptez 250kn par personne.

Cinquante nuances de bleu

Baie de Telašćica

Cette baie profonde de plus de 8km, qui entaille la pointe sud-est de l'île, ménage une transition naturelle entre Dugi otok et les Kornati. Ses rivages boisés, ses 25 criques et 5 îlots offrent aux plaisanciers un abri sûr contre les humeurs de l'Adriatique. Mais le parc doit sa réputation aux abruptes falaises

À NE PAS MANQUER

- Baie de Telašćica
- Baie de Sakarun
- Archipel des Kornati

Crique de Dugi otok

karstiques qui le protègent de la haute mer et à son lac salé. Les falaises, qui atteignent 166m de haut à Grpaščak, plongent à pic dans la mer. Au sommet scintille le lac de Mir, ou lac de la Paix, dont l'eau, plus chaude que celle de la mer de 6°C en été, posséderait des vertus thérapeutiques. D'Uvala Mir (baie de la Paix), où s'abritent les principaux mouillages et restaurants du parc, un sentier vous mènera au lac en 10min.

8km au sud de Sali

QG nautique

Božava

Au nord de l'île, ce village, avec ses ruelles à la belle végétation, son église du 15e s. et son mignon petit port de plaisance connaît, avec Sali, la plus importante fréquentation touristique de l'île. À défaut d'un charme fou, la proximité de la plage de Sakarun et du phare de Veli Rat en fait une base de départ assez pratique, dotée d'un hôtel, d'un club de plongée et de plusieurs cafés-restaurants.

14km au nord-ouest de Brbinj

Caraïbes croates

Baie de Sakarun

Le blanc des galets et le sable qui tapissent cette jolie baie frangée de pins fait paraître encore plus vif le turquoise de l'eau. Une petite paillote y sert boissons et sandwichs. Un coin de paradis digne d'un lagon des Bahamas (sans les palmiers) mais attention, en été, vous ne serez pas seul sous les parasols !

De la route de Veli Rat, passé Božava, un chemin caillouteux descend sur la gauche vers la plage

LE PARADIS DES PLONGEURS

L'**archipel des Kornati** n'est que le prolongement de la chaîne dinarique : ses falaises abruptes et fissurées sont l'un des résultats les plus impressionnants de l'action corrosive de l'eau sur le calcaire. Ces *klif*, ou *krune* ("couronnes") comme elles sont appelées ici, peuvent dépasser 80m de haut ! En surface, les incendies allumés dès le 17ᵉ s. pour livrer les terrains aux moutons ont eu raison de la forêt méditerranéenne qui couvrait jadis les îles. Déboisées, desséchées par la bora et dépourvues de sources et de cours d'eau, certaines des Kornati sont nues, d'autres tapissées d'une maigre végétation dégradée. Mais l'archipel est surtout réputé pour la richesse de ses fonds marins, avec plus de 300 espèces végétales et autant d'espèces animales. Parmi les gorgones et les coraux multicolores, les rochers colonisés par les langoustes et les étoiles de mer, évoluent les représentants d'une quarantaine d'espèces de poissons : rascasses rouges, thons, mérous, congres, scorpènes, mendoles au dos argenté, blennies, merlus, loups, murènes... Un monde fabuleux qu'une eau cristalline invite à découvrir !

Les fonds marins de Croatie sont parmi les plus riches de Méditerranée

UGLJAN

Escarpée, couverte de pinèdes, de vignes et d'oliveraies (qui produisent une huile appréciée), l'île d'Ugljan (50km²), la plus proche de Zadar, est la plus fréquentée de l'archipel. Son littoral oriental n'a pas grand intérêt, mais c'est là que se trouve son chef-lieu **Preko**, où accostent les ferries. Ne manquez pas de grimper jusqu'à la forteresse Saint-Michel (13e s.), 3,5km au nord, pour l'un des plus beaux panoramas de l'Adriatique. Le village d'**Ugljan** (10km au nord) cache, derrière un petit monastère franciscain, une plage de rochers souvent déserte. Au sud, se trouvent **Kali** et **Kukljica**, deux villages de pêcheurs, et le pont pour l'île de Pašman..

Accès par le pont de Pašman ou en ferry de Zadar (30min)

PAŠMAN

Reliée à Ugljan par un pont, l'île de Pašman (60km²) offre la même végétation de garrigue et de pins, mais un relief plus accidenté qui ravira VTTistes et randonneurs. Ambiance plutôt rurale et calme. Au sud, **Tkon** accueille les ferries pour Biograd na Moru et les bateaux pour l'archipel des Kornati. Au sommet d'une colline voisine, dans un vieux fort vénitien, se visite le dernier monastère bénédictin de Croatie encore actif, Saint-Côme-et-Saint-Damien. Vous pourrez y admirer un crucifix peint du 14e s. Continuez vers le sud pour longer de superbes criques léchées par une eau transparente et peu profonde.

Accès en voiture à partir d'Ugljan (pont) ou en ferry de Biograd

LES KORNATI ★

Vu du ciel, l'archipel des Kornati compose un tableau minéral saisissant : trois longs chapelets de 147 îles et îlots parallèles à la côte, dont les voluptueuses courbes ocre, piquetées de maigres taches vertes, se détachent sur le bleu de l'eau. Impossible de décrire toutes les îles, mais outre Kornat (ci-après), voici les plus intéressantes. Libre à vous de voguer ensuite au gré de vos envies. Une consigne : n'approchez pas des zones interdites ! Connue par les plaisanciers pour sa marina, l'île de **Piškera** (266ha) abrite les ruines de la villa Rustica, résidence romaine du 1er s., une petite église consacrée à la Vierge et une forteresse vénitienne destinée à abriter les équipages de passage. L'île de **Levrnaka** est connue pour sa splendide baie de Lojena, comme pour la vue à 360° qu'offre le sommet du Veli vrh (117m). L'île de **Mana** possède quant à elle la plus longue "couronne" des Kornati : un superbe hémicycle de 1 350m de long et de 70m de haut, face à la haute mer !

Pas de ferry : accès en bateau individuel ou dans le cadre d'une excursion à la journée à partir de Murter, Pašman, Dugi otok, Biograd na Moru, Šibenik ou Zadar € Droit d'entrée inclus dans le prix des excursions, ou par bateau, à acquitter au bureau du parc à Murter, ou dans l'archipel, sur les îles de Ravni Zakan, de Panitula Vela et de Kornat

Cap à l'ouest

Île de Murter

Un pont permet de rejoindre cette île qui constitue le principal port d'embarquement pour les Kornati. C'est là que se trouve le bureau du parc, cf. Accès et infos (p.180), et que vous logerez pour partir en excursion à la journée. Les petites stations balnéaires de sa côte est (Murter-ville, Betina, Jezera et Tisno) ne manquent de rien... sauf de charme. Mieux vaut se diriger vers la côte ouest et ses baies tranquilles lovées au pied de collines plantées de pins, de figuiers et d'oliviers.

65km au sud de Zadar

Chauffée à blanc

Île de Kornat

Avec 25km de long sur 3km de large, c'est la plus grande île du parc et de l'archipel. La principale localité, **Vrulje** ("Source marine"), consiste en une poignée de petites maisons écrasées de soleil au fond de la baie homonyme. La colline de **Tureta**, au nord-est de Vrulje, a livré les vestiges d'une occupation illyrienne puis romaine, et d'un fort byzantin (6e s.) d'où le panorama est superbe.

À FAIRE

Plongez aux Kornati

Un monde sous-marin foisonnant, une eau limpide et d'excellentes conditions climatiques : pas étonnant que les Kornati soient l'un des plus beaux sites de plongée de Croatie, cf. Le paradis des plongeurs (p.182) ! Mais comme la pratique de ce sport est limitée dans le parc aux groupes organisés, il faut passer par un club autorisé par le parc (liste sur le site du parc). Vous en trouverez à Dugi otok, Murter, Ugljan...

Božava Dive Center

Cours et excursions de tous niveaux, initiation pour les enfants dès 10 ans. Plongée à partir de 240kn.

Božava 099 591 2264 www.bozava.de Mars-oct. : tlj. 8h-17h

NOS ADRESSES

RESTAURANTS

Une vingtaine de *konobe* sont établies sur les îles principales des **Kornati** (Kornat, Piškera, Levrnaka, Žut, Smokvica et Ravni Žakan), et les excursionnistes n'ont pas toujours le choix de leur lieu de restauration. Si vous comptez passer quelques jours sur les îles, ne partez pas sans provisions. En effet, le bateau-épicerie qui dessert l'archipel deux fois par semaine ne sera peut-être pas à même de satisfaire toutes vos envies, surtout si vous séjournez dans l'une des dernières îles de son circuit !

Discrète mais efficace

Konoba Trapula ☺☺

Cachée dans une tranquille ruelle adjacente au port de Sali, cette taverne familiale sert des plats de poissons, risottos, pâtes aux fruits de mer et crustacés aussi délicieux que bien présentés – et de généreuses grillades de viande aux affamés. Laissez-vous surprendre par un filet de bar grillé avec son riz aux amandes et purée d'avocat. Tables sur rue ou à l'intérieur les jours de pluie. Service attentionné. Réservation conseillée. Comptez 120-180kn le repas.

SALI (DUGI OTOK) Sali II 74 095 713 7297
https://konoba-trapula-sali.eatbu.hr
Tlj. 12h-23h

Panorama gourmand
Konoba Barbara

Au choix : les tables du rez-de-chaussée pour le doux clapotis des vagues ou la terrasse à l'étage pour la vue ! Le soir, quand le soleil se couche et que ses derniers rayons caressent les façades du vieux centre de Zadar, au loin, c'est un vrai délice. Très bonne cuisine dalmate. Plat de poisson pour deux 250kn.

PREKO (UGLJAN) Put Jerolimovih 4 (sur le front de mer) (023) 286 129
Mai-oct. : tlj. 12h-0h

Cool cahute
Pizzeria Lantana

À Murter-ville, une paillote au toit de palme posée sur le sable à un jet d'olive de l'eau limpide : voilà sans aucun doute le remède absolu au stress ! Carte minimale (pizzas, fruits de mer grillés, *ćevapčići*) pour détente maximale. Plat 55kn. Concerts certains soirs.

MURTER-VILLE (MURTER) Put Čigrade 098 173 2932 lantana-murter.com
Été : tlj. 10h-0h

Pour la vue et l'assiette
Konoba Soleta

Caché dans une petite baie au nord-ouest de Kornat, l'une des meilleures adresses de l'archipel : situation idyllique au bord de l'eau, accueil charmant, et dans l'assiette, du poisson ultra-frais (délicieuse rascasse au four) et des légumes du jardin ! Un peu cher, mais c'est mérité. Repas env. 300kn.

UVALA ŠIPNATA (KORNAT) 095 197 8102
Mai-sept. : tlj. 9h-0h

Maître du gril
Ante

Ante Jerat est considéré comme le meilleur pêcheur de calamars des Kornati. À force de cuisiner pour les rares (à l'époque) plaisanciers de passage, il s'est définitivement mis derrière les fourneaux et a ouvert ce qui est aujourd'hui la plus ancienne auberge de l'archipel. Repas 250-300kn.

VRULJE (KORNAT) (sur la rive orientale de la baie) 091 519 9246 Mi-mai-sept. : tlj. 9h-0h

Et aussi **Gostionica Jardan** (p.163) à Murter-Ville.

Ćevapčići

ŠIBENIK ET LA KRKA

Ici, pas de Grecs ou de Romains : Šibenik a été fondée par des Croates ! Établie à l'embouchure de la rivière Krka, elle ne manque pas de séduction, surtout dans son centre médiéval qui abrite un bijou architectural : la cathédrale Saint-Jacques. En amont, la rivière a creusé dans le dur plateau karstique une étonnante série de cascades, formant un ensemble de chutes parmi les plus impressionnants d'Europe.

ACCÈS ET INFOS

- Šibenik se trouve 80km au sud-est de Zadar (1h). Split est à 80km également.
- Liaisons en train (mais longues) avec Zagreb et Split. Liaisons en bateau (Jadrolinija) avec Vodice (1h10) via les îles Zlarin (30min) et Prvić (45min).
- Office de tourisme (plan 12, B2) Fausta Vrančića 18 (022) 212 075 www.sibenik-tourism.hr
- Bureau du parc de la Krka (plan 12, A2) Trg Ivana Pavla II br. 5 Šibenik (022) 201 777 www.npkrka.hr

À VOIR

ŠIBENIK

Ne vous fiez pas à ses abords, défigurés par des zones industrielles... La vieille ville, piétonne, s'étend entre la Riva (front de mer) et Kralja Zvonimira, axe majeur de la cité. Si vous êtes en voiture, garez-vous dans les parkings près de la place Poljana M. Tita et sur le quai sud.

Promenade architecturale

Zagrebačka (plan 12, A2-B2)

Cette rue joliment pavée est bordée de nombreux commerces et jalonnée d'adorables églises, dont la plupart, hélas, ne se visitent pas. La première est celle de l'Ascension (16e s.), édifice baroque surmonté d'un très joli campanile aux balcons sculptés. Un peu plus loin sur la droite s'ouvre la ravissante placette de l'église du Saint-Esprit (Sv. Duh, 18e s.). Parfaite pour un verre en terrasse. En descendant Zagrebačka, remarquez la belle rampe d'escalier gothico-Renaissance de Saint-Jean (15e s.). Au bout de la rue, l'église **Saint-Chrysogone** (Sv. Krševan, 13e s.) abrite une petite galerie d'art contemporain.

Ancien marché

Rue du Roi-Tomislav / Kralja Tomislava (plan 12, B2)

Cette jolie rue commerçante traverse l'ancienne place du Marché (Trg palih šibenskih boraca). En quittant cette belle esplanade pavée pour vous diriger vers la cathédrale, remarquez, tout de suite à droite, les écuelles pour chiens, sculptées dans la pierre et gravées de l'inscription "*amor cani*".

Saints peints

Église Sainte-Barbe / Crkva Sv. Barbare (plan 12, B3)

Posté au sud de la cathédrale, cet édifice du 15e s. abrite une intéressante collection d'art sacré, et notamment des peintures, comme le polyptyque de

Le vieux Šibenik, autour de la cathédrale Saint-Jacques

La Vierge à l'Enfant (15e s.), *La Vierge et les Saints* (16e s.) et un triptyque anonyme représentant sainte Barbe, saint Grégoire et saint Nicolas (15e-16e s.).
Kralja Tomislava 19 (022) 214 899 Lun.-sam. 10h-12h et 18h-20h 7kn

Dentelle minérale

Cathédrale Saint-Jacques / Katedrala Sv. Jakova (plan 12, B3)

Le mariage réussi des styles gothique et Renaissance ! Il a valu à ce sanctuaire son inscription sur la liste du patrimoine mondial. La construction de l'église est entamée en 1431 par le vénitien Francisco di Giacomo puis reprise par Georges le Dalmate, qui conçoit un plan nettement plus monumental et une foule d'ornements délicats. Sa plus belle réalisation reste la frise extérieure, avec 71 portraits en relief, d'un réalisme bluffant. À sa mort, c'est son élève, Nicolas le Florentin, qui prend le relais. De son côté, Andrija Aleši s'attaque lui au baptistère, un merveilleux espace circulaire dont les niches cannelées et la voûte ciselée dessinent de délicates dentelles de pierre. C'est là l'acte de naissance du style Renaissance en Croatie (la cathédrale fut achevée en 1546).
Trg Republike Hrvatske 1 (022) 214 899 Tlj. 8h30-20h30 25kn

Pour une pause

Jardin du monastère Saint-Laurent / Srednjovjekovni samostanski mediteranski vrt (plan 12, A3-B3)

Dans ses quatre parterres séparés par deux allées en croix, comme le veut la tradition médiévale que représente ce jardin méditerranéen, prospèrent les plantes médicinales utilisées jadis dans la région. Des bancs et un café invitent à prolonger la pause dans ce havre de verdure et de tranquillité.
Strme stube 1 (022) 212 515 Été : tlj. 9h-23h ; hiver : tlj. 9h-16h Entrée libre

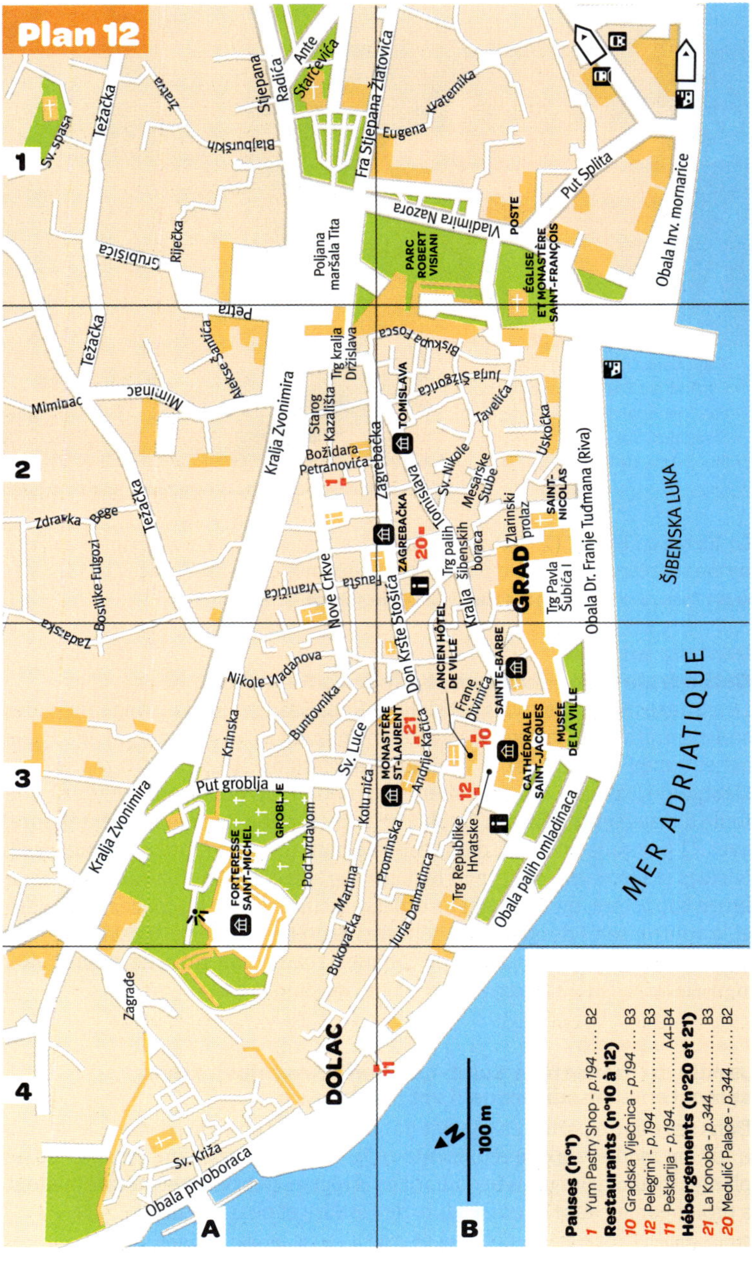

Plan 12
1
2
3
4
A
B
FORTERESSE SAINT-MICHEL
GROBLJE
MONASTÈRE ST-LAURENT
ANCIEN HÔTEL DE VILLE
SAINTE-BARBE
CATHÉDRALE SAINT-JACQUES
MUSÉE DE LA VILLE
SAINT-NICOLAS
GRAD
DOLAC
TOMISLAVA
ZAGREBAČKA
PARC ROBERT VISIANI
ÉGLISE ET MONASTÈRE SAINT-FRANÇOIS
POSTE
MER ADRIATIQUE
ŠIBENSKA LUKA
Obala Dr. Franje Tuđmana (Riva)
Obala palih omladinaca
Obala prvoboraca
Obala hrv. mornarice
Put Splita
Kralja Zvonimira
Put groblja
Poljana maršala Tita
Vladimira Nazora
Fra Stjepana Žlatovića
Ante Starčevića
Stjepana Radića
Eugena Kvaternika
Trg kralja Držislava
Starog Kazališta
Božidara Petranovića
Nove Crkve
Don Krste Stošića
Kralja Tomislava
Trg palih šibenskih boraca
Trg Pavla Šubića I
Trg Republike Hrvatske
Zagrebačka
Biskupa Fosca
Jurja Šižgorića
Tavelića
Uskočka
Sv. Nikole
Mesarske Stube
Zlarinski prolaz
Frane Divnića
Andrije Kačića
Jurja Dalmatinca
Prominska
Kolu nića
Sv. Luce
Buntovnika
Nikole Vladanova
Kninska
Fausta Vrančića
Pod Tvrdavom
Martina
Bukovačka
Zagrađe
Sv. Križa
Težačka
Mimiinac
Zdravka Bege
Bosiljke Fulgozi
Zadarska
Aleksе Šantića
Petra
Grubišića
Riječka
Blajburških
Zlatna
Sv. Spasa
100 m
N
Pauses (n°1)
1 Yum Pastry Shop - p.194 ..... B2
Restaurants (n°10 à 12)
10 Gradska Vijećnica - p.194 ..... B3
12 Pelegrini - p.194 ..... B3
11 Peškarija - p.194 ..... A4-B4
Hébergements (n°20 et 21)
21 La Konoba - p.344 ..... B3
20 Medulić Palace - p.344 ..... B2

Quelle vue !

Forteresse Saint-Michel / Tvrđava Sv. Mihovila (plan 12, A3-A4)

Après une petite grimpette par une venelle, vous rejoignez cette impressionnante sentinelle perchée à 70m au-dessus de la mer, sur la colline Sainte-Anne. Construite au 11e s., la forteresse fut renforcée par les Vénitiens au 15e s. Du haut de ses remparts, la vue sur la ville et sur le canal de Šibenik est tout simplement époustouflante. Le lieu abrite aussi un centre artistique d'excellence (expositions, concerts de musique lors de la saison estivale, etc.). En redescendant, faites un crochet par le cimetière Sainte-Anne.

091 497 5547 tvrdjava-kulture.hr Tlj. 9h-17h € 60kn

Renaissance d'un fortin… Renaissance

Forteresse Saint-Nicolas / Tvrđava Sv. Nikole

Postée sur un îlot à l'embouchure de la Krka, cette forteresse triangulaire fut édifiée par les Vénitiens au 16e s. pour protéger le port de Šibenik. Restaurée et classée au patrimoine de l'humanité par l'Unesco en 2017, elle se visite aux beaux jours et offre un cadre de choix aux concerts de musique classique du Festival d'été. Vous pourrez également l'admirer en prenant l'un des ferries qui relient Šibenik à Vodice, via les îles de Zlarin et de Prvić.

Billetterie et embarcadère Obala dr. Franje Tuđmana 4 (022) 338 343 www.kanal-svetog-ante.com 1er mai-10 oct. € 95-130kn

AU LARGE

Séjour au calme

Îles de Zlarin et de Prvić

Facilement accessibles en ferry à partir de Šibenik ou de Vodice, Zlarin et Prvić sont les plus belles des six îles habitées de l'archipel de Šibenik. Ici, ni tourisme de masse ni voitures, juste quelques ports de pêche, une poignée de chambres d'hôtes et de jolies criques cernées de pinèdes. Douces flâneries et belles baignades en perspective ! **Zlarin**, la plus boisée et la plus grande, est réputée depuis le 15e s. pour ses coraux. Ils sont encore utilisés pour en faire des bijoux, vendus à Luka Zlarin, l'unique village de l'île. Couverte de vignobles et d'oliveraies, **Prvić** abrite, quant à elle, deux petits ports, Prvić Luka et Šepurina, à l'architecture de pierre traditionnelle. C'est là que les familles nobles du littoral se firent construire d'élégantes villégiatures au 16e s. À côté de l'église de Prvić Luka, un petit musée présente des maquettes des inventions de Faust Vrančić (1551-1617), célèbre humaniste croate.

AU SUD DE ŠIBENIK

Poisson de pierre

Primošten

Célèbre pour son vin, le babić, Primošten s'étend sur deux presqu'îles, dont la plus petite accueille la Vieille Ville. Quand on la découvre de la Magistrale, celle-ci ressemble étrangement à un poisson, avec pour nageoire ventrale la jetée de son port. Dommage que le béton ait souvent remplacé la pierre dans ses rues ! Ne manquez pas de grimper jusqu'au sommet de la presqu'île pour jouir d'une vue panoramique et de faire une pause sur l'une des terrasses du port. La seconde péninsule, boisée, abrite le vaste parc hôtelier de la station balnéaire.

21km au sud de Šibenik

Hameaux perchés

Jurlinovi Dvori

De Primošten, vous pourrez grimper jusqu'à Primošten Burnji et ses hameaux perchés. À Draga, ne manquez pas de visiter le Jurlinovi Dvori : un ensemble de vieilles maisons en pierre, réaménagées en ethnomusée par le père Stipe Perkov. L'occasion également de goûter au *babić*, le petit rouge de la région. Il est préférable de s'annoncer par téléphone.

9km au nord-est de Primošten (prendre la Magistrale dir. Šibenik, puis peu après le camping Adriatic, passer la pancarte "Dolac" et prendre à droite la route de Siroke : le village de Draga est perché sur la colline, prendre le chemin juste avant la supérette) 099 213 5227 www.jurlinovidvori.org

LE PARC NATIONAL DE LA KRKA

La tumultueuse Krka (prononcer "keurka") dévale les strates rocheuses en plusieurs cascades. Entre les deux dernières séries de chutes, Roški Slap et Skradinski Buk, soit sur 10km, la rivière s'élargit en un long lac, le Visovac. En aval de Skradinski Buk, elle forme un estuaire profond de 23km. La rencontre de l'eau douce et de l'eau salée, la conjonction des influences climatiques méditerranéenne et continentale et la morphologie du terrain favorisent une incroyable biodiversité : les spécialistes y ont recensé 18 espèces de chauves-souris et quelque 222 spécimens d'oiseaux ! Pour accéder au parc en haute

Le monastère de Visovac

saison (mi-mai–début novembre), le mieux est de remonter en bateau le cours de la Krka de Skradin à l'entrée nord-ouest du domaine, tout près de Skradinski Buk (30min). Sinon, il est possible de suivre en voiture les routes qui longent son cours ou de couvrir à pied ou à vélo les 4km qui séparent Skradin de l'entrée du parc. L'autre entrée du parc, la principale et donc la plus fréquentée, mais aussi la seule ouverte toute l'année, se trouve à Lozovac (lisière sud).

(022) 201 777 npkrka.hr Juin-août : tlj. 8h-20h ; mai, sept. : tlj. 8h-19h ; mars-avr., oct. : tlj. 9h-17h ; nov.-fév. : 9h-16h € 110-200kn selon la saison

Port d'entrée sur le parc
Skradin

C'est de cette ravissante bourgade que partent les excursions pour le parc. En attendant votre bateau, vous pourrez admirer le décor baroque de l'église de la Sainte-Madone (Mala Gospa) ou flâner dans ses ruelles et découvrir sa charmante marina, son marché et ses bars à vins...

20km au nord de Šibenik

Féerie des eaux
Skradinski Buk

Un enchantement que ces 17 chutes qui dévalent des gradins rocheux au sein d'une végétation luxuriante ! Le bassin en contrebas est le seul endroit du parc où vous pourrez vous baigner – mais il est question d'interdire la baignade dans tout le parc. Tout autour, des sentiers et pontons aménagés permettent d'approcher la multitude d'îlots, bassins, canaux, rigoles entre lesquels l'eau jaillit, s'écrase ou ruisselle. Un restaurant et un snack-bar vous donneront l'occasion d'une pause déjeuner. La visite du vieux moulin à eau, bien restauré, et du petit Musée archéologique, tous deux installés à proximité des chutes, permet de faire un bond dans le passé : crémaillères, jarres, métier à tisser, instruments de musique, lavoir (dans la grotte)...

Accès en voiture ou en bateau (de Skradin, 1 bateau/h de 8h à 19h tlj. en été, moins en hiver)

Art sacré et incunables
Monastère de Visovac / Samostan Sv. Franje

Fondé en 1445 sur un îlot du lac de Visovac par des franciscains réfugiés de Bosnie, le monastère Saint-François abrite un exceptionnel ensemble de peintures italiennes des 16e et 17e s., de précieux ouvrages anciens, dont des *Fables* d'Ésope imprimées en 1487, ainsi que d'autres inestimables documents.

Accès en bateau de Skradin à Stinice (Brištane), sur la rive gauche de la Krka (accès principal) ou à Remetić (Dubravice), sur la rive droite. De là, navette d'avr. à oct. De Skradinski Buk, excursion de 2h incluant la croisière et le monastère (051) 221 240 € 50-130kn selon le point de départ

Chutes en cascade
Roški Slap

Ces douze cascades sont certes un peu moins spectaculaires que celles de Skradinski Buk, mais légèrement plus larges (450m dans leur plus grande

Au pied des chutes de la Krka

largeur). Là aussi, de vieux moulins à eau se dressent encore à proximité des chutes.

Juin-août : tlj. 8h-20h ; sept. : tlj. 8h30-18h30 ; mars-mai, oct. : tlj. 9h-17h ; nov.-fév. : tlj. 9h-16h € 30-60kn

BON À SAVOIR

En été, en pleine journée, il y a un monde fou sur les pontons du parc de la Krka qui serpentent au dessus de la rivière. Ça coince, ça bouchonne, et le bassin de Skradinski Buk ressemble à une piscine municipale un jour de canicule... Mieux vaut donc arriver dès l'ouverture du parc pour profiter pleinement de cette merveille de la nature.

Premières communions

Monastère Saint-Archange / Samostan Sv. Arhanđela - Manastir Krka

Ce monastère orthodoxe bâti à la fin du 14e s. par des moines serbes est installé au nord de Roški Slap, en contrebas du village de Kistanje. Son église, d'influence byzantine, renferme de belles icônes des 16e et 17e s. Demandez à voir les catacombes (1er s.) où, sous la domination romaine, les chrétiens célébraient la messe en cachette.

35km au nord de Skradin Accès en bateau de Roški Slap (avr.-oct.), excursion de 2h30 € 100kn

AU NORD-OUEST DU PARC

Pour sa forteresse

Knin

Établie sur la rive gauche de la Krka, aux confins de la Dalmatie et de la Bosnie, Knin fut l'un des sièges de la royauté croate au Moyen Âge avant de passer sous tutelle ottomane (1522-1688), vénitienne, puis autrichienne. En 1991, quand la Croatie déclara son indépendance, les Serbes, majoritaires dans la région, firent sécession. Knin devint alors la capitale de la république autonome serbe de Krajina et le demeura jusqu'à la grande offensive lancée par l'armée croate en août 1995. Pratiquement déserte à la fin de la guerre, Knin s'est progressivement repeuplée depuis, mais ce centre industriel n'a pas retrouvé sa prospérité d'antan. Seul intérêt de la visite, la **forteresse** (Tvrđava), qui dresse ses robustes remparts sur le mont Sveti Spas (Saint-Sauveur). Cette citadelle, la plus monumentale de Dalmatie, fut érigée au 10e s. et agrandie à plusieurs reprises jusqu'au 18e. Des passerelles relient les différents corps de bâtiment en partie ruinés. Vous y trouverez un petit musée consacré à l'histoire de Knin et un restaurant, mais vous retiendrez surtout le panorama sur la ville et la plaine qu'offrent les remparts.

57km au nord-est de Šibenik via Drniš Forteresse (022) 661 702 kninskimuzej.hr Mars-oct. : tlj. 8h-19h ; nov.-fév. : tlj. 8h-15h € Musée 30kn

À FAIRE

Allez à la plage

Les plus belles criques de la région se trouvent sur les îles de **Zlarin** et de **Prvić**. Les plages de **Vodice** sont assez jolies mais bondées l'été. Celles de l'**île de Murter** (p.183) sont à peine plus tranquilles, notamment les 14 baies de la côte ouest, dont les célèbres plages de Slanica et de Cigradja.

Prenez soin d'un faucon ou d'un aigle

Sokolarski centar

Ce centre de protection et de dressage des rapaces est situé environ 7km au nord-est de Šibenik. Après une présentation générale des activités du centre et des mœurs des rapaces, vous serez invités à nourrir et à soigner les oiseaux. Le centre organise également des stages de dressage à la semaine. Une belle expérience, animée par des passionnés.

Dubrava (8km au nord-est de Šibenik, dir. Drniš et Knin, puis Dubrava) 022 219 207 www.sokolarski-centar.hr Avr.-oct. : tlj. 10h-19h ; reste de l'année sur rdv € 50kn

Fêtez l'été à Šibenik

L'été, Šibenik est le théâtre de nombreuses manifestations, dont le célèbre **Festival international des enfants** (fin juin-début juillet, www.mdf-sibenik.com) et le **Supertoon Festival** (dédié au film d'animation, cinq jours mi-juillet), mais aussi du **Seasplash Festival** (trois jours de concerts de reggae, drum and bass, ska... en juillet, sur la plage de Martinska) et du **Nox Festival** (deux jours de musiques électro le premier week-end d'août à Martinska), sans oublier les concerts donnés à la forteresse Saint-Michel. Il y en a pour tous les goûts ! Renseignements à l'office de tourisme.

NOS ADRESSES

PAUSE

Surprise pastry

Yum Pastry Shop

Cette petite pâtisserie du centre de Šibenik n'est pas comme les autres ! Elle prête son décor de maison de poupées aux créations originales d'Antonia : des gâteaux aux formes amusantes, réalisés avec une précision artistique par cette jeune autodidacte passionnée et son équipe. Ici, on remet les recettes traditionnelles au goût du jour, pour un résultat haut en couleurs et fort en goût, toujours surprenant. Café 9-16kn, pâtisserie 24-27kn.

ŠIBENIK (plan 12, B2 n°1) Božidara Petranovića 8 099 684 9575 Lun.-sam. 8h-21h (22h l'été), dim. 9h-14h

RESTAURANTS

Le luxe accessible

Gradska Vijećnica ⓆⓆ

Installé dans l'ancien hôtel de ville, c'est l'un des restaurants les plus élégants de Šibenik avec ses vastes miroirs, dorures et moulures d'origine. Superbe terrasse sous les arcades et face à la cathédrale. Carte resserrée et raffinée : risotto noir, scampis à la *buzara*, steak Šibenik, crustacés... Repas à partir de 150kn, un peu plus avec du poisson.

ŠIBENIK (plan 12, B3 n°10) Trg Republike Hrvatske 3 (022) 213 605 Dim.-jeu. 8h-23h, ven.-sam. 8h-1h

Pour un dîner romantique

Peškarija ⓆⓆ

Cet élégant restaurant occupe le site de l'ancien marché aux poissons (d'où son nom), derrière les bars du nord de la Riva. Cuisine sans surprise, mais le jardin fleuri offre un cadre appréciable à un dîner estival en tête à tête. Repas 150kn.

ŠIBENIK (plan 12, A4-B4 n°11) Obala Palih Omladinaca 6 091 111 2727 Mai-sept. : tlj. 11h-0h ; reste de l'année : tlj. 11h-23h

Éloge de la simplicité

Pelegrini ♥ⓆⓆⓆ

Le chef Rudolph Štefan anime l'une des meilleures tables de Croatie, sans emphase, en privilégiant simplicité et plaisir. Une carte succincte égrène des plats excitants et pleins de saveurs comme cette divine assiette de pappardelles aux truffes, jambon dalmate, fromage de brebis. Excellents pains maison et carte des vins exhaustive. Plats 125-185kn, menus à midi à partir de 440kn, menu dégustation 965kn.

ŠIBENIK (plan 12, B3 n°12) Jurja Dalmatinca 1 (022) 213 701 www.pelegrini.hr Lun.-mar. 18h30-21h, mer.-dim. 12h-14h et 18h30-20h

À fleur d'eau

Zlatna Ribica ♥ⓆⓆⓆ

Cette table gastronomique s'abrite dans l'une des magnifiques criques de Brodarica, station balnéaire préférée des habitants de Šibenik. La carte est variée, mais l'adresse est surtout fameuse pour ses poissons grillés et ses fruits de mer. Grand choix de crus étrangers et croates, dont un excellent vin maison. Concerts les ven. et sam. soir.

BRODARICA Krapanjskih spužvara 46 (8km au sud de Šibenik, sur la route littorale) (022) 350 695 www.zlatna-ribica.hr Tlj. 17h-23h

En direct de la pêche

Bonaca ♥

Cette sympathique adresse à la terrasse fleurie, retranchée dans une ruelle, se montre plus calme que les restaurants des quais. Dans les assiettes , surtout du poisson : daurade, rouget, anguille, loup... à vous de choisir ! Comptez 250-400kn le kilo. Également d'autres spécialités dalmates à la carte. Mieux vaut réserver.

SKRADIN Rokovača 5 (022) 771 444 Avr.-nov. : tlj. 12h-23h

Ultra-frais, ultra-bon

Zlatne Školjke

Depuis 1974, Ante et Marija Petrović ont fait de ce lieu discret une adresse gastronomique incontournable de la Dalmatie. Oubliez la décoration maritime un peu kitsch et profitez des recettes de la mer : moules, langoustines, poissons grillés... En dessert, ne manquez pas la Torta Skradin, solide spécialité aux amandes, noix, miel et chocolat. Plats 100-180kn. Jolie terrasse dans la cour.

SKRADIN Grgura Ninskog 9 022 771 022 Tlj. 12h-23h

LA RECETTE

BRUDET (SOUPE DE POISSON)

Pour 4 pers.

1kg de poisson blanc en morceaux
5 gousses d'ail hachées
1 gros oignon émincé finement
4 tomates détaillées en dés
10cl de vin blanc
20cl de fumet de poisson
1 botte de persil plat
Le jus d'un demi citron
Huile d'olive, sel, poivre

Mélangez la moitié de l'ail haché, la demie botte de persil ciselée, le jus de citron et 4 c. à s. d'huile d'olive, et laissez les morceaux de poisson mariner dans cette sauce pendant plusieurs heures au frais. Faites ensuite revenir l'ail restant et l'oignon émincé dans l'huile chaude d'une cocotte. Faites colorer en remuant de temps à autre et ajoutez les dés de tomate. Mélangez, laissez frémir 1min et mouillez avec le vin blanc. Laissez mijoter 10min à feu doux. Égouttez le poisson. Salez et poivrez les morceaux avant de les versez dans la cocotte. Couvrez du fumet et portez à ébullition. Baissez ensuite le feu et laissez mijoter 20 à 30min. Vous pouvez ajouter des langoustines, des moules et/ou des crevettes roses en fin de cuisson. Servez avec de la polenta.

Split, Hvar, Mljet, et bien sûr Dubrovnik... Autant de lieux chéris des touristes. Mais la région sait aussi être authentique et secrète : Lastovo, Pelješac et Korčula recèlent des villages perdus dans les collines et de petits ports oubliés, offrant l'image d'une Croatie sans apprêt et paisible.

Le centre et le sud de la Dalmatie

Plage de Bol, île de Brač

Plan 13

PARC NATIONAL DE LA KRKA
Drniš
33
ČIKOLA
ZADAR
56
Šibenik
DALMACIJA
PERUČKO JEZ.
CETINA
219
Sinj
Brnaze
Livno
Tomislavgrad
BUŠKO JEZ.
Trilj
220
Kamensko
Aržano
KOZJAK
Bisko
Ugljane
Primošten
58
Kaštel
Klis
Solin
A1
MOSOR
60
39
Seget
8
Trogir
ČIOVO
SPLIT
Stobreč
Cista Provo
Lovreč
Podstrana
Gata
Jesenice
CETINA
Dugi Rat
Omiš
60
Imotski
Zadvarje
Slime
G. Brela
Vinjani Donji
DRVENIK MALI
DRVENIK VELI
ANCÔNE
Rogač
Maslinica
Nečujam
ŠOLTA
Sutivan
Supetar
Postira
Brela
Topići
SV. JURE 1 762 M
Baška Voda
Promajna
A1
Župa
Ložišća
Donji Humac
Dol
Pučišća
Bratuš
Milna
VIDOVA GORA 780 M
113
ÎLE DE BRAČ
Selca
Makarska
Kotišina
PARC NATUREL DU BIOKOVO
Blaca
115
Sumartin
Tučepi
Gornji Tučepi
Murvica
Bol
ZLATNI RAT
Podgora
KABAL
512
62
HVARSKI KANAL
ÎLE DE HVAR
Stari Grad
RT PELEGRIN
Hvar
Brusje
Vrboska
Živogošće
8
Drvenik
Palmižana
Vrbanj
Jelsa
Poljica
PAKLENI OTOCI
Sveti Nedjelja
Pitve
Donji Humac
Zastražišće
Bogomolje
Zaostrog
116
Sućuraj
SVETI NIKOLA 628 M
ŠĆEDRO
ÎLE DE HVAR
ANCÔNE
KORČULANSKI KANAL
ÎLE DE VIS
Vis
Stončica
Komiža
117
Plisko Polje
HUM 585 M
Modra Špilja
Polje
BIŠEVO
U. SREBRENA
PLOČICA
Lovište
SVERI LLIJA 961 M
414
Viganj
Račišće
Kučište
Orebič
PROIZD
Vela Luka
Korčula
118
Čara
Pupnat
Žrnovo
Blato
Smokvica
Lumbarda
ÎLE DE KORČULA
Brna
PUPNATSKA LUKA
LASTOVSKI KANAL
MER ADRIATIQUE
Pasadur
Lastovo
SAPLUN
119
Ubli
Skrivena luka
ÎLE DE LASTOVO
N
10 km

Konjik
BOSNIE-HERZÉGOVINE
NERETVA
MOSTAR
NERETVA
orac
st
radac
513
62
Ploče
Kula Norinska
Metkoviê
Opužen
Blace
MONTÉNÉGRO
omje
Janjina
Klek
rstenik
Dubrava
Žuljana
PELJEŠAC
414
Ston
M. Ston
8
Prapratno
mena
Kobaš
Slano
Polace
Kozarica
vedari
Šipanska-Luka
120
Sobra
SIPAN
PARC
ATIONAL
E MLJET
Babino
Maranovići
Sudurad
Trsteno
Zaton Mali
Trebinje
ÎLE DE MLJET
Saplunara
Lopud
Komdac
LOPUD
KOLOČEP
DUBROVNIK
LOKRUM
ŽUPA
Cavtat
Duba
Pridvorje
Čilipi
8
Dubravka
Gruda
KONAVLE
Molunat
516
BARI
BOUCHES DE KOTOR

☀ QUATRE BONNES RAISONS...

... de visiter Dubrovnik et d'autres cités iconiques, les îles stars ou secrètes et l'arrière-pays montagneux de Dalmatie centrale et méridionale.

☀ **LE TÉLÉPHÉRIQUE DU MONT SRĐ** (p.276), pour une vue somptueuse sur Dubrovnik lovée dans ses remparts et sur les îles proches ou lointaines.

☀ **L'ÎLE DE HVAR** (p.236), pour alterner farniente à la plage, balades dans les vignes autour de Stari Grad et cocktails glamour sur le port de Hvar-ville.

☀ **ZLATNI RAT** (p.232), pour lézarder dans la journée sur cette spectaculaire corne de sable et de galets et faire la fête à ses abords le soir.

☀ **L'ÎLE DE KORČULA** (p.254), pour explorer ses criques secrètes et aller plonger autour de Lastovo, sa voisine.

RENDEZ-VOUS AVEC...

Alen Munitić connaît la Dalmatie comme sa poche. Ce jeune Croate originaire de Split dirige le Festival du film méditerranéen et le projet Kino Mediteran, qui vise à faire renaître les cinémas abandonnés des îles croates (450 projections et 30 000 spectateurs en 2020). Il nous présente sa ville natale.

Mon café préféré

A Adriatic Social Club

Ce petit café-restaurant de quartier un peu excentré est l'endroit idéal où passer quelques heures avec un bon livre ou son ordinateur, si on doit travailler. Mais le véritable atout du lieu c'est son animation musicale, excellente le soir.

SPLIT Lička 5 ⏲ Tlj. 8h-0h

Ma promenade

B Marjan

Quand j'ai envie de passer une journée entière dans la nature, je grimpe sur la colline du Marjan, située à deux pas du centre de Split mais qui offre pourtant un tout autre tableau. Je longe le côté sud de la butte, de Vidilica à l'église Sveti Jere, puis je rebrousse chemin côté nord. De Vidilica, la vue est magnifique, mais il ne faut pas s'arrêter là : le Marjan mérite que l'on en fasse le tour complet !

Mon bar de plage

C Jadran Beach Bar

Comme tous les Splitois, je préfère m'échapper sur une île au large quand j'ai envie de me baigner et de paresser sur une plage. Mais quand je suis en ville, c'est à Jadran que je vais prendre le soleil. Dans ce bar

posté sur la mer, à deux pas du parc Sustipan, je peux bouquiner, boire un verre, aller faire un plouf, me sécher, plonger de nouveau...

SPLIT Sustjepanski put 23 📱 099 470 2800 ⏲ Tlj. 8h-20h

Mon restaurant traditionnel

D Villa Spiza

Quand je n'ai pas envie de cuisiner ou que je ne suis pas invité chez mes parents, c'est là que je suis sûr de trouver les bonnes vieilles recettes dalmates. Risotto noir à l'encre de seiche, poivrons farcis... J'y emmène souvent des invités du Festival, car je considère que c'est une excellente introduction à la gastronomie dalmate.

SPLIT Petra Kružia 3 📱 091 152 1249 ⏲ Lun.-sam. 12h-0h

Sur la colline du Marjan, à Split

SI SPLIT ÉTAIT...

Une fiction Ce serait la série télé *Velo Misto* (1980-1981). Aussi amusante qu'épique, elle relate l'évolution de Split de 1910 à 1947. Le grand protagoniste des ces années turbulentes est le Hajduk Split, fameux club de football croate.

Mon souvenir gourmand

E Nadalina

Personnellement, je ne repartirais pas sans une douceur de chez Nadalina. Je craque pour son chocolat artisanal, ses pralines fourrées aux figues ou aux herbes de Méditerranée, et je me laisse parfois tenter par la crème à tartiner "18+", au chocolat noir et au rhum...

SPLIT Dioklecijanova 6 (021) 212 651 www.nadalina.hr Lun.-ven. 8h-16h30

Ma table du soir

F Ma : Toni

J'y ai fêté un de mes anniversaires ! J'aime la façon dont les classiques y sont revisités avec une touche de modernité. La carte des vins permet de goûter à tous les cépages dalmates. Et même si le cadre est élégant, les prix ne sont pas excessifs.

SPLIT Prilaz braće Kaliterna 6 (021) 278 457 www.ma-toni.com Mar.-dim. 12h-23h

Ma cave à vin

G Vinoteka Terra

Cette cave offre une excellente sélection des vins de nos îles. En blanc, les cépages *pošip* et *grk* de Korčula ; en rouge, le *plavac* de Hvar. Mes étiquettes fétiches : le *pošip* sur lie de chez Toreta (Pošip Toreta Sur Lie) et le *grk* du domaine Bire (Bire Grk). À goûter au verre, pourquoi pas avec une assiette.

SPLIT Prilaz braće Kaliterna 6
(021) 314 800 www.vinoteka.hr
Lun.-ven. 8h-20h, sam. 9h-13h30

LES PROJETS D'ALEN MUNITIĆ

www.fmfs.hr
Le site du Festival du film méditerranéen de Split, qui a lieu tous les ans en juin.

www.kinomediteran.hr
La promotion du cinéma dans les îles.

SPLIT ★

Plongez dans le plus étonnant centre-ville de Croatie : un palais romain, remodelé peu à peu par ses habitants depuis 1 700 ans, entre colonnes corinthiennes, bas-reliefs romans et façades gothico-Renaissance. Mais loin d'être un musée, la deuxième ville de Croatie déborde d'énergie au-delà de ses murailles, entre la valse incessante des ferries dans le port et les soirées animées de Bačvice.

À VOIR

LE PALAIS DE DIOCLÉTIEN

Les vestiges du palais de l'ancien empereur, tout en pierre blanche de Brač, forment l'incroyable centre historique de Split, cf. Un palais devenu ville (p.210). Vous aurez l'impression de déambuler dans des décors de péplum ! Deux grandes rues perpendiculaires se croisent au niveau du Péristyle, centre névralgique de la cité. À l'époque de Dioclétien, des ateliers et les casernes de la garde impériale occupaient toute la partie nord du palais, et les appartements impériaux la partie sud.

ACCÈS ET INFOS

- Split est à 410km de Zagreb, 155km de Zadar et 230km de Dubrovnik (3h40).
- Liaisons en avion avec Zagreb et Dubrovnik, et Paris, Lyon, Bruxelles... De l'aéroport, cars Pleso pour le centre-ville (30min), ou bus 37 et 38.
- Liaisons maritimes avec Ancône (Italie) par SNAV ou Jadrolinija, et avec les îles de Brač, Hvar, Vis, Korčula, Lastcvo, etc. (Jadrolinija).
- Office de tourisme municipal (plan 15, B3) Hrvatskog narodnog preporoda 9 (021) 348 600 www.visitsplit.com Lun.-ven. 8h-16h,
- Annexe (plan 15, C3) Peristil bb (021) 345 606
- Office de tourisme régional (plan 14, B1) Prilaz braće Kaliterna 10 (021) 490 032 www.dalmatia.hr

Les dessous du palais

Salles souterraines / Podrumi (plan 15, C3)

Passé la petite porte de bronze ouvrant sur la Riva, quelques marches vous feront plonger dans les frais souterrains du palais : un dédale de salles voûtées en brique réparties de part et d'autre d'une bruyante allée commerçante. Ce sont les fondations du palais. Si les souterrains sont si bien conservés, c'est qu'ils furent peu à peu comblés par les déchets déposés par les Splitois pendant 11 siècles ! Déblayés dans les années 1950, ils accueillent désormais des expositions temporaires et constituent une visite insolite.

(021) 360 171 Haute saison : lun.-ven. 9h-20h, sam.-dim. 10h-20h ; basse saison : lun.-sam. 9h-18h, dim. 10h-18h € 40kn

En plein cœur

Péristyle / Peristil (plan 15, C3)

Cette placette à colonnade est depuis toujours le cœur du palais. Dioclétien apparaissait en grand apparat à la tribune, côté sud. Celle-ci communique

À NE PAS MANQUER

- Palais de Dioclétien (Split)
- Cathédrale Saint-Domnius (Split)
- Temple de Jupiter (Split)
- Musée archéologique (Split)
- Veli Varoš (Split)
- Galerie Meštrović (Split)
- Salona
- Kaštela

Péristyle du palais de Dioclétien, Split

avec l'impressionnant vestibule où l'empereur faisait attendre ses visiteurs sous une coupole maintenant disparue. Au fond de la cour, une annexe du Musée ethnographique abrite les vestiges d'une adorable église du 9e s. De retour sur le Péristyle, notez, sur le côté est, le sphinx en granit noir rapporté de la campagne égyptienne de 297-298.

Patchwork d'époques

Cathédrale Saint-Domnius / Katedrala Sv. Dujma (plan 15, C3)

Consacrée en 650 et dédiée à un évêque martyr de Salona (p.213), elle occupe l'ancien mausolée de Dioclétien (3e s.), sanctuaire voué, du vivant de l'empereur, à son culte personnel. Elle pourrait faire figure de répertoire des styles qui se sont superposés au fil des siècles dans l'ensemble du palais. Gardé par deux lions romans, le porche n'est que la partie inférieure d'un imposant campanile du 13e s. Admirez les vantaux en noyer du portail, sculptés par Andrija Buvina (1214). À l'intérieur, la rotonde du mausolée impérial a conservé sa richesse ornementale. Notez les scènes de chasse de la frise qui souligne la coupole. Ne manquez ni la chaire romane en pierre et marbre finement ciselée de la nef, ni l'autel de Saint-Anastase réalisé par Georges le Dalmate en 1448, à gauche du maître-autel, ni les stalles ouvragées du chœur.

(021) 345 602 Juin-sept. : tlj. 8h-20h ; oct.-mai : tlj. 7h-12h et 17h-19h en dehors des messes 45kn

Couleurs locales

Musée ethnographique / Etnografski muzej (plan 15, C3)

Installées dans un palais de la vieille ville, mais loin de la foule, les collections du musée brossent un tableau intéressant de l'artisanat régional.

Particulièrement admirables : les bijoux et costumes traditionnels, dont les broderies délicates et les couleurs chatoyantes dénotent des influences orientales. Ne manquez pas la vue de la terrasse panoramique !

Iza Vestibula 4 (021) 344 164 www.etnografski-muzej-split.hr Juin-août : lun.-ven. 10h-15h, sam. 10h-14h ; sept. : lun.-ven. 9h30-18h, sam. 10h-17h ; oct. : lun.-ven. 9h30-17h, sam. 10h-14h ; nov.-mai : lun.-ven. 10h-15h, sam. 10h-14h € 20kn

Discret trésor

Temple de Jupiter / Jupiterov hram (plan 15, C3)

À l'ouest du Péristyle, coincé entre les maisons, le tout petit temple de Jupiter, gardé lui aussi par un sphinx égyptien, devint le baptistère Saint-Jean (Sv. Ivan) de la cathédrale aux 9e-10e s. Sa superbe voûte à caissons (d'origine) domine donc des fonts baptismaux du 11e s. en forme de croix et ornés d'entrelacs géométriques et d'un magnifique bas-relief. La statue en bronze de saint Jean-Baptiste qui domine l'ensemble est l'œuvre d'Ivan Meštrović. Pour admirer le tympan du temple, contournez-le par la minuscule venelle que les Splitois surnomment “Laissez-moi passer”.

(021) 345 602 Tlj. 8h30-19h30 € 10kn

La plus belle des entrées

Porte d'Or / Zlatna vrata

(plan 15, C2)

Richement ornementée, la plus impressionnante des quatre portes du palais en constituait sans doute l'entrée principale : elle s'ouvrait, au nord, face à la route de Salona. Au-dessus, se trouve l'étroite et discrète chapelle Saint-Martin du 11e s. (visite sur demande au monastère dominicain deux maisons à l'ouest). Devant la porte se dresse le bronze monumental de Grégoire de Nin dû à Ivan Meštrović. Cet évêque du 10e s. est célèbre pour avoir défendu la langue slave face au latin. Toucher le gros orteil gauche de la statue est censé porter bonheur !

La porte d'Or, Split

À L'EXTÉRIEUR DU PALAIS

Esplanade gothique

Place de la Nation / Narodni trg (plan 15, B2)

Cette longue place rectangulaire, bordée de commerces et de terrasses animées, s'étend à l'ouest du palais. Centre névralgique de la ville aux 15e et 16e s., l'esplanade a conservé quelques belles façades gothico-Renaissance, dont la plus remarquable est celle de l'ancien hôtel de ville dressé sur une élégante loge gothique. Du côté de la porte de Fer se distingue une maison-tour romane du 13e s. coiffée d'une grosse horloge du 15e s. De l'autre côté de la ruelle, la

Pauses (n°1)

1 Luka - *p.216* B1

Restaurants (n°10 et 11)

10 Bokamorra - *p.217* B2

11 Buffet Fife - *p.216*............ B2

Hébergement (n°20)

20 Hotel Park - *p.344* B1

RENDEZ-VOUS AVEC...

Retrouvez les adresses d'Alen Munitić

Pauses

A Adriatic Social Club - *p.202*... A1

C Jadran Beach Bar - *p.202*.... B2

G Vinoteka Terra - *p.203* B1

Restaurants

F Ma : Toni - *p.203*.............. B1

Plan 15
THÉÂTRE NATIONAL CROATE (HNK)
Teutina
Trg Gaja Bulata
Biserova
Sinjska
1
VELI VAROS
Mato Šićeva
Marmontova
Kraj Gospe od Soca
SV. NIKOLA
Biserova
Klaićeva poljana
Radmilovićeva
Popovićeva
Mrčelina
Domilijina
30
Kralja Tomislava
Lestina
Tončićeva
POST
Nigerova
Pistura
Križeva
Križeva
Domaldova
Trogirska
Trogirska
Bana Jelačića
Marmontova
Cosmljeva
Kružić
Nelipiće
Obrov
2
Domaldova
Tvrtkova
Bernardinova
15
PLACE DE LA RÉPUBLIQUE
Ban Mladenova
Kral sv. Marije
Kral sv. Marije
14
RIBARNICA
PLACE DE LA NATION
Martinjski
Bana Jelačića
Trg Republike (Prokurative)
Obrov
Narodni trg (Pjaca)
Varoški prilaz
Zadarska
GRAD
Marmontova
Zadarska
Trg Dr. F. Tuđmana
Morpurgova poljana
40
Dobrić
Šubićeva
←10
Marulićeva
Šperun
Dobrić
SV. FRANE
PALAIS MILESI
Buvinir
12
Trg braće Radića
Mihovilova širina
3
Trumbićeva obala
PLACE DES FRÈRES-RADIĆ
Obala hrvatskog narodnog preporoda (Riva)
Alieš
MER ADRIATIQUE
GRADSKA LUKA
4
N
50 m
A
B

Pauses (n°1)
1 Zinfandel Food and Wine Bar - *p.216* B3

Restaurants (n°10 à 15)
11 Kod Joze - *p.217* C1
13 Kod sfinge - *p.218*............. B3
12 Konoba Marul - *p.217* B3
14 Konoba Varoš - *p.218*......... A2
15 Nostromo - *p.218*............. A2
10 Šperun - *p.217*................. A3

Shopping (n°20)
20 Tradicija - *p.219* C2

Sorties (n°30 et 31)
31 Academia Club Ghetto - *p.219*................ B3
30 Paradiso Bar - *p.219* A1

Hébergements (n°40 à 42)
40 Goli & Bosi - *p.344*............ B3
41 Hotel Slavija - *p.344* B3
42 Jupiter Luxury Hotel - *p.344*. C3

RENDEZ-VOUS AVEC...
Retrouvez les adresses d'Alen Munitić

Restaurants
D Villa Spiza - *p.202*............. C2

Shopping
E Nadalina - *p.203* C2

UN PALAIS DEVENU VILLE

Peu de grands monuments ont été à ce point investis : au fil des siècles, les occupants du palais, puis les habitants de la ville ont remodelé cette immense demeure en fonction de leurs besoins, sans pour autant modifier sa structure, pour en faire un site unique au monde. Tout commence avec Dioclétien, soldat d'origine modeste proclamé empereur en 284. Après avoir exercé une véritable tyrannie sur l'Empire d'Orient et persécuté les chrétiens, il est le premier (et le seul) empereur romain à abdiquer volontairement, en 305. Il se retire alors dans l'opulent palais qu'il a fait édifier à Split à partir de 295, et il y meurt en 313. À la chute de l'Empire, au 5e s., le palais fortifié est abandonné. Mais au début du 7e s., face aux invasions slaves et avares, les habitants de Salona (p.213) s'y réfugient. Les appartements sont transformés en habitations, les temples et le mausolée convertis en églises, et le palais se mue ainsi en une petite ville, siège d'un évêché. Split se développe sous la férule de Constantinople, puis des rois hungaro-croates, avant de déborder de ses murs au 11e s. Le nouveau faubourg occidental devient le centre administratif de la cité à la période vénitienne (15e-18e s.), mais l'ancien palais, demeuré le cœur historique de la ville, invite aujourd'hui à une extraordinaire promenade à travers les époques.

Le palais de Dioclétien, témoin de 1 700 ans d'histoire

façade du palais Ciprianis (fin 14e s.) arbore d'élégantes arcatures géminées et un bas-relief figurant saint Antoine.

Pour sa tour et son poète

Place des Frères-Radić / Trg braće Radića (plan 15, B3)

Cette jolie place dallée porte aussi le surnom de place aux Fruits (Voćni trg), même si aucun marché ne s'y tient plus depuis des années. Elle est dominée par une imposante tour octogonale du 15e s., vestige du *kaštel* vénitien. La statue du poète Marko Marulić (1450-1524), au centre de la place, est l'œuvre de l'infatigable Meštrović.

DRÔLE D'HISTOIRE

Pourquoi la **Ribarnica**, la halle aux poissons de Split (plan 15, B2), est-elle unique au monde ? Parce qu'en cheminant parmi les étals, pleins ou vides, vous remarquerez qu'il n'y a pas... une mouche ! Installé au-dessus de sources soufrées, le marché bénéficie en effet de leurs effluves, éloignant tous les insectes. Belle opportunité pour un poissonnier !

Comme à Venise

Place de la République / Trg Republike (plan 15, A2)

Cette vaste esplanade qui s'étend à l'ouest de la rue Marmontova (nommée d'après Marmont, le maréchal d'Empire français) est bordée par les arcades néo-Renaissances des bâtiments des Procuraties, édifiés de 1859 à 1928, et qui lui donnent un petit air de place Saint-Marc !

Passé recomposé

Musée archéologique / Arheološki muzej 👍 (plan 14, A2)

Essentiellement consacré aux périodes romaine et paléochrétienne, il offre un excellent complément à la visite de la ville. La majeure partie de la collection provient du site de Salona (p.213). Les galeries à arcades de son jardin abritent une impressionnante collection de bas-reliefs, de stèles et de mosaïques, ainsi que de splendides sarcophages, tels que celui de Phèdre et d'Hippolyte (2e s.) et le sarcophage du Bon Pasteur (4e s.), respectivement à gauche et à droite de l'entrée. À l'intérieur du musée, des bijoux, de la verrerie et des poteries aussi curieux que raffinés, présentés par ordre chronologique.

Zrinsko-Frankopanska 25 (021) 329 340 armus.hr Juin-sept. : lun.-sam. 9h-14h et 16h-20h ; oct.-mai : lun.-ven. 9h-14h et 16h-20h, sam. 9h-14h € 40kn

Encyclopédie navale

Musée maritime / Hrvatski pomorski muzej (plan 14, B1)

Les collections du musée maritime se déploient dans une forteresse édifiée au 17e s. par les Vénitiens sur la colline de Gripe, dans l'est de la ville (à 10min à pied du centre). Des amphores antiques servant à la conservation du poisson aux bateaux de pêche armés de la Seconde Guerre mondiale, en passant par les maquettes de galéasses vénitiennes et les premières torpilles fabriquées à

La galerie Meštrović, Split

Rijeka : les thèmes exposés sont nombreux, et la visite guidée (comprise dans le billet d'entrée), en anglais, passionnante.

Glagoljaška 18 (021) 347 346 www.hpms.hr Été : lun.-sam. 9h-20h ; hiver : lun.-mer. et ven.-sam. 9h-15h, jeu. 9h-19h 20kn

LA COLLINE DU MARJAN

La presqu'île du Marjan, juste à l'ouest du centre-ville (plan 14, B2-B3), constitue le poumon vert de la très minérale Split. Sa partie sud abrite quelques musées importants. Toute la presqu'île est desservie par le bus n°12, qui vient du centre-ville (arrêt Sv. Frane, face à l'hôtel Bellevue sur la Riva).

Venelles typiques

Veli Varoš (plan 14, B2)

Accroché au flanc oriental du Marjan, ce faubourg populaire fut fondé au Moyen Âge par des paysans et des pêcheurs. Bordées de jardinets et de maisons traditionnelles du 17e s., ses ruelles escarpées forment un véritable labyrinthe plein de charme autour de l'église Saint-Nicolas (Sv. Nikola, 11e s.). Pour poursuivre la balade, visez toujours le haut de la colline et vous finirez par atteindre le splendide belvédère du café Vidilica.

Minéral et médiéval

Musée des Monuments archéologiques croates / Muzej hrvatskih arheoloških spomenika (plan 14, B2)

Une très belle collection lapidaire où se retrouvent les entrelacs typiques de l'art préroman en Croatie (9e-12e s.), mais qui paraît un peu perdue dans les salles gigantesques de ce bâtiment contemporain. Attention à ne pas confondre avec le musée archéologique du centre de Split.

Šetalište Ivana Meštrovića 18 (021) 323 901 www.mhas-split.hr Été : lun.-ven. 9h-13h et 17h-20h, sam. 9h-14h ; hiver : lun.-ven. 9h-16h, sam. 9h-14h 20kn

Le maître du bronze

Galerie Meštrović (plan 14, B2)

Le grand sculpteur Ivan Meštrović (1883-1962) se fit construire dans les années 1930 cette luxueuse résidence d'été, doublée d'un lieu de travail et d'exposition. Le domaine abrite près d'une centaine de ses œuvres, fort bien mises en valeur sur les deux étages aérés du logis néoclassique et dans son grand jardin. Une visite riche en émotions sur les thèmes du corps de la femme, la Bible et la nation. Tout un programme !

Šetalište I. Meštrovića 46 (021) 340 800 www.mestrovic.hr Mar.-sam. 9h-17h 50kn

Œuvre totale

Kaštelet de Meštrović (plan 14, B2-B3)

L'omniprésent sculpteur Ivan Meštrović acheta en 1939 cette demeure Renaissance perchée sur un promontoire au-dessus de la mer, à quelques centaines de mètres de sa résidence d'été. Il y réalisa l'une de ses plus grandes œuvres mystiques : la chapelle Sainte-Croix. La nef est ornée de splendides panneaux sculptés illustrant les scènes de la vie du Christ.

Šetalište Ivana Meštrovića 39 (021) 358 185 www.mestrovic.hr Mar.-sam. 9h-17h Mêmes horaires que la galerie 50kn

DANS LES ENVIRONS, AU NORD

Balade antique

Salona / Solin

Éparpillées sur 156ha au milieu des champs, les ruines de cette cité fortifiée invitent à une agréable promenade archéologique d'environ 2h. Les Romains occupèrent ce port illyrien à partir du 1er s. av. J.-C., et ils en firent leur plus grande colonie de Dalmatie. Vous y verrez les vestiges de thermes, d'un forum, d'un théâtre, de plusieurs basiliques et, à la lisière orientale du site, les ruines de l'amphithéâtre où nombre de chrétiens furent suppliciés sur ordre de Dioclétien. Foyer du christianisme dès le 2e s., Salona fut abandonnée au début du 7e s., quand les invasions slaves et avares poussèrent ses habitants à se réfugier dans le palais de Split. À gauche de l'entrée du site dorment les vestiges du Manastirine, une nécropole couplée à une basilique. Un peu plus bas, le Tusculum, érigé en 1898 pour servir de base aux archéologues, est une curieuse demeure utilisant de nombreux matériaux de réemploi. Elle vaut surtout pour son jardin envahi par les roses grimpantes et le chèvrefeuille.

6km au nord de Split (021) 212 900 Avr.-sept. : lun.-sam. 9h-19h, dim. 9h-14h ; oct.-mars : lun.-ven. 9h-15h 30kn

Nid de dragons

Forteresse de Klis / Tvrđava Klis

L'impressionnante forteresse médiévale de Klis, avec ses trois murailles superposées, est perchée sur un éperon rocheux effilé dominant d'un côté le littoral et de l'autre le col de Klis. Une position stratégique appréciée depuis le 2e s. av. J.-C. ! Passée sous la domination turque de 1537 à 1648, elle fut ensuite remaniée par les Vénitiens, les Autrichiens et les Français. Les fans de la série *Game of Thrones* reconnaîtront en Klis la cité de... Meereen ! Plan détaillé en français disponible à l'entrée.

17km au nord de Split (021) 240 578 tvrdavaklis.com Tlj. 8h30-20h30 60kn

Cité chevaleresque

Sinj

Cette petite ville est surtout connue pour son **tournoi de chevalerie de l'Alka** (*Sinjska Alka*), qui commémore la victoire de la cavalerie de Sinj sur les Ottomans en 1715. Le premier week-end du mois d'août, des milliers de visiteurs viennent encourager des cavaliers costumés qui tentent de ficher leur lance dans un anneau (*alka*) placé à 3m du sol. Les festivités s'accompagnent de musique, de coups de canons et de réjouissances culinaires. Un très beau **musée** rend hommage à cette manifestation inscrite sur la liste du patrimoine immatériel de l'humanité par l'Unesco. Sinj est également réputée pour abriter, dans son église, une icône miraculeuse de la Vierge, que les pèlerins viennent adorer le 15 août.

35km au nord de Split **Musée de l'Alka / Muzej Sinjske alke** Put Petrovca 12 (021) 444 730 www.alka.hr Mar.-dim. 9h-17h 50kn

À L'OUEST DE SPLIT

Une collection de manoirs Renaissance

Kaštela

Sur la route de Trogir, la commune de Kaštela regroupe sept villages côtiers qui se sont développés, chacun, autour d'un *kaštel* – l'un de ces petits manoirs fortifiés bâtis par la noblesse et l'Église aux 15e-16e s. pour protéger leurs terres de la menace ottomane. Les mieux conservés sont ceux de Kaštel Gomilica, Kaštel Lukšić et Kaštel Štafilić. **Kaštel Gomilica** est le deuxième village que l'on traverse en venant de Split (env. 15km). Le château occupe un îlot relié à la terre ferme par un joli pont de pierre le long duquel se balancent des barques colorées. Construit par des bénédictines de Split en 1529, il englobe désormais un minuscule quartier d'habitations. À 2,8km de là, **Kaštel Lukšić**, le quatrième village,

Kaštel Gomilica

est le plus touristique. Il faut dire que le palais d'été (Dvorac Vitturi), édifié en 1564 par les frères Vitturi et savamment restauré à la fin du 20e s., accueille le musée de la ville et l'office de tourisme. Faites un détour par l'église paroissiale du 18e s. pour voir la chapelle du Bienheureux-Arnir et son autel sculpté par Georges le Dalmate en 1448. Enfin, 3km plus loin, **Kaštel Štafilić** se distingue par son agréable front de mer qu'encadrent un manoir fortifié de 1508 à l'est (résidence privée) et un fortin trapu du 16e s. à l'ouest.

De Split, dir. Trogir/aéroport et, à la sortie de la ville, prendre la route parallèle à la Magistrale en dir. de Kaštela : les villages sont établis entre la route et la mer (le bus n°37 Split-Trogir marque un arrêt dans chaque localité) Musée de Kaštel Lukšić (021) 260 245 www.muzej-grada-kastela.hr Juin-sept. : lun.-ven. 9h-20h, sam. 18h-21h, dim. 9h-13h ; oct.-mai : lun., mer. et ven. 9h-16h, mar. et ven. 9h-19h, sam. 9h-13h € 20kn

Échappée belle

Île de Šolta

Au sud-ouest de Split (45min de bateau), cette île de 58km^2 ne peut prétendre rivaliser par sa beauté avec ses grandes voisines, mais elle reste une excursion appréciée des Splitois en quête de calme et de fraîcheur estivale. Hormis de jolies criques et des plages de galets, vous y découvrirez quelques beaux villages de pêcheurs, comme **Maslinica**, à la pointe ouest de l'île, connu pour ses demeures du 18e s.

De 4 à 6 ferries/j. jusqu'au port de Rogač avec Jadrolinija (55min), et quelques catamarans express (35min) avec Linijska Nacionalna Plovidba

AU SUD-EST DE SPLIT

Un ancien nid de pirates

Omiš

Cette petite station balnéaire est postée à l'embouchure de la **Cetina**, au pied d'impressionnantes falaises. Réputées au Moyen Âge pour abriter de féroces pirates, les gorges de la Cetina font aujourd'hui le bonheur des amateurs de rafting et de canoë-kayak. La ville elle-même est dominée, à l'est, par deux forteresses vénitiennes. La première, Mirabela, est accessible en moins de 15min à partir du centre historique, tandis que la seconde, Fortica, nécessite une ascension éprouvante de 45min, récompensée par une vue splendide sur la côte. En juillet, Omiš accueille un fameux festival de *klapa* (polyphonies traditionnelles).

25km au sud-est de Split Office de tourisme Trg kneza Miroslava bb (021) 861 350 www.visitomis.hr Lun.-ven. 8h-20h, dim. 8h-12h

À FAIRE

Piquez une tête

Pour un plongeon à Split dans une mer limpide, vous trouverez quelques jolis coins de baignade dans le nord de la colline du Marjan, ainsi qu'une grande plage de sable dans la baie de **Bačvice**, à l'est de la ville (plan 14, B1).

Ses eaux peu profondes sont appréciées des amateurs de *picigin*, un jeu de balle populaire.

Pratiquez des sports d'eaux vives

À quelques kilomètres en amont d'Omiš (25km au sud-est de Split), les gorges de la **Cetina** se resserrent, et le cours du fleuve se fait tumultueux, idéal pour une descente en rafting ou en canoë-kayak. Le parcours le plus connu débute à **Slime** (12km d'Omiš) et se termine 6km plus bas au moulin de Radman. Certaines agences organisent des descentes en canyoning sur le cours supérieur de la rivière. Pour une descente en rafting, comptez de 250 à 450kn/pers.

Adventure Dalmatia (hors plan 15 par A3)

Rafting, canoë-kayak, canyoning autour de Split, et notamment à Omiš.

Tomića stine 8 Split 091 182 8995 www.adventuredalmatia.com

NOS ADRESSES

PAUSES

Galerie des glaces

Luka ♥

Miel et lavande de Hvar, figues de Dalmatie, romarin frais, biscuits salés, chocolats chili, framboise au *prošek*... voilà quelques-uns des parfums étonnants que propose cet artisan glacier unique. De quoi vous rafraîchir le corps et l'esprit. Glaces 9kn la boule, pâtisseries 10-21kn.

SPLIT (plan 14, B1 n°1) Svačićeva 2 (derrière le théâtre national) 091 908 0678
Dim.-jeu. 8h-23h, ven.-sam. 8h-0h

Apéritif amélioré

Zinfandel Food and Wine Bar

Un bar à vins à la décoration chaleureuse (jambons suspendus, alignement de bouteilles, menus à l'ardoise) et sa terrasse sur rue. Vous y goûterez, au verre (25-60kn) ou au "menu" (4 verres pour 220kn), les meilleurs nectars croates. À accompagner, si le cœur vous en dit, d'un plat de saison. Concerts certains soirs. Sinon, la rue suffit à mettre l'ambiance...

SPLIT (plan 15, B3 n°1) Marka Marulića 2 (021) 355 135 www.zinfandelfoodandwinebar.com Fév.-déc. : tlj. 8h-1h

Et aussi **Adriatic Social Club** (p.202), **Jadran Beach Bar** (p.202) et **Vinoteka Terra** (p.203) à Split.

RESTAURANTS

Cambuse familiale

Buffet Fife

Une taverne sans prétention, pour vous restaurer de solides assiettes au coude à coude avec des habitués dans un joyeux capharnaüm. Au menu : brandade, poisson grillé, goulasch... Avant de partir, jetez un coup d'œil aux caricatures du Splitois Davor Štambuk. Repas env. 100kn.

SPLIT (plan 14, B2 n°11) Trumbićeva obala 11
(021) 345 223 Lun.-sam. 10h-0h

Bien dans son époque

Bokamorra ♥

Les meilleures pizzas de Split, une déco soignée : voilà la combinaison gagnante de cette adresse au succès grandissant. Dans la salle, des couleurs et de la bonne humeur, et dans l'assiette, d'excellentes pizzas cuites au feu de bois, dans la pure tradition napolitaine. N'oubliez pas de goûter aux cocktails confectionnés par Marinjo Karinja, fameux dans toute la ville. Pizzas 60-100kn, cocktails 60-120kn. Réservation conseillée.

SPLIT (plan 14, B2 n°10) Trumbićeva obala 16
099 417 7191 Tlj. 12h-1h

Cantine du virage

Šperun ♥

Ce coquet restaurant, installé dans un virage de Veli Varoš, délivre une bonne cuisine dalmate à base de produits du terroir, de poisson et d'huile d'olive. Excellents desserts : sorbet à la pêche maison et crêpes aux figues et au citron. Service franchement jovial et en marinière. Repas 100kn minimum. Autre petite salle de l'autre côté de la rue.

SPLIT (plan 15, A3 n°10) Šperun 3
(021) 346 999 Lun.-mar. 12h-0h, mer.-dim. 12h-23h

Bien mitonné

Kod Joze

Dans une ruelle au nord des remparts, une petite maison en pierres apparentes et une terrasse sous une tonnelle voûtée pour une cuisine familiale au calme. Grand choix de coquillages, de poisson et de viande, mais aussi des cuisses de grenouilles et, pour les petits budgets, des pâtes et des risottos. Repas 100-140kn.

SPLIT (plan 15, C1 n°11) Sredmanuška 4
(021) 347 397 konoba-kod-joze.business.site Lun.-ven. 10h-0h, sam.-dim. 12h-0h

Solides assiettes

Konoba Marul

Bien placée à l'ombre d'une grande tour octogonale, cette taverne typique, en bois et pierre, appréciée

Au Buffet Fife

des locaux, sert de bonnes recettes du terroir comme la fameuse *pašticada* (bœuf braisé) et ses gnocchis (80kn). Belle carte des vins, service rapide et agréable. Attention, les accompagnements sont en supplément.

SPLIT (plan 15, B3 n°12) Trg Braće Radić 2
095 777 0777 konoba-marul.eatbu.com
Mi-mars-mi-jan. : tlj. 8h-0h

Typique et conviviale

Kod sfinge ⚲⚲

Au cœur du palais, ce petit restaurant colonise les escaliers de la ruelle Buvinina et une petite placette. Au menu, du frais et du fait maison : poulpe au vin, pâtes aux truffes, risotto aux fruits de mer, agneau grillé... Le tout avec le sourire. Mais l'emplacement se paie : repas 180-220kn.

SPLIT (plan 15, B3 n°13) Buvinina 1
099 409 2371 Tlj. 11h-23h

QG des pêcheurs

Konoba Varoš ⚲⚲⚲

Une taverne de quartier – celui des pêcheurs de Veli Varoš – appréciable pour sa cuisine de la mer, ses viandes sous la cloche (pour 4 pers. minimum, à commander au moins 3h avant) et la bonne humeur ambiante. Il n'est pas rare, en soirée, que les clients entonnent des chansons traditionnelles. Repas env. 200-300kn.

SPLIT (plan 15, A2 n°14) Ban Mladenova 9
(021) 396 138 www.konobavaros.com
Tlj. 9h-0h

Top marine

Nostromo ♥⚲⚲⚲

Un cadre moderne (tableaux contemporains, bois clair) pour une salle tout en recoins rappelant une cabine de paquebot, et une cuisine savoureuse façon retour de pêche. Le marché aux poissons voisin ne laisse planer aucun doute sur la fraîcheur des plats ! Repas 200-300kn, poisson grillé 400kn le kilo.

SPLIT (plan 15, A2 n°15) Kraj Sv. Marje 10
091 405 6666 www.restoran-nostromo.hr
Tlj. 8h-0h

Simplement bon

Restoran Odmor ⚲

Sur la route de Trogir, à Kaštel Kambelovac, en contrebas de l'avenue Dr. Franje Tuđman, l'Odmor vous offre sa terrasse et son atmosphère d'authentique caboulot de village (peut-être y assisterez-vous à une retransmission sportive). Plats simples, copieux, bon marché (50-80kn) et savoureux !

KAŠTELA F. Tuđmana 62 Kaštel Kambelovac
(021) 220 263 restoranodmor.eatbu.hr
Mar.-dim. 10h-23h

Panoramique

Restauran Privor ⚲⚲

À la fois simple et chic, ce restaurant perché dans les collines bénéficie d'une vue panoramique sur les sommets environnants. Grillades, bouillabaisses (*brudet*) et plats de viande ou calamars cuits sur le feu ou sous la cloche... le menu varie en fonction de la pêche du jour et de la cueillette du potager. Certains week-ends, menus à thème (istrien, bosnien, russe, etc.) concoctés par des chefs invités. Belle carte des vins et accueil attentionné de Julija et Kristijan Kelam. Il est préférable de réserver. Comptez 100-180kn le repas, menu thématique 120kn.

ŽRNOVNICA Svetog Ante 26 (10km à l'est de Split) 095 582 5926 Tlj. 11h-0h

Et aussi **Villa Spiza** (p.202), **Ma : Toni** (p.203) à Split.

SHOPPING

Oui aux biscuits

Tradicija

Dans cette minuscule pâtisserie cachée dans une ruelle au nord-est de la place de la Nation, laissez de côté les banals *štrudels* et brioches pour accorder toute votre attention aux sablés et aux biscuits traditionnels : *preznic, bobići, ravioli, aranci* ou *mandulat*... Tous méritent d'être goûtés ! À emporter uniquement.

SPLIT (plan 15, C2 n°20) Bosanska 2
(021) 361 070 Lun.-sam. 8h-21h

Et aussi **Nadalina** (p.203) à Split.

SORTIES

Plutôt que les grandes terrasses qui jalonnent la **Riva** de Split, nous vous conseillons d'aller explorer la belle rue Majstora Jurja, dans le nord du palais de Dioclétien. Regroupées sur une petite place carrée, les conviviales terrasses des cafés sont fort appréciées au retour de la plage et à l'heure de l'apéritif. Le soir, une foule plutôt compacte se presse dans les bars qui jouxtent la venelle Buvinina, dans le sud-est du palais. Puis l'animation se déplace vers la baie de Bačvice et son complexe moderne.

Shaker vaillant

Paradiso Bar

Boire un café est une institution chez les Dalmates, et ce bar, avec sa grande terrasse, est une référence pour tous les amateurs, de Split ou d'ailleurs. En soirée, les jeunes s'y retrouvent volontiers et basculent sur les cocktails dans une ambiance animée et bon enfant. En été, des groupes de musique se produisent trois fois par semaine. Également des soirées animées par des DJ.

SPLIT (plan 15, A1 n°30) Tončićeva 4
091 317 3001 Juin-oct. : tlj. 7h-2h ; nov.-mai : tlj. 7h-1h

Pour le groove

Academia Club Ghetto

Un bar associatif décalé, apprécié pour sa grande cour, ses petites guirlandes lumineuses, ses vieux fauteuils multicolores et ses parasols hawaïens. Un décor kitsch à souhait ambiancé par une bonne sélection soul, R'n'B, et funk. Également des expos, des concerts et des performances.

SPLIT (plan 15, B3 n°31) Dosud 10
091 197 7790 Dim.-jeu. 9h-1h, ven.-sam. 10h-2h

Cocktail aux fraises

TROGIR ★

L'une des plus belles villes de la côte dalmate ! Sur cet îlot jadis ceint de remparts se serrent venelles dallées, élégants palais et une admirable cathédrale romane. En été, cette cité ramassée sur elle-même peine à contenir le flot des visiteurs, mais elle est une étape incontournable sur la route de Šibenik à Split.

ACCÈS ET INFOS

- Trogir est située 25km à l'ouest de Split et 50km au sud-est de Šibenik. L'aéroport de Split est à 6km. Liaisons en bus avec Split (ligne 37, 1h).
- Liaisons maritimes en été avec les îles Drvenik Veli et Drvenik Mali (compagnie Jadrolinija), et avec Split (Bura Line), idéal pour éviter les embouteillages.
- Office de tourisme Trg Ivana Pavla II (021) 885 628 visittrogir.hr

À VOIR

La vieille ville de Trogir est bâtie sur un îlot relié à la terre ferme, au nord, par un pont et une passerelle, et à l'île de Čiovo, au sud, par un pont qui se relève au passage des gros navires. La promenade animée de la Riva (Obala bana Berislavića) fait face à la marina de Čiovo. Attention, le vieux centre est entièrement piéton et, l'été, l'affluence touristique rend la circulation très compliquée à ses abords, notamment sur les ponts : garez-vous sur la terre ferme, le long de la Magistrale ou sur le quai nord de la vieille ville.

Bijou roman

Cathédrale Saint-Laurent / Katedrala Sv. Lovre

Avec celle de Šibenik, la cathédrale de Trogir, dont la construction s'étend du 13e au 17e s., s'impose comme l'une des plus remarquables de Croatie ! Le **portail principal** (1240), sculpté par le maître Radovan, compte parmi les chefs-d'œuvre de l'art roman croate. Ses colonnes historiées représentent les travaux du calendrier agricole et des scènes de la vie quotidienne médiévale (agrémentées de créatures exotiques ou fantastiques). À gauche, sous le porche, s'ouvre le baptistère, magnifique mélange des styles gothique et Renaissance signé Andrija Aleši (1467). À l'intérieur de la cathédrale, un bijou Renaissance : la **chapelle funéraire du Bienheureux-Jean-de-Trogir**, conçue par Nicolas le Florentin au 15e s. Cent soixante visages ou personnages en pied veillent sur le sarcophage. Impressionnant ! Pour profiter d'une vue panoramique de Trogir, ne manquez pas de grimper en haut du clocher (17e s).

Trg Ivana Pavla II (021) 881 426 Été : lun.-sam. 8h-20h, dim. 12h-18h ; reste de l'année : lun.-sam. 8h-12h 25kn

Entourée de chefs-d'œuvre

Place Jean-Paul-II / Trg Ivana Pavla II

La grand-place du vieux Trogir déborde d'édifices remarquables : face à la cathédrale, le palais Ćipiko (15e s.) avec ses baies gothiques sculptées par

À NE PAS MANQUER

- Cathédrale Saint-Laurent
- Pinacothèque

Le vieux Trogir, vu de la forteresse de Kamerlengo

Andrija Aleši ; l'hôtel de ville installé dans l'ancien palais du Recteur (13e s.) et remanié dans le style Renaissance ; la tour de l'Horloge et la magnifique loge (14e s.) où siégeait le tribunal. Une allégorie de la Justice sculptée par Nicolas le Florentin veille sur la table des juges, tandis que le mur sud est orné d'un bas-relief de Meštrović (1938). En contournant l'édifice, rejoignez le passage voûté de la rue Gradska pour admirer, à gauche, les entrelacs romans qui ornent le linteau sculpté du portail de l'église Sainte-Barbe (11e s.).

Iconique

Pinacothèque / Pinakoteka

Ce musée d'art sacré occupe l'église Saint-Jean-Baptiste (13e s.). La sobriété de la nef met particulièrement en valeur les œuvres exposées, des tableaux, statues et manuscrits enluminés du 14e au 17e s. Admirez *La Vierge dans le jardin des roses* (1433) et le polyptyque de *La Vierge à l'Enfant* (1434-1435) du talentueux Blaž Jurjev Trogiranin ainsi que le diptyque du Vénitien Gentile Bellini (1429-1507) figurant saint Jean-Baptiste et saint Jérôme.

Au sud de l'hôtel de ville (021) 881 426 Été : lun.-sam. 9h-20h, dim. 12h-18h 20kn

Au ras de l'eau

Riva

La large promenade aménagée sur le rivage sud de l'île, face à Čiovo, est bordée de palmiers, d'agréables terrasses de cafés et d'élégantes façades. Il subsiste un pan des remparts, près de la porte de la Mer (14e s.) à côté de la ravissante loge où les voyageurs trouvaient asile à la nuit tombée. Tout à l'ouest, après la forteresse et derrière le stade, une curiosité : la **gloriette de Marmont**, un minuscule temple circulaire érigé par les Français au début du 19e s.

Bastion vénitien

Forteresse de Kamerlengo / Gradina Kamerlengo

Édifiée par les Vénitiens au 15e s., elle domine de sa masse l'extrémité ouest de la Riva. Sa vaste cour intérieure accueille les spectacles du Festival d'été, tandis que ses remparts crénelés offrent une vue splendide sur la ville.

(021) 881 543 Tlj. 9h-21h 25kn

Le bon moment

Monastère Saint-Nicolas / Samostan Sv. Nikole

Ce couvent fondé en 1064 et agrandi au 14e s. est occupé par des bénédictines. Outre un très joli cloître Renaissance, il est célèbre pour abriter l'un des rares bas-reliefs témoins de l'occupation grecque, représentant Kairos, le dieu de l'Instant propice. Un jeune homme nu et ailé, au crâne rasé, dont seul le toupet frontal permet à celui ou celle qui le croise de s'en saisir prestement !

Gradska 2 (021) 881 631 benedicta.hr Lun.-sam. 10h-12h et 16h-19h 20kn

À FAIRE

Allez à la plage

Vous trouverez une grande base de loisirs et de sports nautiques à **Seget**, environ 3km à l'ouest de Trogir. Pour la baignade, vous pourrez faire le tour des plages de l'**île de Čiovo**, mais vous y serez rarement seul et elles ne sont pas toujours très propres. Les gens du cru leur préfèrent les criques de **Drvenik Veli** et de **Drvenik Mali**, deux îles situées respectivement à 1h et 1h20 de ferry de Trogir.

NOS ADRESSES

RESTAURANTS

Simple et sans surprise

Piccolo Ponte ◎◎

Pour dîner au calme, Piccolo Ponte s'avère un choix parfait, avec sa terrasse fleurie en plein cœur de la vieille ville, où vous serez accueilli avec bienveillance. Le patron n'est pas peu fier de son four importé d'Italie, et il y cuit 19 variétés de pizzas, de 30 à 50kn. Également des plats de viande pour deux à 100 et 180kn.

TROGIR Vukovarska 9 (021) 440 632 piccolo-ponte.hr Été : tlj. 12h-0h

À prix d'ami

Škrapa ◎◎

Installée sur le quai nord de la vieille ville, cette petite taverne populaire fait salle comble midi et soir... pour ses prix très tenus, plus sûrement que pour la sophistication de sa cuisine ! Comptez 70-80kn pour des calamars, des moules, des *čevapčići* ou un risotto à l'encre de seiche.

TROGIR Hrvatskih mučenika 13 (021) 885 313 Haute saison : tlj. 9h-0h

Gambas grillées

Prenez de la hauteur

Alka

Il y a bien sûr l'agréable terrasse sur la petite place voisine du restaurant, mais, pour plus d'intimité, nous vous conseillons de réserver l'une des cinq tables dressées sur l'adorable toit-terrasse. Service attentif et d'excellentes recettes de poisson et de viande, comme la *pašticada* (bœuf mariné à la Dalmate). Repas 150-200kn.

TROGIR Augustina Kažotića 15
(021) 881 856 www.restaurant-alka.hr
Lun.-ven. 7h-23h30, sam.-dim. 8h-0h

C'est bon !

Frankie ♥

Il n'est pas facile de débusquer ce "Frankie", mais l'effort est récompensé ! Cette excellente table à prix très raisonnables propose une remarquable cuisine du cru, où se distinguent les coquillages, les grillades et les vins locaux. Essayez la salade de poulpe ou, pour deux, la marmite de la mer (spaghettis, langoustines, coquillages, crabe et langouste). Repas 200-250kn.

SEGET DONJI (2,5km à l'ouest de Trogir, en bord de mer, après la marina, face à un petit port) (021) 880 562
Tlj. 11h-23h

SORTIES

Appréciables à toute heure de la journée, les terrasses de la **Riva** frôlent la saturation les soirs d'été. Bonne ambiance et concerts gratuits sur la jolie place Radovanov, derrière la cathédrale. Renseignez-vous sur les programmes du Festival d'été (concerts, pièces de théâtre, etc., dans la forteresse de Kamerlengo et dans toute la ville). Mais peut-être préférerez-vous tout simplement une balade sur la marina de Čiovo pour admirer la vieille ville au clair de lune.

Good vibrations

Corte Bar

Sur la place principale de Trogir, très animée le soir, et face à la cathédrale, un bar à l'ambiance joyeuse, avec un très vaste choix d'excellents cocktails. Bonne musique, service agréable. Un peu cher, certes, mais l'ensemble le mérite !

TROGIR Gradska 35
(021) 885 245 Tlj. 7h-2h

MAKARSKA ET SA RIVIERA

La grande station balnéaire de Makarska a donné son nom à la mince bande littorale qui s'étire sur 60km au pied du massif du Biokovo. De Brela, au nord, à Gradac, au sud, une vingtaine de ports de pêche convertis au tourisme de masse depuis les années 1970 s'inscrivent dans ce cadre spectaculaire, où le gris de la roche le dispute au vert sombre des pinèdes et au bleu éclatant de la mer.

ACCÈS ET INFOS

- Makarska se trouve 85km au sud-est de Split.
- Des ferries relient Makarska à l'île de Brač (port de Sumartin, 1h de trajet).
- Jadrolinija 021 679 515 www.jadrolinija.hr
- Office de tourisme de Makarska Obala kralja Tomislava 16 (021) 612 002 www.makarska-info.hr Mai-sept. : lun.-ven. 8h-18h, sam. 8h-13h ; oct.-avr. : lun.-ven. 8h-14h

À VOIR

MAKARSKA

En dehors de ses folles nuits estivales, Makarska invite à une plaisante promenade le long des quais et de la pointe Saint-Pierre (Sv. Petar). Cette presqu'île recouverte de pins dispense des vues splendides sur le port et les massifs dénudés du Biokovo. Après une petite flânerie sur la grande place Kačić, dominée par l'église Saint-Marc (Sv. Marko, 18e s.), vous pourrez rejoindre, au sud-est de la vieille ville, le monastère franciscain (Franjevački samostan), fondé au 16e s. par des franciscains de Bosnie. Les collections exotiques du **musée des Coquillages** s'organisent autour de son joli cloître. Makarska est un bon point de départ pour explorer le massif du Biokovo. Mais si vous êtes féru d'art et d'histoire, inutile de vous y attarder.

Musée des Coquillages / Malakološki muzej Franjevački put 1 **(021) 611 256 malakoloski-muzej-makarska.eu Été : lun.-sam. 10h-19h, dim. 10h-13h ; reste de l'année sur réservation 30kn**

LE NORD DE LA RIVIERA

Hors du temps

Bratuš

Pas un hôtel n'est venu défigurer le front de mer ; seul un chapelet de villas s'égrènent le long d'une belle plage de galets. Leurs propriétaires tirent des tables sur le quai pour jouer aux cartes, et surtout profiter du spectacle de la grande bleue à l'ombre des palmiers et des lauriers-roses. Un petit coin tranquille à l'écart des foules de Makarska.

3km au nord-ouest de Makarska

Prenez de la hauteur

Baška Voda

Voiliers, yachts, cafés, restaurants, commerces, hôtels... La longue promenade du front de mer ne trompe pas : Baška Voda est bien le port le plus animé du

À NE PAS MANQUER

- Brela
- Parc naturel du Biokovo
- Tučepi
- Delta de la Neretva

Sur le rivage de Bratuš

nord de la riviera de Makarska. Si la foule estivale vous insupporte, réfugiez-vous dans l'adorable hameau de **Topići**, accroché au flanc du Biokovo, environ 3km à l'est (par la route ou par un sentier). Vous y découvrirez une poignée de maisons en pierre abandonnées, envahies par des figuiers et des grenadiers.

10km au nord-ouest de Makarska

Port de charme
Brela

Malgré ses quelques grands hôtels, Brela a conservé le charme d'un petit port tranquille et ses jolies plages de galets. Séparées par de petites pointes rocheuses, elles s'étirent sur près de 2km à l'ombre des pins.

15km au nord-ouest de Makarska

DANS L'ARRIÈRE-PAYS

Précis de géologie
Parc naturel du Biokovo / Park prirode Biokovo

L'impressionnant massif karstique du Biokovo, dont quelque 192km^2 ont été classés parc naturel en 1981, s'étire au-dessus de la riviera. Il culmine au mont Sveti Jure (1 762m), et une quinzaine de ses sommets escarpés dépassent 1 400m. Malgré l'austérité de ses crêtes et de ses plateaux dont les grottes, dolines, lapiaz et gouffres sont autant de curiosités, le massif possède une flore étonnamment riche, qui comprend l'endémique clochette du Biokovo (*Edraianthus pumilio*). Outre des vues éblouissantes sur toute la région, ses hauteurs offrent aussi un refuge de choix aux rapaces, aux chamois, aux mouflons et aux loups. La quarantaine de sentiers qui quadrillent le parc traversent parfois des villages abandonnés. Les offices de tourisme de la région distribuent des cartes gratuites d'itinéraires à la journée (piétons et cyclistes), mais pour des expéditions plus longues, mieux vaut acheter la carte au 1/25 000 publiée par les autorités du parc.

30km de Makarska dir. Vrgorac www.pp-biokovo.hr Avr.-juin : 8h-19h ; juin-sept. : 6h-18h ; oct. : 7h-18h € 60kn Bureau du parc Franjevački put 2a Makarska (021) 616 924 www.biokovo.com

Sacré sommet

Sveti Jure

Une route aussi étroite que vertigineuse conduit les automobilistes et les cyclistes endurants – qui se sont acquittés du droit d'accès au parc – jusqu'au sommet du mont Saint-Georges (1 762m). Comptez une heure et 31km à partir de Makarska (dir. Vrgorac). Mais le panorama à 360 degrés sur le massif et la mer récompensera vos efforts. À pied, il faut prévoir au moins 6h d'ascension à partir de Makarska, en passant par le village de Makar et le mont Vošac (1 422m) – une sortie réservée aux randonneurs aguerris.

LE SUD DE LA RIVIERA

More i planina

Tučepi

L'une des plus jolies stations balnéaires de la région. Sur près de 4km, un port de plaisance, des zones de baignade et une longue plage de galets ombragée par un cordon continu de conifères bordent une mer turquoise. Aux extrémités nord et sud, le littoral se fait plus sauvage et les plages plus intimes. **Gornji Tučepi**, le village ancien perché sur les hauteurs, mérite le détour pour ses vénérables maisons de pierre et ses bonnes tavernes.

5km au sud-est de Makarska

Station familiale

Gradac

La longue plage de galets (7km) et la promenade du front de mer de Gradac sont si étroites que l'on a l'impression d'avoir continuellement les pieds dans l'eau. Si vous restez à distance des complexes hôteliers du nord du village, vous serez sans doute séduit par la douceur des soirées sur le port.

42km au sud-est de Makarska

Dans les champs irrigués

Delta de la Neretva

La Neretva prend sa source près de Sarajevo et se jette dans l'Adriatique entre Ploče et la frontière bosniaque en un vaste delta. La route Magistrale surplombe cette immense vallée fertile (192km^2), irriguée par un réseau labyrinthique de canaux, qui rappelle par sa biodiversité le delta du Danube. Malgré la culture extensive des arbres fruitiers, notamment des mandariniers, à laquelle elle est livrée, la zone humide continue d'offrir un refuge privilégié à de nombreux oiseaux sédentaires ou migrateurs. Au nord-est du delta, le village de **Vid** a révélé la présence d'une antique ville grecque, **Narona**, sans

Au sommet du Sveti Jure

doute édifiée dès le 6e s. av. J.-C. On peut y voir les ruines d'un imposant temple consacré à l'empereur Auguste, et visiter son petit musée archéologique. En descendant le fleuve, on rejoint le village de **Kula Norinska** et sa tour ottomane du 16e s. Plus en aval, le quadrillage des canaux est de plus en plus régulier. Il est possible d'explorer ces voies d'eau en *trupica*, barque traditionnelle, en s'adressant à une agence de voyages de Makarska, Pelješac ou Dubrovnik.

À FAIRE

Herborisez

Jardin botanique de Kotišina

De Makarska, plusieurs circuits pédestres d'une longueur variable et une route asphaltée permettent de gagner le hameau de Kotišina, 3km à l'est. Un jardin botanique consacré aux espèces endémiques du Biokovo a été aménagé au pied d'une falaise gris-rose, près des vestiges d'un ermitage du 17e s. L'occasion d'une agréable balade et d'une flânerie rêveuse parmi les vieilles maisons du village.

Haute saison : tlj. € Entrée libre

NOS ADRESSES

RESTAURANTS

Sans façon

Susvid ☺☺

Une petite terrasse, idéale pour profiter de l'animation de la place Kačić, en savourant une viande grillée au feu de bois, un poisson ou des crustacés. De nombreux menus de 60 à 150kn. En été, les serveurs sont parfois débordés. Si le restaurant est bondé, rendez-vous au **Peškera**, au nord du front de mer (même maison et même qualité). Prévoyez de 150 à 200kn à la carte.

MAKARSKA Kačićev trg 8 (021) 612 732 Tlj. 9h-0h

Plus classieux

Jež

L'une des meilleures tables de la région. Cet élégant restaurant se cache dans le nord de la ville, au milieu des résidences d'été et des hôtels du littoral. Cuisine raffinée et créative qui met le poisson et les fruits de mer à l'honneur. Et, chose rare dans les restaurants croates, des pâtisseries maison, chaque jour différentes. Menu midi (soupe, plat et salade) 80kn, menu du jour (viande ou poisson) 120kn, env. 200kn à la carte.

MAKARSKA Kralja Petra Krešimira IV 90 (021) 611 741 Tlj. 12h-0h

Authentique

Konoba Panorama

Dans l'adorable hameau de Topići, une vieille taverne familiale comme on les aime, dont la terrasse panoramique domine la côte. On y savoure une bonne cuisine du terroir (jambon fumé, agneau grillé et viandes cuites sous la cloche) accompagnée de musique traditionnelle les ven. et sam. soir. Env. 160-200kn.

TOPIĆI (3km à l'est de Baška Voda) 099 33 49 220 Été : tlj. 17h-0h

LA RECETTE

CRNI RIŽOTO (RISOTTO NOIR)

Pour 4 pers.

250g de riz rond (Arborio ou Carnaroli)
3 c. à s. d'huile d'olive
2 échalotes émincées
15cl de vin blanc sec
75cl de bouillon de légumes
1 ou 2 sachets d'encre de seiche
100g de parmesan râpé
Sel, poivre

Faites fondre les échalotes ciselées à feu vif dans l'huile chaude d'une grande casserole à fond épais. Ajoutez l'ail et le riz sans cesser de mélanger. Quand les grains de riz sont translucides, salez et poivrez. Versez le vin blanc et laissez-le s'évaporer à feu modéré. Ajoutez ensuite une louche de bouillon, laissez absorber et renouvelez l'opération. Réservez la dernière louche de bouillon. Comptez ainsi env. 20min pour la cuisson du riz (goûtez). Hors du feu, diluez l'encre de seiche dans le restant de bouillon (chaud). Versez sur le riz et mélangez. Ajoutez le parmesan et rectifiez l'assaisonnement avant de servir.

Valeur sûre

Konoba Feral ♥

Une bonne taverne du front de mer de Brela, où l'on pourra déguster des pâtes maison, une salade de roquette aux crevettes, une brochette de lotte ou une raie au vin blanc. Quelques photos sépia de pêcheurs en guise de décor. Env. 150kn. Attention à l'affluence : réservez ou arrivez tôt !

BRELA Obala K. Domagoja 30 (021) 618 909
Fév.-déc. : tlj. 11h30-22h

Prix d'excellence

Konoba Ivandića Dvori ♥

Cette belle maison classée mérite une halte. L'été, sa très agréable terrasse se déploie face au canal de Brač et au coucher du soleil. Quand il fait frais, on apprécie les beaux volumes intérieurs (pierres apparentes et poutres), et le feu dans l'âtre. Au menu, des plats dalmates à base de produits locaux : poisson, succulentes *peka* de viande (cuites sous la cloche) à réserver la veille, grillades de fruits de mer, le tout avec un sens de l'accueil aiguisé. Carte de vins locaux. Comptez 60-160kn le repas. *Peka* pour quatre 480kn, poisson 450kn le kilo.

BRELA Banje 1 (021) 618 407
konoba-ivandicadvori.com
Mi-avr.-mi-oct. : tlj. 17h-23h

La Neretva dans votre assiette

Đuđa & Mate

À l'entrée de Vid, au bord d'un affluent de la Neretva, un restaurant réputé pour ses spécialités du delta : les cuisses de grenouille et l'anguille en bouillabaisse avec sa polenta. On y retrouve, bien sûr, les grands classiques dalmates. À savourer dans une salle aux pierres et poutres apparentes ou en terrasse au bord de l'eau – les soirs d'été, prévoyez un anti-moustique ! En journée, possibilité de balade en barque parmi les roselières et les orangeraies du delta, avec entrée froide servie à bord (250kn pour 2). Comptez 140-250kn le repas.

VID Velika Riva 2 (020) 687 500
Tlj. 8h-22h

SORTIES

Un cadre de rêve

Deep Makarska

Il faut descendre quelques marches et suivre une passerelle le long du rivage pour accéder à l'entrée de cette grotte assez profonde donnant sur une petite plage et la mer. Plutôt calme et clairsemée en début de soirée, la jeune clientèle "troglo" se métamorphose en une foule dansante passé minuit.

MAKARSKA Šetalište fra Jure Radića 21
098 320 055 deep.hr Tlj. 9h-5h

Deux ambiances

Grotta

Ambiance plutôt tropicale (reggae, funk, afro beat, etc.) sur les deux terrasses posées à même la roche, offrant une vue splendide sur la baie illuminée de Makarska. De là, il suffit de descendre quelques marches pour accéder à la grotte et à son ambiance electro (techno, house, etc.).

MAKARSKA Šetaliste sv. Petar bb.
(à la pointe est de la presqu'île Sv. Petar)
098 947 6431 Tlj. en pleine saison

L'ÎLE DE BRAČ

La troisième plus grande île de Croatie est aussi la plus proche de Split. Elle voit ainsi débarquer, chaque été, une foule de touristes aimantés par la paradisiaque plage de Bol, l'une des plus somptueuses du pays. Mais les petits ports tranquilles qui s'égrènent sur sa côte nord-ouest et l'âpre beauté qui se dégage de son arrière-pays méritent tout autant le déplacement.

À VOIR

ACCÈS ET INFOS

- Liaisons en avion en saison (avr.-oct.) avec Zagreb (2 vols/sem.).
- Liaisons en bateau entre Split (compagnie Jadrolinija) et les ports de Supetar (nord de l'île, 50min), de Bol (sud, 1h10) et de Milna (ouest, 40min). Milna est aussi desservie par la ligne Dubrovnik-Split (escales aussi à Hvar, Korčula et Mljet). Liaisons entre Makarska (continent) et Sumartin (est de l'île, 30min-1h) avec Jadrolinija.
- Office de tourisme de Supetar Porat 1 (021) 630 551 www.supetar.hr
- Office de tourisme de Bol Porat bolskih pomoraca bb Murvica (021) 635 638 www.bol.hr

Brač est ancrée entre Split et l'île de Hvar, dont elle est séparée par le canal du même nom. Longue d'une quarantaine de kilomètres et large de 14km, elle est dominée par le Vidova Gora qui, avec 780m, est le plus haut sommet des îles croates. Ses deux grandes stations balnéaires, Supetar, au nord, et Bol, au sud, sont reliées par une route de 36km qui traverse l'île en contournant les massifs escarpés de la côte sud.

Station d'accueil
Supetar

La plus grande agglomération de l'île (3 500 hab.) est une petite station balnéaire animée par le va-et-vient des ferries qui la relient à Split. Bordée de terrasses de cafés, la promenade du front de mer s'étend du port à la pointe Saint-Nicolas, à l'ouest. Les pinèdes de ce petit cap abritent un **cimetière** doté d'élégantes sépultures comme l'impressionnant mausolée des Petrinović (1927) et son curieux mariage des styles néoroman, néobyzantin et néo-islamique. Le cimetière abrite aussi des œuvres d'Ivan Rendić (1849-1932), grand sculpteur qui passa les onze dernières années de sa vie à Supetar.

Le début de l'histoire
Škrip

Dans ce joli hameau perché dorment les vestiges de la première agglomération de l'île. Jetez un coup d'œil aux sarcophages romains qui gisent devant le petit château des Cerinić (16e s.), puis rendez-vous au **musée de Brač**, à deux pas, pour découvrir ses collections archéologiques et ethnographiques. Parmi ses trésors figurent deux bas-reliefs d'Hercule (3e-4e s.), dont le culte était très

À NE PAS MANQUER

- Bol pour la plage de Zlatni rat
- Ermitage de Blaca

Le front de mer de Supetar

répandu parmi les soldats romains. Derrière le musée, ne manquez pas la jolie chapelle du Saint-Esprit (SV. Duha, 7e-12e s.) blottie dans un petit cimetière.

9km au sud-est de Supetar, en suivant la route côtière jusqu'à Splitska (6km), puis en tournant à droite (env. 3 cars/j. de Supetar)
Musée de Brač / Brački Muzej (021) 637 092 Tlj. 9h-19h € 20kn

Le fief des sculpteurs

Donji Humac

Dans ce village voisin de plusieurs carrières œuvrent plusieurs sculpteurs de renom, tel Pero Jakšić, qui organise, chaque été, des rencontres internationales de sculpture. Les artistes se retrouvent sur le parvis de l'église pour donner vie à de gros blocs de pierre de Brač, et leurs œuvres restent souvent exposées toute l'année, faisant de Donji Humac une galerie d'art en plein air. Plus minimaliste, Ida Jakšić utilise la pierre de Brač pour créer des souvenirs (porte-clefs, porte-photos...). N'hésitez pas à les appeler pour visiter leur atelier.

7km au sud de Supetar **Pero Jakšić** 098 287 287 www.croarte.com
Ida Jakšić (021) 647 742 ou 098 422 499

Querelle de clocher

Ložišća

Accroché au flanc d'une vallée encaissée, sur la route de Milna, le bourg de Ložišća vaut la visite pour son **clocher à bulbe**. Cette construction extravagante fut réalisée en 1920 par le célèbre sculpteur Ivan Rendić à la demande des habitants, qui souhaitaient faire pâlir de jalousie ceux de Bobovišća, le village voisin. L'artiste se prêta au jeu et se fit payer symboliquement 24 bouteilles de *prošek*.

14km au sud-ouest de Supetar

La plage de Zlatni Rat, à Bol

Pour le farniente

Milna

La baie de Milna abrite une marina et un agréable port de pêche, où les insulaires viennent tôt le matin acheter leur poisson frais. Les agréables terrasses de cafés installées sur les quais, et dominées par l'église baroque, sont parfaites pour paresser. Vous pouvez aussi aller vous baigner dans les criques paradisiaques de la côte sud, à 2 ou 3km de là.

6km au sud de Ložišća

COULEUR LOCALE

Utilisée au 3e s. pour le palais de Dioclétien à Split, la **pierre de Brač**, d'une blancheur éclatante, se travaille facilement et durcit en vieillissant, assurant ainsi la solidité des bâtiments. Ce calcaire a été utilisé pour la construction du Parlement de Budapest, du Reichstag de Berlin, de la cathédrale de Liverpool et de la Maison-Blanche à Washington.

Plage de carte postale

Bol

La principale station balnéaire de l'île doit sa renommée à la **plage de Zlatni Rat**, spectaculaire "corne d'or" de petits galets lisses, qui s'avance comme une pointe dans une mer turquoise. Pour aller vous étendre sur la plage la plus célèbre de Croatie, il suffit de longer la promenade du front de mer (20min), mais vous pouvez aussi monter dans le train touristique qui part de l'extrémité ouest de la Riva. Le port de Bol a gardé son caractère avec quelques vieilles maisons et un monastère dominicain (Dominikanski samostan) campé sur une pointe rocheuse séparant deux adorables criques.

36km au sud de Supetar

Bestiaire fantastique

Grotte du Dragon / Drakonjina špilja

Cette petite grotte aurait été aménagée au 15e s. par les moines de Blaca (cf. ci-après). C'est à eux que les archéologues attribuent les bas-reliefs à motifs de dragons et autres bêtes fantastiques qui ornent ses parois et dont la symbolique reste mystérieuse. Visites guidées (4h) en anglais ou en allemand organisées à partir de Bol avec transport en minibus.

Murvica (5km à l'ouest de Bol) 091 514 9787 € 130kn

Ascension les yeux

Vidova Gora

Le point culminant de l'île (780m) offre un panorama époustouflant sur la côte sud de Brač et les îles environnantes. L'ascension à partir de Bol (2h de marche env.) est assez éprouvante. Prévoyez de l'eau et un chapeau !

30km de Bol par la D113 en bifurquant à gauche avant Nerežišća

Avec les reclus

Ermitage de Blaca / Samostan Pustinja Blaca

Isolé dans un canyon de la côte sud, uniquement accessible à pied, l'ermitage de Blaca est l'un des plus beaux sites de Dalmatie centrale. Fondé en 1551 par des moines chassés de Krk, le monastère fut relevé au 18e s. après un incendie. Le père Nikola Miličević, féru d'astronomie, y installa un télescope en 1926. À sa mort, en 1963, l'ermitage fut transformé en un centre d'études. La visite guidée évoque, non sans humour, le souvenir de ce moine et la vie quotidienne de la communauté avec la cuisine, la salle de classe...

12km à l'ouest du Vidova Gora jusqu'au parking, puis 40min de descente à pied De Bol, 1h de bateau puis 30min d'ascension à pied (excursion organisée par les agences de Bol) 091 516 4671 Juin-sept. : mar.-dim. 9h-17h ; oct.-mai : mar.-dim. 9h-15h € 40kn

À FAIRE

Plongez autour de l'île

Big Blue

Tout pour profiter des flots cristallins qui baignent l'île ou accéder aux meilleures criques : cours de plongée et sorties accompagnées (250-600kn). Également des sorties plongée autour de Hvar.

Podan Glavice 2 Bol 098 425 496 www.big-blue-diving.hr

Filez, volez au-dessus des vagues

Les vents qui s'engouffrent dans le canal de Hvar font de Bol un spot privilégié pour les mordus de planche à voile et de kitesurf.

Yellow Cat Bol (sur la plage, entre le centre-ville et Zlatni Rat) 098 247 348 www.zutimacak.hr **Big Blue** Podan Glavice 2 Bol 098 425 496 www.big-blue-diving.hr

NOS ADRESSES

PAUSES

Tous à la cave

Stina

Sur le quai, cet entrepôt servait autrefois de cave aux vignerons qui exportaient leur production. Magistralement restauré, il constitue désormais la vitrine du producteur Jako Vino. Testez le *pošip* (rosé), le *plavac mali* "barrique", le *vugava* (blanc) ou l'*opol* (blanc), que vous pourrez accompagner d'une assiette de charcuterie ou de fromage. Vin au verre 8-15kn, bouteille 65-95kn.

BOL Bračka cesta 13 (021) 306 220
www.stina-vino.hr Avr.-nov. : 11h-0h

QG cosy

Varadero ♥

Style moderne, fauteuils profonds, parasols en paille : les canons du *lounge* balnéaire sont parfaitement respectés ! Posté à l'immédiate proximité du quai, en contrebas de l'hôtel Kaštil (dont il dépend), le Varadero sert des cafés, et des oranges et des citrons pressés reconstituants. La soirée venue, la carte pléthorique des alcools et cocktails (50-70kn) répondra à tous les désirs.

BOL Frane Radića 1 (sur le quai)
095 905 4203 Tlj. 7h-2h

RESTAURANTS

Taverne du port

Bistro Palute

Voisin du débarcadère, ce bistrot familial sert une cuisine saine et bon marché, à base de poisson frais et de produits de la ferme. Menu du jour 50-90kn, menu enfants à 30kn.

SUPETAR Porat 4 (021) 631 730
Juin-oct. : tlj. 8h-0h ; nov.-mai : tlj. 8h-22h

À fond les poissons

Konoba Vinotoka

La taverne la plus réputée de Supetar se cache dans une ruelle au sud du port. L'été, il faut patienter pour obtenir une table en salle ou en terrasse et faire ainsi honneur à sa cuisine de la mer, simple mais succulente. Repas 150-200kn.

SUPETAR Jobova 6 (021) 630 969
Tlj. 15h-0h

Poivrons grillés

Pour les carnivores

Konoba Kopačina ♥ ◒◒

Les habitants de Brač font régulièrement le déplacement jusqu'au village de Donji Humac en soirée, pour y déguster les excellentes viandes de cette taverne tenue par des éleveurs. Agneau, bœuf et veau grillés à la braise ou cuits sous la cloche (à réserver au moins 2h avant) : les morceaux fondent dans la bouche ! De la terrasse, la vue sur le nord-ouest de l'île est splendide. Repas env. 120-200kn. Musique traditionnelle le jeudi soir.

DONJI HUMAC (021) 647 707 www.konoba-kopacina.com Fév.-mars, nov.-déc. : 10h-22h ; avr.-oct. : 10h-0h

À fleur d'eau

Moli Onte ◒◒

Postée au-dessus de l'eau, dans le village de Milna, cette auberge familiale accueille pour un repas dalmate ou un séjour au calme dans l'un de ses 3 appartements. Installez-vous sur la terrasse pour déguster l'une des spécialités insulaires cuites au feu de bois sous cloche (*peka*) ou en grillade, un plateau de fruits de mer ou, plus inattendu, un plat de gibier. Les *peka* sont à réserver la veille. Repas 120-200kn.

MILNA Punta Milna 42 (021) 745 017 www.molionte.com Mai-début oct. : tlj. 9h-23h

Le snack des locaux

Arguola ♥ ◒

Posté près du petit parking qui marque le début de la zone piétonne, ce modeste "sandwich-bar" est fréquenté par les chauffeurs de taxi, les marins du ferry, le pompiste de la station... Un signe qui ne trompe pas ! Sandwichs chauds et froids, ingrédients au choix. Simple et bon marché. Sandwichs 10-25kn, frites 10kn.

BOL Vladimira Nazora 6 Lun.-sam. 9h-17h

Rustique et chaleureux

Pizzeria Maza ◒

Aménagée à l'écart de l'agitation du port, dominant une petite plage, voilà une terrasse toute simple qui permet d'admirer l'horizon, essentiellement occupé par l'île de Hvar. Choix d'une vingtaine de pizzas classiques, immenses et généreuses, cuites au feu de bois (50-70kn). Quelques plats et hors-d'œuvres, des pâtes (50-65kn) et une dizaine de salades (30-60kn).

BOL A. Starčevića 9 (021) 635 399 Juin-nov. : tlj. 18h-0h

Pour tous les goûts

Topolino ◒◒

Le succès de Topolino ? Une carte pléthorique (plus de 120 plats !), des musiciens qui mettent le feu avec de vieux standards américains, des portions copieuses et des prix honnêtes (entrées 50-90kn, plats 65-100kn, pizzas 50-70kn). Inutile de se priver !

BOL Riva 2 (021) 635 767 Mai-oct. : tlj. 8h-0h

Tout en un

Taverna Riva ◒◒◒

Elle fait tout à la fois bar, pizzeria et restaurant ! Comptez 40kn pour une pizza ou 200-250kn minimum pour une assiette nettement plus élaborées au restaurant (gnocchis maison aux truffes, carpaccio de thon...). Agréable terrasse face au port pour observer les bateaux et les véliplanchistes.

BOL Frane Radića 5 (021) 635 236 tavernariva-bol.com Haute saison : lun.-sam. 7h-2h, dim. 8h-2h

L'ÎLE DE HVAR ★

L'une des îles les plus glamour de l'Adriatique ! Un jardin d'Éden tout en longueur, couvert d'oliviers, d'agaves, de vignes et de champs de lavande, parsemé de discrets villages préservés et offrant des criques magiques. Pas étonnant que la jet-set y ait jeté son dévolu et l'ancre de ses yachts ! Vous profiterez d'autant mieux de ses atouts hors saison...

ACCÈS ET INFOS

- Liaisons en bateau avec la compagnie Jadrolinija de Split (1-2h selon le type de bateau), Bol (île de Brač), Korčula-ville et Vela Luka (île de Korčula), Ubli (île de Lastovo), Dubrovnik (1h30) et Drvenik, sur le continent (35min). Un catamaran de la compagnie Kapetan Luka relie également tlj. Split à Hvar-ville. Hvar dispose de plusieurs ports : Hvar-ville, Stari Grad, Sućuraj et Jelsa. En voiture, vous ne pourrez débarquer qu'à Stari Grad et Sućuraj, au nord de l'île.
- Office de tourisme de Hvar-ville Trg svetog Stjepana 42 (021) 741 059 www.tzhvar.hr
- Office de tourisme de Stari Grad Obala Dr Franja Tuđmana 1 (021) 765 763 www.stari-grad-faros.hr

À VOIR

Hvar s'étire tout en longueur sur près de 70km, alors que sa largeur ne dépasse pas 11km. La chaîne calcaire qui domine l'île sur toute son étendue culmine au mont Sveti Nikola (628m). La baie de Hvar (la ville), son chef-lieu, s'étend à l'extrémité occidentale de l'île. De là, la route principale permet de rejoindre par un tunnel les ports de Stari Grad (20km), de Vrboska (30km) et de Jelsa (32km). La partie orientale de l'île et le port de Sućuraj ne présentent pas un grand intérêt touristique.

HVAR-VILLE

Gardée au nord par une forteresse vénitienne et des remparts crénelés qui disparaissent sous la végétation, la ville de Hvar se déploie le long d'une petite baie protégée par les îles Pakleni. La plupart des monuments, des commerces et des cafés se trouvent sur les quais (Riva au sud et Fabrika au nord-ouest) et sur la place Saint-Étienne (Sv. Stjepana). En été, pour échapper à la cohue et aux paillettes de la Riva, il suffit de s'enfoncer dans le dédale des ruelles escarpées au nord et au sud de la place Saint-Étienne.

Blanche agora

Place Saint-Étienne / Trg Sv. Stjepana

Également appelée Pjaca, cette longue place Renaissance, la plus grande de Dalmatie, constitue le cœur de la ville. Dominée par la cathédrale, elle débouche sur le Mandrač, élégant bassin du 15e s. dans lequel se balance une myriade de bateaux de pêche. Les élégantes façades blanches et les larges pavés brillants invitent à s'attarder sur ses terrasses de cafés pour profiter du coucher de soleil et du changement de couleur des pierres. Remarquez, au centre, le joli puits édifié sur une citerne du 16e s.

À NE PAS MANQUER

- Place Saint-Étienne (Hvar-ville)
- Monastère franciscain (Hvar-ville)
- Maison de Petar Hektorović (Stari Grad)
- Presqu'île de Kabal
- Vrboska
- Îles Pakleni

La place Saint-Étienne, à Hvar-ville

Baroque et Renaissance

Cathédrale Saint-Étienne / Katedrala Sv. Stjepana

Élevée au 16e s. sur les fondations d'un sanctuaire gothique, elle marie avec une rare élégance les styles Renaissance et baroque. Le fronton trilobé imite celui de la cathédrale de Šibenik, tandis que le campanile du 17e s. reprend le développement graduel des ouvertures, typique des églises romanes. À gauche de l'entrée, est exposé un bas-relief de Georges le Dalmate, une ébauche de la *Flagellation du Christ* réalisé pour la cathédrale de Split. L'abside a conservé les voûtes gothiques mais son décor est baroque.

(021) 742 160 Tlj. 9h-12h et 16h-18h Fermée j. fér. Tenue correcte exigée (éviter les shorts) 10kn

Planches de poche

Théâtre / Kazalište

Installé juste au-dessus de l'arsenal, ce merveilleux petit théâtre Renaissance, inauguré en 1612, fut le premier théâtre public d'Europe. Nobles et paysans, pêcheurs et soldats, tous les insulaires de sexe masculin pouvaient s'y divertir (les femmes, elles, durent attendre la seconde moitié du 19e s. pour pouvoir y entrer !). Son décor néobaroque du 19e s. et ses adorables loges lui donnent des airs de maison de poupée.

(021) 741 608 Tlj. 10h-20h

Oasis de calme

Monastère franciscain / Franjevački samostan

Repérable à son haut campanile, ce monastère du 15e s. est installé dans l'anse de Križ, au sud de la Riva. Sur le tympan de l'église, admirez la douceur des traits de la *Vierge à l'Enfant* réalisée en 1467 par Nicolas le Florentin, puis laissez-vous envahir par la fraîcheur et la sobriété du cloître. À l'intérieur de l'église, belles stalles de 1583 et le somptueux jubé orné de stucs dorés et de scènes de la Passion. Hanibal Lucić, grand poète humaniste hvarois, est enterré au pied de l'autel. Le musée du monastère conserve quelques belles œuvres d'art des 15e-18e s., dont un *Mariage mystique* de Blaž Jurjev Trogiranin (1430).

(021) 741 193 Haute saison : tlj. 10h-12h et 17h-19h ; basse saison : tlj. 10h-12h 30kn

Rempart de la forteresse espagnole, Hvar-ville

Pour la vue

Forteresse espagnole / Tvrđava španjola

Perchée sur une colline au nord de la cité, cette Fortica (forteresse) vénitienne fut édifiée au milieu du 16e s. par des architectes espagnols (d'où son nom). Endommagée par une explosion de poudre en 1579 (due à la foudre !), elle subit de nombreux remaniements jusqu'au 19e s. Visitez les cachots et surtout profitez du coucher de soleil sur la ville et les îles Pakleni.

15min à pied par le sentier qui monte en lacet au nord de la vieille ville (021) 718 336
Tlj. 9h-21h 40kn

STARI GRAD

Antique découpe

Stari Grad

Niché au fond d'une longue baie profonde de 6km, ce petit port compte parmi les mieux abrités de l'île. C'est dans ce refuge apprécié des plaisanciers que les Grecs fondèrent leur première colonie en 385 av. J.-C. Si les vestiges de **Pharos**, la ville de l'époque, sont maigres, notez que les parcelles de vignes, à l'ouest de la ville, respectent le cadastre antique. Ce système d'organisation agricole resté intact pendant 24 siècles a valu à la plaine de Stari Grad d'être classée par l'Unesco au Patrimoine mondial de l'humanité en 2017. Malgré la présence de quelques gros complexes balnéaires, les quais animés et les venelles tortueuses de la vieille ville, au sud, sont vraiment pleins de caractère.

20km au nord-est de Hvar-ville

Visite rafraîchissante

Maison de Petar Hektorović / Tvrdalj Petra Hektorovića

Le grand poète humaniste Petar Hektorović (1487-1572), célèbre en Croatie pour son recueil *Pêche et Conversations avec les pêcheurs*, fit ériger ce splendide manoir fortifié en 1520 et dans lequel il vécut jusqu'à sa mort. La visite comprend une cuisine dalmate reconstituée, une cave et un vivier rempli de mulets et ceint de belles arcades, que prolonge un jardin clos planté de magnolias, de lauriers et d'essences exotiques.

(021) 765 068 Mai-oct. : 10h-13h30 20kn

Vestiges de Pharos

Monastère dominicain / Dominikanski samostan

Fondé en 1481 sur les hauteurs sud de la vieille ville, il fut fortifié après le siège ottoman de 1571. La collection du musée rassemble quelques vestiges des périodes grecque et romaine. Ne manquez pas la *Déploration du Christ* peinte par le Tintoret au 16e s. Le vieillard, en haut à droite, serait le poète Petar Hektorović. Ce dernier est enterré dans l'église près de l'autel.

(021) 765 442 Mai-oct. : lun.-sam. 9h30-12h et 17h-19h, dim. 17h-19h 20kn

DANS LE RESTE DE L'ÎLE

Un peu de calme

Presqu'île de Kabal

Cette superbe étendue sauvage au littoral très découpé protège tout le nord de la baie de Stari Grad. Délaissée par la plupart des touristes, elle donne l'occasion d'une échappée formidable pour les amateurs de sérénité, mais aussi de baignade dans l'une de ses innombrables petites criques, de randonnée ou de cyclisme.

Au nord-ouest de Stari Grad

Loin des foules

Vrboska

Plus paisible que Hvar, Jelsa ou même Stari Grad, le minuscule port de Vrboska (500 hab.) constitue une base idéale si vous ne rêvez que de quiétude, de clapotis et de petites embarcations de pêche se balançant le long des quais. La rive sud est dominée par la silhouette massive de l'église Sainte-Marie (Sv. Marija, 15e s.), fortifiée pour résister à une nouvelle attaque ottomane. Plus à l'ouest, l'église Saint-Laurent (Sv. Lovre, 15e s.) abrite quelques chefs-d'œuvre comme un polyptyque attribué à Véronèse. Enfin, n'hésitez pas à pousser la porte du musée de la Pêche, un incroyable bric-à-brac autour des pêcheurs de jadis et des conserveries de Vrboska.

7km à l'est de Stari Grad

Village fantôme
Pitve

Une route étroite vous mènera jusqu'à ce paisible hameau accroché à un contrefort montagneux de l'intérieur de l'île. Égarez-vous dans les ruelles escarpées de la partie haute, pour admirer des façades anciennes, égayées par des hortensias et des lauriers-roses. Abandonnées dans les années 1970, ces vieilles maisons sont peu à peu rachetées et rénovées par des étrangers.

10km au sud-est de Stari Grad

AU LARGE, LES ÎLES PAKLENI

Pour la baignade
Îles Pakleni / Pakleni otoci

Fermant la baie de Hvar au sud, ces “îles infernales” aux odorantes pinèdes et aux criques paradisiaques sont aisément accessibles en bateau-taxi. **Jerolim**, la plus proche, est réservée aux nudistes, tout comme la baie de Stipanska, sur l'îlôt de **Marinkovac**. L'île de **Sveti Klement** (Saint-Clément), la plus grande, est aussi la plus belle et donc la plus fréquentée. Le bateau-taxi vous déposera à la marina de **Palmižana**, d'où un petit sentier vous mènera, au sud, jusqu'à la plage de sable de la baie de Vinogradišće. Magnifique, mais souvent bondée l'été ! Poursuivez donc vers l'ouest : vous dénicherez sans problème des rochers isolés.

De la Riva, départ des bateaux-taxis à 8h30, retour entre 17h et 19h (40-60kn AR)

Crique des îles Pakleni

À FAIRE

Posez votre serviette dans une crique

Nous avons un petit faible pour les criques de la **presqu'île de Kabal** et pour celles des **îles Pakleni**, mais vous trouverez assurément votre bonheur sur la plupart des côtes découpées de l'île.

Pratiquez le kayak, la randonnée...
Adventure Dalmatia

Basé à Split, ce centre organise de nombreuses activités sur et autour de Hvar : kayak de mer, randonnée à pied, palmée ou à vélo, escalade... De quoi bien vous occuper !

091 182 8995 www.adventuredalmatia.com

NOS ADRESSES

RESTAURANTS

Le bon goût de la simplicité

Đorđota Vartal ♥ꝹꝹ

Son panorama sur le monastère franciscain et la mer suffit à faire de cette sympathique taverne un lieu recommandable. Mais ajoutez à cela un accueil en or, une nourriture simple et bonne (pizza, bouillabaisse croate, poisson grillé...) et une addition tenue (autour de 150kn) et vous tiendrez là une belle adresse.

HVAR-VILLE Uvala križa (021) 743 077 restoran-vartal.com Tlj. 12h-23h

Le haut du panier

Restaurant Park ♥ꝹꝹꝹ

Dans le centre-ville de Hvar, à quelques pas du rivage, ce restaurant gastronomique vous accueille sur de belles et vastes terrasses au milieu des palmiers et des fleurs. Dans l'assiette, une cuisine dalmate inventive : pâté de poisson aux truffes noires d'Istrie, langoustines de l'Adriatique à la *buzara*, médaillon de bœuf aux truffes... Carte des vins soignée. Plats 90-185kn. Réservation indispensable en été.

HVAR-VILLE Bankete bb (021) 718 337 www.restaurantparkhvar.com.hr Avr.-oct. : tlj. 7h-0h

Succulent

Lucullus ꝹꝹꝹ

Un restaurant gastronomique tenu par une bande dynamique et passionnée. La carte, brève, varie selon les arrivages du moment et l'inspiration du chef : tartare de thon (exquis), risotto aux champignons et truffes noires (80kn), pâtes maison au jambon et sauce aux truffes (80kn), etc. Les soirs d'été, des musiciens accompagnent le repas des convives. Repas env. 200kn.

HVAR-VILLE P. Hektorovica (021) 718 073 restaurantlucullus.business.site Mai-oct. : tlj. 12h-0h

La bonne pêche

Macondo ꝹꝹꝹ

Dans le vieux Hvar, une coquette taverne aux pierres apparentes pour goûter quelques recettes typiques réalisées dans les règles de l'art comme la *gregada* (sorte de bouillabaisse) ou le *brudet* (une soupe de poisson). Poissons hyper frais et service efficace. Adorable terrasse dans la ruelle. Repas env. 250-300kn.

HVAR-VILLE Marije Maričić 7 (021) 742 850 macondo.com.hr Avr.-oct. : lun.-sam. 12h-14h et 18h30-0h, dim. 18h30-0h

Au cœur de la vieille ville

Antika ♥ꝹꝹ

Une taverne façon brocante qui s'étale sur deux maisons et une placette dans les ruelles de Stari Grad. Mobilier rustico-vintage, accueil comme à la maison et belles assiettes sans chichi (salades, risottos, viandes grillées...). Quelques plats typiques doivent être commandés la veille (*brodet*, *gregada*). Repas 130-150kn. Également un cocktail bar.

STARI GRAD Donja Kola bb 099 798 1734 Tlj. 12h-15h et 18h-0h

Sous la bougainvillée

Konoba Pelago ꝹꝹ

Un restaurant de Jelsa un peu plus cher que la moyenne, mais considéré comme le meilleur de la ville par les habitants eux-mêmes ! Au menu, des plats traditionnels ou plus créatifs, comme les pâtes aux fruits de mer et au safran, à savourer dans le patio sous une grande bougainvillée ou dans l'une des deux petites salles. Service affable et ambiance feutrée. Repas 160-180kn.

JELSA Trg Sv. Ivana bb (au sud du port)
091 588 1009 Mai-oct. : tlj. 14h-0h ; nov.-avr. : sam.-dim. 17h-23h30

Slow & good

Konoba Dvor Duboković ♥

Pour découvrir tout le cachet des vieilles demeures de Pitve ! Cette taverne est tenue par un couple chaleureux. Plein de recoins enchanteurs sous la treille pour déguster une cuisine dalmate traditionnelle qui varie en fonction des saisons. Service un peu lent, mais absolument charmant. Et laisser doucement passer le temps permet de profiter des attraits de cette belle adresse ! Repas 150-180kn.

PITVE (10km au sud-est de Stari Grad)
098 172 1726 dvordubokovic.hr
Mai-oct. : tlj. 18h-1h

Paillote à retenir

Konoba Dionis

Sur l'île Saint-Clément (Sv. Klement), à 45min à pied de l'anse de Palmižana, au bout d'un sentier ombragé, une vaste terrasse au toit de palme donnant sur les vignes et la mer. Cuisine saine et simple du terroir (salade de poulpe, agneau grillé, beignets de courgette...), très appréciée des plaisanciers amarrés dans la baie de Vlaka en contrebas. Sur réservation. Prévoyez 200kn par personne.

SVETI KLEMENT (PAKLENI OTOCI)
Vlaka 098 167 1016 www.konoba-dionis.com
Mai-mi-oct. : tlj. 9h-23h

SHOPPING

Jolis souvenirs

Šoša Gallery

Peinture, sculpture, céramique... Les créations de Darko Šoša et de son épouse sont délicates et colorées, comme ces petites barques en terre cuite ou ces surprenants colliers. Des souvenirs originaux.

HVAR-VILLE Petar Hektorovića 1
(ruelle donnant sur la place Saint-Étienne)
091 956 1017 www.sosahvar.com
Mars-nov. : lun.-sam. 9h30-23h (si la porte est close, n'hésitez pas à passer un coup de fil)

Maison du pain d'épices

Vedrana Tudor

Les pains d'épices de Vedrana Tudor sont de véritables œuvres d'art, élaborés selon la recette et les formes traditionnelles (animaux, fleurs, amphores...). Attention, la boutique est rapidement dévalisée ! Pourquoi ne pas prendre rendez-vous avec la cuisinière ?

STARI GRAD Ulica Petra Kuničića 1
(021) 765 374

Vins du coin

Podrum Plančić

Parmi la dizaine de vins que produit la famille Plančić, les plus réputés sont le *bogdanuša* (un blanc sec et léger), le *parč* (un blanc plus aromatique et plus fort) et surtout l'excellent *Ivan Dolac*, un rouge moelleux issu du fameux cépage *plavac mali* qui pousse au-dessus du village d'Ivan Dolac, sur la côte méridionale de l'île.

VRBANJ (5km au sud-est de Stari Grad) 091 973 2025 Lun.-sam. 10h-20h, dim. 16h-20h

Pour l'huile d'olive
Konoba Lavčević

Une petite cave à vins de Vrboska, joliment aménagée en espace dégustation, mais elle est conseillée surtout pour son huile d'olive, primée plusieurs fois.

VRBOSKA (7km à l'est de Stari Grad, sur la rive sud, face au petit pont de pierre) 095 366 1399 konoba-lavcevic.business.site Haute saison : 18h-23h

Bonnes quilles
Zlatan Otok

Occupant une dizaine d'hectares sur les versants ensoleillés du mont Sveti Nikola, les vignobles de *plavac mali* donnent l'un des meilleurs rouges de Dalmatie : le *zlatan plavac*. La production du blanc sec est moins importante, mais tout aussi appréciée. Les dégustations se déroulent dans le restaurant installé sur le port. De 10 à 25kn/pers.

SVETA NEDJELJA Put Stjepana Radića 3 (30km de Stari Grad, 20km de Jelsa) (021) 745 788 www.zlatanotok.hr Mi-mai-mi-oct. : lun.-jeu. 9h-0h, ven.-dim. 12h-0h

SORTIES

La fête entre amis
Kiva Bar

Un petit bar de nuit convivial, qui change des lieux trop bling bling de la Riva. Les habitués s'y retrouvent vers minuit. Bière 20kn.

HVAR-VILLE Fabrika 10 (venelle perpendiculaire au quai nord-ouest de la ville) 091 512 2343 Juin-oct. : tlj. 21h-2h ; nov.-mai : ven.-sam. 21h-2h

Carpe Nox
Carpe diem

Le rendez-vous nocturne des *beautiful people*, face aux yachts de luxe de la Riva : cocktails et *after-beach parties*, DJ et performances se succèdent dans une ambiance glamour. Les matinées sont plus tranquilles. Cocktail 65-90kn, jus de fruits 50kn.

HVAR-VILLE Riva 32 (021) 742 369 www.carpe-diem-hvar.com Mai-oct. : tlj. 9h-3h

Au large
Carpe Diem Beach

Une déclinaison du précédent, sur l'îlot de Marinkovac. Lunchs, dîners

Cocktail de fruits

à thème et soirées folles animées par des DJ prestigieux de 0h à 5h.

MARINKOVAC (PAKLENI OTOCI) Uvala Stipanska 1 099 446 84 68 beach.cdhvar.com

L'ÎLE DE VIS

Ancienne base militaire interdite aux touristes, Vis demeure une enclave préservée. Vous pouvez en faire le tour dans la journée, mais son adorable port de Komiža, ses criques de galets et la grotte sous-marine de Biševo vous y retiendront sans doute plus longtemps !

ACCÈS ET INFOS

- Liaisons tlj. avec Split (compagnies Jadrolinija et Kapetan Luka, 1h30-2h20 de traversée).
- Office de tourisme de Vis-ville Šetalište Stare Isse 5 (021) 717 017 www.tz-vis.hr
- Office de tourisme de Komiža Riva Svetog Mikule 2 (021) 713 455 www.tz-komiza.hr

À VOIR

Paisible bourgade

Vis-ville

Au fond de sa vaste baie, Vis est un port paisible, né de la réunion des hameaux de **Luka** et de **Kut**. Sa gare maritime, son office de tourisme et ses hôtels font de Luka le centre actif de la ville. À 50m du débarcadère dorment les maigres vestiges gréco-romains d'Issa. Un peu plus haut, face à la station-service, quelques mosaïques à motifs de poissons rappellent l'existence de thermes romains (2e s.). Sur la promenade qui mène à Kut, l'église Notre-Dame-de-la-Grotte fut élevée au 16e s. pour marquer l'union des deux villages. Derrière le sanctuaire, l'imposante batterie autrichienne du 19e s. (Baterija) abrite les collections du **Musée archéologique**, dont une *Tête d'Artémis* en bronze du 4e s. av. J.-C.

Musée archéologique / Arheološki muzej Viškog boja 12 **(021) 711 729**
Juin-sept. : lun.-ven. 9h-13h et 17h-21h, sam. 9h-13h 20kn

Bastion de pêcheurs

Komiža

Avec les terrasses de la petite place Škor, ses étroites plages de galets et ses vieilles maisons de pêcheurs, l'adorable port de Komiža se révèle à la fois plus intime et plus animé que Vis. Au 19e s., ses pêcheurs sillonnaient les mers jusqu'en Alaska pour alimenter les conserveries du village ! Le **musée de la Pêche**, installé dans le Kaštel vénitien, au sud du port, évoque ce passé glorieux (remarquable reproduction d'une *falkuša*, petit voilier traditionnel). En longeant les quais vers le nord, vous rejoignez la plage municipale et la jolie chapelle Notre-Dame-des-Pirates (Gospa od Gusarica). Au-dessus du village, le monastère bénédictin Saint-Nicolas (13e s.) servait de refuge en cas d'attaque.

10km à l'ouest de Vis Musée de la Pêche / Ribarski muzej (021) 713 019
Juin-sept. : tlj. 10h-12h et 20h-22h 20kn

Vue sur la baie

Mont Hum

Point culminant de l'île, le mont Hum (587m) dévoile un panorama splendide sur la baie de Komiža. Vous pouvez y accéder à pied du monastère

À NE PAS MANQUER

- Komiža
- Île de Biševo

La baie de Biševo, au large de Vis

Saint-Nicolas (45min env.). Sinon, un chemin carrossable y monte de Podšpilje (à env. 10km de Komiža). Non loin de là s'ouvre la grotte (Titova spilja) où Tito établit son QG durant la Seconde Guerre mondiale pour organiser la résistance communiste au fascisme.

La grotte bleue
Île de Biševo

L'attraction majeure de ce confetti rocheux, ancré au large de Komiža, est sa **grotte Bleue**. Chaque jour, entre 11h et midi, les rayons du soleil y pénètrent par une ouverture sous-marine, illuminant les parois d'une teinte bleue complètement irréelle. Attention, la visite est brève : 5 à 10min... Mais les agences de Komiža proposent l'excursion à la demi-journée ou à la journée avec une pause baignade sur l'île.

Grotte bleue / Modra špilja € Excursion 800kn/pers.

À FAIRE

Allez à la plage
Uvala Srebrena

Vis recèle des plages de galets et de jolies baies échancrées, mais leur accès est parfois difficile. C'est le cas de la magnifique crique de **Stivina**. Mieux vaut rejoindre la délicieuse **Srebrena** (baie d'Argent). Derrière un bouquet de pins et de cyprès, ses gros galets blancs et lisses sont encadrés par de larges rochers plats sur lesquels il fait bon lézarder.

10km au sud de Vis-ville

Essayez-vous à la plongée

Issa Diving Center

Le club de plongée le plus réputé de l'île propose des sorties accompagnées (190-250kn sans matériel) sur plusieurs thèmes : Faune et flore, grottes sous-marines, épaves et sites archéologiques, plongée nocturne. Baptême 370kn, forfait 6 plongées en trois jours 1 100kn.

Ribarska 91 Komiža (021) 713 651 www.scubadiving.hr

NOS ADRESSES

PAUSES

Komiža est le port le plus vivant de l'île. Ses habitants se retrouvent pour le café-journal du matin comme pour un apéritif prolongé sur les terrasses de la petite place Škor. À **Vis-ville**, les bars les plus animés se trouvent à Luka, face au débarcadère.

RESTAURANTS

Sans prétention

Pizzeria Charly

Ce bar-glacier-pizzeria sans prétention de Komiža, un peu à l'écart des terrasses les plus touristiques, fleure bon l'authenticité. Pizzas au feu de bois, bières pression, carte simple et prix corrects. Comptez 80kn le repas.

KOMIŽA Riva Sv. Mikule (021) 711 269
Été : tlj. 12h-22h

Vis à Vis

Vatrica ♥

Plébiscitée pour son panorama sur le port et sa tonnelle, la terrasse du Vatrica ne se vide qu'en hiver ! Mieux vaut donc arriver tôt le soir, si vous voulez pouvoir faire votre choix parmi les poissons, grillés au feu de bois à la perfection et accompagnés de légumes fondants. Repas 150-200kn, poisson grillé 300kn.

VIS-VILLE Kralja Krešimira IV 13 (021) 711 574
Été : tlj. 9h-0h ; hiver : tlj. 17h-23h

Un dessert local : figues séchées et laurier

Les rois du gril

Konoba Stončica

Dissimulée derrière un rideau de roseaux sur une petite plage, cette taverne est tenue par les frères Lincir, tour à tour jardiniers, éleveurs, pêcheurs et cuisiniers. La table est réputée, l'accueil bonhomme et le gril imposant ! Délicieuses viandes et poulpe préparés sous la cloche pour 4 pers. minimum sur rés. Repas pour 4 pers. 600-700kn.

STONČICA De Vis, route qui monte en lacet au-dessus de Kut jusqu'à un petit parking, puis 5min à pied pour rejoindre la plage de Stončica (021) 784 7188 Avr.-oct. : 13h-23h

Repaire de gourmets

Pojoda ♥

Installé à Kut, autour d'un agréable patio planté d'orangers, le Pojoda attire les gastronomes de l'île, fidèles aux créations de Zoran Brajčić. Du thon à la sauce aux câpres à l'exquise sériole au vin blanc, en passant par le *bronzinić* à la paysanne, les produits de la mer sont accommodés avec talent ! Repas 150-220kn.

VIS-VILLE Don Cvjetka Marasovića 8 (021) 711 575 Tlj. 12h-23h

Santé !

Konoba Roki's

De bonnes viandes cuites sous la cloche et d'excellents légumes du potager à déguster dans une jolie maison du hameau de Plisko Polje. La famille Roki est fameuse pour ses petits vins bio (100-170kn la bouteille). Vous pourrez les goûter, attablé dans la cour, sous un grand mûrier. De 140 à 180kn le repas. Réservez au moins 2h avant.

VIS-VILLE (env. 7km au sud de Vis, sur la "vieille" route de Komiža, Stara cesta. Si vous n'êtes pas motorisé, on pourra aller vous chercher) (021) 714 004 ou 098 303 483 srokis.hr Avr.-oct. : 12h30-22h

Valeur refuge

Konoba Barba

Une carte classique, des prix plus raisonnables que ceux de ses deux voisins et une vue charmante sur Komiža de la terrasse. Comptez de 120 à 180kn le repas.

KOMIŽA Gundulićeva 4 098 577 994 https://konoba-barba.hr Tlj. 17h-1h

Paradis du bout du monde

Dalmatino

Posé sur son rocher dans la crique de Rukavac, ce petit bar-restaurant (à peine 35 couverts) offre un grand choix de produits de la mer d'une fraîcheur absolue. Se baigner au pied de l'établissement, puis décortiquer une langouste, en contemplant l'île plate de Ravnik, confine au bonheur. Repas 180-200kn.

RUKAVAC Luka 1 (8km au sud de Vis) (021) 714 194 Juin-oct. : 11h-1h

SHOPPING

Valse des étiquettes

Lipanović

Le *vugava* (vin blanc) d'Antonio Lipanović est considéré comme le meilleur de l'île. Ce passionné produit également un peu de *plavac* (rouge), du *prošek* (vin cuit de dessert) et de la *rogačuša* (liqueur de caroube). En téléphonant 2h avant, il est possible de visiter sa cave, aménagée dans un ancien tunnel militaire, derrière le supermarché de Vis (Luka). Sinon, vous trouverez un point de vente à côté du marché au poisson de Luka (Ribarnica).

VIS-VILLE Augusta Šenoe 4 (021) 711 932 lipanovic.com Tlj. 16h-21h

LA PRESQU'ÎLE DE PELJEŠAC

La plupart des voyageurs ne font que traverser cette longue bande de terre montagneuse pour rejoindre l'île de Korčula. Erreur ! La presqu'île de Pelješac recèle de nombreuses merveilles cachées, tant pour les amateurs de vieilles pierres que pour les gastronomes. Et tous iront se reposer sur les plus belles (et tranquilles) plages de Dalmatie !

À VOIR

La presqu'île de Pelješac s'étire sur près de 70km, parallèle à la côte. Ses deux principales localités sont **Orebić**, à la pointe ouest, petite station balnéaire séparée de Korčula par un étroit chenal, et **Ston** à l'est. Cette dernière est formée de deux villages, Ston et Mali Ston, distants d'un kilomètre, et postés de chaque côté d'un isthme. Sur la colline qui les sépare s'étire une impressionnante muraille de 5,5km, la plus longue de l'Adriatique. Sa construction fut menée du 14e au 16e s. par Raguse (Dubrovnik) pour contrôler l'accès de la presqu'île et protéger les marais salants de Ston, source de revenus vitale pour la République.

ACCÈS ET INFOS

- Ston, qui ouvre la presqu'île, est à 55km de Dubrovnik. De là, une route traverse la péninsule dans toute sa longueur, jusqu'à Orebić (60km).
- Liaisons en bateau entre Orebić et Korčula-ville (Jadrolinija, 15min), entre Prapratno (côte sud) et l'île de Mljet (Jadrolinija, 45min), entre Trpanj (côte nord) et Ploče, sur le continent (Jadrolinija, 1h).
- Office de tourisme de Ston Pelješki put bb. (020) 754 452 www.ston.hr
- Office de tourisme d'Orebić Zrinsko-Frankopanska 2 (020) 713 718 www.visitorebic-croatia.hr

Paradis du fruit (de mer)

Mali Ston

Si ce modeste port conserve des beaux vestiges de ses fortifications du 14e s. et d'admirables demeures en pierre, il est avant tout célèbre pour ses huîtres et ses moules, élevées dans le chenal bien protégé qui sépare la presqu'île du continent. Les grands restaurants de fruits de mer établis sur l'adorable quai attirent le week-end les gastronomes de toute la région.

Village fortifié

Ston

À peine plus grand que Mali Ston, Ston est un charmant village fortifié. Le quadrillage de ses rues semble faire écho à celui des marais salants qui s'étendent au sud. Ses remparts, reliés à ceux de Mali Ston, offrent de belles vues sur tout le nord de la presqu'île. N'hésitez pas à vous perdre dans ses ruelles jalonnées de belles demeures gothico-Renaissance et poussez jusqu'au monastère franciscain (14e-15e s.). Son église Saint-Nicolas, au joli cloître fleuri, abrite un beau crucifix en bois réalisé par Blaž Jurjev Trogiranin en 1428 (sonnez à la porte pour visiter). À environ 1km au sud de Ston, sur la route d'Orebić, vous

À NE PAS MANQUER

- Mali Ston
- Monastère franciscain (Orebić)

La muraille de Ston

apercevrez la chapelle Saint-Michel sur la colline de droite. Ce sanctuaire qui recèle des fresques des 11e-12e s. est, hélas, rarement ouvert à la visite (rens. à l'OT de Ston).

COULEUR LOCALE

Ostrea edulis, l'**huître plate** des baies de Mali Ston et de Bistrina, est réputée à juste titre pour son goût inimitable, lié peut-être au mélange des eaux douces sous-marines avec l'eau de mer. Les plus riches en goût se dégustent au mois de mars, à la Saint-Joseph, mais rien ne vous empêche de tester la "reine des huîtres" tout au long de l'année !

Avec les pêcheurs

Žuljana

Dominé par d'imposants promontoires rocheux, ce village de pêcheurs sort de sa torpeur en été. Les vacanciers apprécient ses eaux turquoise et ses plages de galets, dont la plus belle, celle de Vučine, est située 15min à pied au sud du village. Plusieurs campings, chambres d'hôtes et clubs nautiques.

26km à l'ouest de Ston (bifurcation à Dubrava)

Séjour au calme

Trstenik

Ce petit port tranquille et charmant est abrité au fond d'une baie à l'eau cristalline, idéale pour la baignade. Un bar, un restaurant et un centre de plongée constituent l'ensemble des infrastructures touristiques : parfait pour un moment de farniente, ou une dégustation de vin.

35km à l'ouest de Ston

Opulence balnéaire

Orebić

La principale station balnéaire de la presqu'île est blottie au pied du mont Sveti Ilija (961m), en face de l'île de Korčula. Au 16e s., Orebić était déjà l'un des ports les plus actifs de la république de Raguse. La relance des activités commerciales sur l'Adriatique, au 19e s., apporta la fortune à la cité. Ses riches armateurs fondèrent en 1863 l'une des sociétés maritimes les plus importantes de l'époque. Témoins de cette période de prospérité, les splendides demeures des capitaines qui s'égrènent sur toute la partie orientale du front de mer, entourées de jardins luxuriants et devancées par d'élégantes pergolas. Son **musée de la Marine**, dans l'ancien hôtel de ville (18e s.), abrite des collections d'amphores, de tableaux, de cartes et de maquettes.

60km à l'ouest de Ston **Musée de la Marine / Pomorski muzej** Trg Mimbelli bb (020) 713 009 muzej-orebic.hr Été : tlj. 9h-12h et 17h-20h ; hiver : lun.-ven. 7h-14h 15kn

Coucher du soleil à Lovište

Sacro-sainte vigie

Monastère franciscain / Franjevački samostan

Installé sur une colline à l'ouest d'Orebić, ce monastère fut financé au 15e s. par la république de Raguse, afin d'assurer ses arrières spirituels et militaires. La terrasse permettait en effet de surveiller la partie sud de l'île de Korčula, alors aux mains des Vénitiens ! L'église gothico-Renaissance renferme une icône de Notre-Dame-des-Anges, censée protéger les marins, dont vous pouvez admirer les jolies petites peintures votives sur bois dans le musée des Ex-voto, attenant au cloître. À côté du monastère, le cimetière des Capitaines abrite quelques belles sépultures, tel le mausolée de la famille Mimbelli.

Celestina Medovića 6 Orebić (à 25min à pied par la route escarpée qui part en face de l'hôtel Bellevue, voitures autorisées) (020) 713 075 Mai-oct. : lun.-ven. 9h-12h et 16h-19h ; nov.-avr. sur demande 20kn (musée)

Coupé du monde
Lovište

Ce petit port s'abrite dans une baie, 10km au nord-ouest de Viganj. La route qui y mène serpente à travers le maquis et la rocaille avant d'offrir une vue splendide sur la côte. À peine troublée par la présence de quelques tavernes, l'atmosphère du port est des plus paisibles.

18km à l'ouest d'Orebić

À FAIRE

Randonnez... et plongez le regard jusqu'en Italie
Mont Sveti Ilija

Culminant à 961m au-dessus de la presqu'île, le mont Sveti Ilija (Saint-Élias) offre un panorama sensationnel qui s'étend jusqu'en Italie par beau temps. Mais cela se mérite : ascension éprouvante et sans ombre de 3h minimum, déconseillée durant les chaleurs estivales.

Plusieurs voies à partir d'Orebić : demandez la petite carte topographique distribuée par l'office de tourisme d'Orebić

Pratiquez des sports nautiques
Surf Centar Perna

Idéal pour s'initier par exemple au kitesurf : comptez 1 125kn/pers. le cours de 3h proposé par ce petit centre d'instruction. Plus classique : location de planches à voile (et de vélos, kayaks et paddles), et cours de freestyle. Une webcam, installée sur le spot, permet de visualiser les conditions de vent sur le site Internet.

Autocamp Perna, entre Viganj et Orebić Viganj 091 484 8632 surfperna.com Juin-sept.

Partez à la pêche aux moules
Andro et Pero Miljević

Depuis 20 ans, la famille Miljević élève des huîtres et des moules dans la baie de Bistrina et approvisionne les plus grands restaurants de la région. Pero, le fils, organise des séances de découverte, avec présentation des techniques d'élevage, balade en bateau dans les parcs à huîtres, et dégustation accompagnée de vin du pays. Une sortie gastronomique à ne pas manquer ! Durée 2h, 4 pers. minimum, visite en anglais (réservation la veille). Comptez 100-190kn par pers.

Baie de Bistrinia (à 10km de Mali Ston, de l'autre côté de la baie : sur la Magistrale, à droite après le grand pont de Bistrina, puis 1km jusqu'à la plage en contrebas et le panneau "Školjke Miljević") 092 162 2077 Tlj. 10h-19h

NOS ADRESSES

RESTAURANTS

Mali Ston est la destination incontournable des amateurs de fruits de mer (huîtres et moules en particulier). Vous y trouverez parmi les meilleures tables de la presqu'île. Si les tarifs se révèlent trop élevés pour vous, optez pour les tavernes sans prétention de Ston, et ses chambres chez l'habitant.

Délices iodés

Bota Šare ♥☺☺☺

Notre restaurant préféré à Mali Ston, pour ses excellents fruits de mer, ses poissons et son service attentionné. Le cadre est au diapason : un impressionnant entrepôt à sel du 15e s. magnifiquement restauré. Repas 200-250kn. Le patron organise des sorties "dégustation" en barque de pêcheurs : au programme, huîtres et vin blanc, perdus au milieu de petites baies désertes.

MALI STON (020) 754 482 www.bota-sare.hr
Été : tlj. 11h-0h ; reste de l'année : tlj. 10h-22h

Pause bucolique

Stagnum ☺☺

Une terrasse submergée de glycine et ceinte de murs de vieilles pierres, un âtre où le cuistot grille poissons ou agneau... Voilà une ambiance mi-intemporelle mi-bucolique (à condition de faire abstraction de la voûte en plastique). Carte riche et éclectique : salade de moules, riz à l'encre de seiche et aux fruits de mer, pâtes vertes à la lotte. Repas env. 150kn.

STON Imena isusova 25 (020) 754 158
Mai-sept. : tlj. 9h-23h

Pour les gourmets

Gastro Mare Kobaš ♥☺☺☺

La table dirigée par Ante "Toni" Bjelančić est considérée par certains gastronomes croates comme la meilleure du pays, tout simplement ! Depuis sa cuisine ouverte quasiment sur le quai et avec les plus beaux produits, il délivre des assiettes méditerranéennes inventives, souvent surprenantes, toujours savoureuses. Repas 400-500kn. Réservation indispensable.

STON Kobaš 4 (à la sortie de Ston, dir. Broce puis à droite dir. Kobaš) (020) 479 086 gastromarekobas.com Avr.-oct. : dim.-ven. 10h30-23h, sam. 9h-23h

Petit paradis

Konoba Maris ☺

Un endroit hors des sentiers battus, dans un petit port authentique et une baie tranquille, idéale pour se baigner... Le restaurant sous la tonnelle embrasse ce décor enchanteur, tout en servant des plats à prix raisonnables : poulpe à l'encre de seiche, poisson frais, risotto noir, etc. Repas 80-120kn. Également trois appartements.

TRSTENIK Kraj 39 097 671 8389
Mai-oct. : tlj. 11h-23h30

Sans prétention

Konoba Babilon

Derrière l'église Sainte-Marie (Sveta Marija Pomoćnica) d'Orebić, une taverne sans prétention appréciée pour sa terrasse fleurie et ses copieuses grillades. Comptez 120kn le repas.

OREBIĆ Đivovićeva 2 (020) 713 352
Avr.-mi-nov. : dim.-ven. 16h-23h30

Rustique et authentique

Konoba Antunović ⚲⚲

Tenue par Anna Antunović, cette taverne promet une véritable immersion dans la Croatie profonde. Une vaste salle aux murs de pierre et meubles rustiques, avec jambons et saucissons accrochés aux poutres, et des propriétaires-éleveurs : vous ne trouverez pas plus local comme viande ! Le pain et le fromage sont également maison. Au top du rustique ! Repas 150kn.

KUNA 18km à l'est d'Orebić (020) 742 035 www.opgantunovic.hr Été : tlj. 12h-23h

SHOPPING

La presqu'île de Pelješac produit l'un des vins rouges les plus appréciés du pays, le plavac mali, et la route des vins qui traverse la plaine centrale est jalonnée de domaines et de chais réputés (à Potomje, Kuna, Pijavičino, etc.) ainsi que de tavernes !

Cave incontournable

Cave Grgić ♥

Parti s'installer en Californie en 1958, Miljenko Grgić est revenu sur ses terres natales en 1990 mettre à profit son savoir-faire de viticulteur. Sa production de *pošip* (blanc sec) et de *plavac mali* (rouge puissant et fruité), lancée en 1996, compte parmi les plus renommées de la presqu'île. N'hésitez donc pas à faire halte pour une petite dégustation ! Bouteille de *pošip* à partir de 120kn, 220kn pour un *plavac mali*.

TRSTENIK Trstenik 78 (35km à l'ouest de Ston) (020) 748 090 www.grgic-vina.com Tlj. 9h-19h

Chais bons

Matuško Vina

Les caves Matuško méritent un (petit) détour pour leur espace d'accueil à la solide et fonctionnelle architecture. Autour de la salle principale, de ses barriques et de ses bouteilles, de petits salons permettent de s'adonner à la dégustation (par exemple d'un *dingač riserva*, sublime cru multiprimé) avec tout le cérémoniel nécessaire.

Caves Matuško

POTOMJE Potomje 5A (40km à l'ouest de Ston) (020) 742 393 www.matusko-vina.hr Lun.-sam. 8h-18h, dim. 9h-18h

L'union fait la force

PZ i vinarija Dingač

La coopérative viticole de Potomje, établie depuis 1902, compte 330 membres. Elle produit une large gamme de vins rouges, dont d'excellents *postup*.

POTOMJE Potomje 3 (020) 742 010 Lun.-ven. 8h30-20h30

L'ÎLE DE KORČULA ★

Cette grande île dalmate au climat éternellement doux est réputée pour son "Petit Dubrovnik", la cité médiévale de Korčula. La plupart des touristes en restent là, et c'est tant mieux ! À vous la beauté de ses villages, de ses paysages semés d'oliveraies et de vignobles, et de ses baies secrètes aux eaux translucides... Plus délaissée encore, l'île de Lastovo ravira les amateurs de calme et de nature préservée.

ACCÈS ET INFOS

- Liaisons en ferry Jadrolinija entre Orebić (presqu'île de Pelješac) et le port de Dominče (2km à l'est de Korčula-ville) en 15min de trajet. Pour les piétons, des navettes relient Orebić à la vieille ville de Korčula. Jadrolinija gère également les lignes Split-Ubli (Lastovo)-Vela Luka (Korčula), Split-Hvar-Vela Luka-Ubli, Split-Hvar-Korčula et Dubrovnik-Korčula-Hvar-Bol. La compagnie G&V exploite la ligne Lastovo-Korčula-Polače-Sobra (Mljet)-Luka Šipanska-Dubrovnik. Plusieurs compagnies privées desservent Korčula au départ de Ploče ou de Drvenik, notamment pendant la période estivale.
- Office de tourisme de Korčula-ville (plan 16, A2) Obala dr. Franje Tuđmana 4 (020) 715 701 www.visitkorcula.eu
- Office de tourisme de Lastovo-ville Pjevor 7 (020) 801 018 tz-lastovo.hr

À VOIR

KORČULA-VILLE

Installée sur une petite presqu'île, la vieille ville de Korčula est une merveille médiévale où les tailleurs de pierre qui firent la renommée de l'île s'en sont donné à cœur joie. Partout, votre regard accrochera d'extraordinaires bas-reliefs, des balcons délicatement sculptés et une myriade de petits ponts jetés au-dessus des venelles. La cité s'organise selon un plan en "arêtes de poisson", conçu au 13e s. par d'astucieux Vénitiens. Les rues secondaires s'embranchent toutes sur Korčulanskog Statuta, axe majeur orienté nord-sud. Celles qui sont situées à l'ouest de la rue principale sont rectilignes pour permettre au *maestral* de rafraîchir la cité en été, tandis qu'à l'est, elles dessinent une légère courbe pour la protéger de la bora, vent froid soufflant du nord-est en hiver. La vieille ville est entièrement piétonne.

Faites le mur

Fortifications (plan 16, A2-A3-B3)

Édifiés du 13e au 15e s., les remparts de la vieille ville furent largement démantelés au 19e s. Il en subsiste quelques vestiges comme la Grande et la Petite Tour du Gouverneur à l'ouest (Velika kneževa kula et Mala kneževa kula) et la tour de Tous-les-Saints (Kula Svih Svetih) à l'est. Mais c'est surtout la porte de la Terre-ferme (Kopnena Vrata), entrée principale de la cité, qui force l'admiration avec son escalier-pont monumental (19e s.), sa puissante tour quadrangulaire (14e s.) et son lion ailé de saint Marc.

Tlj. 9h-21h

À NE PAS MANQUER

- Fortifications (Korčula-ville)
- Cathédrale Saint-Marc (Korčula-ville)
- Musée des Icônes et église de Tous-les-Saints (Korčula-ville)
- Île de Lastovo

Portail de la cathédrale Saint-Marc, Korčula-ville

L'ancien cœur de la ville

Place Antuna et Stjepana Radića / Trg Antuna i Stjepana Radića

(plan 16, A2-A3)

Autrefois, cette place était le centre de la vie de Korčula. Sy trouvaient alors réunis la prison, l'arsenal, le palais du Recteur, l'hôtel de ville et la citerne d'eau (le précieux liquide n'est acheminé du continent que depuis 1986 !). Notez la petite église baroque Saint-Michel, et le joli portique Renaissance de l'hôtel de ville, l'un des rendez-vous favoris des chanteurs de *klapa* (chœur masculin). De là, l'étroite Korčulanskog Statuta permet de rejoindre la cathédrale.

Le plus beau monument de la cité

Cathédrale Saint-Marc / Katedrala Sv. Marka (plan 16, B2)

Sa construction (15e-16e s.) fut menée conjointement par de grands architectes locaux et italiens, d'où cet extraordinaire mariage des styles gothique et Renaissance. Le portail de Saint-Marc, réalisé par Bonino da Milano en 1412, est flanqué de deux lions sculptés, sous lesquels s'offrent les corps dénudés d'Adam et Ève. Au-dessus de la rose, remarquez les personnages fantastiques qui animent la frise. À l'intérieur, le magnifique baldaquin de pierre (ou ciborium) du maître-autel met parfaitement en valeur un tableau du Tintoret (16e s.), représentant saint Marc, saint Barthélemy et saint Jérôme.

Trg Sv. Marka (020) 711 049 Avr.-oct. : tlj. 9h-14h et 17h-19h ; nov.-mars sur rdv 25kn

Riche ferveur

Trésor de la cathédrale / Biskupska riznica (plan 16, B2)

Cette collection d'art sacré, l'une des plus riches de Dalmatie, est exposée au palais épiscopal. Outre de nombreuses icônes, des reliquaires, des vêtements

Pauses (n°1 et 2)

2 Creperia Sempre Dritto - *p.262* A3

1 Kiwii - *p.261* A3

Restaurants (n°10 à 12)

10 Adio Mare - *p.262* B2

11 Aterina - *p.262* A2

12 Konoba Mareta - *p.262* B2

Shopping (n°20 et 21)

20 Cukarin - *p.265* A3

21 Seba Dizajn - *p.265* B2

Sorties (n°30 et 31)

31 Konoba Tramonto - *p.265* ... A2

30 Massimo - *p.265* B1

Hébergements (n°40)

40 Hotel Korčula De la Ville - *p.347* A2

sacerdotaux, des manuscrits précieux, vous y découvrirez de belles peintures Renaissance, comme le polyptyque de *L'Immaculée Conception* réalisé par Blaž Jurjev Trogiranin (15e s.), et des œuvres provenant des ateliers de grands maîtres vénitiens tels que Titien, Véronèse ou Bassano. Ce trésor fournit les costumes de protocole des nombreuses fêtes religieuses locales.

Trg Sv. Marka ⌚ Juil.-août : tlj. 9h-14h et 17h-19h ; sept.-juin sur rdv à l'OT € 40kn (compris dans la visite de la cathédrale)

COULEUR LOCALE
L'été, la ville de Korčula accueille les représentations très attendues de la ***moreška***, ou danse des épées. Cette tradition, introduite après le siège turc de 1571, symbolise la lutte entre chrétiens et musulmans. Durant sept tableaux, épées et danseurs virevoltent, accompagnés par un orchestre de cuivres. Plus le rythme s'accélère, plus les coups sont violents !

De splendides images pieuses

Musée des Icônes et église de Tous-les-Saints / Muzej Ikona i Crkva Svih Svetih 👍 (plan 16, B2-B3)

Sa belle collection d'icônes crétoises des 14e-17e s. a été rassemblée par la plus ancienne confrérie de Korčula (1301). Un pont de pierre relie le musée à l'église baroque de Tous-les-Saints, dont le chœur abrite une douce *Pietà* en noyer, sculptée à la fin du 17e s. par le Vénitien Antonio Corradini. À sa droite, un polyptyque de Blaž Jurjev Trogiranin (15e s.) représente les membres de la confrérie agenouillés devant le Christ. À gauche de la *Pietà*, remarquez le grand crucifix byzantin en bois peint du 15e s. Les apôtres de la tribune et les scènes bibliques du plafond sont de Tripo Kokolja (fin du 17e s.).

Bratovština Svih Svetih/Kaporova 📱 098 765 344 ⌚ Avr.-oct. : lun.-sam. 10h-13h € 20kn

Pour la façade

Maison de Marco Polo / Kuća Marka Pola (plan 16, B2)

Si la plupart des livres d'histoire font naître Marco Polo (1254-1324) à Venise, l'île considère le célèbre navigateur comme l'un de ses enfants. Certes, la flotte de la Sérénissime recrutait jadis ses capitaines en Dalmatie, et le patronyme Depolo est encore répandu à Korčula. Mais la seule trace avérée du passage de Marco Polo est la bataille navale de 1298 entre Venise à Gênes à laquelle l'aventurier aurait prit part et dont l'évocation clôt le *Devisement du monde*, la relation de son voyage en Orient. "Sa" maison se dresse dans une venelle au nord-est de la cathédrale. Cette demeure gothico-Renaissance assez délabrée fut, en fait, bâtie après la mort du héros. Autre hommage de la ville, le **musée Marco Polo** (plan 16, A3) retrace, à l'aide de dioramas, quelques scènes de sa vie. Amusant pour les enfants.

Depolo 📱 (020) 716 529 ⌚ Juil.-août : tlj. 9h-15h et 17h-19h ; sept.-juin : tlj. 9h-15h € 20kn
Musée Marco Polo / Marko Polo muzej (plan 16, A3) Plokata 19. Travnja 1921 33 📱 098 970 5334 ⌚ Avr.-mai, oct.-nov. : tlj. 10h-15h ; juin-sept. : tlj. 9h-0h € 60kn

DANS LE RESTE DE L'ÎLE

Vin et bain

Lumbarda et ses vignobles

Étendue sur plusieurs petites baies, Lumbarda est une station balnéaire appréciée pour sa tranquillité, ses eaux claires et... son *grk* (prononcez "gueruk"), un vin blanc sec et fruité. Les plages les plus agréables sont situées 2km à l'est. Celle de **Pržina**, orientée au sud, offre une belle étendue de sable, tandis que les criques de **Bilin Žal**, tournées vers le nord, proposent des rochers.

6km au sud de Korčula-ville

Hors du temps

Žrnovo et Pupnat

Ces deux petits villages de l'intérieur de l'île, situés respectivement à 3km et 13km de Korčula, recèlent d'adorables maisons en pierre à toit de lauzes.

Parenthèse enchantée

Pupnatska luka

L'une des plus belles baies de l'île, orientée plein ouest et cernée de forêts, à quelques kilomètres au sud de Pupnat. Pas toujours asphaltée, la route panoramique qui la dessert court en parallèle à la route principale sur 12km entre Pupnat et Čara.

15km à l'ouest de Korčula-ville

Terroir et traditions

Čara, Smokvica et leurs vignobles

Ces deux autres villages de l'intérieur sont réputés pour leur *pošip* et leur *rukatac*, deux bons petits blancs secs. La plupart des producteurs de la région proposent des dégustations-vente sur rendez-vous, mais la maison Toreta, à Smokvica, est l'une des plus renommées. À Čara, la grande procession mariale du 25 juillet se termine avec une danse des sabres. Autres curiosités locale, un cyprès vieux de quatre siècles et un bassin artificiel médiéval.

À 25km environ de Korčula

Très petite métropole

Vela Luka

La plus grande agglomération de Korčula s'étend au fond d'une baie

La plage de Pupnatska luka

échancrée, à la pointe ouest de l'île. Rien de dantesque non plus ! Un chantier naval qui vivote, des producteurs d'huile d'olive (excellente) et des maisonnettes sous le soleil. Vela Luka accueillant des ferries, elle pourra donc vous servir d'étape vers Split, Lastovo ou Hvar. Plusieurs belles criques aux à proximité. Son **centre culturel** accueille des expositions temporaires et présente une petite collection archéologique provenant du riche site néolithique de **Vela Špila**. Cette grotte, située 1km au nord-ouest de la ville, se visite sur demande au centre culturel ou à l'office de tourisme.

À 40km de Korčula Centre culturel / Centar za kulturu (020) 813 602 www.czkvl.hr
Juil.-août : lun.-sam. 9h-13h et 19h-22h ; sept.-juin : lun.-ven. 8h30-14h30 € Entrée libre

AU LARGE, L'ÎLE DE LASTOVO

Cette île escarpée de 10km sur 5km est l'une des plus isolées de Croatie. C'est pourquoi, elle accueillit une base de l'armée yougoslave et demeura interdite aux étrangers jusqu'en 1989. Ses baies échancrées et ses reliefs boisés sont donc bien préservés, et ses eaux cristallines, protégées par un parc naturel, réputées abriter la faune et la flore les plus riches de l'Adriatique. Lastovo reste une destination en marge des grands flux touristiques, et elle séduit surtout les plaisanciers, les plongeurs et les randonneurs. Prévoyez d'y passer au moins deux nuits, les bateaux arrivant généralement en fin d'après-midi et repartant le lendemain matin très tôt.

Liaisons en bateau Jadrolinija avec Split, via Hvar et Korčula (3h ou 4h30 selon le bateau), et en été avec Dubrovnik (compagnie G&V, 4h)

Port de ferries

Ubli (ou Uble)

Aménagé en 1936 par les Italiens, qui occupèrent l'île de 1920 à 1943, ce petit port austère ne vous retiendra que le temps de débarquer du ferry. En suivant la route côtière au nord, vous rejoignez, à 3km, le hameau de Pasadur et l'Hotel Solitudo. Là, un petit pont relie Lastovo à l'**îlot de Prežba**. Une belle baie s'ouvre de chaque côté.

Tourné vers la terre

Lastovo-ville

Construites à flanc de colline, dos à la mer pour se protéger des pirates, les vieilles demeures trapues (15e s.) de Lastovo s'étagent en amphithéâtre au-dessus des vergers et des vignobles de la plaine. Un dédale escarpé de ruelles et d'escaliers où il fait bon flâner. Poussez l'exploration jusqu'à la place de l'église Saint-Côme-et-Saint-Damien (Sv. Kuzma i Sv. Damjana, 15e-17e s.) et sa gracieuse loge où siégeait jadis le tribunal. De là, réjouissante vue sur le village avec, au premier plan, une jolie chapelle en pierre et lauzes. Pour un panorama plus étendu encore, direction le fort de Glavica, construit par les Français en 1808 sur la plus haute colline du village.

11km au nord-est d'Ubli

DRÔLE D'AFFAIRE
Le **Poklad** est l'un des carnavals les plus singuliers de Croatie. En février, un pantin de paille est promené à travers Lastovo sur un âne, poussé du haut d'une colline, des pétards aux pieds, puis brûlé sur le parvis de l'église. D'après la légende, ce rituel symboliserait le triste sort réservé par les insulaires à un pirate catalan, venu exiger la reddition de l'île !

Adorable halte
Lučica
Une poignée de maisons de pêcheurs blotties dans une baie minuscule où, sur une mer turquoise, dansent quelques embarcations : pas de doute, Lučica est bien l'un des ports les plus charmants de Lastovo. Voire de Croatie !
1km au nord de Lastovo-ville

Havre de paix
Skrivena Luka
Au sud de la bourgade de Lastovo, les plaines fertiles laissent peu à peu place à un paysage lunaire de collines arides qui plonge doucement vers le bleu profond de Skrivena Luka, la "baie cachée". Seules quelques vieilles maisons de pêcheurs et des villas plus récentes s'égrènent au bord de l'eau. Une parenthèse de tranquillité pour de doux après-midi de baignade au-dessous de ses rochers plats. Les plus courageux pourront gagner à pied le phare de Struga, environ 4km au sud-est de la baie.
7km au sud de Lastovo-ville

Seuls sur le sable
Saplun
Cet îlot inhabité est apprécié pour son couvert forestier et pour sa plage de sable : une rareté dans l'archipel ! Les excursions partent de **Zaklopatica**, 3km à l'ouest de Lastovo (comptez 200kn/pers. avec pique-nique).

À FAIRE

Piquez une tête
À **Korčula-ville**, la plage municipale devant l'hôtel Marko Polo, à l'est de la vieille ville, est souvent noire de monde en été. N'hésitez donc pas à prendre un bateau-taxi sur le quai oriental pour rejoindre les petites îles ancrées au large et profiter ainsi de plus de tranquillité. La plus grande et la plus appréciée est celle de **Badija**, connue pour son rivage boisé et son monastère franciscain des 14e-15e s.
Île de Proizd
Vous êtes membre du club (pas très fermé !) des amateurs de bains de mer et d'eaux turquoise ? Alors ralliez cet îlot ancré à 30min de **Vela Luka** en bateau-taxi (env. 5 AR/j., 50kn AR).

Les eaux turquoise de l'île de Proizd

Adonnez-vous aux sports nautiques

Oreb Club

Ce club de voile renommé de Korčula-ville propose cours et stages de voile à la semaine, et des balades organisées en kayak ou en paddle. Activités nautiques également sur la plage de l'hôtel Marko Polo à Korčula. L'Oreb Club gère aussi deux autres centres à Lumbarda et à Brna. À partir de 390kn le stage découverte de 2h, 225kn la balade en kayak de 3h.

Gradski Park Korčula-ville 099 534 1369 www.oreb-sailing.com En été, prendre contact entre 8h et 20h

Plongez autour de Lastovo

Faune, flore, grottes, épaves... les fonds marins de l'archipel de Lastovo sont réputés parmi les plongeurs comme les plus riches de la côte dalmate.

Ankora Diving Center

Les deux frères Frlan, qui sont installés dans la baie de Zaklopatica, proposent des sorties aux plongeurs aguerris ou néophytes. Comptez 390kn pour un baptême, matériel compris.

(020) 801 170 www.lastovo-diving-ankora.com

NOS ADRESSES

PAUSES

Un peu de sucre

Kiwii

Accordez-vous un petit répit au cours de votre visite de Korčula-ville pour vous rafraîchir avec une bonne glace (coupes 20-40kn) ou goûter les biscuits locaux (9-20kn).

KORČULA-VILLE (plan 16, A3 n°1) Biline 16 099 801 5100 Jan.-fév. : tlj. 8h-15h ; mars, nov.-déc. : tlj. 8h-20h ; avr.-oct. : tlj. 8h-0h

Des crêpes mais pas que !
Creperia Sempre Dritto

Dans une rue calme, au sud-est de la marina, cette crêperie conviviale aux chaises et tables hautes est l'endroit tout indiqué pour un brunch au frais l'été. Au menu, des crêpes salées et sucrées, des smoothies, du café et du thé, des glaces originales, de bons cocktails, une sélection de bières et de vins locaux dont le fameux *Grk* de Frano Milina Bire. Le soir, la terrasse joliment éclairée invite à conclure la journée sur une note sucrée dans une ambiance détendue.

KORČULA-VILLE (plan 16, A3 n°2) Šetalište Frana Krsinića 36 095 502 8877 Avr.-oct. : tlj. 8h30-13h et 17h-0h

Avec les jeunes
Caffe Bar Inglezo

Ce petit bar en vogue de Vela Luka, flanqué d'une terrasse qui donne sur le front de mer, offre un tranquille panorama, des fauteuils confortables et des tarifs honnêtes. Le tout arrosé de pop-rock croate. Expresso 6kn, soda 7-15kn, vin au verre 6-20kn.

VELA LUKA Sur les quais, un peu au sud de l'embarcadère Tlj. 7h-1h

RESTAURANTS

Le plein de saveurs
Aterina

Ce lieu un peu décalé est tenu par une équipe de jeunes gens, soucieux de simplicité. Quelques tables disposées sur une place discrète, adossée aux fortifications, et une carte sobre, originale et de saison : rouleaux d'aubergines, pâtes maison au pesto, poisson aux pois chiches... Portions pas énormes, mais pleines de saveurs. Carte des vins de qualité (proposés aussi au verre). Repas 120-150kn.

KORČULA-VILLE (plan 16, A2 n°11) Trg Korčulanskih klesara i kipara 2 091 986 1856 Juil.-sept. : tlj. 12h-0h

Simplement bon
Konoba Mareta

Une petite taverne à l'allure et à l'accueil sympathiques. Au menu, des plats simples : dattes au fromage frais, courgettes et champignons marinés, sauce à l'oignon blanc et citron (39kn), carpaccio de poulpe, roquette et parmesan, plats végétariens (60-70kn), brochettes, menu enfant (20kn). Pour un repas complet, comptez 150-200kn.

KORČULA-VILLE (plan 16, B2 n°12) Sv. Roka 4 (020) 711 144 Tlj. 12h-15h et 18h-0h

Cuisine présidentielle
Adio Mare

Ce restaurant fameux, logé depuis 1974 dans une belle demeure de la vieille ville, a accueilli tous les présidents de Croatie ! Sous de hauts plafonds ou en terrasse, vous choisirez entre des plats de poissons et de fruits de mer ou l'excellente *pašticada* (bœuf mariné à la dalmate). Repas 200-250kn. Petite attente prévisible pour avoir une table.

KORČULA-VILLE (plan 16, B2 n°10) Marka Pola 2 (020) 711 253 www.konobaadiomare.hr Avr.-oct. : lun.-sam. 12h-23h, dim. 18h-23h

Au feu de bois
Konoba Maslina

En bord de route mais qu'importe ! La tonnelle et le vin de la maison invitent à s'attarder autour d'une *pogača*, moelleuse pizza aux légumes du jardin cuite au feu de bois, ou un autre plat traditionnel, aussi savoureux que copieux. Comptez 120-160kn le repas.

KORČULA-VILLE Lumbarajska cesta (3km au sud-est du centre-ville sur la route de Lumbarda) (020) 711 720 Haute saison : lun.-sam. 11h-22h ; dim. 11h-16h

Locavore

Zure ♥◒◒

Cette petite taverne de Lumbarda est tenue par une famille de pêcheurs (les légumes viennent de son potager). Installez-vous sur la terrasse ombragée par des citronniers et une vigne grimpante, et commandez sans hésiter un *chapon* (poisson scorpion) : grillé à point, c'est tout simplement divin ! Accueil souriant, carte resserrée et prix doux : repas 120-150kn, poisson (frais) 275kn le kilo.

LUMBARDA Vela Glavica 091 586 4058 www.zure.hr Tlj. 18h-0h

Taverne romantique

Konoba More ◒◒◒

Une vue sur la baie de Lumbarda et les îles au large, une terrasse à fleur d'eau, le bruit du ressac... Le site est superbe ! À la carte, des recettes traditionnelles bien maîtrisées (plats de coquillages, filet de saint-pierre, grillades...). Ne dites pas du mal des peintures aux murs : elles sont signées du patron ! Repas env. 200kn.

LUMBARDA (en bord de mer, à l'entrée du village) (020) 712 068 Mai-sept. : tlj. 12h-0h

Le bon goût du bio

Mate ♥◒◒◒

Au centre du village de Pupnat, une petite taverne propose une cuisine

Rouleaux d'aubergine et courgette

du terroir entièrement "bio" et évoluant selon les saisons : du pain à la graine d'anis aux viandes cuites sous la cloche, en passant par la liqueur de pétales de rose et les raviolis au fromage de chèvre et à la sauge. Une excellente adresse connue des cyclistes et des randonneurs. Repas env. 160-180kn.

PUPNAT (env. 13km à l'ouest de Korčula-ville) (020) 717 109 konobamate.com Mai-oct. : lun.-sam. 17h-23h, dim. 19h-23h

Conviviale

Konoba Bata ◒◒◒

Une taverne discrète, dont la terrasse de l'étage donne sur l'église Saint-Joseph. Bata est un amoureux de la pêche, des produits de la mer et de Vela Luka, tout comme l'était son meilleur ami, Oliver, grand chanteur de variétés originaire du même village. Pas étonnant que le restaurant perpétue les valeurs de l'amitié et

Taverne Mate, Pupnat

de retrouvailles entre amis autour de grands plats garnis de grillades de poisson, de crustacés et de produits des potagers locaux. Des mets gastronomiques que vous aurez du mal à finir seul. Même arrosés d'un bon vin de Korčula ! Plats 150-200kn. Réservation conseillée.

VELA LUKA Ulica 56-1 (020) 812 457
Avr.-nov. : tlj. 17h-0h

Comme à la maison

Konoba Bačvara

Cachée dans une ruelle de Lastovo, cette petite taverne constitue l'adresse préférée des habitants. Dans une déco très rustique, sont célébrées les traditions de l'île : la pêche et le travail des champs. Au menu, des plats simples et délicieusement relevés : soupes de poisson, pâté de thon, pois chiches, sardines salées... Prix d'ami et accueil familial. Repas 70-100kn.

LASTOVO-VILLE (LASTOVO) Počuvalo 14
(020) 801 131 konoba-bacvara.business.site
Jeu. 15h-23h

Face à la mer

Konoba Porto Rosso

Agréable terrasse au bord de l'eau, sur la baie de Skrivena Luka, à Lastovo, pour déguster de bons produits de la mer, mais également des viandes cuites sous la cloche (à commander 2h à l'avance), des risottos et d'excellents plats de légumes. Un ponton permet aux bateaux de plaisance de s'amarrer. Repas env. 250kn.

SKRIVENA LUKA (LASTOVO) (020) 801 261
www.portorus.com Mars-nov. : lun.-sam. 7h-1h, dim. 7h-0h

Chouette ambiance

Konoba Triton

À Lastovo, la réputation du Triton contribue à l'animation de la baie de Zaklopatica. Voiliers et yachts viennent s'amarrer sous le restaurant, et chaque soir y règne une ambiance chaleureuse. Dans l'assiette des poissons pêchés du matin et tout juste grillés sur le barbecue. Repas env. 150-200kn.

ZAKLOPATICA (LASTOVO)
(020) 801 161 Avr.-nov. : tlj. 14h-0h

SHOPPING

Le roi du sablé
Cukarin

Une pâtisserie incontournable pour ses délicieux sablés : *Marko Polo bombica* (à la noix de coco), *cukarin* (au citron), *klašun* (noix, zeste de citron, liqueur de rose), *amaret*. À déguster sans modération !

KORČULA-VILLE (plan 16, A3 n°20) Hrvatske bratske zajednice bb (020) 711 055 Lun.-sam. 8h30-12h30 et 17h-20h

Bijoux d'exception
Seba Dizajn

La famille Seba pratique l'art de la joaillerie depuis près de 500 ans, créant à la main, bagues, colliers, boucles d'oreilles, bracelets ou pendentifs en argent au design unique. Également des foulards et autres souvenirs.

KORČULA-VILLE (plan 16, B2 n°21) Depolo 6 (juste à côté de la tour Marco Polo) (020) 715 080 www.sebasilver.com Mai-oct. : tlj. 10h-20h

Le top du *grk*
Cave Branimir Cebalo

La famille Cebalo, qui produit le meilleur *grk* (vin blanc sec et fruité) de la région, accueille volontiers les visiteurs, de préférence sur rendez-vous. Bouteille : 100kn env.

LUMBARDA Lumbarda 591, Vela Glavica (la maison la plus proche de l'église du hameau) (020) 712 044 www.grk-cebalo.com

Pas mal non plus !
Vinarija Bire

Chez Frano Milina Bire, le *grk* développe ses arômes fruités en barrique, entre d'épais murs garants de fraîcheur. Dégustation et visite de la ferme (bio), où gambadent des chèvres. À la vente de vin s'ajoute celle de jambon fumé et de liqueurs (citron, mandarine, cerise, herbes aromatiques) maison.

LUMBARDA 098 344 712 bire.hr Haute saison : 10h-12h et 16h-18h (réserver ou s'adresser à la pension Marinka, à Lumbarda)

SORTIES

Cocktails panoramiques
Massimo ♥

Un bar à cocktails installé dans la tour Zakerjan (15e s.), vestige du rempart nord. La terrasse aménagée au sommet, derrière les créneaux, offre une vue splendide sur la vieille ville et les reliefs abrupts de la presqu'île de Pelješac. Le site est jubilatoire au coucher du soleil, mais il se mérite ! L'affluence est grande et les prix s'en ressentent. Cocktail env. 50-70kn.

KORČULA-VILLE (plan 16, B1 n°30) Šetalište Petra Kanavelića 099 214 4568 coktail-bar-massimo.business.site Mai-oct. : tlj. 16h-0h

Au-dessus des remparts
Konoba Tramonto

Quelques tables sur une terrasse perchée sur les remparts, au-dessus du restaurant-pizzeria du même nom. Parfait pour admirer la partie ouest de l'île, Pelješac et l'isthme qui les sépare, en sirotant un cocktail ou une sangria (50-75kn). Happy hour de 22h à 23h.

KORČULA-VILLE (plan 16, A2 n°31) Ismaelli 12 (020) 711 995 Juin-sept. : tlj. 9h-0h

DUBROVNIK ★

Illustre cité portuaire fortifiée, la "Perle de l'Adriatique" fascine même les plus blasés. La vieille ville de Dubrovnik regorge de palais et d'églises en pierre blonde, dont la splendeur témoigne des grandes heures de la république de Raguse. N'hésitez pas à vous perdre dans les ruelles plus secrètes des hauteurs : une infinité de chapelles et de façades ornées s'y dissimulent derrière des grappes de lauriers et de bougainvillées.

À VOIR

LA VIEILLE VILLE

La cité fortifiée (Stari Grad, ou simplement Grad), entièrement piétonne, est ceinte de remparts percés de trois portes. La première, la porte Pile (Vrata od Pila), dans le rempart ouest, constitue l'accès principal. Elle donne sur le magnifique Stradun, ou Placa, axe majeur qui court jusqu'à la porte Ploče (Vrata od Ploča), à l'est, où s'étend le vieux port. Si vous arrivez par le nord, vous pourrez entrer dans Stari Grad par la porte Buže (Vrata od Buže). La ville moderne s'est développée à l'ouest et au nord (port de Gruž et complexes hôteliers sur les presqu'îles de Lapad et de Babin Kuk).

ACCÈS ET INFOS

- Dubrovnik est à 230km de Split (par la route Magistrale, très encombrée). Stationner à proximité de la vieille ville est très compliqué, et les parkings sont très chers : garez-vous sur le parking du port de Gruž, puis prenez un bus (lignes 1a, 1b, 1c et 3).
- Liaisons en avion en saison avec la plupart des métropoles européennes (dont Paris, Nice, Bordeaux, Marseille, Nantes, Toulouse, Lyon...). Le reste de l'année, il faut généralement transiter par Zagreb (Croatia Airlines). De l'aéroport, bus Atlas pour le centre (30min).
- Liaisons en bateau avec Split, Mljet, Korčula, Hvar, Brač (compagnies Jadrolinija, G&V Line, Krilo). La gare maritime se trouve à Gruž, 3km au nord de la vieille ville.
- Office de tourisme Porte Pile (plan 18, A1) Brsalje 5 (020) 323 887 www.tzdubrovnik.hr
- Office de tourisme de Lapad (plan 17, A4) Masarykov put 2 (020) 437 460
- Office de tourisme de Gruž (plan 17, A3) Obala Ivana Pavla II, br. 1 (020) 417 983 Tlj. 8h-20h

La "grand-rue"

Stradun / Placa (plan 18, A2-B2)

La ville fortifiée doit beaucoup de son élégance à cette grande artère dallée de blanc qui la traverse d'ouest en est. Après le séisme de 1667, ses somptueux palais gothique et Renaissance furent remplacés par des façades baroques de calcaire blanc simples qui lui donnent cette unité architecturale. Placa, ou Stradun (du vénitien *stradon*, "grand-rue"), est en réalité un ancien chenal qui séparait l'île originelle de Laus et la terre ferme. Sur l'île, les fondateurs de Raguse – cf. Raguse, l'Athènes slave (p.275) –, et en face, la peuplade slave de Dubrava. Le chenal fut comblé au 11e s., lors de l'unification des deux localités. Pour éviter la foule de l'artère la plus fréquentée de la ville, arpentez-la tôt le matin ou tard le soir !

À NE PAS MANQUER

- Stradun (Dubrovnik)
- Monastère franciscain (Dubrovnik)
- Palais Sponza (Dubrovnik)
- Palais du Recteur (Dubrovnik)
- Remparts (Dubrovnik)
- Monastère dominicain (Dubrovnik)
- Cavtat
- Bouches de Kotor

Les toits de tuile de la vieille ville, Dubrovnik

Mécanique des fluides

Grande fontaine d'Onofrio / Velika Onofrijeva fontana (plan 18, A2)

Pensée par l'architecte napolitain Onofrio della Cava, cette monumentale fontaine conçue en 1438 est alimentée par une source située à 12km de là ! L'eau douce et fraîche qui jaillit de ses 16 bouches ornées de mascarons en fait un point de rendez-vous privilégié des touristes comme des habitants de la ville.

Place Miličević

BON À SAVOIR

L'achat d'un billet (120kn) aux musées ethnographique Rupe, maritime, d'Histoire naturelle, du palais du Recteur, ou à l'expo du fort Revelin, donne ensuite accès aux autres musées de cette liste. Autre bon plan, la **Dubrovnik Card** : accès aux bus, aux remparts, à des musées et galeries, et nombreuses réductions (restaurants, boutiques, téléphérique, etc.).

Calme et onguent

Monastère franciscain / Franjevački samostan (plan 18, A2)

Situé près de la porte Pile, cet austère monument fut édifié aux 14e et 15e s. Derrière ses hauts murs, un très beau cloître roman avec ses colonnettes aux délicats chapiteaux sculptés. L'autre curiosité du monastère est sa pharmacie, la plus ancienne de Croatie (1317 !) encore en activité. Le tout premier comptoir de cette officine est exposé au musée du monastère, avec quelques beaux objets d'art sacré. L'église (entrée côté Stradun) fut remaniée dans le style baroque après le séisme de 1667, mais elle conserve un portail gothico-Renaissance surmonté d'une splendide pietà.

Placa 2 (020) 321 410 Avr.-oct. : tlj. 9h-18h 30kn

Regards sur la guerre

War Photo Limited (plan 18, B2)

Cette galerie dédiée à la photo de guerre a commencé à faire parler d'elle avec une exposition consacrée aux conflits de l'ex-Yougoslavie. Impossible de ne pas se sentir concerné, ému ou profondément révolté par ces images d'une qualité et d'une force sans pareilles, sélectionnées parmi les œuvres des meilleurs reporters-photographes internationaux.

Antuninska 6 (020) 322 166 www.warphotoltd.com Mai-oct. : tlj. 10h-16h 50kn

Dans l'ancien ghetto

Synagogue / Sinagoga (plan 18, B2)

Cette synagogue du 15e s. est l'une des plus anciennes d'Europe encore affectées au culte. Elle se trouve "rue des Juifs" (Žudioska en croate) qui fut un véritable ghetto jusqu'au 19e s. pour cette communauté constituée de familles expulsées d'Espagne en 1492.

Žudioska 5 (020) 321 028 Mai-oct. : tlj. 9h-20h ; nov.-avr. : lun.-ven. 10h-15h 50kn

Carrefour de la ville

Place de la Loge / Luža (plan 18, B2)

À l'extrémité orientale du Stradun, cette place constituait le centre de la vie publique de Raguse, et elle accueille encore les grandes manifestations locales. Elle doit son nom au balcon aménagé au-dessus du passage voûté, d'où les cloches sonnaient en cas de danger. Au milieu de la place s'élève la colonne de Roland (Orlandov Stup) : selon la légende, le preux neveu de Charlemagne aurait défendu la ville contre les Sarrasins. La tour de l'Horloge érigée à l'est de la place en 1444 a été maladroitement restaurée au 20e s. À droite se dresse le palais du Conseil majeur, édifice gothique entièrement remanié aux 18e et 20e s., aujourd'hui occupé par le théâtre et un café. Vous pourrez vous désaltérer à la jolie petite fontaine d'Onofrio (1438). Elle alimentait le marché qui se tenait sur la place.

Vestige du 15e s.

Palais Sponza / Palača Sponza (plan 18, C2)

Relativement épargné par le séisme de 1667, ce palais arbore l'élégante architecture gothico-Renaissance qui caractérisait la cité aux 15e et 16e s. Il abritait alors la plupart des institutions financières de la République (douanes, hôtel des monnaies...). Y sont désormais conservées les archives municipales (plus de 100 000 manuscrits d'une valeur inestimable). Prenez le temps d'admirer sa façade : une superbe galerie à arcades Renaissance que dominent de larges baies de style gothique flamboyant et une statue de saint Blaise. Le palais Sponza s'organise autour d'un charmant atrium rectangulaire bordé de deux étages de galeries à arcades. Vous pourrez y découvrir, outre un petit musée des archives, des expositions temporaires et un mémorial dédié aux défenseurs de Dubrovnik lors du siège de 1991.

Luža (020) 321 032 Mai-oct. : tlj. 9h-21h ; nov.-avr. : tlj. 9h-15h 25kn

Plan 17
DUBRAVE
BOSANKA
AÉROPORT, MLINI, CAVTAT
NUNCIJATA
ZATON MALI, TRSTENO, SPLIT
SRĐ
MONT SRĐ
TÉLÉPHÉRIQUE
GRUŽ
PLOČE
PILE
STARI GRAD
plan 18
LES LAZARETS
STARA LUKA
GALERIE D'ART MODERNE
BANJE BEACH
LOKRUM, CAVTAT
LOKRUM
FORTERESSE SAINT-LAURENT
MER ADRIATIQUE
BONINOVO
LAPAD
BABIN KUK
UVALA SOLITUDO ET SEKA
UVALA LAPAD
ÎLES ÉLAPHITES, MLJET
Obala Pape Ivana Pavla II
Obala Stjepana Radića
Jadranska cesta
Andrije Hebranga
Vladimira Nazora
Ante Starčevića
Vukovarska
Sv. Mihajla
Iva Vojnovića
Šetalište kralja Zvonimira
K. Stepinca
Masarykov put
POSTE
298 M
334 M
311 M
299 M
200 M
104 M
V. PETKA 192 M
M. PETKA 145 M
500 m
N
1
2
3
4
A
B
Pauses (n°1)
1 Cave Bar More - p.282 .... A4
Restaurants (n°10 et 11)
10 Orhan - p.283 .... B2
11 Panorama - p.284 .... A1
Shopping (n°20)
20 Marché de Gruž - p.286 .... A3
Hébergements (n°30 à 34)
30 Hotel Lapad - p.348 .... A3
32 House Boninovo - p.348 .... B2
33 Villa Dubrovnik - p.348 .... B1
34 Villa Gloria - p.348 .... B1

Plan 18
Srednji Kono
TOUR MINČETA
Zagrebačka
Put iza Grada
M. Perića
Đura Palića
Uz Posat
Ispod Minčete
Peline
Između Vrta
Put iza Grada
Poljana Dr. Vinka Foretića
REMPARTS
14
PORTE BUŽE (ACCÈS PRINCIPAL AUX REMPARTS)
H. Lucića
Nalješkoviće
Kunićev
PILE
Peline
MONASTÈRE FRANCISCAIN
15
PORTE PILE
ÉGLISE SAINT-SAUVEUR
C. Medović
Od Sigurate
40
Palmotiće
Antuninska
4
WAR PHOTO LIMITED
Prijeko
Boškovićeva
7
24
Petilovrjenc
Vetranićev
Zamanjin
16
12
Brsalje
GRANDE FONTAINE D'ONOFRIO
Stradun (Placa)
3
26
11
Poljana P. Miličevića
8
SYNAGOGUE
Dropčeva
Žudioska
21
Kovačka
STRADUN
Stradun (Placa)
COUVENT SAINTE-CLAIRE
Garište
Zlatarićev
Getaldićeva
Čubranovićev
Đorđićeva
Široka
Vara
Između Polača
25
Uska
PLA DE LA
COLONNE DE ROLAND
Za Rokom
SAINT-ROCH
POSTE
Od Puča
FORT BOKAR
Za Rokom
C. Zuzorić
ÉGLISE SAINT-BLAISE
19
Lučarica
Zeljarica
Vrata Celenge
N. Božidarevića
Gučetićeva
Miha Pracata
Uska
Marojice Kaboge
Od Puča
27
Puzljiva
Od Rupa
Od Domina
Sv. Josipa
23
PLACE GUNDULIĆ
Na Andriji
Od Šorte
MUSÉE ETHNOGRAPHIQUE RUPE
Za Rupama
13
D. Ranjine
Uz Jezuite
Bunićeva poljana
CATHÉDRALE
Strossmayerova
MUSEUM D'HISTOIRE NATURELLE
Od Kaštela
Svete Marije
Zvijezdićeva
ÉGLISE SAINT-IGNACE
Sv. Šimuna
Ivana Rabljanina
Crijevićeva
Poljana R. Boškovića
Kneza Hrvaša
Stulina
Poljana Mrtvo Zvono
Od Kaštela
COLLÈGE DES JÉSUITES
TOUR SAINT-PIERRE
2
Od Margarite
TOUR SAINTE-MARGUERITE
MER ADRIATIQUE
1
2
3
4
A
B

Pauses (n°1 à 8)

1 Bistro Revelin - *p.282* C2
2 Buža Bar - *p.281* B4
3 Café Festival - *p.282* A2
4 Dolce Vita - *p.281* B2
5 Gradska Kavana Arsenal - *p.282* B2-C2
6 Mala Buža Bar - *p.281* B4
7 Matuško-D'Vino Wine Bar - *p.282* B2
8 Sladoledarna - *p.281* A2

Restaurants (n°10 à 19)

10 Bistro Revelin - *p.285* C2
11 Buffet Škola - *p.282* B2
12 Dubravka 1836 - *p.283* A2
13 Kamenice - *p.283* B3
14 Lady Pi Pi - *p.283* B1
16 Nautika - *p.284* A2
15 Nishta - *p.283* B2
17 Restaurant 360 - *p.284* C2
18 Restaurant Komarda - *p.285* C2
19 Zuzori - *p.284* B2

Shopping (n°20 à 27)

27 Croata - *p.287* B3
20 Galerija Sebastian - *p.287* C2
21 House of Nature - *p.286* B2
22 Kawa - *p.287* C1
23 Marché de la vieille ville - *p.286* B3
24 Pharmacie du monastère franciscain - *p.286* A2
25 Uje - *p.286* B2
26 Vinoteka Miličić - *p.286* A2

Sorties (n°30)

30 Culture Club Revelin - *p.287*. C2

Hébergements (n°40)

40 Hotel Stari Grad - *p.348* A2

Promenade sur les remparts de Dubrovnik

La statue du patron

Église Saint-Blaise / Crkva Sv. Vlaha (plan 18, B2)

Une église baroque (début du 18e s.) dédiée au patron de la ville. La statue en argent doré de saint Blaise tenant une maquette de Raguse (avant le séisme de 1667) trône dans le chœur. Cette œuvre du 15e s., qui aurait miraculeusement échappé à un incendie, tient une place particulière dans le cœur des habitants de Dubrovnik et lors des processions de la Saint-Blaise, les 2 et 3 février.

Luža (020) 323 258 Juil.-août : tlj. 8h-16h ; sept.-juin : lun.-sam. 8h-12h et 16h-17h, dim. 9h-12h

SUR LES TRACES DE...

L'image de **saint Blaise** (Sveti Vlaho) est présente dans toute la ville. Cet évêque originaire d'Arménie, qui vécut au 4e s., connu surtout pour guérir les maux de gorge, serait apparu en 971 dans les airs pour prévenir les habitants de Dubrovnik d'une attaque imminente des Vénitiens. Devenu leur saint patron, il est fêté en grande pompe le 3 février.

Typiquement ragusain

Place Gundulić / Gundulićeva poljana (plan 18, B3)

Difficile de ne pas être séduit par cette jolie place aérée, bordée de sobres façades en pierre ocre et égayée de terrasses de bars et de restaurants. Une statue du poète ragusain Ivan Gundulić (1589-1638), réalisée par Ivan Rendić en 1892, veille chaque matin sur un petit **marché** aux fruits et aux légumes.

Saint en kit

Cathédrale de l'Assomption-de-la-Vierge / Katedrala Uzne-senja Marijina (plan 18, B3)

Sur le site d'une basilique du 6e s. (et d'une église romane), la cathédrale actuelle fut érigée de 1672 à 1713 avec une façade baroque chargée : colonnes corinthiennes, balustrades, niches, statues, etc. Par contraste, l'intérieur paraît bien sobre, tout de blanc revêtu et largement éclairé par une haute coupole. Le clou de la visite se cache dans une petite salle à gauche du chœur : le trésor de la cathédrale. Notez en particulier les trois reliquaires de saint Blaise : celui qui renferme la jambe (1684), en or ; celui du bras droit (12e s.), en or et émaux, œuvre d'orfèvres de Dubrovnik ; celui du crâne (12e s.), aux plaquettes d'or ornées d'émaux ouvragés par des maîtres byzantins.

Poljana Marina Držića ⌚ Avr.-oct. : lun.-sam. 8h-20h, dim. 11h-17h ; nov.-mars : lun.-sam. 9h-12h, dim. 11h-12h

Archi éclectique

Palais du Recteur / Knežev dvor 👍 (plan 18, C3)

Le palais le plus somptueux et le plus visité de Dubrovnik est aussi le plus emblématique de la république de Raguse. C'est là, en effet, que travaillait et vivait le recteur, chef de l'exécutif (élu pour un mois seulement !). L'édifice abritait aussi les administrations, les prisons, l'arsenal et... la poudrière. Les explosions qu'a connues cette dernière et le séisme de 1667 expliquent l'aspect disparate de la construction. Le palais gothique à un étage (début 15e s.) fut agrandi par les grands maîtres de la Renaissance (chapiteaux historiés du portique et de l'atrium). L'escalier rococo de l'atrium date de la fin du 17e s. Après avoir jeté un coup d'œil aux cachots, grimpez à l'étage visiter la reconstitution des luxueux appartements du recteur.

Pred Dvorom 1 📱(020) 321 422 ⌚ Jeu.-mar. 9h-18h € 130kn

> **BON À SAVOIR**
> Pour échapper à l'affluence estivale, faites comme les commerçants de la vieille ville, consultez le site Internet du port de Gruž (www.portdubrovnik.hr), qui recense les dates et les heures d'arrivée des bateaux de croisière, ainsi que le nombre de passagers. Certains jours, plusieurs milliers de croisiéristes débarquent pour arpenter le Stradun !

Emplacement sensible

Vieux port / Stara Luka (plan 18, C2-C3)

L'un de nos endroits préférés à Dubrovnik pour une flânerie ensoleillée, rythmée par la valse des bateaux de pêche et des vedettes touristiques. Au temps de la République, le port était la partie la plus vulnérable de la cité. Les forts Saint-Luc, au nord, et Saint-Jean, au sud, en assuraient la défense. Le brise-lames en pierre fut réalisé au 15e s. pour remplacer la chaîne et les poutres déployées la nuit entre ces deux bastions afin de barrer l'entrée du port.

Auréole de pierre

Remparts / Gradske Zidine 👍 (plan 18, A2-C2-C3)

Si vous n'avez que quelques heures à consacrer à la visite de Dubrovnik, n'hésitez pas : c'est en faisant le tour de ses remparts du 13e s. que vous mesurerez l'ampleur et la beauté de la "Perle de l'Adriatique". Cette formidable enceinte s'étire sur près de 2km, atteignant jusqu'à 24m de hauteur et 6m de largeur côté terre. Le chemin de ronde dévoile des perspectives magnifiques sur les clochers, les dômes, les toits de tuiles et les jardinets de la ville fortifiée. Au sud du Stradun, l'axe majeur, un quartier à la trame irrégulière et, au nord, des venelles qui se croisent à angle droit. Les vues sur la mer et sur l'île de Lokrum deviennent magiques au coucher du soleil. Attention, si vous êtes sujet au vertige, certains passages du chemin de ronde sont impressionnants. Comptez 1h de balade pour faire le tour.

Entrée principale sur la gauche de la porte Pile, entrées secondaires au niveau de la porte Ploče et du fort Saint-Jean (020) 638 801 wallsofdubrovnik.com Avr.-juin : tlj. 10h-17h ; juil. : tlj. 8h-19h30 ; août : tlj. 8h-19h ; sept. : tlj. 8h-18h ; oct. : tlj. 8h-17h30 ; nov.-mars : tlj. 9h-15h 150kn

Derrière les murs

Monastère dominicain / Dominikanski samostan (plan 18, C2)

La communauté dominicaine s'établit à Dubrovnik en 1225 près de la porte Ploče, assurant l'accueil des visiteurs et la sécurité du nord-est de la cité. Derrière ses façades relativement austères, des trésors architecturaux et artistiques comme le cloître du 15ᵉ s., chef-d'œuvre du gothique tardif, ou le somptueux crucifix en bois de 1358, œuvre de Paolo Veneziano, accroché au-dessus du maître-autel de l'église. Le musée du monastère conserve les plus belles œuvres de l'école Renaissance de Dubrovnik, comme le célèbre triptyque de Nikola Božidarević (16ᵉ s.) représentant saint Blaise.

Sv. Dominika 4 (020) 322 200 www.dominikanci-dubrovnik.hr Mai-oct. : tlj. 9h-18h ; nov.-avr. : tlj. 9h-17h 30kn

Une ville tournée vers la mer

Musée maritime / Pomorski muzej (plan 18, C3)

Antiquités remontées d'épaves englouties autour de Dubrovnik, maquettes de bateaux à voile, de vapeurs et de paquebots, cartes et livres anciens, instruments de navigation, tableaux… La visite de ce musée logé dans le fort Saint-Jean vous permettra de mieux appréhender l'histoire d'une cité qui vécut longtemps du commerce maritime et de la construction navale. Excellente brochure explicative en français.

Tvrdava sv. Ivana (020) 323 904 www.dumus.hr Jeu.-mar. 9h-18h 130kn

Archi-étonnant

Musée ethnographique Rupe / Etnografski muzej Rupe (plan 18, A3)

Dissimulé dans une ruelle au sud de la vieille ville, l'édifice qui abrite le Musée ethnologique est l'un des plus surprenants de Dubrovnik. Il s'agit d'un grenier pourvu de 15 silos – de 15m de profondeur chacun – construit au 16ᵉ s. pour permettre à Raguse de soutenir les sièges ! Après avoir jeté un coup d'œil au fond de ces fameux "trous" (*rupe*), grimpez dans les étages découvrir les (modestes) collections consacrées à l'artisanat, aux costumes, aux parures et aux instruments de musique traditionnels.

Od Rupa 3 (020) 323 013 dumus.hr Jeu.-mar. 9h-18h 130kn

RAGUSE, L'ATHÈNES SLAVE

Au 7e s., des habitants d'Epidaurum (Cavtat), fuyant les attaques répétées des barbares, érigèrent une ville fortifiée au bord de la mer : Raguse. Celle-ci prospère sous la domination de Byzance puis de Venise, et acquiert son autonomie à partir de 1358. La **république de Raguse** voit alors le jour avec, à sa tête, trois conseils renouvelables tous les ans et un recteur, chef de l'exécutif élu pour un mois seulement. Les affaires politiques restent aux mains de l'aristocratie, mais l'essor rapide du commerce maritime bénéficie à toute la population. À son apogée, la République règne sur tout le sud de la Dalmatie, de Neum à Sutorina, avec les péninsules de Prevlaka et de Pelješac, les îles de Lastovo et de Mljet. Cultivant une neutralité lucrative, elle commerce autant avec les pays catholiques qu'avec l'Empire ottoman, les Latins que les Slaves. Riche, démocratique et cultivée, cette "Athènes slave" concurrence alors Venise. Mais avec le dévastateur séisme de 1667 et le déclin des Ottomans s'amorce pour Raguse un lent affaiblissement. La République est officiellement abolie en 1808 par Marmont (maréchal de Napoléon), qui l'intègre au royaume d'Italie. Raguse deviendra Dubrovnik en 1918, alors que ce nom (signifiant "bois de chêne") était utilisé en slavon depuis le 12e s. !

Porte du palais du Recteur, siège du pouvoir exécutif de la république de Raguse

Terrasse stratégique

Fort Revelin / Tvrđava Revelin (plan 18, C1-C2)

Relié à la porte Ploče par un pont de pierre, il fut érigé au 15e s. pour défendre la ville face aux Ottomans puis, un siècle plus tard, agrandi face à la menace vénitienne. Maintes fois rénové, il possède la plus grande terrasse de la ville où ont lieu concerts et spectacles dans le cadre du Festival d'été. Le fort accueille aussi une petite exposition permanente d'archéologie regroupant des fragments provenant d'églises pré-romanes et romanes de Dubrovnik et des environs.

Sv. Dominika dumus.hr Jeu.-mar. 10h-16h 130kn

HORS LES MURS

Entre impressionnistes et surréalistes

Galerie d'Art moderne / Umjetnička galerija (plan 17, B1)

Dans le faubourg de Ploče, ce musée occupe une grande villa des années 1940. La collection permanente fait la part belle aux artistes de la région, comme Vlaho Bukovac, originaire de Cavtat, mais elle cède souvent la place à d'excellentes expositions et rétrospectives d'artistes croates et étrangers. La terrasse, ponctuée d'étonnantes sculptures modernes, dont certaines de Meštrović, offre une belle vue sur la vieille ville.

Frana Supila 23 (020) 426 590 www.ugdubrovnik.hr Mar.-dim. 9h-20h 120kn

Plein les yeux

Mont Srđ (plan 17, A1)

Le mont Srđ (prononcez “seurtch”) s'élève au nord de Dubrovnik, offrant une vue absolument somptueuse sur la ville lovée dans ses remparts, gardée par Lokrum et les îles plus lointaines. Avec un verre au restaurant Panorama (Panorama p.284), c'est encore meilleur. Le fort bâti sur ses hauteurs par les troupes napoléoniennes abrite désormais un petit musée de la guerre d'indépendance.

Accès par la route (7km env.), par téléphérique, ou par un sentier en lacet (1 à 2h)
Téléphérique/Cable Car (plan 18, C1) Petra Krešimira 4 (020) 414 355
www.dubrovnikcablecar.com Déc., jan. : tlj. 10h-16h ; mars, nov. : tlj. 10h-17h ; avr., oct. : tlj. 9h-20h ; mai : tlj. 9h-22h ; juin-août : tlj. 9h-23h ; sept. : tlj. 9h-21h 170kn

Imprenable !

Forteresse Saint-Laurent / Tvrđava Lovrijenac (plan 17, B2)

Du petit port de Pile, un escalier de pierre serpente jusqu'au fort Saint-Laurent. Perchée sur un éperon rocheux à 37m au-dessus des flots, cette imposante sentinelle de pierre (14e s.) jouait un rôle primordial dans la défense de la cité. Ses trois terrasses offrent, en effet, une vue imprenable sur la mer, les premiers contreforts des Alpes dinariques et toute la partie ouest de la ville close. Comme peu de touristes s'y aventurent, vous pourrez jouir du panorama en toute tranquillité. Lors du Festival d'été, le fort prête son cadre grandiose à des représentations très attendues de pièces de Shakespeare.

Avr.-mai, sept.-oct. : tlj. 8h-18h30 ; juin-août : tlj. 8h-19h30 ; nov.-mars : tlj. 9h-15h 50kn

DANS LES ENVIRONS

Pour se mettre au vert… et à l'eau

Île de Lokrum / Otok Lokrum (plan 17, B1)

Cette île apporte le végétal qui manque à la vieille ville si minérale : en 10min de traversée, vous débarquerez dans ce lieu enchanteur. Au milieu des pins, des cyprès et des lauriers-roses, vous y découvrirez les vestiges d'une abbaye bénédictine (9e s.), un jardin botanique, un fort royal et plusieurs restaurants. Pas de "vraie" plage à Lokrum, mais les eaux limpides qui baignent ses rochers plats invitent à la baignade. Attention, grosse affluence l'été, notamment dans la zone naturiste, à la pointe sud-est de l'île.

Accès en bateau du vieux port ⌚ Début juin-août : tlj. 9h-20h toutes les 30min ; sept.-début juin : tlj. 10h-17h toutes les heures € 200kn Maison d'information de l'île Baie de Portoć **(020) 311 738 www.lokrum.hr ⌚ Avr., sept.-nov. : tlj. 10h-17h ; mai-août : tlj. 9h-20h**

Parc princier

Arboretum de Trsteno

Le modeste port de Trsteno recèle l'un des derniers parcs botaniques Renaissance de la région. Cette petite oasis fut conçue au début du 16e s. pour agrémenter la villa d'été de la noble famille ragusaine Gučetić-Gozze. Plus de 400 espèces méditerranéennes et exotiques bordent les allées ombragées et l'élégante pergola. Une promenade qui vous mènera en douceur jusqu'à la fontaine de Neptune, chef-d'œuvre baroque alimenté par un aqueduc de 70m.

Potok 20 21km au nord-ouest de Dubrovnik (020) 751 019 ⌚ Mai-oct. : tlj. 7h-19h ; nov.-avr. : tlj. 8h-16h € 50kn

Simple et beau

Port de Trsteno

En contrebas de l'arboretum, se niche un petit port plein de charme : une poignée de maisons entre mer et forêt, quelques barques de pêche et une vue

La fontaine de Neptune, arboretum de Trsteno

superbe sur les îles Élaphites ! Vous pourrez lézarder sur les quais aménagés, fréquentés surtout par les habitants du coin, vous baigner et savourer la beauté du lieu.

1km en contrebas de l'arboretum (route très étroite !), ou par un escalier

Port de Suđurađ, île de Šipan

Escapade au calme

Îles Élaphites / Elafitski otoci

L'archipel des Élaphites, qui s'étire le long de la côte ouest de Dubrovnik, se compose de 14 îles luxuriantes, dont trois sont habitées mais interdites aux voitures. **Koločep**, la plus proche et la plus petite de l'archipel, est surtout appréciée pour la baignade (certaines petites criques sont réservées aux nudistes). Plus touristique, **Lopud** recèle quelques belles plages, comme celle de Šunj, mais doit surtout sa renommée aux somptueuses villégiatures que l'aristocratie ragusaine s'y fit construire au 15e s., comme les vestiges du palais d'été du Recteur. **Šipan**, la plus grande île de l'archipel, offre de superbes balades dans ses vergers, prairies, champs de lavande et d'oliviers. Une escapade idéale pour profiter des eaux limpides de l'Adriatique et fuir la foule de Dubrovnik.

Liaisons maritimes régulières au départ du port de Gruž, à Dubrovnik, avec les compagnies Jadrolinija pour Koločep (30min de trajet), Lopud (1h) et Šipan (1h15), et G&V Line pour Šipan (40min-1h15 de trajet)

Paisible station

Cavtat

L'ancienne colonie grecque d'Epidaurum est devenue une charmante station balnéaire, facilement accessible de Dubrovnik en bateau-taxi (30min). Un adorable port, des ruelles médiévales piétonnes, des criques rocheuses et une douce animation en font une base de séjour plus tranquille et meilleur marché que Dubrovnik. Ce peut être aussi l'occasion de s'enfoncer au cœur de la **Konavle**, région montagneuse qui s'étend le long de la frontière bosno-herzégovinienne jusqu'à la frontière monténégrine, célèbre pour ses broderies sur soie et ses costumes traditionnels. Les environs de Cavtat sont également propices à de belles balades.

19km au sud-est de Dubrovnik Accès en bateau au départ du vieux port de Dubrovnik

Loch monténégrin

Bouches de Kotor / Boka Kotorska

Rattachées au Monténégro en 1946, les bouches de Kotor n'en restent pas moins la conclusion naturelle du littoral dalmate. Cette suite de quatre golfes successifs reliés par d'étroites passes et cerclés de hautes montagnes abruptes (plus de 1 700m au-dessus de la ville de Kotor) donnent un paysage stupéfiant, et le port naturel le mieux protégé d'Europe ! Quelques villages accrochés aux berges dressent leurs clochers vénitiens et leurs quartiers baroques au-dessus de petites plages ou de pontons. Deux îlots, l'un coiffé d'une chapelle et de quelques cyprès, l'autre d'une église, paraissent flotter entre eau et ciel. La ville fortifiée de **Kotor**, d'une remarquable homogénéité architecturale, est naturellement installée dans la partie la plus reculée de la baie, au pied des parois les plus abruptes.

95km au sud de Dubrovnik, soit de 1h30 à 3h selon la circulation (difficile) et le passage de la frontière. Bac pour la traversée du défilé entre Kamenari et Lepetane (15min). Excursion en bateau au départ de Dubrovnik (port de Gruž) ou en bus
Formalités Passeport ou pièce d'identité, papiers de la voiture pour le passage de la frontière
Monnaie Euro (mais kuna croate acceptée)

À FAIRE

Partez sur les traces des Targaryen ou des Lannister

Fans de la série **Game of Thrones** (*Le Trône de fer*), vous êtes ici à Port-Réal, siège du pouvoir royal ! Dubrovnik est en effet l'un des principaux lieux où ont été tournées les aventures de Cersei, Joffrey, Tyrion ou Sansa ! Beaucoup s'amusent à suivre les traces de leurs héros, de la forteresse Saint-Laurent à la porte Pile, en passant par les remparts et la tour Minčeta, sans oublier les marches d'Ulica uz Jezuite, théâtre de la terrible "marche de la honte" de la reine Cersei. Vous pouvez chercher les ressemblances vous-même, ou suivre l'un des nombreux "Game of Thrones Tours".

Game of Thrones Dubrovnik Tours

Un tour de la ville passionnant, même sans être fan de la série ! Comptez 400kn/pers. env.

Od Batale 6 Dubrovnik 098 175 17 75 www.game-of-thrones-dubrovnik-tour.com

Allez à la plage à Dubrovnik

Banje Beach / Uvala Kupališta (plan 17, B1)

À 5min à pied de la porte Ploče, cette petite plage de graviers et de sable est la plus réputée de Dubrovnik. Occupée en bonne partie par les transats du restaurant-bar le Banje Beach, bondée l'été, elle présente néanmoins l'avantage d'être très facile d'accès pour piquer une tête et offre une jolie vue sur l'île de Lokrum.

Frana Supila 10B ▯ www.banjebeach.com

Sveti Jakov Beach **(hors plan 17 par B1)**

Un peu plus éloignée au sud-est et bien plus tranquille que Banje Beach, une jolie anse de sable et de galets nichée au pied d'une falaise avec, en prime, une vue imprenable sur la ville.

1,5km à l'est de la porte Ploče par Frana Supila (30min à pied)

Uvala Kolorina **(plan 17, B2)**

Au pied du fort Saint-Laurent, côté ouest, une adorable crique de galets nichée entre deux caps et fort appréciée des familles du quartier.

Piquez une tête à Lokrum

Mer morte / Mrtvo more

Ce nom un peu pompeux désigne un bassin à l'eau turquoise, cerné de rochers et de pins, au sud de l'île. Séparé de l'Adriatique par une bande rocheuse, il est alimenté en eau de mer par un tunnel naturel. Vu que ses eaux calmes sont très prisées des familles avec de jeunes enfants, la Mer morte déborde plutôt de vie !

Pratiquez le kayak, la plongée, le snorkeling

Adria Adventure **(plan 17, B2)**

Une sortie kayak pour découvrir au plus près les îles Élaphites (Lopud et Šipan), de la balade d'une journée à l'excursion de trois jours, à partir de 400kn/pers.). Transfert en ferry du port de Gruž à Lopud.

Vukovarska 17 (centre commercial) Dubrovnik ▯ (020) 311 545 www.kayakingcroatia.com

Blue Planet **(plan 17, B4)**

Ce club de plongée certifié PADI, hébergé par l'hôtel Dubrovnik Palace, assure tous les types de formations à la plongée. Il propose par ailleurs des sorties sur la côte autour de Dubrovnik, mais aussi près des îles (Lokrum, Élaphites), dont certaines sur des épaves. Plongées de nuit également. Comptez à partir de 370kn pour une plongée.

Hotel Dubrovnik Palace Masarykov put 20 Dubrovnik ▯ 091 899 09 73 www.blueplanet-diving.com

Adventure Dubrovnik **(plan 18, A2)**

Ce prestataire organise des sorties kayak à la demi-journée (230kn/pers.). Vous embarquerez sur la plage en contrebas de la porte Pile pour mettre le cap sur l'île de Lokrum avant de rallier une plage de la côte. Là, une pause est prévue pour pique-niquer et découvrir les fonds sous-marins avec palmes, masque et tuba. Retour au point de départ en longeant les remparts, l'occasion d'avoir un autre regard sur la vieille ville. Autre option : une balade de 3h au coucher du soleil (250kn/pers.).

Sv. Križa 3 (siège) Dubrovnik ▯ 099 336 1336 www.adventuredubrovnik.com ◷ Tlj.

NOS ADRESSES

PAUSES

Foule et boules
Sladoledarna

Face au monastère des Franciscains, ça se bouscule en été pour goûter les meilleures glaces de la ville. Chez Sladoledarna, on est glacier de père en fils depuis trois générations ! Faites votre choix parmi les 32 variétés de parfums, dont 6 sorbets. Boule avec cornet classique 10kn, supplément grand cornet 2kn.

DUBROVNIK (plan 18, A2 n°8) Placa 17
099 771 5143 Fév.-juin, sept.-nov. : tlj. 9h-23h ; juil.-août : tlj. 9h-2h

Plein large
Buža Bar ♥

Avisez la pancarte "*Buža Cold drinks*" : c'est le seul panneau qui vous mènera à cette terrasse de rêve cachée dans les rochers, derrière le rempart sud de la vieille ville. L'emplacement est surprenant et le panorama balaie l'horizon maritime : idéal pour assister au coucher du soleil. Boissons 25-50kn.

DUBROVNIK (plan 18, B4 n°2) Rempart sud
098 361 934 buza-bar.business.site
Avr.-oct. : tlj. 9h-0h sauf par mauvais temps

Passe-muraille
Mala Buža Bar ♥

Aucune indication, un simple passage ouvert dans la muraille, et là, surprise, vous vous retrouvez à l'extérieur, à même le rocher, adossé aux remparts ! Vue merveilleuse sur Lokrum et le coucher de soleil. La pente, douce, se conclut par une petite plage de béton accueillante pour une baignade par temps calme. Un peu plus "branché" que le Buža Bar. Boissons 30-60kn, cocktails 60-70kn.

DUBROVNIK (plan 18, B4 n°6) Rempart sud (porte en face de la rue Pobijana)
(020) 324 753 Avr.-oct. : tlj. 9h-0h

Pause fraîcheur
Dolce Vita ♥

L'adresse fétiche des habitants de Dubrovnik, qui viennent s'y attabler dans la petite salle ou en terrasse

Terrasses du Mala Buža Bar, Dubrovnik

pour profiter d'un large choix de coupes de glaces à des prix raisonnables (30-35kn). La maison est tout aussi recommandable pour son expresso, ses crêpes, sa limonade ou ses milk shakes.

DUBROVNIK (plan 18, B2 n°4) Nalješkovićeva 1a (020) 321 666 Tlj. 9h-0h

Cave cosy

Matuško-D'Vino Wine Bar

Ce bar à vins aux allures de club anglais commercialise les vins Matuško. Le propriétaire, Mato Violic, a créé son propre vignoble en 1998, avec son cépage préféré, le *plavac mali*. Vin au verre 30-100kn.

DUBROVNIK (plan 18, B2 n°7) Prijeko 6 (020) 742 399 www.matusko-vina.hr Juin-sept. : tlj. 10h-1h ; oct.-déc., fév.-mai : tlj. 9h-0h

Brasserie à la ragusaine

Café Festival

Ce vénérable établissement de 1927 offre un bel intérieur boisé (poutres, comptoir) ou une vaste terrasse sur le Stradun. Idéal pour un café le matin, une pause-goûter l'après-midi (cheesecake, tiramisu, tartes aux fruits, 40 à 60kn) ou une coupe de glace à toute heure. Également des sandwichs, des burgers et quelques plats.

DUBROVNIK (plan 18, A2 n°3) Placa 28 (020) 321 148 cafefestival.com Tlj. 8h-2h

Comme à Vienne

Gradska Kavana Arsenal

Avec ses hauts plafonds et sa ravissante terrasse, le Gradska Kavana, véritable institution, rappelle les cafés viennois de jadis.

DUBROVNIK (plan 18, B2-C2 n°5) Pred Dvorom 1 (020) 321 202 Juil.-août : tlj. 8h-2h ; sept.-juin : tlj. 8h-0h

Juste à l'écart

Bistro Revelin ♥

Sa vaste terrasse, bien plus paisible que celles des bars de la vieille ville, se montre idéale pour boire un verre à toute heure de la journée à l'ombre des grands pins face au vieux port. Verre de vin 30-50kn, cocktail 60kn.

DUBROVNIK (plan 18, C2 n°1) Sv. Dominika 3 099 205 6220 www.bistro-revelin.com Avr.-mi-oct. : tlj. 9h-23h

Troglodit'hic

Cave Bar More

À ne pas manquer si vous vous promenez en bord de mer dans la baie de Lapad ! Aménagé dans une grotte naturelle, il est régulièrement cité comme l'un des plus beaux bars au monde. Vous y siroterez votre cocktail dans un incroyable labyrinthe de roches torturées. Les claustrophobes opteront pour la belle terrasse au bord de l'eau. Café 10-15kn, cocktails 65kn, en-cas 50-70kn.

DUBROVNIK (plan 17, A4 n°1) Nika i Meda Pucića 13 (020) 494 200 cavebar-more.com Avr.-oct. : tlj. 10h-0h

RESTAURANTS

La mie du déjeuner

Buffet Škola

La réputation des sandwichs de Škola a depuis longtemps franchi les remparts de Dubrovnik ! C'est dans les années 1980 que Dinka Popovic reprend ce petit café pour y servir des en-cas à partir de pain maison – excellent – et d'un nombre restreint de produits, mais rigoureusement

Pause bienvenue, à Dubrovnik

choisis : jambon dalmate, fromage mariné, huile d'olive... Sandwichs 26-30kn.

DUBROVNIK (plan 18, B2 n°11) Antuninska 1 (020) 321 096 Été : tlj. 8h-2h ; reste de l'année : tlj. 9h-0h

Menu des matelots

Kamenice ♥

La carte iodée attire les amateurs de saveurs marines : langoustines, moules, huîtres et de petits poissons frits à prix doux, à déguster sur l'une des plus jolies places de la vieille ville. L'ambiance, populaire à midi – le marché bat son plein –, prend des accents romantiques (ou très touristiques !) le soir. Repas 120-180kn.

DUBROVNIK (plan 18, B3 n°13) Gundulićeva poljana 8 (020) 323 682 Fév.-avr., déc. : tlj. 8h-16h ; mai-juin : tlj. 8h-23h ; juil.-sept. : tlj. 8h-0h ; oct.-nov. : tlj. 9h-20h

Havre végétarien

Nishta

Dans la peu engageante rue Prijeko, fief des restaurants "pittoresques", une cantine originale et colorée, rendez-vous des végétariens : noix de coco, patate douce, tofu, lentilles, miso, quinoa, curcuma ; burgers végétariens, burritos, pitas, currys... La carte vous invite à faire le tour du monde. Comptez 150-200kn le repas.

DUBROVNIK (plan 18, B2 n°15) Prijeko (angle Palmotićeva) (020) 322 088 Lun.-sam. 11h30-22h

C'est bon bon

Lady Pi Pi ♥

Dinko a repris l'atelier de son sculpteur de père, pour en faire une petite taverne baptisée du nom d'une de ses œuvres, la bien nommée *Lady Pi Pi*. Il faut un peu de courage pour y monter, mais l'effort est récompensé par la cuisine au feu de bois, simple et copieuse, et par la splendide vue depuis la terrasse sous la tonnelle. Attention, pas de réservation. Repas 215-250kn.

DUBROVNIK (plan 18, B1 n°14) Antuninska 21 (Peline bb) (020) 321 154 Mi-avr.-mi-oct. : tlj. 9h-22h

Vue divine

Orhan

L'une de nos terrasses favorites, sur le minuscule port, entre Pile et le fort Saint-Laurent. Cuisine dalmate de bord de mer classique mais les heures y filent douces et romantiques. Service parfois un peu sec. Repas 240-285kn.

DUBROVNIK (plan 17, B2 n°10) Od Tabakarije 1 (020) 411 918 www.restaurant-orhan.com Fév.-nov. : tlj. 11h-23h

Sacré numéro

Dubravka 1836

À la fois café, snack-bar, pizzeria, restaurant, boutique de souvenirs, le Dubravka 1836 est une institution à Dubrovnik ! Ajoutez une vue unique (la mer, encadrée des forts Bokar et Lovrijenac) et un personnel affable, et vous obtenez une très bonne adresse. Carte très complète : petit déj. (68-76kn), salades, pâtes et risottos (70-130kn). Repas 160-380kn.

DUBROVNIK (plan 18, A2 n°12) Brsalje 1 (020) 426 319 www.nautikarestaurants.com Tlj. 8h-0h

Comme son nom l'indique

Panorama

La plus belle vue sur Dubrovnik ! Installé sur de petits îlots-terrasses en pierre, bercé par des airs de jazz, laissez-vous transporter par la beauté du paysage depuis le mont Srđ. Deux spécialités à ne pas rater : le jarret d'agneau au *dingač* sur un lit de purée de pommes de terre, et les grandes crevettes Panorama avec leur sauce au vin rouge. Repas 200-370kn. Réservez pour une table avec vue !

DUBROVNIK (plan 17, A1 n°11) Station téléphérique du mont Srđ (020) 312 664 www.nautikarestaurant.com Tlj. 9h-20h

Très raffiné

Nautika ♥

Idéalement situé face au fort Saint-Laurent, le Nautika est sans conteste l'un des restaurants les plus sélects de Dubrovnik. Le chef Mario Bunda propose de magnifiques assiettes pleines de saveurs : seiche au sésame, filet de thon à la croûte de romarin... Et les prix suivent : repas 450-750kn, menu à 780kn. Réservez votre table pour jouir du meilleur point de vue et, à l'occasion, des concerts de musique traditionnelle en été.

DUBROVNIK (plan 18, A2 n°16) Brsalje 3 (020) 442 526 www.nautikarestaurants.com Avr.-oct. : tlj. 18h-0h ; nov.-fév. : ven.-sam. 18h-0h

Un bon tour

Restaurant 360 ♥

Atmosphère intimiste, éclairage doux et tables pour deux disposées le long des remparts avec vue sur le vieux port : un cadre cosy pour une cuisine aussi succulente qu'inventive proposée par le chef, Marijo Curić. Turbot et crème d'artichauts, Saint-Jacques au porto et truffes... Belle carte de vins croates. Formules 480-570kn. Accueil un peu guindé, mais très prévenant.

Restaurant 360, Dubrovnik

DUBROVNIK (plan 18, C2 n°17) Sv. Dominika bb (020) 322 222 www.360dubrovnik.com Avr.-oct. : mar.-dim. 18h30-22h30

Entre terre et mer

Zuzori ♥

Cet établissement est fréquenté le midi par de nombreux Croates travaillant à l'intérieur des fortifications : voilà un gage de qualité ! Le couvert soigné, la décoration discrète et l'accueil achèveront de vous conforter dans votre choix. La cuisine y est méditerranéenne, fraîche et pleine de saveurs, servie dans un joli cadre bistrot ou en terrasse, dans la ruelle. Repas 200-400kn.

DUBROVNIK (plan 18, B2 n°19) Cvijete Zuzorić 2 (020) 324 076 www.zuzori.hr Mars-oct. : tlj. 11h-23h

Bon et lumières

Bistro Revelin ○○○

Juste après avoir franchi la porte Ploče, à l'entrée de la ville close, s'ouvre une vaste terrasse ombragée de grands pins. De là, on admire la vue imprenable sur le vieux port en contrebas, encore plus magique la nuit lorsque les lumières illuminent les remparts ! Bonne cuisine méditerranéenne, avec une mention particulière pour l'excellent risotto aux crevettes (119kn). Repas 220-300kn.

DUBROVNIK (plan 18, C2 n°10) Svetog Dominika 3 ☎(020) 322 164 www.bistro-revelin.com ⌚Avr.-mi-oct. : tlj. 9h-23h

Arrivé à bon port

Restaurant Komarda ○○○

Posté en face du vieux port sous l'ombre généreuse de grands arbres : voilà un cadre très plaisant ! La cuisine est à l'unisson, maîtrisant parfaitement les classiques de la gastronomie dalmate : grillades, poissons, risottos, etc. Pour profiter au mieux de cette escale gourmande, évitez d'y déjeuner en haute saison car l'adresse accueille de nombreux groupes. Repas 220-350kn.

DUBROVNIK (plan 18, C2 n°18) Frana Supila bb ☎(020) 311 393 restaurant-komarda.com ⌚Tlj. 10h-1h

Hissez l'encre !

Gverović-Orsan ○○

Cet établissement de la plage de Zaton Veliki sert le meilleur risotto noir de la région (180kn) ! Le secret ? Un savoir-faire éprouvé et… un peu d'eau de mer dans la préparation. La terrasse s'étire au bord d'une eau turquoise dans laquelle vous pourrez faire quelques brasses en attendant votre plat. Également une belle salle voûtée dans un ancien hangar à bateau. Réservation conseillée. Repas 220-380kn.

ZATON MALI Štikovica 43 (8km au nord-ouest de Dubrovnik, à l'entrée sud du village, au bord de la Magistrale) ☎(020) 891 267 www.gverovic-orsan.hr ⌚Mars-déc. : tlj. 12h-23h

Les pieds dans l'eau

Kod Marka ○○

Un ponton, le clapotis des vagues, quelques tables et leurs nappes vichy, l'accueil de Marko et le bonheur d'un poisson grillé, arrosé d'huile d'olive… Menu retour de pêche et bouillabaisse à la mode locale. Comptez 160-250kn le repas.

ŠIPAN (ÉLAPHITES) Šipanska Luka ☎(020) 758 007 konoba-kod-marka.com ⌚Avr.-oct. : tlj. 11h-23h ; nov.-mars : sur rés.

Valeur sûre

Leut ○○○

Ses plats de poisson et ses plateaux de fruits de mer font la renommée de ce restaurant familial du port de Cavtat, et cela depuis un demi siècle ! Salade de poulpe, langoustines et homards grillés, raviolis maison, huîtres, etc. Comptez 200-350kn le repas.

CAVTAT Put Trumbića 11 ☎(020) 478 477 www.restaurant-leut.com ⌚Mars-nov. : tlj. 11h-0h

Surprise pour les papilles

Galija ○○○

Discrètement nichée à l'extrémité nord de la baie de Cavtat et adossée au couvent des Franciscains, cette taverne cache bien son jeu. Ce décor assez banal sert en effet d'écrin à une cuisine pleine d'originalité : poulpe flambé au mousseux, crevettes grises grillées au miel, homard au sherry et à la crème, calamars farcis à la feta… Repas 100-330kn.

CAVTAT Vuličevićeva 1 ☎(020) 478 566 www.galija.hr ⌚Mars-début déc. : tlj. 9h-23h

SHOPPING

Comptes d'apothicaire

Pharmacie du monastère franciscain

Dans la plus ancienne pharmacie de Croatie (1317 !), eau de rose, de lavande, crèmes antirides ou hydratantes et autres produits de soins élaborés par les moines selon des recettes ancestrales et vendues dans un magnifique écrin néobaroque.

DUBROVNIK (plan 18, A2 n°24) Placa 2 (020) 321 411 Lun.-ven. 9h-19h, sam. 7h30-15h

Une bouffée de nature

House of Nature ♥

À deux pas de la place de la Loge, cette boutique aux originales étagères en bois est une véritable bouffée de nature. Ana, la sympathique propriétaire, vous vantera les bienfaits des crèmes pour le visage, du gommage à la cannelle, des laits pour le corps aux senteurs d'immortelles et autres produits tous plus séduisants les uns que les autres. Surtout lorsque l'on apprend que l'ensemble est fabriqué avec les fruits et plantes de son domaine, sur l'île de Korčula. De 100 à 250kn le produit.

DUBROVNIK (plan 18, B2 n°21) Žudioska 4 098 130 4758 house-of-nature-dubrovnik.business.site Mars-déc. : tlj. 10h-21h

Robe et tanins

Vinoteka Miličić

Cette famille de viticulteurs de la presqu'île de Pelješac vous réservera un accueil charmant. Elle vend là sa production, mais aussi quelques prestigieuses étiquettes d'autres domaines locaux ou étrangers. L'occasion de vous laisser tenter par des vins rouges croates puissants, comme le *dingač* ou le *postup*, qui comptent parmi les plus réputés. Bouteille 35-150kn.

DUBROVNIK (plan 18, A2 n°26) Placa 24 (020) 321 777 Avr.-juin : tlj. 9h-21h ; juil.-sept. : tlj. 9h-22h ; oct.-mars : lun.-sam. 9h-19h

Souvenirs gourmands

Marché de Gruž / Tržnica Gruž

Situé dans le port de Gruž, face aux quais, le marché couvert vibre tôt le matin au rythme de ses visiteurs venus s'approvisionner en fruits, légumes, fleurs ou produits du terroir, ou pour débusquer des idées cadeaux. La poissonnerie est l'une des plus modernes et des plus fournies de la côte.

DUBROVNIK (plan 17, A3 n°20) Obala Stjepana Radića (020) 419 365 Mai-oct. : lun.-sam. 6h-20h, dim. et j. fér. 6h-11h ; nov.-avr. : lun.-sam. 6h-18h, dim. et j. fér. 6h-11h

Terroir croate

Uje

Cette épicerie fine propose le meilleur de la Croatie : pâtes, huiles d'olive, oranges confites, gâteaux à la figue, confitures diverses, fruits secs... Également des objets en bois d'olivier (planches à découper, couverts, plats, etc.). Moins comestibles mais très beaux.

DUBROVNIK (plan 18, B2 n°25) Placa 5 091 361 1110 uje.hr Juil.-sept. : tlj. 9h-0h Horaires variables hors saison

Sous les parasols

Marché de la vieille ville / Tržnica Stari Grad

Sur la place carrée où trône la statue d'Ivan Gundulić se tient l'adorable petit marché de la vieille ville, blotti sous des parasols rouge et blanc. Selon la saison, vous y trouverez la production maraîchère et fruitière de petites exploitations de la région,

Le marché de la vieille ville, Dubrovnik

mais aussi de l'huile d'olive, des figues sèches, du miel et autres souvenirs à emporter.

DUBROVNIK (plan 18, B3 n°23) Gundulićeva poljana ◷ Tlj. 7h-13h

Artisanal

Kawa ♥

Quel plaisir de flâner dans cette boutique à l'esprit contemporain qui met à l'honneur des réalisations d'artisans et de designers croates. Et surtout quelle aubaine pour ceux qui désirent dénicher de jolis souvenirs : de très beaux plats en olivier côtoient des sacs faits main, des vêtements, des bijoux, des céramiques originales, des éponges naturelles, mais aussi des produits gourmands.

DUBROVNIK (plan 18, C1 n°22) Hvarska 2 ☎(020) 696 958 kawa.life ◷ Avr.-oct. : tlj. 9h-0h ; nov.-mars : tlj. 9h-21h

Authentique et original

Galerija Sebastian ♥

Voisine du monastère des Dominicains, cette galerie d'art occupant une ancienne église, jadis dédiée à saint Sébastien, organise des expos d'œuvres contemporaines croates. Vous y trouverez aussi de l'artisanat d'art à des tarifs abordables.

DUBROVNIK (plan 18, C2 n°20) Sv. Dominika 5 ☎(020) 358 140 sebastianart.net ◷ Mai-oct. : tlj. 9h-21h ; nov.-avr. : tlj. 9h-20h

Qui dit mieux ?

Croata

Au pays de la cravate, voilà une marque prestigieuse. Cravates de toutes les couleurs, aux motifs classiques, mais également des nœuds papillons, des chemises et des foulards.

DUBROVNIK (plan 18, B3 n°27) Pred dvorom 2 ☎(020) 641 066 ◷ Juin-sept. : tlj. 9h-22h ; mai, oct. : tlj. 10h-20h ; nov.-avr. : lun.-ven. 9h-16h, sam. 9h-14h

SORTIES

Dans les entrailles du fort

Culture Club Revelin

Les soirs d'été (et le vendredi et le samedi soir, d'octobre à mai), les fêtards plutôt jeunes (la vingtaine) prennent possession du dance-floor installé dans les souterrains du fort Revelin. Au programme : house, techno et déluge de lasers sous les hautes voûtes en pierre.

DUBROVNIK (plan 18, C2 n°30) Sv. Dominika 3 Entrée par le Bistro Revelin ☎(020) 436 010 www.clubrevelin.com ◷ Juin-sept. : tlj. 23h-6h ; oct.-mai : ven.-sam. 23h-6h

L'ÎLE DE MLJET ★

La plus méridionale des grandes îles croates, protégée en partie par un parc national, offre une échappée paradisiaque à tous les amoureux de la nature. La plupart des visiteurs se contentent d'y faire une excursion à la journée, mais si vous ne rêvez que de baignades et de longues balades en forêt, alors séjournez-y !

ACCÈS ET INFOS

- Liaisons en bateau (compagnie G&V) entre Dubrovnik et les ports de Sobra (1h05) et Polače (1h40), et entre Prapratno (péninsule de Pelješac) et Sobra (Jadrolinija, 45min).
- Office de tourisme de Polače Govedari (020) 744 186 www.mljet.hr
- Office de tourisme de Sobra Au débarcadère Sobra (020) 746 025 www.mljet.hr
- Bureaux du parc national Pristanište (sur la rive du Grand Lac, au sud de Govedari) (020) 744 041 np-mljet.hr

À VOIR

LE PARC NATIONAL

Le parc national de Mljet (prononcer "Miliette") a été créé afin de protéger le cadre exceptionnel de deux lacs salés : le Veliko Jezero (Grand Lac) et le Malo Jezero (Petit Lac). La végétation du parc est dominée par les pins d'Alep et les chênes verts. Sa faune variée (oiseaux, reptiles, poissons, mammifères...) compte assez curieusement une colonie de mangoustes. En fait, ces jolis mammifères carnivores furent introduits en 1910 à Mljet pour enrayer la prolifération des serpents venimeux.

Haute saison : tlj. 8h-20h ; basse saison : tlj. 9h-17h € 70-125kn selon la saison

Beauté sauvage

Grand Lac et Petit Lac / Veliko Jezero et Malo Jezero

Alimentés par la mer et reliés par un étroit chenal, le Grand Lac (Veliko Jezero, 145ha) et le Petit Lac (Malo Jezero, 24ha) se formèrent lors de l'inondation des vallées après la dernière grande glaciation. La température de l'eau, de 2 ou 3°C supérieure à celle de la mer, promet des baignades inoubliables. Une promenade le long des rives vous emmènera dans des paysages sauvages d'une grande beauté sans quasiment aucune construction. Attention, il n'y a pas de pont qui relie les deux rives à l'embouchure du Grand Lac.

Vaisseau de pierre

Monastère Sainte-Marie / Samostan Sv. Marije

Campé sur l'îlot Sainte-Marie, au milieu du Grand Lac, il fut fondé au 12e s. De cette époque, il conserve une église romane d'une merveilleuse sobriété, insérée au 16e s. dans un complexe fortifié. Sur place, vous trouverez un café-restaurant, le Melita, dernier vestige d'un complexe hôtelier des années 1970.

Accès par un petit bateau-navette, départ toutes les 45min en été de Mali Most et de Pristanište

À NE PAS MANQUER

- Grand Lac et Petit Lac
- Monastère Sainte-Marie
- Randonnée au Montokuc

Au cœur du parc national de Mljet

Quand la baie s'enflamme

Pomena

Si son hôtel Odisej et la proximité des lacs (comptez 10min à pied jusqu'à Mali Most) en ont fait le chef-lieu touristique de l'île, Pomena demeure tout de même un petit port charmant où il fait bon séjourner. Parsemée d'îlots verdoyants et orientée plein ouest, la baie dans laquelle il se niche est particulièrement spectaculaire au coucher du soleil.

2km après Goveđari en venant de Sobra

Pierres et port

Polače

Le deuxième port touristique de Mljet s'abrite au fond d'une baie profondément échancrée, fréquentée depuis l'Antiquité. Polače se montre assez animé en été et vous y trouverez de nombreux restaurants et chambres d'hôtes. Le village doit son nom à l'imposant palais (*palača*) du 5e s. dont les vestiges, de style antique tardif (rares en Europe), enjambent la route principale. Non loin de là gisent les ruines de deux églises paléochrétiennes, de thermes et de plusieurs villas romaines.

À 25km de Sobra, 3km de Goveđari

BON À SAVOIR

En saison, l'île de Mljet (p.288) sert d'étape à de nombreux bateaux charters. D'ordinaire, ils mouillent à Pomena du dimanche au mercredi. Si vous voulez éviter la foule, privilégiez donc le jeudi, le vendredi et le samedi pour découvrir l'ouest de l'île et le parc national.

DANS LE RESTE DE L'ÎLE

Baie de poupée

Prožurska Luka

Une adorable baie au pied du village de Prožura. Fermée par des îlots et ourlée de maisons familiales, elle invite à une pause baignade.

5km à l'est de Sobra (route asphaltée jusqu'à un parking, puis 200m à pied)

Au bout de la piste

Okuklje

Encore un petit port enchanteur, que les plaisanciers surnomment Porto Cammera ("le port secret"). À peine visible du large, sa baie est l'une des mieux abritées de l'île. Les habitations (et les touristes) y restent rares en raison de son accès difficile : seule une piste escarpée dessert Okuklje.

10km à l'est de Sobra

Plages de sable

Saplunara

Ses plages de sable, son eau turquoise et son atmosphère paisible font de Saplurana un excellent port d'attache. Un peu plus à l'est, à 20min à pied, vous attend la belle anse sablonneuse de **Blace** (ou Plaža).

15km à l'est de Sobra

À FAIRE

Prenez de la hauteur

Montokuc

Malgré son altitude modeste (253m), le sommet du Montokuc permet d'embrasser tout le parc national du regard. L'itinéraire le plus facile part de Polače : suivez la vieille route (Stari Put) jusqu'au grand parking (20min env.), puis le sentier (Polov Put) qui, à l'est, s'élève doucement jusqu'au sommet.

Départ à 150m à l'est de la chapelle (Kapela), compter 1h jusqu'au sommet

Faites le tour du parc national en kayak

Radulj Tours

Pourquoi ne pas louer un kayak pour découvrir les lacs du parc national (Veliko Jezero et Malo Jezero) et accoster sur l'îlot Sainte-Marie, au milieu du Grand Lac ? Location au niveau du petit pont de Mali Most. Comptez 120kn/j.

Blato 16 098 176 7048 radulj-tours.com

Plongez !

Aquatica

Idéalement situé au cœur de la réserve marine, ce centre vous invite à plonger sur ses récifs coralliens, épaves, vestiges antiques...

Pomena (à l'entrée du bourg) 098 479 916 www.aquatica-mljet.hr

NOS ADRESSES

RESTAURANTS

Pêché sous vos yeux

Konoba Ana ⚪⚪

Une vaste terrasse ombragée à fleur d'eau, des nappes blanches et des sièges confortables pour déguster des assiettes copieuses et gourmandes. Belle carte de produits de la mer. Fraîcheur imbattable : vous pouvez choisir votre loup ou votre langouste dans le bassin ! Repas env. 150kn.

POMENA Pomena 5 (sur le quai opposé à la route) (020) 744 034 Mai-oct. : tlj. 9h-0h

Halte marine

Nine ⚪⚪⚪

Sur le quai le plus animé de Pomena, cette terrasse vous invite à déguster une cuisine de la mer simple, mais savoureuse. Repas env. 200kn, copieux risotto de gambas à 100kn.

POMENA Pomena 6 098 808 608
Tlj. 9h-23h

À la fraîche

Konoba Antika ⚪⚪

Une table familiale et des recettes typiques de l'île : *brodet*, poulpe et agneau *peka*, goulasch de poulpe... À déguster sur une belle terrasse ombragée donnant sur le quai. Plats 50-130kn, menu à midi (soupe, plat, salade et dessert) 75kn.

POLAČE Polace 34 091 699 9876
Mai-nov. : 8h-23h30

Le meilleur de la mer

Konoba Marijina ♥⚪⚪

Dans le site enchanteur de Prožurska Luka, l'une des meilleures tables de l'île s'abrite sous un toit de palmes, face à la mer. Huîtres gratinées, langoustes grillées, crevettes en sauce... Repas 150-200kn.

PROŽURSKA LUKA (5km à l'est de Sobra)
(020) 746 113 marijinakonoba.com
Mai-oct. : tlj. 13h-15h et 19h-23h

Quel site !

Stermasi ♥⚪⚪⚪

La petite terrasse domine la mer, offrant une vue incroyable. Dans l'assiette, belles déclinaisons des spécialités dalmates : gnocchis au sanglier, spaghettis à la langouste, chèvre ou poulpe sous cloche (*peka*), etc. Repas 200-250kn.

SAPLUNARA Saplunara 2 098 939 0362
www.stermasi.hr Avr.-oct. : tlj. 8h-23h

Poissons frais

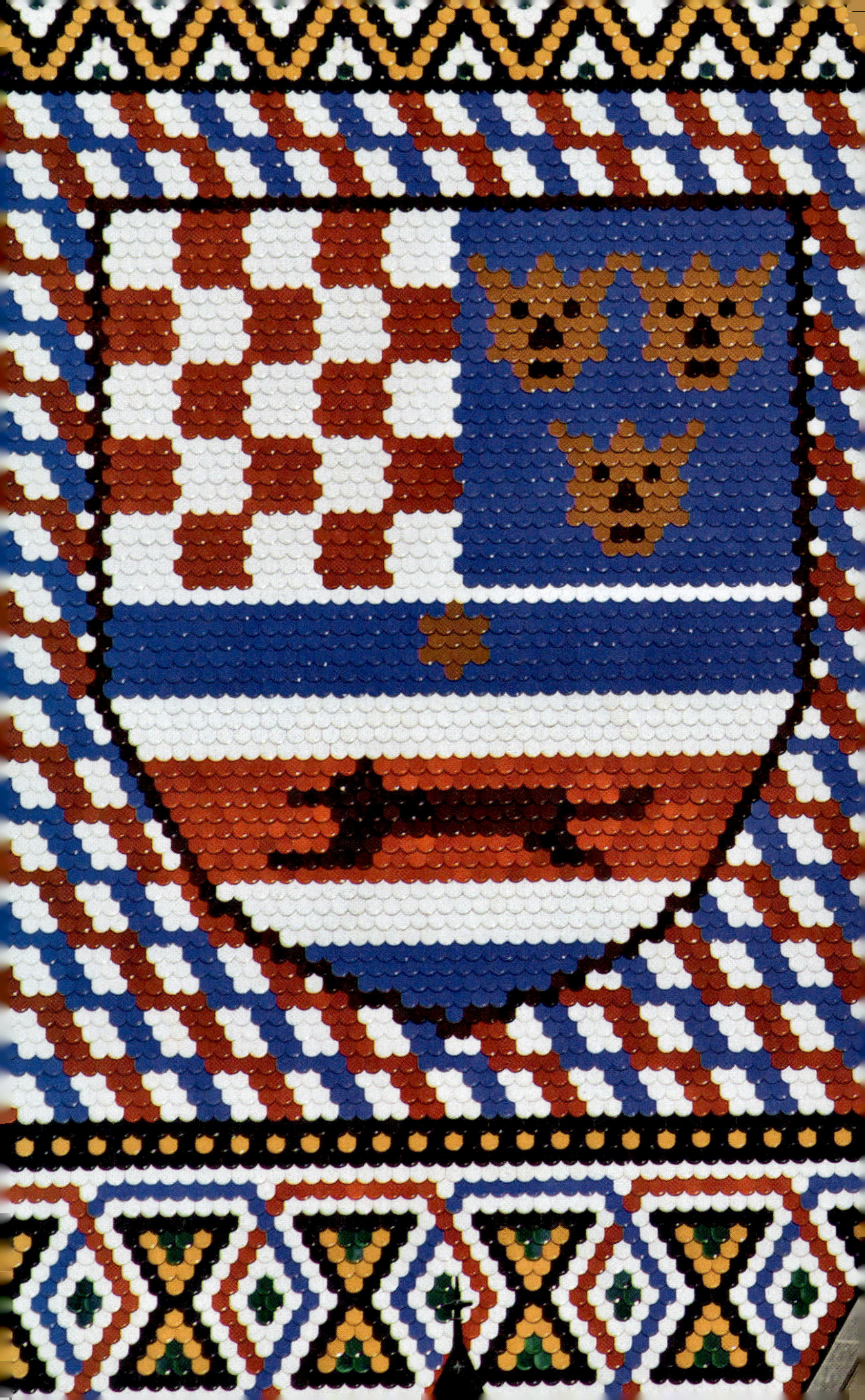

Pour aller plus loin

Détail du toit de l'église Saint-Marc, à Zagreb

GÉOGRAPHIE ET PAYSAGES

Trait d'union entre l'Europe centrale et la Méditerranée, la Croatie s'étend sur 56 538km² (le dixième de la superficie de la France métropolitaine). Elle présente la forme d'un boomerang entre la Slovénie et la Hongrie au nord, la Serbie, la Bosnie-Herzégovine et le Monténégro à l'est, et la mer Adriatique à l'ouest, au fil d'une façade maritime longue de 430km à vol d'oiseau. Ce territoire original peut être divisé en trois ensembles géographiques distincts.

Le Bassin pannonien

Formant la branche nord-est du pays, ce bassin constitué de plaines alluviales et de petits massifs montagneux se déploie entre les trois cours d'eau frontaliers que sont la Drave (avec la Hongrie), le Danube (avec la Serbie) et la Save (avec la Bosnie-Herzégovine). La modération du relief, dont l'altitude moyenne ne dépasse pas 500m, et la fertilité des sols (lœss et argile) sont propices à l'agriculture et à l'élevage, en particulier dans les plaines de Slavonie et de Baranja. La sylviculture est plus développée dans le nord-ouest, davantage montagneux.

Les Alpes dinariques

Ultime chaînon de l'arc alpin et colonne vertébrale de la péninsule balkanique entre l'Italie et la Grèce, elles s'étirent le long de la côte adriatique. Cette chaîne étroite est constituée de plissements parallèles de calcaire et de dolomie. Ces roches riches en calcium, sensibles à la dissolution par l'eau, ont donné naissance à de nombreuses formes karstiques (nées de l'érosion). Maints termes utilisés pour désigner ces phénomènes géologiques sont issus du croate, tels que "doline" (dépression fermée) et "poljé" (vaste doline, dominée par des versants rocheux, sur le fond plat de laquelle coule une rivière). Les poljés sont en général consacrés à l'agriculture. Les Alpes dinariques (de Dinara, mont culminant à 1 831m) possèdent un magnifique manteau forestier, propice à la sylviculture.

LE CLIMAT

Il est de type continental à l'intérieur du pays, avec des hivers rigoureux et des étés chauds. La moyenne annuelle des températures s'établit à 10-12°C dans le Bassin pannonien, où les précipitations peuvent être soutenues (jusqu'à 3 000mm par an). Le littoral adriatique et les îles jouissent en revanche d'un climat méditerranéen, caractérisé par des étés longs et chauds, des hivers doux et courts, et des précipitations modérées (1 700mm annuels). La température moyenne y oscille entre 22 et 26°C (celle de la mer atteint 23-25°C en juillet) et l'ensoleillement est l'un des plus forts d'Europe (2 600 heures de soleil par an).

Sur le littoral dalmate

Le littoral adriatique

La côte croate, l'une des plus découpées d'Europe, forme une étroite plaine littorale au pied des Alpes dinariques. Elle est prolongée par 1 185 îles et îlots, dont 67 sont habités. Les plus vastes sont Krk (410km^2), Cres (404km^2), Brač (395km^2) et Hvar (300km^2). Les chapelets d'îles qui s'étirent parallèlement à la côte dalmate ne sont que les sommets émergés de montagnes ennoyées depuis la dernière grande glaciation.

Des espaces protégés

Les espaces naturels protégés représentent 9% du territoire croate. Le pays compte huit parcs nationaux, dont trois protègent des écosystèmes insulaires (Kornati, Brijuni, Mljet), deux hébergent de spectaculaires chutes karstiques (Krka et Plitvice, classés par l'Unesco au patrimoine mondial) et trois autres des écosystèmes montagneux (Risnjak, Paklenica et Velebit Nord – ce dernier abritant le gouffre de Lukina jama, l'un des plus profonds du monde). On recense aussi onze parcs naturels, dont quatre montagneux : Biokovo (imposante montagne karstique où ont trouvé refuge des rapaces menacés comme l'aigle fauve, l'aigle serpentaire et le vautour fauve à tête blanche) ; mont Učka ; Medvednica et Žumberak autour de Zagreb ; Telašćica (lac salé et profonde baie de l'île de Dugi otok) ; Velebit (le territoire protégé le plus vaste de Croatie, classé réserve de la biosphère par l'Unesco) ; lac Vrana (le plus grand de Croatie, 30km^2) ; Lonjsko Polje (l'un des marais les plus étendus et les mieux préservés d'Europe) ; Kopački rit (une vaste zone inondable entre la Drave et le Danube où prospèrent 275 espèces d'oiseaux) ; Lastovo, sur l'île éponyme ; et celui des monts Papuk (point culminant de Slavonie), qui a reçu de l'Unesco le statut de Géoparc. Ajoutons deux réserves naturelles intégrales et 79 réserves naturelles spéciales, 70 paysages protégés et plus de cent monuments naturels.

HISTOIRE

Indépendante depuis 1991, la Croatie n'aura cessé de voir son territoire redessiné au fil des siècles, marqués par une longue bousculade de conquêtes et de luttes, d'abord entre Grecs, Illyriens et Romains, puis entre Slaves, Byzantins et Vénitiens, et enfin entre Ottomans, Hongrois et Autrichiens. Jusqu'à la grande tragédie, encore fraîche, des guerres de Yougoslavie. Si le pays est tout neuf, son histoire est déjà longue...

Aux sources de la préhistoire

Le tranchoir découvert sur le site de Šandalja, près de Pula, fait remonter la présence de l'homme dans la région à près d'un million d'années. Au néolithique, la Croatie voit l'épanouissement d'une dizaine de cultures différentes, marquées par l'influence méditerranéenne sur le littoral adriatique, et danubienne sur les terres continentales. L'agriculture fait son apparition dans les plaines du nord vers 5300 avant notre ère (culture de Starčevo). La culture de Sopot, qui rayonne sur l'actuelle Slavonie et le Srijem dans la seconde moitié du 5e millénaire, se caractérise par la construction d'habitations fortifiées, ceintes de fossés remplis d'eau. Au néolithique tardif (3500-2300 avant notre ère), la culture insulaire de Hvar s'étend à l'ensemble du littoral et aux îles. Enfin, à l'âge du bronze se développe l'importante civilisation de Vučedol (3000-2200 avant notre ère), l'une des premières à maîtriser l'alliage cuivre-étain qui produit le bronze. De Vučedol, son berceau situé sur la rive droite du Danube, près de Vukovar, elle rayonnera sur une large part de l'Europe centrale. Son art de la céramique témoigne de son raffinement, telle la *Colombe de Vučedol*, célèbre vase rituel conservé au Musée archéologique de Zagreb.

UN PAYS NÉANDERTALIEN

La région de Hrvatsko zagorje, au nord de Zagreb, près de Krapina, est aujourd'hui considérée comme le plus grand gisement mondial d'hommes de Néandertal (*Homo primigenius var. Krapiniensis*), où ont été mis au jour plus de 900 fossiles humains et un millier de fragments d'outils et d'armes en pierre de la culture moustérienne, vieille de 130 000 ans. Quant à la grotte de Vindija, non loin de Varaždin, elle a livré les restes d'hommes de Neandertal vieux d'environ 28 000 ans, les plus récents jamais retrouvés. Cette découverte a accrédité l'hypothèse selon laquelle il a cohabité avec Homo sapiens, l'homme moderne.

Illyriens, Celtes et Grecs (4e-2e s. av. J.-C.)

À partir de l'âge du bronze, des peuplades indo-européennes dites illyriennes s'installent partout en Croatie. Au 4e s. avant notre ère, c'est au tour des Celtes de s'implanter en Pannonie, d'où ils repoussent les Illyriens vers le sud. Cependant, vers 395 av. J.-C., des Grecs venus de Syracuse, en Sicile, s'implantent pour la première fois sur le littoral, en créant à Issa, sur l'île de Vis, un comptoir stratégique en Adriatique. De là essaimeront d'autres colonies, telles que Korkyra (Lumbarda) dans l'île de Korčula, Tragurion (l'actuelle Trogir) et Epetion (Stobreč, près de Split) sur la côte, ou encore Pharos, sur l'île de Hvar. Deuxième comptoir hellénistique de Croatie par son importance, celle-ci sert de tête de pont à la colonisation du littoral, ainsi qu'en témoigne une inscription décrivant la victoire des habitants de Pharos sur les habitants d'Idassa, l'actuelle Zadar. Bien que redoutables guerriers, les Illyriens ne mènent toutefois pas une longue guerre aux Grecs, comprenant les avantages qu'ils peuvent en tirer sur les plans des échanges commerciaux (sel, vin, huile, objets en verre et en métal) et techniques (amélioration des méthodes culturales, développement de l'artisanat, etc.).

L'Apoxyomène de Lošinj (2e s. av. J.-C.)

L'Illyricum romain (1er s. av. J.-C.-4e s.)

La conquête romaine de l'Illyrie débute en 168 av. J.-C. Se heurtant à une farouche résistance, elle ne prend fin qu'au début de notre ère : la région est érigée en province romaine en 27 av. J.-C. Les nouveaux colonisateurs importent leur système administratif, introduisent la monnaie, tracent des routes, construisent des ponts et des aqueducs, et promeuvent la culture de l'olivier, des agrumes et de la vigne. Ils développent également les agglomérations, telle la cité illyrienne de *Iader* (Zadar), urbanisée selon une trame orthogonale et dotée d'un beau forum, encore conservé. Dans la plaine pannonienne s'épanouissent *Mursa* (l'actuelle Osijek), la *colonia Flavia Siscia* (Sisak) et surtout la place forte de *Cibalæ* (Vinkovci), édifiée vers 211-217 pour défendre le *limes Pannonicum*, nouvelle frontière stratégique avec le monde “barbare”. Deux empereurs romains y naîtront : Valentinien, en 321, et Valens, vers 328. Les Romains développent aussi le thermalisme dans la région, en particulier à *Andautonia* (Šćitarjevo, près de Zagreb) et à *Aquæ Iasæ* (Varaždinske Toplice), qui demeure le site antique le plus complet de Croatie continentale, avec son forum et ses complexes thermaux.

À l'heure chrétienne et byzantine (4e-6e s.)

Les premières communautés chrétiennes se forment au 3e s., et le christianisme connaît une diffusion rapide à partir du règne de l'empereur Constantin (306-337), avec la fondation de nombreux évêchés, dont le plus important est celui de Salona, capitale de la Dalmatie romaine. Alors que s'effectue le partage de l'Empire romain, en 395, la frontière entre les Empires d'Orient (gouverné depuis Byzance) et d'Occident est fixée sur le Danube et la Drina. Lorsque ce dernier s'effondre sous les assauts des peuples germaniques, en 476, la Dalmatie est rattachée à l'État ostrogoth, avant que les Byzantins ne parviennent à reprendre l'ensemble du territoire sous Justinien (527-565). Cette reconquête est marquée par la construction d'une série de forteresses sur la côte et dans les îles, et par celle de nombreuses églises, comme la basilique euphrasienne de Poreč et la première cathédrale de Dubrovnik.

Mosaïque byzantine, Poreč

L'arrivée des Slaves, des Avars et des Croates (6e-8e s.)

Au milieu du 6e s., les attaques des Slaves et des Avars se multiplient. Ils finissent par avoir raison des défenseurs du *limes Pannonicum* et s'installent peu à peu jusqu'en Dalmatie, ruinant Salona vers 630. Cette installation avaro-slave bouscule la structure ethnique d'une région où se mêlent déjà Illyriens, Grecs, Romains et Celtes. Elle sera encore bouleversée à la fin du 8e s. par une seconde vague de migration, celle des Croates. Leur assimilation à la culture locale, romanisée et profondément chrétienne, en fait les premiers Slaves à se convertir au christianisme.

L'opportunité franque (8e-9e s.)

Dans les années 780-790, Charlemagne prend la péninsule de l'Istrie aux Byzantins et la Pannonie aux Avars. Cependant, au tout début du 9e s., les Croates savent se placer sous la suzeraineté des Francs et créent un premier État constitué, appelé la Croatie (*ducatus Croatiæ*). Ce duché s'étend entre la Zrmanja, la Cetina et la côte. Byzance, quant à elle, ne conserve que trois villes du littoral dalmate (Zadar, Trogir et Split) et quatre îles. La nouvelle liturgie catholique, qui se distingue nettement du rituel byzantin, se diffuse ainsi d'Istrie vers la Dalmatie. La Croatie profitera du morcellement de l'Empire franc, après la mort de Charlemagne, pour affirmer son indépendance.

Une première Croatie (9e-12e s.)

À partir du 10e s., la Croatie (*Regnum Chroatorum*) est gouvernée non plus par des ducs, mais par des rois. Trpimir (845-864) est le premier à se soustraire à la domination des Francs, même s'il demeure théoriquement leur vassal. Ce prince favorable à l'Église fait construire le premier monastère bénédictin de Croatie, sur le site de Rižnice, près de Solin. À sa suite, Branimir (879-892), qui entend affranchir totalement la Croatie des Francs et de Byzance, manifeste sa loyauté envers le pape Jean VIII qui, en apportant sa bénédiction, marque la reconnaissance effective de l'indépendance croate. Tomislav (910-928) établit la frontière nord du royaume sur la Drave, en repoussant les Magyars de Hongrie. Le règne de Petar Krešimir IV (1058-1074) marque l'apogée du royaume, avec la reconquête des villes dalmates et de l'actuelle Slavonie, ainsi que la fondation de Šibenik. En soutenant les réformes du pape Grégoire VII, Dmitar Zvonimir (1076-1089) resserre des liens déjà étroits avec le Saint-Siège.

Le royaume hungaro-croate (12e-15e s.)

En 1102, le roi hongrois Koloman (1095-1116) s'empare des territoires croates et signe avec la noblesse locale des *Pacta conventa*, traités qui associent le royaume de Croatie à la couronne magyare par une "union personnelle". Ainsi naît le royaume hungaro-croate (ou croato-magyar), qui se perpétuera jusqu'au début du 16e s. Gouvernés par un vice-roi (*bán*), les Croates conservent leur indépendance de principe, leur Parlement (*Sabor*) et leur armée. En 1301, une révolte des nobles croates impose la maison d'Anjou de Naples sur le trône. C'est la première fois que Slavonie, Dalmatie et Croatie sont réunies sous la même couronne. Cependant, le pays subit les attaques de Venise, qui ne peut tolérer la concurrence des ports d'Istrie et de Dalmatie. Le règne angevin s'achève assez peu glorieusement. En 1409, au terme de pourparlers secrets, Ladislas de Naples (1386-1414) cède Zadar, Novigrad, Pag et tous ses droits sur la Dalmatie à Venise pour 100 000 ducats ! L'unité territoriale croate vole en éclats... Seule Raguse (Dubrovnik) conserve son indépendance. Cette cité-République, qui dispose, un temps, de la troisième flotte marchande d'Europe, demeurera une ville libre jusqu'en 1806.

CRAVATE RIME AVEC CROATE

Lors de la guerre de Trente Ans (1618-1648), des régiments croates servent dans les armées de Louis XIII et de Louis XIV. Les soldats français, puis la cour de Versailles s'entichent du foulard que les intrépides cavaliers du Royal-Croate nouent autour de leur cou. C'est ainsi que la cravate – le mot apparaît vers 1650 – est lancée ! Elle connaîtra maintes variantes avant de s'imposer comme un accessoire essentiel du costume masculin occidental.

Menace ottomane et recours autrichien (15e-16e s.)
Le 15e s. est marqué par une nouvelle menace sur les frontières orientales : les Ottomans, qui prennent peu à peu possession des Balkans. En 1493, ils déciment la noblesse croate lors de la bataille de Krbava (Corbavie). Les Croates leur cèdent de vastes territoires, non sans livrer de rudes batailles, si bien que le pape qualifie la Croatie de "rempart de la chrétienté" (*antemurale christianitatis*). En 1526, Soliman Ier écrase les armées hungaro-croates dans la plaine de Mohács et s'empare de la majeure partie de la Hongrie et de toute la Slavonie. Louis II ayant péri dans la bataille, le Parlement croate élit l'empereur d'Autriche Ferdinand de Habsbourg comme nouveau roi de Hongrie-Croatie. Le souverain promet de respecter les libertés déjà accordées au sein du vaste empire. Malgré la contre-offensive menée envers les Turcs, le royaume croate est réduit au tiers de sa superficie : le "reste des restes" (*reliquiæ reliquiarum*), dont le centre du pouvoir est transféré à Zagreb.

Sous le joug des impérialismes européens (17e-19e s.)
Au fil des 17e-18e s., la Croatie perd peu à peu ses prérogatives vis-à-vis de Vienne. La centralisation du pouvoir se renforce sous le règne de l'impératrice Marie-Thérèse (1740-1780) : le Parlement croate n'est plus convoqué, le Conseil royal qui réglait toutes les questions concernant la Croatie est supprimé en 1779, et celle-ci se retrouve pour la première fois subordonnée à la Hongrie. La germanisation du pays s'accentue encore avec Joseph II (1780-1790), qui divise la Croatie et la Hongrie en dix régions dont il nomme les gouverneurs. En 1786, il impose la langue allemande dans leurs administrations. Cependant, les guerres de la Révolution française enflamment bientôt l'Europe. En 1797, Napoléon Bonaparte soumet Venise, dont les possessions en Croatie reviennent aux Habsbourg. En 1806, c'est au tour de la république de Raguse (Dubrovnik) de perdre son indépendance. Les Autrichiens cèdent à Napoléon Ier la Dalmatie et, en 1809, l'Istrie et les territoires croates situés au sud de la Save. Ces "provinces illyriennes" resteront sous administration française jusqu'en 1813, avant de retomber sous tutelle austro-hongroise en 1815.

La renaissance nationale croate (19e s.)
Cette brève expérience de l'unité retrouvée et les réformes progressistes engagées par les Français ont cependant favorisé l'émergence du sentiment national croate. Contre les Hongrois qui cherchent à imposer l'usage de leur langue se développe le Mouvement illyrien, qui s'efforce de réunir politiquement les pays croates et revendique une langue commune. Alors que le mouvement révolutionnaire secoue toute l'Europe en 1848, les Habsbourg consentent un certain nombre de réformes, dont l'abolition du servage et de la corvée, mais resserrent encore leur pouvoir en abolissant les provinces historiques et les institutions croates, en interdisant le drapeau ainsi que l'édition de revues en croate. La population est pressurée

d'impôts, et de nombreux hauts fonctionnaires contraints de démissionner. Mais ce régime absolutiste sombre à son tour en 1867, au profit d'un nouvel État bicéphale austro-hongrois. Le territoire croate est partagé entre l'Autriche (Dalmatie, Istrie et Confins militaires) et la Hongrie (Slavonie et Croatie "historique"), au sein de laquelle les Croates conservent cependant leur autonomie et obtiennent la reconnaissance de leur identité culturelle et politique (drapeau, langue, institutions).

Josip Jelačić, vice-roi de Croatie au 19e s.

Le royaume des Serbes, des Croates et des Slovènes (1918-1929)

Pour autant, la mainmise de l'Autriche-Hongrie exacerbe le nationalisme slave, dont commence à émerger la revendication d'un grand État slave du Sud (*jugo slavija*). En 1914, l'assassinat de l'archiduc François-Ferdinand à Sarajevo (Bosnie) par des nationalistes "yougoslaves" met le feu aux poudres, non seulement dans les Balkans mais aussi, par le jeu des alliances entre grandes puissances, dans toute l'Europe : ainsi débute la Première Guerre mondiale, au terme de laquelle s'effondrera définitivement la monarchie austro-hongroise. Le 1er décembre 1918 est ainsi fondé le royaume des Serbes, des Croates et des Slovènes, voulu pour unifier les peuples slaves du Sud. Pierre Ier de Serbie, de la dynastie des Karađorđević, prend la tête de ce nouvel État, qui sera rebaptisé Yougoslavie en 1929.

La première Yougoslavie (1929-1941)

Dès l'origine, l'attelage yougoslave témoigne de vives tensions internes. Alors qu'en 1921, la Constitution de Vidovdan prévoit un État unitaire et centralisé, avec Belgrade pour capitale, le Parti paysan croate de Stjepan Radić défend le principe d'un État fédéral et s'oppose au vote. Abattu en pleine séance du Parlement, en juin 1928, Radić devient un martyr de la lutte pour l'indépendance croate. Finalement, les Karađorđević instaurent une véritable dictature, défendant surtout les intérêts des Serbes. Le roi contrôle étroitement les institutions croates et réprime sévèrement toute opposition, provoquant la radicalisation des nationalistes croates. En 1939, une autonomie est accordée sur le papier à la vice-royauté de Croatie, mais la Seconde Guerre mondiale va empêcher l'application du texte.

LE RÉGIME OUSTACHI
Au printemps 1941, l'offensive germano-italienne vaut à la Yougoslavie une défaite foudroyante. Le royaume est dépecé, et des régimes collaborationnistes sont installés à Belgrade et à Zagreb. Ante Pavelić, leader de l'Oustacha, devient le chef suprême de l'État indépendant de Croatie. Si cette autonomie suscite l'enthousiasme, la déception pointe dès mai 1941, quand Pavelić cède à l'Italie, qui possède déjà l'Istrie, la majeure partie de la Dalmatie, des zones du littoral nord et du Gorski kotar. Puis la politique de persécution des Serbes, des Juifs, des Tziganes et des opposants croates (lois raciales, camps de concentration, etc.) menée par les Oustachis suscitera une résistance active...

En 1945, les communistes, qui ont mené la résistance sous l'égide du Croate Josip Broz, dit Tito (1892-1980), s'imposent à Belgrade avec l'appui de l'Armée rouge soviétique, contrant la renaissance de la monarchie.

La Croatie sous Tito (1945-1988)

Le 29 novembre 1945 est proclamée la République fédérative de Yougoslavie qui, de "populaire", devient "socialiste" en 1963. Elle entend imposer le communisme aux six Républiques qui la constituent (Slovénie, Croatie, Bosnie-Herzégovine, Serbie, Monténégro et Macédoine) et un idiome hybride, le serbo-croate, comme langue officielle. En rompant avec Staline en 1948, Tito instaure toutefois un nouveau modèle de socialisme, qui repose sur l'autogestion en matière d'économie et sur la recherche d'une "troisième voie" entre les deux grands blocs issus de la guerre froide (mouvement des non-alignés). Dans cette deuxième Yougoslavie, la position des Croates est tout aussi délicate. Les Serbes, peuple le plus nombreux, dominent l'appareil d'État, tandis que la Croatie, l'une des Républiques les plus riches de la fédération, doit reverser à Zagreb une large part de ses revenus. Les dirigeants croates revendiquent une redistribution plus équitable des richesses et l'utilisation de leur langue. Le mécontentement prend une ampleur sans précédent en 1971, quand ils critiquent ouvertement le centralisme belgradois et sollicitent une libéralisation de l'État. Mouvement de masse, ce "Printemps croate" est durement réprimé...

Timbre représentant Tito, 1967

Vers l'indépendance croate (1980-1991)

Quand Tito meurt le 4 mai 1980, toute perspective d'une Yougoslavie unifiée disparaît avec ce chef d'État charismatique. Si une fédération collégiale est instaurée, dotée d'une présidence à rotation annuelle, les revendications identitaires s'exacerbent, en particulier entre le Kosovo et la Serbie, quand celle-ci porte au pouvoir, en 1989, le nationaliste Slobodan Milošević. Dans le même temps, la chute du Mur de Berlin et la désintégration de l'Union soviétique libèrent les aspirations démocratiques de la Croatie. De premières élections multipartites y sont organisées au printemps 1990. Cependant, la minorité serbe se rebelle contre Zagreb. Avec l'aide de Belgrade et de l'armée fédérale, la région serbe de Krajina fait sécession en février 1991, suivie par la Slavonie occidentale en mars. Alors qu'en mai, les Croates qui doivent prendre la présidence tournante de la Yougoslavie en sont empêchés par les Serbes et les Monténégrins, les institutions fédérales sont paralysées. Les Croates organisent un référendum sur leur indépendance, approuvée par plus de 90% des électeurs. Celle-ci est proclamée le 25 juin 1991, mais le conflit est inévitable.

Les guerres de Yougoslavie (1991-1998)

Au cours de l'été, l'armée fédérale yougoslave, qui ne soutient plus que les intérêts des nationalistes serbes, pénètre en territoire croate. Le 27 août, elle dispose autour de Vukovar quelque 600 chars et 50 000 soldats. La ville assiégée résiste jusqu'au 18 novembre, et sa chute entraîne une grande catastrophe humanitaire, au cours de laquelle plus de 4 000 combattants blessés et de 3 000 à 5 000 civils sont internés dans des camps. Puis les Serbes atteignent la côte, attaquent Zadar et Šibenik et, à la mi-octobre, bombardent Dubrovnik, poussant à la fuite plus de 1 200 habitants. L'indignation internationale précipite l'intervention décisive de l'OTAN. En janvier 1992, la communauté européenne reconnaît l'indépendance de la Croatie, qui entre à l'ONU le 22 mai. L'offensive militaire occidentale conduit en novembre 1995 à la signature des accords de paix de Dayton, qui confirment la Croatie dans les frontières qui étaient les siennes du temps de la Yougoslavie. Le pays pleinement indépendant regarde résolument vers l'Ouest et, modernisant rapidement son économie, devient le 1er juillet 2013 le 28e membre de l'Union européenne.

Aujourd'hui

Depuis 2020, la république de Croatie a pour président Zoran Milanović, ancien Premier ministre (2010-2016) et ancien leader du SDP (Parti social-démocrate de Croatie, affilié au Parti socialiste européen). Le Premier ministre et chef de l'exécutif est, depuis 2016, Andrej Plenković, leader du HDZ (Union démocratique croate, parti de droite). En mai 2021, c'est un écologiste,Tomislav Tomašević, qui a été élu maire de Zagreb.

ÉCONOMIE

Malgré des dommages de guerre évalués à 31,7 milliards de dollars, l'économie croate a renoué avec la croissance dès la fin des années 1990. Après une intégration rapide à l'économie de marché occidentale, le pays a été très durement frappé par la crise économique de 2008, et son PIB a connu sept années consécutives de récession, avant une reprise en 2016. Une nouvelle fois, la Croatie compte fortement sur le tourisme pour galvaniser son activité.

Agriculture

Essentiellement vivrière et appuyée sur une myriade de petits exploitants privés, elle représente 4% du PIB (2017). Dans les plaines du Nord sont produits du blé, du maïs, des betteraves à sucre, du colza et des plantes fourragères. Les fruits et les légumes proviennent du Sud-Est. La viticulture (env. 60 000ha) et l'élevage sont pratiqués partout. Dans l'Adriatique, on pêche et l'on transforme environ 70 000t de poisson par an, et on élève des thons pour le marché japonais.

Industrie

Le secteur est à l'origine d'environ 26% du PIB, ce qui se rapproche de la moyenne européenne. Ses branches principales sont l'agroalimentaire, les industries pétrolière et chimique, la métallurgie, la papeterie, le textile et, domaine clé, la construction navale.

Le tourisme, secteur en forte croissance

Tourisme

Depuis le 19e s., il constitue un axe de développement vital pour l'économie nationale. Son taux de croissance est actuellement le plus fort de tous les pays méditerranéens. En 2017, année record, la Croatie a reçu 18,5 millions de touristes – un record qui devrait être battu en 2018, avec la publicité engendrée par le parcours de l'équipe nationale de football lors de la Coupe du monde ! La côte adriatique, baignée par les eaux les plus propres d'Europe, constitue la principale destination du pays, mais le tourisme continental (lacs de Plitvice, tourisme thermal) prend de plus en plus d'ampleur. L'offre va du nautisme (avec un grand nombre de marinas) aux congrès, en passant par les cures thermales, les pèlerinages, et l'agrotourisme, principal vecteur de développement des années 2010.

POPULATION ET SOCIÉTÉ

En 2021, la Croatie comptait 4,09 millions d'habitants (contre 4,8 millions d'hab. en 1990). Le taux d'urbanisation atteint 60%, Zagreb formant l'agglomération la plus importante du pays avec 684 000 habitants (1,2 million pour la zone métropolitaine). En revanche, la barrière montagneuse des Alpes dinariques est la région la moins peuplée, et sa population ne cesse de baisser, comme celle des îles.

Processus migratoires

Depuis les années 1990, on assiste à un important flux migratoire des campagnes vers les villes et de l'intérieur vers le littoral croate. Le mouvement d'émigration né dans la seconde moitié du 19e s. a également poussé de nombreux Croates à s'installer dans les deux Amériques et jusqu'en Australie. Plus récemment, cette émigration s'est tournée vers l'Europe occidentale. La diaspora est aujourd'hui estimée à 2,5 millions de personnes, dont 1,3 million vivant aux États-Unis, 250 000 en Australie et 280 000 en Allemagne. Le découpage de la Yougoslavie a aussi laissé quelque 600 000 Croates en Bosnie-Herzégovine et plusieurs dizaines de milliers en Serbie et en Slovénie. En revanche, la Croatie n'a jamais connu une importante immigration, hormis celle des populations serbes qui, fuyant les envahisseurs ottomans, y ont trouvé refuge aux 15e-16e s.

MINORITÉS

Les Croates représentent 90% de la population, et les Serbes la minorité la plus nombreuse (4,4%). Les 5,6% restants sont des Bosniens, des Italiens, des Hongrois, des Albanais, des Slovènes, des Tchèques, des Allemands, etc. La loi constitutionnelle de 2002 leur reconnaît le droit d'affirmer leurs particularismes culturels (usage et enseignement de leur langue maternelle et de leur histoire, respect de leurs religions) et leur garantit une représentation à la Chambre (8 députés).

Religions

Les Croates cultivent une tradition catholique romaine depuis la fondation de leur premier État, au 9e s. Dès 1990, la République croate indépendante a noué avec le Vatican des rapports étroits, couronnés par trois visites du pape Jean-Paul II en 1994, 1998 et 2003, et par la béatification du cardinal Alojzije Stepinac (victime des persécutions religieuses du régime communiste). De fait, 87,8% de la population se déclare catholique, environ 4,4% orthodoxe et 1,3% musulmane. Le pays abrite aussi des communautés juive et protestante (calvinistes, baptistes, évangélistes, etc.).

ARTS ET CULTURE

Carrefour historique situé à la croisée de Byzance, de l'Europe centrale, de Vienne, de la République de Venise et de toute l'Italie, la Croatie apparaît comme un véritable creuset de l'histoire de l'art européen. Depuis les Grecs et les Romains, toutes les époques, tous les styles y ont laissé leur empreinte !

La préhistoire

La préhistoire a doté les musées croates d'un fonds très riche. L'œuvre la plus précieuse, exposée au musée de Vinkovci, est sans doute le *Calendrier de Vučedol*. Ce vase sur lequel sont représentés les saisons et les symboles des constellations est probablement le plus vieux calendrier astronomique d'Europe, daté de 2600 avant notre ère. La céramique usuelle et les dépôts d'offrandes funéraires des âges du bronze et du fer sont présentés dans les musées de Zagreb, Split, Pula, Zadar et Vinkovci. L'art illyrien s'illustre, notamment, avec la belle tête en ambre de Kompolje (500 av. J.-C.).

La présence grecque

L'art hellénistique atteint la Croatie aux 8e-7e s. av. J.-C., avec l'importation de vases peints, de sculptures, d'armes, etc. Quelques œuvres exceptionnelles nous sont parvenues, telle la *Tête d'Artémis* (4e s. av. J.-C.) retrouvée à Issa, dont les traits particulièrement harmonieux semblent indiquer une influence de Praxitèle. Autre chef-d'œuvre, le relief en marbre de *Kairos* (personnification de "l'instant favorable") de Tragurion-Trogir a été sculpté au 2e ou 1er s. av. J.-C. d'après celui de Lysippe. Enfin, on a découvert en 1996 au large de l'île de Lošinj un superbe bronze : cet *Apoxyomenos* (jeune homme à sa toilette) est attribué à l'école de Lysippe (2e-1er s. av. J.-C.).

UN PALAIS POUR VILLE

Quand les Slaves s'emparent de Salona, capitale historique de la Dalmatie romaine, vers 630, ses habitants se réfugient dans le palais que l'empereur Dioclétien avait élevé non loin de là à la fin du 3e s. Plus vaste monument antique de Croatie s'étendant sur 4 hectares ceints de murailles, le complexe impérial deviendra peu à peu une ville à part entière, avec ses maisons et échoppes logées entre les colonnes et reliefs sculptés des anciens bâtiments d'honneur et temples. Ainsi naquit Split (p.204), bijou de cité médiévale serti dans un écrin antique !

Les influences romaines

L'Illyricum doit aux Romains son urbanisation générale. À l'instar de Parentium (Poreč) et de Iader (Zadar), la plupart des agglomérations adoptent le plan en damier des cités latines. Les domaines ruraux (*villæ*

Dans la basilique euphrasienne de Poreč, chef-d'œuvre de l'art byzantin

rusticæ) témoignent eux aussi d'une organisation aboutie. Ainsi, l'immense complexe du 1er s. de la baie de Veriga, sur l'île de Veli Brijun, réunit une résidence luxueuse, avec thermes et palestre, des temples et des bâtiments agricoles. Pula recèle plusieurs monuments complets du 1er s. : l'arc de triomphe des Serges, le temple d'Auguste et un amphithéâtre parmi les mieux préservés du monde romain. Salona a aussi révélé les vestiges de son enceinte, de plusieurs temples, d'un théâtre, d'un aqueduc, de thermes et d'un amphithéâtre. La statuaire des 1er-2e s. a produit des marbres remarquables : la *Salonitaine*, une tête de jeune femme au modelé délicat, une monumentale *Minerve* provenant d'Aquæ Iasæ, une tête d'Hercule retrouvée à Æquum, un couple aux proportions harmonieuses, *Vénus et l'Amour*, exposé au Musée archéologique de Split, des statues d'empereurs romains découvertes à Ænona, et le magnifique groupe impérial de Narona, près de Metković.

Les fondations chrétiennes

À compter du 4e s., le succès du christianisme entraîne une intense campagne de construction de lieux de culte dans toutes les villes romaines (Osor, Krk, Rab, Zadar, Trogir, Dubrovnik, etc.). Le 6e s. est particulièrement fécond. Sont bâties la basilique à trois nefs de Salona, l'église Sv. Marija Formoza de Pula, dont subsiste une très belle chapelle mémoriale cruciforme, et la fameuse basilique euphrasienne de Poreč, avec ses trois nefs et ses trois absides. L'inspiration byzantine rayonne dans la sculpture, les placages de marbres polychromes, les dorures, les stucs et surtout les mosaïques. Cependant, l'Istrie subit bientôt l'influence carolingienne. En témoignent la crypte de la cathédrale de Novigrad, presque identique à celle d'Aquilée (fin 8e s.), Saint-Donat de Zadar, sûrement la rotonde la mieux préservée d'Europe après la chapelle palatine d'Aix-la-Chapelle, ou encore Saint-Sauveur, à la source de la Cetina, près de Knin, avec son corps occidental tripartite coiffé d'un clocher saillant. Enfin, l'abbaye Sainte-Marie-Majeure (fin 8e s.), près de Bale, offre l'un des premiers exemples européens d'une organisation spatiale des bâtiments autour du cloître.

Fresque de l'église Sainte-Marie-sur-les-Dalles de Beram

Le roman

Au 11e s., les Bénédictins réformés favorisent la diffusion du style roman en fondant sur la côte adriatique une cinquantaine d'abbayes. Saint-Michel de Kloštar, en Istrie, et surtout Saint-Pierre de Supetarska Draga, à Rab, en restent les précieux témoins. La sculpture connaît alors un âge d'or : des scènes historiées viennent rehausser portails, chapiteaux, linteaux et chancels (garde-corps séparant le chœur de la nef), dont le plus admirable est celui de Saint-Dominique de Zadar, aujourd'hui exposé au Musée archéologique de la ville. Aux 12e-13e s. s'ouvre une nouvelle vague de chantiers : on reconstruit les basiliques paléochrétiennes à la mode italienne (cathédrale et église Saint-Chrysogone de Zadar, Sainte-Marie de Mljet...). Les cathédrales dalmates abritent les plus belles réalisations de la sculpture romane tardive, en particulier à Trogir (magnifique portail sculpté par Maître Radovan en 1240) et à Split (splendides portes et stalles sculptées). C'est dans les modestes églises d'Istrie que la peinture romane a le mieux résisté au temps : les plus belles fresques parent les murs de Saint-Jérôme de Hum (12e s.) et de Saint-Vincent de Svetvinčenat (13e s.).

Le gothique

Le premier art gothique fait son apparition au milieu du 13e s. avec la reconstruction de la cathédrale de Zagreb et l'érection des églises franciscaines de Zadar et Pula, ainsi que de l'abbaye cistercienne de Topusko (vers 1300). Le gothique tardif (15e s.) s'illustre avec Saint-Marc de Zagreb, le monastère paulinien de Lepoglava et la chapelle des Frankopan à Krk, et ses déclinaisons dites fleurie et flamboyante avec les cathédrales de Korčula et de Split (chapelle Saint-Anastase). En Croatie continentale, la sculpture dénote l'influence de l'Europe centrale : l'atelier praguois des Parler œuvre à la décoration de la cathédrale de Zagreb. En revanche, les beaux portails de Dalmatie attestent une influence lombarde (cathédrales de Zadar et de Šibenik). La sculpture gothique lègue également de magnifiques stalles de chœur en bois, notamment à Zadar (cathédrale Sainte-Anastasie et église Saint-François), et la peinture de nombreux chefs-d'œuvre (fresques de la chapelle Saint-Étienne de Zagreb, polyptyques de Krk, Zadar, Rab et Trogir). Sans compter quelques joyaux d'orfèvrerie, telle la châsse de saint Siméon à Zadar (1377-1380).

La Renaissance

Le fleuron Renaissance croate est sans conteste la cathédrale de Šibenik, dont Juraj Dalmatinac (Georges le Dalmate) reprend la construction en 1441, à son retour d'Italie. À sa mort, Nikola Firentinac (Nicolas le Florentin) coiffera l'édifice d'une coupole typiquement Renaissance. Mais c'est pour la cathédrale de Trogir que ce dernier réalise son chef-d'œuvre à partir de 1468 au travers de la chapelle du Bienheureux-Jean-de-Trogir. À Dubrovnik, l'influence italienne se marie aux traditions locales pour donner naissance à un style mixte gothico-Renaissance, en particulier dans l'architecture civile qui se développe, à l'instar du palais Sponza (début du 16e s.), qui associe arcades à l'antique, fenêtres gothiques et fronton Renaissance. L'art lui-même s'aventure de plus en plus hors des lieux de culte et épouse l'idéal humaniste : le sculpteur dalmate Franjo Vranjanin se rend célèbre avec ses bustes d'une grande douceur, Ivan Duknović, formé à Rome, excelle dans le modelé des volumes, tandis que Nikola Božidarević s'impose comme le grand peintre de la période avec son sens du détail (triptyque du monastère dominicain de Dubrovnik). Se distingue aussi un maître de la miniature : Juraj Klović, immortalisé par Raphaël dans sa fameuse fresque de *L'École d'Athènes*.

VILLES BASTIONNÉES

L'âge baroque, en étant aussi celui de la guerre contre les Ottomans, a légué au pays quelques fleurons d'architecture militaire, alors édifiés selon les principes les plus modernes. En témoignent la Tvrđa d'Osijek, place forte admirablement préservée, la ville forte de Slavonski Brod et les vestiges des enceintes de Zadar, Split et Šibenik.

Le baroque

Artisans de la Contre-Réforme catholique, les Jésuites jouent un rôle décisif dans la diffusion de l'art baroque aux 17e-18e s., à la croisée de ses deux grands foyers, l'Europe centrale (dont les canons se retrouvent dans Sainte-Catherine de Zagreb) et l'Italie (Saint-Guy de Rijeka). À Dubrovnik, le séisme dévastateur de 1667 favorise l'épanouissement du style, dont témoignent la cathédrale de l'Assomption, l'église Saint-Blaise et la splendide église Saint-Ignace. Le sens de la théâtralité gagne aussi l'aménagement urbain, avec la reconstruction de la rue principale, Stradun, bordée de façades similaires. Peintres et sculpteurs ajoutent des décors intérieurs aussi fastueux qu'exubérants. Le sculpteur Francesco Robba (1698-1757) se distingue par ses figures saisies en plein mouvement, et le peintre Ivan Ranger (1700-1753) par celui du trompe-l'œil (couvent de Lepoglava). Quant à Federiko Benković (Bencovich, 1667-1753), il s'impose comme un maître de la peinture à la fois dalmate et vénitienne.

Néoclassicisme, style Sécession et modernisme

Dans la seconde moitié du 19e s., l'expansion urbaine, en particulier de Zagreb, met à l'honneur le style européen alors en vogue, le néoclassicisme, qui rehausse nombre d'immeubles et d'édifices publics (Académie croate des sciences et des arts, Théâtre national...). Mais le mouvement de la Sécession, qui naît à Vienne à l'orée du 20e s., a tôt fait de gagner la capitale et les villes croates (en particulier Rijeka et Osijek). De ses innovations formelles, le bâtiment des Archives nationales de Zagreb, signé par Rudolf Lubinski en 1913, reste un sommet. Il annonce déjà le modernisme, dont l'architecte Viktor Kovačić (1874-1924), disciple d'Otto Wagner, défendra les principes fonctionnalistes (Bourse, église Saint-Blaise, maison Frank à Zagreb). De même, les arts plastiques croates épousent tous les grands courants à l'œuvre en Europe : Vjekoslav Karas (1821-1858) défend la peinture réaliste ; le paysagisme et l'impressionnisme inspirent Mato Celestin Medović (1857-1920), Menci Clement Crnčić (1865-1930) et Vlaho Bukovac (1855-1922) ; et le symbolisme trouve un maître en Bela Čikoš-Sesija (1864-1931). Quant à la sculpture, elle est dominée par Ivan Meštrović (1883-1962), élève d'Auguste Rodin, aux œuvres aussi puissantes que poétiques.

Cercles, écoles et groupes du 20e s.

Les premières décennies du 20e s. voient l'éclosion d'une multitude d'unions d'artistes épousant les avant-gardes internationales. Après les peintres du "cercle de Munich" (Miroslav Kraljević, Josip Račić, Vladimir Becić et Oskar Herman) se distinguent, dans l'entre-deux-guerres, les architectes de l'"école de Zagreb" et les peintres de l'école de Hlebine, dont l'art naïf fera date (Krsto Hegedušić, Ivan Generalić, Franjo Mraz, Mirko Virius...). Après 1945, l'art croate se démarque du réalisme socialiste pourtant imposé dans les pays communistes : le groupe EXAT 51 (Ivan Picelj, Aleksandar Srnec,

Vjenceslav Richter, Božidar Rašica...) regarde ostensiblement vers l'Ouest. De même, dans les années 1960, le mouvement Nove tendencije fait de Zagreb une place-forte du constructivisme et de l'abstraction géométrique, puis le groupe Gorgona marque l'avènement de l'art conceptuel (Julije Knifer, Ivan Kožarić). Edo Murtić et Oton Gliha demeurent les maîtres de la peinture abstraite des années 1960-1970, tandis que Vojin Bakić et Dušan Džamonja dominent la sculpture contemporaine. Parallèlement se développent le design industriel (B. Bernardi) puis de nouveaux médias telle la vidéo (Sanja Iveković, Dalibor Martinis).

Cinéma de Split

LE CINÉMA CROATE À L'HEURE YOUGOSLAVE

Foyer de sa production cinématographique depuis les années 1910, Zagreb a su préserver sa liberté de création au cours des années de plomb yougoslaves. Parmi les premiers, le cinéaste Branko Belan ose s'affranchir du réalisme soviétique au travers de son drame intimiste *Koncert* (1954), suivi par Nikola Tanhofer qui évoque de front les problèmes du quotidien dans *H-8* (1958). Puis le cinéma d'auteur prend son essor avec des réalisateurs novateurs tels que Zvonimir Berković (*Rondo*, 1966), Ante Babaja (*Le Bouleau*, 1967) et Krešo Golik (*Qui chante ne pense pas à mal*, 1970). Au même moment, l'école de films d'animation de Zagreb se distingue par la qualité de ses productions : Dušan Vukotić est le premier Européen à remporter un Oscar dans cette catégorie en 1962. Si la guerre a fait perdre son élan à la production dans les années 1990, quelques cinéastes contemporains se distinguent dans les festivals internationaux, à l'instar de Zrinko Ogresta (*Fragments* en 1991, *La Poussière rouge* en 1999) ou de Dalibor Matanić, espoir du cinéma national (*Soleil de plomb*, 2015).

LITTÉRATURE

La littérature croate naît avec l'arrivée des missionnaires chrétiens à la charnière des 8e et 9e s. Les textes les plus anciens sont principalement religieux et écrits en glagolitique, l'alphabet slave forgé par les évangélisateurs Cyrille et Méthode, dont témoigne la plaque de Baška (1100), où apparaît pour la première fois le mot "croate". Dès lors, la littérature nationale exalte le patriotisme contre la longue litanie des envahisseurs...

Renaissance et classicisme

C'est au 15e s. que les lettres croates débordent définitivement le cadre religieux et, sous l'influence de la Renaissance italienne, privilégient une poésie épique, lyrique et dramatique. Cette littérature profane naît avec l'humaniste Marko Marulić (1450-1524), qui rédige en croate son chef-d'œuvre, *Judith*, encourageant la lutte contre les Ottomans. Puis s'impose le premier grand dramaturge croate, le Ragusain Marin Držić (1508-1567), dont les comédies hilarantes sont toujours jouées, tel *Oncle Maroje* (1550). Le maître de la littérature baroque des 16e-17e s. est aussi un Ragusain : Ivan Gundulić (1589-1638), dont les épopées *Osman* et *Dubravka* chantent la lutte contre les Turcs. Au siècle des Lumières s'illustrent deux poètes : Andrija Kačić Miošić (1704-1760), dont *Le Plaisant Discours du peuple slave* joue un grand rôle dans l'éveil de la conscience nationale, et Ruđer Bošković (1711-1787), dont les œuvres didactiques prêchent le retour à la nature et l'éducation du peuple.

LA LANGUE CROATE

Langue officielle, le croate appartient au groupe méridional des langues slaves. C'est à la fin de la Renaissance qu'il s'est imposé contre le slavon en intégrant des éléments de la langue vulgaire. Cependant, le pays n'a abandonné le latin comme langue officielle qu'en 1847 – c'est le dernier à l'avoir fait en Europe ! Le croate a aussi connu une éclipse relative au temps de la Yougoslavie, quand Tito, par souci de fédéralisme, a tenté d'imposer le "serbo-croate", fusion des langues serbe, croate, bosnienne et macédonienne, qui n'a cependant pas survécu à la guerre...

La littérature moderne

Après 1835, les écrivains se rassemblent autour de Ljudevit Gaj (1809-1872), dont les *Budnice* exaltent le patriotisme. Ivan Mažuranić (1814-1890) offre alors à la littérature croate l'un de ses classiques, *La Mort de Smail-aga Čengić*, inspiré par la lutte contre les Turcs, et Antun Mihanović compose *La Patrie croate*, dont les vers deviendront ceux de l'hymne national. La personnalité centrale de la seconde moitié du 19e s. est August Šenoa

(1838-1881), père du roman croate avec *L'Or de l'orfèvre* (1871). À sa suite s'épanouit le courant réaliste et social au travers d'Eugen Kumičić (1850-1904), Ante Kovačić (1854-1889), Vjenceslav Novak (1859-1905), Josip Kozarac (1858-1906), ou encore du dramaturge Ivo Vojnović (1857-1929), dont le chef-d'œuvre, la *Trilogie ragusaine*, relate la chute de Dubrovnik. Puis les poètes errants Janko Polić Kamov (1886-1910) et Antun Gustav Matoš (1873-1914) marquent la charnière des 19e et 20e s. en dénonçant les préjugés sociaux. À la même époque, Ivana Brlić-Mažuranić (1874-1938) donne à la littérature enfantine ses meilleurs titres avec ses *Contes croates de jadis* (1916) qui ressuscitent la mythologie slave.

Écrivains contemporains

Miroslav Krleža (1893-1981) demeure la figure centrale des lettres croates du 20e s. Écrivain engagé, précurseur de l'existentialisme (*Le Retour de Philippe Latinowicz*, 1929), il dénonce vigoureusement la guerre dans son recueil de nouvelles *Mars, dieu croate*, et l'hypocrisie de la société bourgeoise dans son drame expressionniste *Le Cycle des Glembay*. Autre auteur phare, Ivo Andrić (1892-1975) obtient le Prix Nobel de littérature en 1961. Ses romans *Prokleta avlija* et *Le Pont sur la Drina* évoquent la vie en Bosnie sous la domination ottomane. Signalons cependant que Croates, Bosniens et Serbes se disputent ce Croate de Bosnie, qui écrivait dans les trois langues et se définissait comme yougoslave... Autre écrivain marquant du 20e s., Ranko Marinković (1913-2001) a laissé une œuvre multiforme ; par ses jeux linguistiques, sa veine mi-naturaliste mi-grotesque, son roman *Le Cyclope* est l'un des meilleurs du siècle. Bien des auteurs contemporains voient leurs œuvres traduites à l'étranger. Dubravka Ugrešić (née en 1949), Slavenka Drakulić (née en 1949) et Miljenko Jergović (né en 1966) sont peut-être ceux qui rencontrent le plus grand succès. Les Croates plébiscitent plutôt Ivan Aralica, Nedjeljko Fabrio et Pavao Pavličić.

Statue d'August Šenoa, Zagreb

GASTRONOMIE

La gastronomie croate doit sa richesse à sa position au carrefour de la Méditerranée et de l'Europe centrale, et à la diversité de ses terroirs. Les différentes cuisines régionales respectent les saisons, et les aliments, produits le plus souvent sans pesticides ni conservateurs, ont partout la même fraîcheur. L'eau de source est aussi très bonne, et celle du robinet potable dans tout le pays.

La cuisine du Nord

Viandes, choux, pommes de terre et poissons d'eau douce en sont les principaux ingrédients, et les recettes dénotent des influences orientale, autrichienne et hongroise. La région est réputée pour les viandes grillées ou rôties à la broche, et pour la charcuterie artisanale : saucissons, saucisses, boudins, *kulen* (saucisses relevées au paprika) et jambons crus ou fumés. De la tradition locale relèvent différentes recettes de soupes aux nouilles (*juha*) ou aux boulettes de viande, la dinde sur son "nid" de *mlinci* (lamelles grillées de pâte filo), le cochon de lait rôti à la broche, les feuilles de chou fermenté farcies de viande hachée et de riz (*sarme*), la tourte au fromage blanc et aux courgettes (*gibanica* ou *štrudla*) et les *štrukli* (raviolis au fromage blanc, servis salés ou sucrés). Les poissons d'eau douce comme la truite, la carpe, la perche et le brochet sont le plus souvent grillés. Le *fiš-paprikaš* (assortiment de poissons cuits dans une soupe épaisse relevée au paprika rouge) est une spécialité slavonne. Côté vins, la région produit surtout des blancs issus des cépages riesling et *kraljevina*, dont les plus réputés proviennent des terroirs de Kutjevo, d'Ilok, d'Erdut et de Požega.

Beignets de fromage frais

La gastronomie istrienne

Elle réalise une synthèse parfaite des cuisines méditerranéenne et continentale, en accommodant le poisson comme le porc. Si elle utilise de nombreux aromates (romarin, basilic, sauge, menthe, laurier, etc.), elle est surtout célèbre pour ses truffes noires et blanches, qui entrent dans toutes sortes de préparations : pâtes, jambon cru et même gâteau au chocolat ! Comme sur l'ensemble du littoral, on propose souvent en entrée toutes sortes de fromages de chèvre et de brebis (frais, fumés ou marinés), souvent accompagnés de jambon cru, quelquefois fumé (*pršut*), et d'olives. Vous pourrez également goûter de délicieux risottos aux fruits de mer et les huîtres fraîches du Limski kanal. Dans les terres se distinguent d'excellents ragoûts de gibier, des saucisses fumées et des plats à base d'asperges sauvages. Les vins les plus réputés sont issus des cépages malvoisie (*malvazija*), chardonnay, merlot et teran.

Dans le Kvarner et en Dalmatie

Le littoral central et méridional de l'Adriatique est apprécié pour ses salades de poulpe, ses filets d'anchois (dans le Kvarner), ses sardines entières salées (en Dalmatie), et son poisson, souvent grillé, poché ou préparé en brudet (différentes espèces mijotées au vin, oignons, tomates et aromates). Les coquillages et crustacés sont servis à la *buzara* (vin blanc, huile d'olive, ail et persil) ou en salade. Dans toutes les préparations entrent laurier, ail, persil, romarin et beaucoup d'huile d'olive. L'art culinaire insulaire se distingue par sa variété et son recours aux herbes sauvages. L'agneau de pré-salé de Cres a un moelleux inoubliable. À Krk, on fait mijoter les poulpes séchés comme le gibier dans une sauce presque aussi épaisse que celle du goulasch. L'île de Pag produit un fromage aux laits de brebis et de vache (*Paški sir*) fort réputé. Vous n'aurez aucun problème pour arroser vos repas d'un vin de qualité. Hvar et Vis possèdent chacune leur route des vins, tout comme la péninsule de Pelješac, qui produit sans doute le meilleur rouge dalmate, le *dingač*, issu d'un excellent cépage autochtone, le *plavac mali*. Le *žlahtina* de Krk, le *pošip* de Pelješac, le *grk* et la *maraština* de Korčula sont les blancs les plus réputés.

À L'HEURE DU DESSERT

Comme le salé, le sucré répond d'une logique territoriale. Côté continent se manifeste l'influence de l'Europe centrale au travers de l'emblématique strudel (aux pommes ou aux cerises), du gâteau roulé au pavot ou aux noix, et de la *kremšnita* (pâte feuilletée garnie de crème pâtissière). Sur le littoral, on finit traditionnellement le repas par de petits gâteaux aux fruits secs (noix, amandes...), ou simplement des fruits frais ou secs. Il faut absolument goûter aux oranges, figues et amandes confites à la pâte de coings de Dubrovnik ! Enfin, en Dalmatie, se dégustent l'incontournable *rožata* (crème caramel), les gâteaux à base de *skuta* (fromage blanc de brebis évoquant la ricotta), ainsi que les *fritule* et *kroštule* (petits beignets à la pâte très fine). Et pour digérer le tout, pourquoi pas un verre d'eau-de-vie ? Citons les *medica*, *biska* et *ruta* distillées en Istrie (marc aromatisé au miel ou aux plantes) et le célèbre *maraskino* (marasquin) de Zadar, liqueur claire de marasques, ou griottes à ratafia.

Carnet pratique

Guirlande de laurier et de piments séchés, île de Hvar

INFOS UTILES

Toutes les informations pour préparer votre voyage, connaître les usages en vigueur, prévoir les sorties et les activités qui agrémenteront votre séjour : de quoi partir sereinement à la découverte des richesses culturelles et de l'art de vivre à la croate.

AVANT DE PARTIR

BUDGET

BUDGET JOURNALIER

La Croatie n'est pas vraiment une destination bon marché, surtout sur le littoral en haute saison ! Bien sûr, vous y dépenserez moins qu'en Italie, et un bon dîner au restaurant ne sera pas ruineux, mais vous consacrerez toutefois la majeure partie de votre budget à l'hébergement si vous logez à l'hôtel. Les passages répétés des voitures sur les bateaux pour rejoindre les îles (100-150kn) augmentent sensiblement les frais. Les petits budgets opteront de préférence pour les campings (120kn/2 pers.) et les chambres chez l'habitant (150-200kn/pers.).

HÉBERGEMENT

Sauf mention contraire, les prix indiqués dans ce guide s'entendent pour une chambre double en haute saison, petit déjeuner et taxes de séjour compris. Les hôtels de l'intérieur du pays affichent généralement les mêmes prix tout au long de l'année, tandis que les hôtels du littoral augmentent progressivement leurs tarifs de 30 à 60% entre la basse saison (de décembre à février) et la haute saison (juil.-août). Les prix que nous indiquons pour les chambres et les appartements chez l'habitant valent pour un séjour de plus de trois nuits. Dans le cas contraire, il convient souvent de les majorer de 20 à 30% pour tout séjour plus court.

RESTAURATION

Les gammes de prix concernant la restauration sont calculées pour un repas comprenant une entrée et un plat ou un plat et un dessert, boissons non comprises. Mais là encore, il ne s'agit que de données indicatives moyennes, car dans un même restaurant, vous pourrez opter pour un plat de pâtes, réduisant ainsi l'addition de 30 à 40%, ou pour du poisson et des fruits de mer, 20 à 30% plus chers que les plats de viande.

GAMME DE PRIX

Restauration	Hébergement
€ < 120kn (16€)	€ < 400kn (54€)
€€ 120 à 200kn (16-27€)	€€ 400 à 750kn (54-100€)
€€€ > 200kn (27€)	€€€ > 750kn (100€)

FORMALITÉS

Dans le cas d'un séjour de moins de 3 mois, une carte d'identité ou un passeport en cours de validité sont requis pour les ressortissants de l'UE (la Croatie n'a pas encore intégré l'espace Schengen). Tout séjour de plus de 3 mois doit faire l'objet d'une demande auprès des représentations diplomatiques croates à l'étranger. Tout voyageur étranger doit se déclarer à la police locale dans les 48 heures suivant son arrivée en Croatie. Une formalité accomplie par votre logeur (hôtel, camping, chambre d'hôtes).

INFORMATIONS TOURISTIQUES

EN FRANCE

Office de tourisme de Croatie
Accueil téléphonique uniquement.
☎ 01 45 00 99 55 croatia.hr

EN CROATIE

La plupart des villes et villages touristiques de Croatie possèdent un office de tourisme (*turistička zajednica*) ou un bureau d'information saisonnier (*turistički informativni centar*), à ne pas confondre avec les *turistički biro*, qui sont des agences de voyages. Vous y trouverez souvent un accueil chaleureux et professionnel, ainsi qu'une documentation fournie. Le personnel parle généralement l'anglais, l'allemand et l'italien. L'usage du français est nettement moins répandu, en dehors des grands sites touristiques de Dalmatie. Vous trouverez ci-dessous les contacts des principaux offices de tourisme régionaux. Pour les offices de tourisme municipaux, reportez-vous à la rubrique Accès et infos des villes et régions concernées.

Office de tourisme régional de Zagreb
Preradovićeva 42 Zagreb ☎ +385 1 48 73 665 www.tzzz.hr

Office de tourisme régional d'Istrie
Pionirska 1 Poreč ☎ +385 52 452 797 www.istra.hr

Office de tourisme régional du Kvarner
☎ +385 51 272 988 www.kvarner.hr

Office de tourisme régional de Zadar
☎ +385 23 315 316 www.zadar.hr

Office de tourisme régional de Šibenik
☎ 022 214 411 sibenik-tourism.hr

Office de tourisme régional de Split
☎ +385 21 490 032 www.dalmatia.hr

Office de tourisme régional Dubrovnik-Neretva
Dubrovnik ☎ +385 20 324 999 www.visitdubrovnik.hr

Agences de voyages

Les agences de voyages croates s'occupent plus particulièrement de la réservation des appartements et chambres chez l'habitant et de l'organisation d'excursions : visites culturelles, expéditions sportives et, surtout, croisières autour des îles de l'Adriatique, dont certaines, comme les Kornati, ne sont accessibles qu'en excursion organisée – à moins de disposer d'un bateau. La plupart des agences louent des voitures, scooters et vélos, et peuvent réserver des billets de train, d'avion et de ferries. Certaines, telles que **Atlas** et **Kompas**, sont représentées dans tout le pays, mais il en existe plusieurs centaines d'autres, d'envergure nationale ou locale.

SITES INTERNET

http://croatia.hr
Site officiel de l'office de tourisme de Croatie.

www.regardsurlacroatie.com
Le blog de l'office de tourisme de Croatie en France, très complet et utile pour tous les francophones.

www.croatietourisme.com
Un site touristique indépendant très complet et mis à jour régulièrement.

www.dalmacija.net
Site touristique consacré à toute la Dalmatie.

QUAND PARTIR ?

La Croatie étant une destination estivale prisée, mieux vaut éviter le mois d'**août** pour se rendre sur la côte : hôtels saturés, embouteillages fréquents, plages bondées... Privilégiez donc les demi-saisons : **mai et juin** pour les couleurs dont se pare la nature en fleur et pour les premières flâneries en terrasse, et **septembre-octobre** pour la beauté des lumières et la température encore agréable de la mer, gage de baignades inoubliables. En dehors de ces périodes, les petites stations balnéaires et les infrastructures touristiques des îles sont souvent fermées, la fréquence des ferries baisse sensiblement, et il neige fréquemment dans l'arrière-pays en **hiver**. Pas de changement de rythme en revanche dans les grandes villes et à l'intérieur de la Croatie.

AGENDA

FÊTES ET FESTIVALS

La plupart des festivals ont lieu l'été. Les plus importants sont mentionnés ci-après. De nombreux villages et stations balnéaires organisent leurs propres "festivals d'été" : théâtre, danse, expositions, musique. Les programmes sont disponibles auprès des offices de tourisme.

JANVIER

Carnaval de Samobor
L'un des plus importants et le plus ancien de Croatie continentale. Durant deux week-ends, les rues se remplissent de chars multicolores, des concerts sont donnés dans toute la ville, des cafés s'improvisent chez les particuliers... En bref, une énorme fête à ne pas manquer !
www.fasnik.com Fin jan.-début fév.

FÉVRIER

Fête de la Saint-Blaise
Grande procession des reliques du saint patron de la ville. Une fête primordiale pour les habitants de Dubrovnik et des environs.
Dubrovnik 2 et 3 fév.

Carnaval de Rijeka
L'un des plus importants rendez-vous festifs du pays, à la renommée internationale.
www.rijecki-karneval.hr En fév.

Poklad
Un carnaval singulier où le personnage principal, le Poklad, est un pantin de paille qui finit brûlé sur la place de l'église.
Île de Lastovo En fév.

JUIN

Animafest
L'un des plus anciens festivals de films d'animation d'Europe. Il réunit chaque année ce qui se fait de mieux en la matière à l'échelle internationale.
Zagreb www.animafest.hr Début juin

Brodsko kolo
Le plus ancien festival folklorique de Croatie.
Slavonski Brod (035) 445 801
brodsko-kolo.com En juin

Festival de feux d'artifice Vatrometa
Durant trois soirs, un festival pyrotechnique international, tiré du parc Bundek, illumine chaque annéele ciel de Zagreb.
Parc Bundek Zagreb Fin juin

JUIN-JUILLET

Festival du film de Motovun
Créé en 1999, ce festival attire chaque année des milliers de cinéphiles... et quelques stars. Sélection internationale présentée en salle ou en plein air.
Motovun www.motovunfilmfestival.com Fin juin-fin juil.

Festival VIP INmusic
Trois jours de musique pop et rock sur une île du lac Jarun. Multiples scènes, possibilité de camper sur place.
Lac Jarun Zagreb www.inmusicfestival.com Fin juin-début juil.

Nuits d'été de Zagreb
Concerts de musique classique, pop, opéras dans les églises et les parcs. Programme à l'office de tourisme.
www.kdz.hr Fin juin-début juil.

Festival des broderies
Il rassemble à Đakovo une semaine durant près de 70 groupes folkloriques venus de toute la Slavonie présenter leurs costumes traditionnels.
Đakovo Fin juin-début juil.

L'Été théâtral de Zadar
Représentations sur différentes scènes à travers la ville (programme à l'office de tourisme).
www.hnk-zadar.hr Fin juin-début août

Festival des enfants
Durant deux semaines, la ville accueille toutes sortes d'activités ludiques, de spectacles, de concerts et d'expositions réalisés pour et par les enfants.
Šibenik www.mdf-sibenik.com
Fin juin-début juil.

JUIN-SEPTEMBRE

Festival de danses des épées
La *moreška*, danse traditionnelle de Korčula avec des combats à l'épée, est présentée tous les jours dans divers lieux de la capitale, et dans les différents villages de l'île.
visitkorcula.net Juin-sept.

JUILLET

Festival folklorique international
Danses et musiques traditionnelles de toute la Croatie et d'ailleurs.
Zagreb www.msf.hr Mi-juil.

Festival du film de Pula
Le rendez-vous culturel majeur de l'été, avec des films projetés dans l'un des plus grands cinémas en plein air du monde : l'amphithéâtre.
www.pulafilmfestival.hr Mi-juil.

Festival de chants dalmates
Les *klapa* (groupes traditionnels dalmates) se réunissent en été à Omiš pour célébrer cet art, reconnu patrimoine immatériel de l'humanité par l'Unesco.
Omiš fdk.hr En juil.

JUILLET-AOÛT

Soirées musicales de Saint-Donat
Une quinzaine de concerts de musique classique.
Zadar www.donat-festival.com
En juil. et début août

Festival d'été de Dubrovnik
Un événement culturel très attendu. De prestigieux concerts de musique classique, des opéras, des pièces

JOURS FÉRIÉS

1er janvier	Nouvel An (*Nova godina*)
6 janvier	Épiphanie (*Sveta tri kralja*)
Mars-avril	Pâques et lundi de Pâques (*Uskrs i uskrsni ponedjeljak*)
1er mai	Fête du Travail (*Praznik rada*)
Mai-juin	Fête-Dieu (*Corpus Christi, Tjelovo*)
22 juin	Jour de la Résistance antifasciste (*Dan antifašističke borbe*)
25 juin	Fête nationale (*Dan državnosti*)
5 août	Jour du Souvenir national (*Dan pobjede i domovinske zahvalnosti*)
15 août	Assomption (*Velika Gospa*)
8 octobre	Jour de l'Indépendance (*Dan neovisnosti*)
1er novembre	Toussaint (*Svi sveti*)
25-26 décembre	Noël (*Božić*)

de théâtre, des spectacles de danse… donnés dans les plus beaux monuments de la ville.
www.dubrovnik-festival.hr
10 juil.-25 août

Soirées musicales d'Osor
Chaque année, en été, Osor la paisible semble sortir de sa somnolence et retrouver son animation passée le temps d'un festival de musique classique, croate et internationale.
Île de Cres www.osorfestival.eu
Mi-juil.-mi-août

Festival d'été de Split
Musique classique, *klapa*, opéra, théâtre et danse, les spectacles sont donnés le plus souvent sur le Péristyle. Programme à l'OT.
Blagajna www.splitsko-ljeto.hr
Mi juil.-mi-août

Festival Mali Škver
Il est organisé autour des *batana*, ces barques à fond plat d'origine vénitienne. Visite des derniers ateliers de construction, dégustation, procession nocturne aux flambeaux dans la baie.
Obala P. Budicina 2 Rovinj www.batana.org Mi-juin-fin août : mer. et dim.

AOÛT

Festival culturel de Sali
Ce festival de Dugi otok constitue en une grande fête de trois jours combinant musique, feux d'artifice, danse, défilé en costume traditionnel…
Dugi otok 1er w.-e. d'août

Tournoi de chevalerie de Sinj
L'une des plus importantes fêtes folkloriques de la région. 1er w.-e. d'août

AOÛT-SEPTEMBRE

Dimensions/Outlook Festival
Deux festivals d'importance européenne consacrés à la musique électronique, qui se tiennent dans un fort abandonné, quelques kilomètres au nord de Pula.
Pula www.dimensionsfestival.com www.outlookfestival.com
Fin août et début sept.

SEPTEMBRE

Festival du film trash
Chaque année débarque à Varaždin ce qui se fait de mieux en matière de cinéma indépendant à petit budget. Le lauréat remporte… une Tronçonneuse d'or !
Centre Multiculturel Kult Varaždin
www.trash.hr Début sept.

Korkyra Baroque Festival
Il réunit les meilleurs solistes et ensembles d'Europe et du monde, spécialisés dans la musique baroque, avec comme théâtres la cathédrale et les plus belles églises de la vieille ville.

Korčula-ville 099 31 95 427
www.korkyrabaroque.com
2 sem. en sept.

Festival international de la dentelle
Une référence. Il présente les productions locales et celles d'autres pays européens.
Lepoglava
www.cipkarski-festival.com
3e w.-e. de sept.

Soirées baroques de Varaždin
Trois semaines de concerts avec les plus grands orchestres de chambre, solistes et chorales de Croatie et d'ailleurs.
A. Cesarca 1 Varaždin
www.vbv.hr
Fin sept.-début oct.

Journées de la truffe
Vente, dégustation, enseignement des méthodes de recherche en forêt, prix de la plus grosse truffe, etc. Plusieurs manifestations à Buzet, Motovun, Livade...
www.istria-gourmet.com
Sept.-début nov.

OCTOBRE

Festival de la châtaigne
En octobre, chaque année, la châtaigne (*maruni*) de Lovran (côte est de l'Istrie) est mise à toutes les sauces, et même en sorbet ou en liqueur.
Lovran www.tz-lovran.hr
2 dernières sem. d'oct.

TRANSPORTS

ALLER EN CROATIE

EN AVION

Croatia Airlines
La compagnie nationale croate relie tlj. Paris à Zagreb (toute l'année, environ 2h de vol), et à Split, Zadar et Dubrovnik d'avr. à oct. Également en saison des vols directs entre Lyon et Split, et entre Nice et Dubrovnik.
01 48 16 40 00 www.croatiaairlines.com

Air France
Un vol quotidien Paris-Zagreb.
36 54 www.airfrance.com

Transavia
La compagnie *low cost* du groupe Air France propose des vols au départ de Paris-Orly à destination de Dubrovnik et Split.
0892 05 88 88 www.transavia.com

Volotea
Une compagnie espagnole *low cost* qui propose des vols pour Dubrovnik au départ de Nantes, Bordeaux, Strasbourg et Marseille ; pour Pula au départ de Nantes, Bordeaux, Toulouse et Marseille.
0821 610 752 (info) www.volotea.com

Ryanair
Deux vols/sem. en haute saison de Paris-Beauvais et de Marseille à destination de Zadar.
0892 780 210 www.ryanair.com

EN BATEAU

Blue Line
Traversées Ancône (Italie)-Split de 3 à 4 fois/sem. de mi-mars à mi-oct., avec des arrêts sur l'île de Hvar en été.
+385 21 352 533 croatiaferries.com

Jadrolinija
Les ferries de cette compagnie croate assurent des liaisons régulières au départ d'Ancône (Italie) vers Zadar (juin-sept., 2-7 fois/sem.), Split (toute l'année, 2-5 trajets/sem.) et Hvar (été, 2 trajets/sem.), et au départ de Bari (Italie) vers Dubrovnik (mars-oct. 2-7 trajets/sem.). Comptez de 8h à 13h de trajet.
+385 51 666 111 www.jadrolinija.hr

TABLEAU KILOMÉTRIQUE

	Zagreb	Dubrovnik	Osijek	Pula	Rijeka	Split
Dubrovnik	600					
Osijek	285	560 (par Bosnie)				
Pula	270	710	550			
Rijeka	165	600	450	110		
Split	410	230	690	515	360	
Zadar	285	350	560	330	240	155

SNAV
D'Ancône (Italie), liaisons en car-ferry vers Split (fin mars-fin oct., tlj.) et Hvar (été, tlj.). De Pescara, bateau rapide vers Hvar en été (5 fois/sem.).
+39 81 428 5555 www.snav.it

Venezialines
De Venise à Poreč, Rovinj, Pula, Rabac et Mali Losinj entre avril et octobre.
+385 52 422 896 www.venezialines.com

EN CAR

Eurolines
La compagnie assure trois liaisons hebdomadaires (mer., ven., dim.) entre Paris (départ à 8h30), Zagreb, Rijeka, Zadar, Šibenik, Split, Makarska et Dubrovnik. Paris-Zagreb : AR à partir de 160€. Également des départs de nombreuses villes de province.
Gare routière internationale Paris-Gallieni 0892 89 90 91
www.eurolines.de

EN VOITURE

Pour Zagreb, comptez environ 1 400km (14h). Deux itinéraires possibles : l'Italie ou l'Allemagne. **Via l'Italie :** de Paris, suivez l'A6 jusqu'à Lyon. Prenez la direction de Chambéry (via l'A43) et empruntez le tunnel du Fréjus avant de rejoindre l'A32, puis l'A4 qui traverse l'Italie. À Trieste continuez jusqu'à Ljubljana, où vous pourrez suivre l'E70 en direction de Zagreb. **Via l'Allemagne :** rejoignez Strasbourg, puis prenez l'A5 vers Karlsruhe, d'où vous suivrez la direction de Stuttgart. Continuez sur l'A8/A10, via Munich, Salzbourg et Ljubljana.

TRANSPORTS INTÉRIEURS

AVION

Les aéroports de Zagreb, Split, Dubrovnik, Pula, Rijeka-Krk, Zadar, Osijek, Brač et Lošinj sont reliés entre eux par des vols de la compagnie Croatia Airlines.

Croatia Airlines
+385 166 76 555
www.croatiaairlines.com

TRAIN

Le réseau des chemins de fer croates (*Hrvatske željeznice*) couvre surtout l'intérieur du pays et offre quelques liaisons directes avec l'Autriche, l'Allemagne et la Suisse. Confortable et peu onéreux, le voyage en train se révèle malheureusement assez lent, mais convient parfaitement à un trajet de nuit en couchette. De jour, mieux vaut emprunter le car.

Chemins de fer croates
+385 60 333 444 www.hzpp.hr

CAR

Le moyen le plus rapide et le plus pratique pour se déplacer sur le continent, comme dans les îles, où les cars attendent l'arrivée des ferries pour permettre aux voyageurs de rallier les différentes localités. Les horaires sont affichés dans les gares routières (*autobusni kolodvor*) et parfois disponibles dans les offices de tourisme.

Renseignements nationaux
060 313 333

Renseignements internationaux
(01) 60 08 631

VOITURE

La Croatie dispose de plus de 1 200km d'autoroutes. Ce réseau, en grande partie payant, relie Zagreb à Rijeka (A1 puis A6) et à Ploče via Zadar, Šibenik et Split (A1). En attendant que ce tronçon soit prolongé jusqu'à Dubrovnik, il faut suivre la fameuse "**Magistrale**". Cette nationale, qui longe le littoral, est tellement encombrée en été que la vitesse moyenne y dépasse rarement 50km/h ! Il faudra donc être patient, mais aussi très vigilant car les conducteurs pressés tentent souvent de doubler coûte que coûte, même dans les virages. Le reste du pays est bien desservi : A2 (Zagreb-Krapina) et A4 (Zagreb-Varaždin-Gorican) pour le Zagorje, A3 (Zagreb-Lipovac) et A5 (Beli-Manastir-Đakovo) pour la Slavonie, A11 (Zagreb-Sisak), A8 et A9 en Istrie...

Code de la route et formalités

La vitesse est limitée à 130km/h sur autoroute, 110km/h sur voie rapide, 90km/h sur route et à 50km/h en agglomération. Le port de la ceinture de sécurité est obligatoire, tout comme l'allumage des feux de croisement en journée en hiver. L'usage du téléphone portable au volant est interdit, et le taux d'alcoolémie autorisé est de 0,5g/l. Pour entrer en Croatie avec votre propre véhicule, vous devez être muni de votre permis de conduire, de la carte grise du véhicule et de la carte verte.

Règles de conduite

Soyez prudent et attentif : sur de nombreux axes secondaires – mais aussi sur des voies importantes comme la Magistrale –, les limitations de vitesse sont parfois contraignantes (70, 50 voire 40km/h) alors que la situation ne semble pas toujours les justifier. L'attitude des conducteurs locaux oscille entre deux extrêmes : tout à fait scrupuleuse, ou parfaitement dangereuse (se faire doubler à pleine vitesse sans aucune visibilité dans un virage de montagne n'est par exemple pas rare). Attention, les contrôles inopinés sont fréquents, surtout en fin de semaine. En cas d'excès de vitesse, l'amende (de 300 à 5 000kn) doit être réglée immédiatement en espèces. À défaut, il faudra vous rendre au poste de police.

Stations-service et parkings

Les stations-service croates sont normalement ouvertes de 7h à 19h (22h en été) et parfois 24h/24 dans les grandes villes. Assez nombreuses sur les grands axes, elles se font beaucoup plus rares sur les routes secondaires. Les centres-villes étant, pour la plupart, réservés aux piétons, vous trouverez souvent plusieurs parkings payants à proximité (5-10kn/h), mais en été, notamment sur la côte, il faudra vous armer de patience pour dénicher une place.

MOTO

Longer l'Adriatique et ses eaux cristallines et pouvoir s'arrêter n'importe quand pour profiter d'un paysage ou d'une crique... La moto constitue un moyen de locomotion parfaitement adapté au pays. Elle est particulièrement intéressante pour éviter les embouteillages de la Magistrale, ou pour accéder plus facilement aux centres historiques de villes comme Dubrovnik, Zadar ou Split. L'accès aux ferries se fera aussi plus aisément et pour un budget plus restreint – certains trajets en ferry sont onéreux en voiture. Si vous souhaitez faire le voyage avec votre propre moto, il est possible d'éviter un aller-retour par la même route côtière en prenant un ferry pour Ancône (Italie), mais pensez à bien réserver d'avance.

BATEAU

La plupart des liaisons maritimes entre la côte et les îles de l'Adriatique sont gérées par la **compagnie nationale Jadrolinija**, mais certaines zones sont desservies par des compagnies privées croates et italiennes (liste ci-après). Le trafic est assuré par des **ferries**, qui embarquent les voitures, et/ou des **catamarans** réservés aux piétons, plus rapides mais souvent plus chers. Pour embarquer avec une voiture, il est conseillé d'arriver au moins 1h avant l'appareillage, surtout en été pour les îles les plus touristiques. La réservation des billets ne garantit pas de place en cas d'affluence. L'été, essayez, autant que possible, de prendre le premier ferry de la journée (il y a en dès 5h30). En dehors des grandes îles touristiques, les horaires des bateaux s'adaptent en général aux besoins des insulaires (départ de l'île le matin et retour le soir), obligeant les visiteurs à passer au moins une nuit sur place. Les trajets vers les îles sont organisés à partir de **quatre ports principaux** : **Split** pour les îles de Brač, Vis, Lastovo, Šolta, Hvar et Korčula ; **Dubrovnik** pour Mljet et les îles Élaphites ; **Rijeka** pour Cres, Lošinj et Rab ; **Zadar** pour Dugi otok, Pašman, Ugljan et l'ensemble de l'archipel de Zadar.

www.croatiaferries.com
Un site en anglais très complet sur les horaires (*Timetables*) et les prix, les compagnies de ferries et les ports croates.

Jadrolinija
(051) 666 111 www.jadrolinija.hr

G&V Line
(020) 313 119 www.gv-line.hr

Kapetan Luka
(021) 645 476 www.krilo.hr

Rapska plovidba
(051) 724 122 www.rapska-plovidba.hr

SUR PLACE

ADRESSES

Les règles de déclinaison complexes de la langue croate s'appliquant aux noms propres, la toponymie se révèle tout à fait déconcertante. Ainsi, la rue Ljudevit Gaj pourra être mentionnée comme Ulica Ljudevita Gaja ou abrégée Gajeva, de même que la rue Ivan Tkalčić sera nommée Ulica Ivana Tkalčića ou Tkalčićeva. Ces variations s'appliquent sans réelle distinction sur les panneaux, les cartes et dans le langage courant. Enfin, sachez que les lettres "bb" signifient "sans numéro" quand elles figurent en fin d'adresse.

ARGENT

L'unité monétaire croate, la **kuna** ("martre"), se subdivise en 100 lipa ("tilleuls"). L'abréviation locale (kn) diffère de l'abréviation internationale (HRK). L'**euro** est de plus en plus utilisé dans le pays, dans les grands hôtels comme pour le paiement des chambres d'hôtes, où l'on vous indique souvent le prix d'abord en monnaie européenne, et aussi dans les restaurants. Le **taux de change** de la kuna est relativement stable : 1€ = 7,4kn, 1kn = 0,13€ (fin 2018). Vous trouverez des guichets de change, notamment dans les banques, les postes et les agences de voyages, ainsi que dans les gares et les aéroports. Les frais se montent en général à 1% ou 1,5%. Évitez de changer votre argent dans les hôtels, qui appliquent des commissions très élevées. Les kunas sont difficilement convertibles à l'étranger : pensez donc à changer vos dernières espèces avant de rentrer.

CARTES BANCAIRES

La plupart des cartes bancaires sont acceptées par les distributeurs des banques et des postes, ainsi que dans la majorité des commerces, restaurants et hôtels des grandes villes. En revanche, le paiement par carte est encore peu répandu sur les îles dalmates et dans les villages de l'intérieur et de l'Istrie. Les chambres et appartements chez l'habitant se paient en espèces. Numéros d'urgence à appeler de l'étranger en cas de perte ou de vol de votre carte de crédit :

Serveur interbancaire d'opposition
Serveur français où l'on peut faire opposition en cas de perte ou de vol d'une carte bancaire, quelle que soit la carte.
☎ 0892 705 705 (0,34€/min)
ou 0800 220 111 (en Croatie)

DÉCALAGE HORAIRE

La Croatie vit à l'heure GMT+1 en hiver et à l'heure GMT+2 en été. L'heure est donc la même à Zagreb qu'à Paris.

ÉLECTRICITÉ

Comme dans la plupart des autres pays européens, le réseau électrique croate fonctionne au 220V, 50Hz, avec des prises à deux fiches rondes.

HANDICAPÉS

Les grands hôtels sont généralement bien équipés, et plusieurs musées et sites touristiques sont accessibles aux personnes en fauteuil roulant. Côté transports, si les ferries restent difficilement accessibles aux handicapés, ces derniers bénéficient de la gratuité dans les tramways de Zagreb.

HORAIRES

Les **banques** ouvrent en principe du lundi au vendredi de 8h à 17h et le samedi de 8h à 12h. Les

administrations accueillent le public du lundi au vendredi de 8h à 16h. Les **musées** sont en principe fermés le lundi et le dimanche après-midi. En été, une pause est généralement observée de 14h à 17h. Les horaires et jours d'ouverture sont cependant aléatoires, à vérifier auprès des **offices de tourisme**. Ces derniers font la journée continue dans les grandes villes et sur les sites touristiques. Hors saison, ils ferment le samedi après-midi et le dimanche. Les **lieux de culte** n'ouvrent en général que pour les offices du matin et du soir ; les cathédrales et les sanctuaires très touristiques restent en principe ouverts toute la journée en été. La plupart des **restaurants** sont ouverts sans interruption du matin au soir, car les Croates déjeunent à des heures aléatoires. Le soir, les restaurants se remplissent assez tôt, autour de 20h dans l'intérieur du pays (21h sur la côte en été), et les cuisines ferment en principe vers 22h-23h. Si vous souhaitez manger du poisson et des crustacés, tâchez d'arriver tôt pour profiter d'un plus grand choix !

PLAGES

Si les eaux cristallines et les criques paradisiaques de l'Adriatique font le succès de la Croatie, sachez que les plages de sable y sont rares. Vous trouverez plus souvent de gros galets, des rochers plats ou de petites berges en béton aménagées le long des côtes rocheuses. Pour les enfants, mais aussi pour les adultes, pensez à prendre des sandales en plastique ou de vieilles baskets, car la pierre est parfois coupante et les oursins abondent. Les plages naturistes, nombreuses sur tout le littoral, sont reconnaissables au sigle FKK, abréviation de l'allemand *Frei Körper Kultur* ("culture libre du corps").

POSTE

La poste croate (*Hrvatska pošta*) est reconnaissable à son enseigne jaune frappée d'un clairon. La plupart des localités disposent d'un bureau de poste, généralement ouvert de 7h à 19h du lundi au vendredi et de 7h à 13h le samedi. Pour envoyer une carte postale en Europe, vous devrez acheter un timbre à 4,60kn. Comptez au moins une huitaine de jours d'acheminement en été (quelquefois plusieurs semaines...), un peu moins en hiver. La plupart des postes disposent d'un bureau de change.

POURBOIRE

Le service est généralement inclus dans la note, mais si vous êtes satisfait, il est tout de même d'usage d'arrondir la note, de laisser de 10 à 30kn, ou de 5 à 10% de la note selon son montant.

RESTAURATION

OÙ SE RESTAURER ?

La plupart des hôtels proposent la demi-pension, mais la qualité de la nourriture n'est pas toujours au rendez-vous. En revanche, dans les *agroturizam* (fermes-auberges) d'Istrie, vous pourrez déguster une excellente cuisine de terroir. En haute saison, mieux vaut réserver votre table et prévoir des espèces, car les cartes de crédit sont rarement acceptées. Partout ailleurs, vous pourrez prendre vos repas dans des restaurants (*restoran*) au cadre souvent classique ou dans des tavernes (*konoba*, *klet* ou *gostionica*), plus rustiques et moins onéreuses. Si votre budget est limité, rendez-vous dans les pizzerias, les stands de *čevapčići* (boulettes de viande hachée grillée) et de *burek* (feuilletés au fromage), ou élaborez un pique-nique en arpentant les allées des marchés (*tržnica/pazar*). Enfin, sachez que le petit déjeuner n'est servi habituellement que dans les hôtels et les pensions. Les pâtisseries (*slastičarnica*) et les cafés viennois (*kavana*) de l'intérieur offrent une bonne alternative matinale.

AU MENU

Dans les zones touristiques, la carte (*jelovnik*) est en principe traduite en anglais, en allemand, en italien et souvent en français. La plupart des restaurants et des tavernes proposent sensiblement le même type de menu. En **entrée** (*predjelo/a*) : des soupes (*juha/e*), des salades (*salata*), du jambon fumé (*pršut*), du fromage (*sir*), mais aussi des plats de pâtes (*tjestenina/pasta*) ou des risottos (*rižoto*), qui suffisent bien souvent à combler l'appétit. En **plat de résistance** (*glavno jelo*), si vous portez votre choix sur une viande, celle-ci pourra être grillée (*meso*), présentée en ragoût ou parfois cuite sous une cloche en fer (*ispod peke*). Gargotes et auberges populaires peuvent également afficher une *merenda* au menu : un plat du jour, généralement typique, copieux et bon marché (30kn au maximum). Les premiers arrivés sont les premiers servis et souvent, après 13h30, la formule est épuisée. Un conseil, si vous voulez goûtez un plat traditionnel original, en Istrie notamment, commandez-le au mieux la veille, au plus tard deux heures avant. Si vous passez vos vacances sur le littoral ou dans une île, n'hésitez pas à céder à l'attrait d'une belle carte de fruits de mer (*plodovi mora*) et de poissons (*riba*) dont le prix est annoncé au kilo. En revanche, les **desserts** (*deserti*) sont assez peu variés : crêpes (*palačinke*), fruits (*voće*), glaces (*sladoled*) et éventuellement quelques pâtisseries locales. Pour connaître la gamme de prix établie par ce guide, reportez-vous au paragraphe Budget (p.318). Quand vous recevrez l'addition (*račun*, prononcez "ratchoun"), ne soyez pas surpris si l'on vous a facturé le pain (*kruh*), qui compte en réalité pour le couvert.

SANTÉ ET DÉSAGRÉMENTS

ACCÈS AUX SOINS

La situation sanitaire est excellente. Selon les accords signés entre la Croatie et les autres pays de l'Union européenne, les frais médicaux engagés sur place vous seront remboursés au retour par votre caisse d'assurance maladie sur présentation des justificatifs de paiement et des prescriptions. Avant de partir, n'oubliez pas de vous procurer la **CEAm (carte européenne d'assurance maladie)**. Individuelle et nominative, elle est à retirer, en France, auprès de votre caisse d'assurance maladie, et de votre mutuelle en Belgique.

RISQUES PARTICULIERS

Vous ne courez aucun risque sanitaire particulier en vous rendant en Croatie. N'oubliez pas toutefois de vous enduire régulièrement de crème solaire, de vous couvrir la tête et de boire beaucoup d'eau pour éviter tout désagrément lié à la chaleur estivale (coups de soleils, insolation, déshydratation...). Attention aux attaques de moustiques dans les îles boisées et dans les zones humides telles que le Kopački rit et le Lonjsko Polje. Si vous vous baignez en mer, des sandales en plastique vous protégeront efficacement des oursins. Enfin, sauf indication contraire, l'**eau du robinet** est potable dans toute la Croatie.

SÉCURITÉ

Hormis quelques vols qui sont toujours possibles dans les gares des grands centres touristiques, la Croatie est aujourd'hui l'un des pays les plus sûrs d'Europe. En revanche, il convient de faire attention aux mines laissées par la guerre de 1991-1992, notamment sur l'ancienne ligne de front de la Krajina (régions de Sisak, du Lonjsko Polje, de Karlovac, Plitvice, Sinj et Knin) et en Slavonie (régions d'Osijek, du Kopački rit et de Vukovar). Les zones présentant des risques sont signalées par des panneaux frappés d'une tête de mort (détails sur https://misportal.hcr.hr). En été, les risques d'incendie sont très élevés dans les régions boisées du littoral. Soyez donc vigilant et prévenez immédiatement les pompiers en cas de problème (tél. 93 ou 112).

SPORTS ET LOISIRS

ESCALADE

Les voies d'escalade les plus prisées sont les falaises du **parc national de Paklenica**, notamment celle de l'Anića kuk (712m), qui compte près de 400 axes tous niveaux. Avec ses deux gorges, le parc possède maintes voies équipées. Il accueille d'ailleurs chaque année, de la fin du mois d'avril au début du mois de mai, la célèbre compétition internationale d'escalade "Speed Climbing". L'intérieur de l'Istrie présente aussi de nombreuses falaises bien équipées. Les massifs du Velebit (quelques sommets à plus de 1 500m), de l'Učka, du Dinara (avec 1 831m, le mont Dinara est le point culminant de Croatie), du Mosor et du Biokovo offrent également quelques belles voies aux amateurs de varappe. Pour tout renseignement sur les clubs, contactez la Fédération croate d'alpinisme.

Fédération croate d'alpinisme
(01) 48 23 624 www.hps.hr

NAUTISME

Avec 1 185 îles, récifs et rochers, dont seulement 67 habités, une infinité de baies splendides et bien protégées, des eaux cristallines et une cinquantaine de ports de plaisance (marinas) parfaitement équipés, la Croatie est devenue l'une des destinations phares des plaisanciers. Vous pouvez venir avec votre bateau, mais sachez qu'il est également facile de louer des bateaux sur place.

Réglementation

Les voiliers et les yachts arrivant en Croatie par voie maritime sont tenus de se rendre directement dans l'un des **ports ouverts au trafic international** – Umag, Poreč, Rovinj, Pula, Raša-Bršica, Rijeka, Mali Lošinj, Korčula, Zadar, Šibenik, Split, Ploče, Ubli (Lastovo) et Dubrovnik – ou dans les **ports disposant d'un poste**

de douane saisonnier (avr.-oct.) – Novigrad, Sali, Ugljan, Božava (Dugi otok), Primosten, Hvar, Stari Grad (Hvar), Vis, Komiža (Vis), Cavtat. La **déclaration des embarcations** s'effectue auprès des autorités portuaires ou à la capitainerie, sur présentation des passeports de chaque membre de l'équipage, des documents du bateau (aptitude à la navigation, assurance, carte bleue...), du permis de navigation du skipper et du certificat d'utilisation de radio VHF. L'**autorisation de naviguer** dans les eaux territoriales croates est valable un an. La navigation et le mouillage des bateaux sont interdits dans les grands ports de la marine croate – Pula, Šibenik, Split (Lora) et Ploče (Bazine) –, dans la partie sud-est de l'archipel de Brijuni, dans les zones consacrées à la mytiliculture et à l'ostréiculture (ria de Lim, baie de Ston...) et dans certaines zones protégées des parcs nationaux des Kornati et de Mljet.

Météorologie

Parmi les principaux vents qui soufflent sur l'Adriatique figure la ***bora***, un vent de terre hivernal froid et sec de secteur nord-est. La *bora* souffle en rafales particulièrement violentes dans le canal du Velebit, le golfe de Trieste, autour de Šibenik, Split, Makarska, Pelješac et Dubrovnik. Comme la *bora*, le ***jugo*** (sirocco), vent chaud et humide de sud-est, se lève surtout en hiver (oct.-jan.). Il est accompagné de précipitations et souffle en général plusieurs jours sans discontinuer. Le ***maestral*** (mistral), qui souffle du nord-ouest l'été, se lève en principe vers 11h et s'arrête le soir. Il est souvent signe de beau temps, mais il peut atteindre une force 5. Des bulletins météo en anglais sont diffusés sur les canaux VHF, et plus épisodiquement sur les stations radio de Rijeka, de Split et de Dubrovnik.

Location de bateaux

La plupart des grands ports et des marinas, ainsi que les principales agences de voyages proposent la location de navires avec ou sans skipper, sur présentation du permis de navigation et du certificat d'utilisation d'une radio VHF. Pour une location à la semaine, n'hésitez pas à réserver plusieurs mois à l'avance. Vous pourrez aussi réserver un bateau par l'intermédiaire d'une agence française spécialisée dans le nautisme.

Marinas

On recense une cinquantaine de marinas en Croatie, distantes les unes des autres d'une journée de navigation tout au plus. Près de la moitié sont affiliées à l'ACI-Club. Si un certain nombre de places à quai est garanti aux navigateurs de passage, il peut être utile de réserver sa place en été dans les ports les plus fréquentés. En principe, toutes les places à quai bénéficient d'un raccordement aux réseaux de distribution d'eau et d'électricité. Le canal VHF est le même pour toutes : 17.

Adriatic Croatia International (ACI)
Cette organisation gère plus d'une vingtaine de marinas.
Location de bateaux.
(051) 271 288 www.aci-marinas.com

PLONGÉE

Une côte très découpée et ornée de petites baies et de nombreuses criques sauvages, plus d'un millier d'îles comme autant d'opportunités de nouvelles découvertes, des eaux d'une clarté exceptionnelle, des courants très faibles, des tombants vertigineux, des centaines d'épaves échouées au fond de la mer : la Croatie offre de multiples possibilités de plongée, et attire à juste titre les amoureux et les curieux de la vie sous-marine. Pour en profiter, il faut privilégier, comme sur terre, les périodes de moindre affluence, mai-juin et septembre-octobre. Il existe plus de 150 clubs sur le littoral, tous affiliés à la Fédération croate de plongée. Ils proposent des cours et stages tous niveaux (répondant aux normes CMAS, PADI, SSI, NAVI, BSAC), des sorties accompagnées et la location de matériel. Comptez à partir de 400kn/pers. pour une sortie accompagnée, équipement compris, et un supplément de 50kn pour les plongées nocturnes.

Fédération croate de plongée
www.diving-hrs.hr

En Istrie

Véritable cimetière sous-marin de la Première et de la Seconde Guerre mondiale, l'Istrie se singularise par le grand nombre d'épaves de différents types : navires de transport de passagers et de marchandises, bâtiments de combat, sous-marins.

Dans le golfe du Kvarner

Cette région bénéficiant d'un système de courants particulièrement faibles et de zones abritées, l'eau y est ainsi totalement limpide et la vie fixée abondante. Les côtes ouest des îles de Cres et de Lošinj sont parmi les plus riches de l'Adriatique, alors que la zone du canal de Velebit est, elle aussi, caractérisée par une clarté exceptionnelle et des tombants richement habités. Les îles désertes de Prvić, Grgur et Goli sont surnommées la “Polynésie adriatique” par les océanographes et les biologistes marins. Bien sûr, de nombreuses épaves, ici aussi, jonchent le fond.

En Dalmatie

La multitude d'îles et la côte particulièrement rocheuse de la Dalmatie offrent toute une palette de situations pour le plongeur curieux : faune, flore, sites archéologiques, parcs marins, épaves, tombants, grottes, îlots désertiques, sites de snorkeling, etc. Hormis peut-être la partie du littoral comprise entre Šibenik et Makarska, vous trouverez des sites intéressants partout !

Réglementation

Pour être autorisé à plonger en club, vous devez adhérer à la Fédération croate de plongée. On vous établira une carte de membre lors de votre première plongée sur présentation de votre passeport ou de votre carte d'identité, de votre brevet de plongée international. Cette carte est valable dans toute la Croatie pour un an. Pour plonger en autonomie, hors des structures d'un club, vous devrez vous acquitter d'un permis délivré par les autorités maritimes (env. 2 400kn). Attention, certains sites protégés requièrent une autorisation spéciale et un permis supplémentaire.

RANDONNÉE

Vous pourrez explorer les reliefs boisés des parcs naturels de la Medvednica et du Samoborske Gorje voisins de Zagreb. Plus près du littoral, de belles promenades en forêt vous attendent, notamment dans le parc national de Risnjak et dans la vallée de la Mirna (Istrie). Les nombreux sentiers des îles de l'Adriatique vous permettront de longer les côtes rocheuses ou d'accéder à de petites criques sauvages. En bref, les possibilités de promenade et de randonnée à la journée sont infinies et généralement recensées sur de petites cartes distribuées par les offices de tourisme. Les marcheurs chevronnés s'attaqueront aux massifs karstiques des parcs nationaux du Biokovo et de Paklenica, où plusieurs refuges non gardés ont été aménagés dans de vieilles maisons de bergers. Liste disponible auprès de la Fédération croate d'alpinisme (p.330).

SPORTS NAUTIQUES

Outre la plongée, le ski nautique et le jet-ski sont proposés par la plupart des clubs nautiques des grandes stations balnéaires. N'hésitez pas à faire une petite virée en kayak de mer, autour des îles et des récifs, un excellent moyen pour découvrir des criques isolées. Les clubs de planche à voile sont présents un peu partout sur le littoral, mais les meilleurs "spots" sont situés à Viganj (dans la péninsule de Pelješac), à Bol (sur l'île de Brač) et à Baška (sur l'île de Krk). Tous ces endroits sont également prisés par les amateurs de kitesurf.

TÉLÉPHONIE

APPELS NATIONAUX

Pour un appel national en Croatie, il faut composer l'indicatif régional commençant par 0, puis le numéro du correspondant. En revanche, pour un appel local, il suffit de composer le numéro à 6 ou 7 chiffres du correspondant. Les numéros de portable commencent par 091, 095, 096, 098 ou 099, les numéros payants par 0800 et les numéros gratuits par 060.

Annuaire téléphonique croate
tportal.hr

APPELS INTERNATIONAUX

Pour appeler la Croatie de l'étranger, composez le 00 (indicatif international), le 385 (code de la Croatie), l'indicatif régional sans le 0 et le numéro local. Pour appeler l'étranger de Croatie, composez le 00, puis l'indicatif du pays de destination (33 pour la France), suivi du numéro du correspondant (sans le 0 initial).

TÉLÉPHONIE PORTABLE

Trois grands opérateurs se partagent le réseau GSM croate : T-Com, préfixe 098 et 099), VIPnet (préfixe 091) et Tele 2 (préfixe 095). La Croatie étant membre de l'Union européenne, tout voyageur européen peut y utiliser son téléphone mobile aux mêmes conditions que dans son pays d'origine.

INDICATIFS ET NUMÉROS UTILES

NUMÉROS D'URGENCE

Police	Tél. 192	**Assistance routière**	Tél. 1987
Pompiers	Tél. 193	**Sauvetage en mer**	Tél. 9155
Urgences médicales	Tél. 194 (Croatie) ou 112 (Europe)		

Héberge-ments

Dans une ruelle de Rovinj, Istrie

SE LOGER

La Croatie propose différentes formules d'hébergement à tous les prix, mais sur le littoral, surtout dans le Sud, les prix grimpent vite, avec des sommets atteints à Dubrovnik en juillet-août ! Réservez longtemps à l'avance pour l'été. Les prix indiqués sont ceux de la haute saison.

CAMPINGS

Peu répandus dans l'intérieur du pays, les campings abondent dans les îles et sur le littoral. Vous y trouverez aussi bien d'immenses complexes avec bungalows, piscine, supermarché et discothèque, que de petits campings de 25 emplacements aménagés dans un coin de verdure. Ils sont généralement ouverts de mai à octobre. Les campings naturistes, répertoriés sous le sigle "FKK", se concentrent principalement en Istrie et dans le Kvarner. Le camping sauvage est interdit partout.

Union des campings de Croatie / Kamping udruženje Hrvatske
+385 52 451 324 www.camping.hr

AUBERGES DE JEUNESSE

En Croatie, on ne compte qu'une dizaine d'auberges de jeunesse affiliées à la Fédération internationale. Il faut détenir la carte de membre pour y séjourner, mais certaines délivrent des cartes provisoires. Aux dortoirs avec sanitaires communs s'ajoutent parfois des chambres doubles.

Fédération croate des auberges de jeunesse / Hrvatski ferijalni i hotelski savez
+385 148 29 294 www.hfhs.hr

HÔTELS

Hormis quelques palaces de la Belle Époque, une poignée d'adresses récentes (dont des boutique-hôtels au style original et soigné), la majeure partie du parc hôtelier croate date des années 1970. Il s'agit souvent de grands établissements en béton, sans charme mais dotés de bons équipements sportifs. Certains ont été rénovés et leur confort est excellent, d'autres sont restés dans leur jus... Dans certaines villes de l'intérieur, si vous le pouvez, optez pour un petit hôtel ou pour une pension de famille. La liste complète des établissements est disponible sur le site Internet de l'office de tourisme croate (http://croatia.hr).

CHEZ L'HABITANT

Repérez les enseignes "sobe", "room", "zimmer" ou "apartaman", car loger chez l'habitant est la formule d'hébergement offrant le meilleur rapport qualité-prix en Croatie ! Privilégiez les chambres d'hôtes bénéficiant du label d'État (panneau avec étoiles blanches sur fond bleu) : elles sont contrôlées régulièrement. Le paiement en euros est très courant. En revanche, évitez de suivre les personnes qui attendent dans les gares ferroviaires ou maritimes : elles n'ont pas d'autorisation officielle, et leurs chambres ne remplissent généralement pas les critères de confort requis. Sachez enfin que le petit déjeuner est rarement proposé.

TOURISME RURAL

Le terme d'*agroturizam* peut désigner une table d'hôte ou un restaurant servant des produits du terroir comme un hébergement à la ferme, ou les deux. Face au succès croissant de ce tourisme vert, particulièrement développé en Istrie, les *agroturizam* se multiplient dans tout le pays, notamment à Korčula et dans le Konavle, au sud de Dubrovnik.

Office de tourisme d'Istrie
(052) 452 797 www.istra.hr

PHARES ET "MAISONS ROBINSON"

Vous avez envie de déconnecter complètement de votre quotidien ? Louez donc un phare posté sur un îlot rocheux ou une petite maison de pêcheurs sans eau courante ni électricité, ravitaillée seulement par bateau (1 à 5 fois par semaine)... Une formule de séjour originale ! Pour tous renseignements sur les phares, prenez contact avec l'agence Plovput. Les "maisons Robinson" sont gérées, notamment, par l'agence française Bemex Tours.

Phares croates-Plovput / Hrvatski svjetionici
+385 21 390 609
www.lighthouses-croatia.com

Bemextours
01 46 08 40 40 (France)
www.bemextours.com

ZAGREB ET LE NORD

ZAGREB

Ravnice Youth Hostel ☺

Une résidence étudiante, mais qui ouvre ses portes aux voyageurs de juillet à septembre. Ambiance familiale, accueil charmant et chambres impeccables (simple, double ou dortoirs de 4 lits). Le tout pour 100kn en dortoir, 280kn en chambre double. Réservation indispensable.

(plan 2, C1 n°30) Ravnice 38d (compter 15-20min en tram, n°11 ou 12 de Trg bana Jelačića, n°7 de la gare routière et n°4 de la gare de chemin de fer Arrêt Dubrava ou Dubec I) (01) 23 32 325 ravnice-youth-hostel.hr Juil.-sept.

Sobe Zagreb 17 ☺☺

Coup de cœur pour les locations de la chaleureuse Rumica Baranović. En plein centre historique, entre Kaptol et Gradec, les 2 appartements (pour 2-4 pers.) et 3 chambres (pour 1-2 pers.) disposent de tout le confort et sont décorés avec goût... Comptez 385-600kn la double et 600-900kn l'appartement.

ZAGREB (plan 4, B2 n°20) Radićeva 22
091 170 0000 www.sobezagreb17.com

Jägerhorn ☺☺☺

Au pied des pentes boisées de Gradec, cet hôtel fondé en 1827 loue 11 chambres impeccables et modernes et 2 suites avec kitchenette pour 3 pers. Bon rapport qualité-prix : double à partir de 700kn, suites 1 100kn, parking gratuit.

ZAGREB (plan 3, B2 n°40) Ilica 14
(01) 48 33 877 www.hotel-jagerhorn.hr

President Pantovčak ☺☺☺

À quelques encablures de Britanski trg, ce boutique-hôtel marie avec bonheur mobilier contemporain et Art déco. Il est à la fois en plein centre et en pleine nature (toutes les chambres donnent sur un parc).

Excellent restaurant en terrasse. Double à partir de 980kn.

ZAGREB (plan 2, A3 n°31) Pantovčak 52 (01) 48 81 480 www.president-zagreb.com

LE ZAGORJE

Vuglec Breg

Sur un domaine viticole, 5 cottages en bois rénovés avec des matériaux traditionnels abritent une dizaine de chambres de caractère et tout confort (540-1 100kn). Restaurant, bar à vins, activités diverses.

ŠKARIĆEVO Škarićevo 151 (6km au sud de Krapina) (049) 345 015 www.vuglec-breg.hr

Vinarija Bolfan

Au cœur du domaine où Tomislav Bolfan élève son vin en biodynamie, trône un magnifique chalet-restaurant (p.75) nanti de 5 chambres tout confort. Balades dans les vignes à pied ou à cheval, location de VTT, dégustation de vins. Double 600kn avec petit déj.

HRAŠČINA Gornjaki 56 (45km à l'est de Krapina) (049) 458 287 www.bolfanvinskivrh.hr

VARAŽDIN

Pansion Maltar

Une trentaine d'agréables chambres mansardées et 3 appartements (3-4 pers.) dans une petite maison basse à la façade verte, à 2min au sud du centre. Cafétéria un peu bruyante au rdc, mais l'un des meilleurs rapports qualité-prix de la ville. Double 500kn avec petit déj. excellent et copieux.

VARAŽDIN Franca Prešerna 1 (042) 311 100 www.maltar.hr

Hotel Istra

Un petit hôtel central de 11 chambres entièrement rénovées, aux couleurs chaudes, mansardées pour certaines. Parking. Double 550-750kn.

VARAŽDIN Kukuljevićeva 6 (042) 659 659 www.istra-hotel.hr

LA SLAVONIE

Hotel Osijek

Gros avantage de cette haute tour de béton dressée au cœur de la ville : une fois dedans, on ne la voit pas ! Chambres vastes et confortables avec, pour certaines, une belle vue sur la rivière. Spa au dernier étage. Double à partir de 720kn.

OSIJEK Šamačka 4 (031) 230 333 www.hotelosijek.hr

Waldinger

La splendide façade Sécession cache une pension, un hôtel, une excellente pâtisserie et un restaurant. La première propose des chambres claires et impeccables dans une maisonnette avec jardin (double à partir de 650kn). L'hôtel s'adresse surtout aux hommes d'affaires, louant ses doubles et suites luxueuses de 1 200kn à 2 000kn.

OSIJEK Županijska 8 (031) 250 450 www.waldinger.hr

Hotel Grgin Dol

Pour une halte reposante, surtout dans l'une des 8 chambres de la partie haute. Spacieuses mais douillettes, elles disposent d'un balcon et de larges baies vitrées donnant sur la ville et la campagne. Très bon restaurant (p.87). Double 435kn.

POŽEGA Grgin Dol 20 (034) 273 222 www.hotel-grgin-dol.hr

LES LACS DE PLITVICE

Les quatre hôtels du parc national sont de grands bâtiments destinés à loger un maximum de personnes soucieuses de leur confort. Si vous cherchez un peu d'intimité ou pour un budget limité, vous trouverez quantité de chambres d'hôtes dans les villages voisins.

Camping Korana ◯

Trente-cinq hectares d'herbe grasse et d'emplacements spacieux et ombragés pour le bonheur des campeurs ! On y trouve également une quarantaine de bungalows, 1 bar-restaurant, 1 supermarché et des barbecues. Comptez 200kn pour 2 pers. avec tente et voiture. Réservation au siège du parc.

PLITVIČKA JEZERA Catrnja bb (053) 751 888 www.np-plitvicka-jezera.hr Avr.-oct.

Hotel Plitvice ◯◯◯

Le meilleur rapport qualité-prix du parc ! Contentez vous des chambres "économiques" qui n'ont rien à envier aux autres en matière de confort et d'espace. Literie douillette et grandes baies vitrées sur le parc de l'arrière de l'hôtel. Double 740-900kn.

PLITVIČKA JEZERA (053) 751 100 www.np-plitvicka-jezera.hr Mars-déc. : tlj. 7h-23h

L'ISTRIE ET LE KVARNER

POREČ

Grand Hotel Palazzo ◯◯◯

Sur le front de mer juste en face de l'île Saint-Nicolas, au bout de la promenade, ce palace centenaire propose des services haut de gamme : bar à cocktails, restaurant gastronomique, spa, piscine chauffée... Double à partir de 1 400kn.

POREČ (plan 6, A3 n°30) Maršala Tita 24 (052) 858 800 www.hotel-palazzo.hr

Valamar Riviera Hotel ◯◯◯

Chambres au confort sans faille, au cœur de la vieille ville, face à la promenade du port. Double à partir de 1 750kn avec vue mer (1 450kn sinon) en haute saison, petit déj. inclus. Établissement réservé aux plus de 16 ans.

POREČ (plan 6, A2 n°31) Obala maršala Tita 15 (052) 408 800 www.valamar.com

Cittar ◯◯◯

Un hôtel adossé au rempart de la vieille ville, dont les 14 chambres bien équipées et très calmes donnent sur un joli jardin. Terrasse et véranda. Double à partir de 950kn.

NOVIGRAD Prolaz Venecija 1 (052) 757 737 www.cittar.hr

Phare de Savudrija ◯◯◯

Posté sur le rivage, à 30m de la mer, le plus vieux phare croate encore en activité accueille les voyageurs en quête d'un toit original. Ils peuvent louer à la semaine l'un des 4 appartements de 30 à 75m² pour 2 à 4 personnes à partir de 760kn la nuit en haute saison, et de 600kn en basse saison.

SAVUDRIJA Svjetionicarska 50 (50km au nord de Poreč) (021) 390 609 www.lighthouses-croatia.com

Voir aussi **Rivalmare** (p.98) à Novigrad

LES VILLAGES PERCHÉS

Kaštel ◯◯◯

Cet hôtel de charme à la façade rouge occupe plusieurs bâtiments sur la Grand-Place. Aux 34 chambres impeccables s'ajoutent un excellent restaurant (p.111), une piscine couverte, un spa... Double à partir de 850kn.

MOTOVUN Trg Andrea Antico 7 (052) 681 607 www.hotel-kastel-motovun.hr

Vela Vrata ●●●

Dans un ancien relais de poste savamment restauré, à l'entrée de Buzet, 19 chambres vastes mariant meubles anciens et confort moderne... Excellent restaurant, sauna, jacuzzi et piscine couverte. Double 800-1 100kn.

BUZET Šetalište V. Gortana 7 ☎ (052) 494 750 www.velavrata.net

Agroturizam San Mauro ●●

Non loin de Momjan, la belle ferme de Libero Sinković loue de 9 chambres pour 2-5 pers. (sur rés.), avec balcon panoramique pour certaines. Double 430kn en été. Au restaurant, truffes, *pršut*, fromage, huile d'olive, fruits et légumes et vins maison.

MOMJAN Sv. Mauro 157 (25km au nord-ouest de Motovun) ☎ (052) 779 033 www.sinkovic.hr

ROVINJ

Porta Antica Residences ●●●

Seize chambres, studios et appartements tout confort (2-5 pers.) disséminés dans des immeubles anciens de la vieille ville et du port. Certains avec terrasse et/ou vue sur la mer. De 480kn en basse saison à 1 140kn en très haute saison pour les plus petits appartements. Prix de dernière minute (-30%) selon la disponibilité.

ROVINJ (plan 7, A3 n°31) Vrata pod zidom 1 ☎ 099 264 9449 www.portaantica.com

Hotel Adriatic ●●●

Rénové en 2015, le doyen (et le plus central) des hôtels de Rovinj dispose de 18 chambres tout confort, avec vue sur la mer ou la grand-place de la vieille ville. Déco soignée, service attentionné, petit déj. varié et copieux... Double à partir de 750kn hors saison, 2 600kn l'été.

ROVINJ (plan 7, A3 n°30) P. Budicina bb ☎ (052) 800 250 www.maistra.com

PULA

HI Hostel Pula ●

Cette auberge de jeunesse entre mer et pinède se trouve assez loin du centre, mais dispose d'une charmante petite plage, avec tennis de table, volley, trampoline et musique non-stop. Chambres de 4, 6 ou 8 lits en pavillons et de 4 lits en mobil-homes. Mini-camping de 50 places. Lit en dortoir 135-150kn/pers.

PULA (plan 8, A3 n°42) Valsaline 4 (2km au sud du centre-ville, bus n^{os}2 et 3, arrêt Villa Idola) ☎ (052) 391 133 www.hfhs.hr

Pula City Point Rooms ●●●

Parfaitement situé aux portes de la vieille ville, cet établissement privilégie le bois et les couleurs acidulées dans sa décoration, pour un confort basique mais tout à fait correct. Double à partir de 880kn.

PULA (plan 8, B2 n°41) S. Dobrića 6 ☎ (052) 213 944

Amfiteatar ●●●

À un jet de pierre de l'amphithéâtre, ce 3-étoiles propose 18 chambres doubles modernes et confortables, dont certaines donnent sur la mer. L'un des meilleurs rapports qualité-prix du centre historique. Double à partir de 850kn. Parking 75kn/j.

PULA (plan 8, B2 n°40) Amfiteatarska 6 ☎ (052) 375 600 www.hotelamfiteatar.com

Villa Ariston ●●●

Coco Chanel et les Kennedy comptent parmi les hôtes illustres de cette villa néobaroque. Tapis rouges et tableaux du 18e s. dans le hall, et 10 chambres tout en élégance : mobilier ancien, bois et tissus nobles, vastes volumes, lumières ambrées. Double 950kn. Excellent restaurant.

OPATIJA M. Tita 179 (au sud de la ville) ☎ (051) 271 379 www.villa-ariston.hr

RIJEKA

Bonavia Plava Laguna ©©©

Situé au cœur de la ville, cet hôtel luxueux compte 121 chambres spacieuses, confortables et bénéficiant, pour certaines, d'une très belle vue. Bon restaurant, bar, centre de remise en forme et jardin d'hiver. Double 900-950kn sans balcon, 1 150-1 200kn avec. Petit parking payant.

RIJEKA (plan 9, A3 n°40) Dolac 4
(051) 357 980 www.bonavia.hr

Jadran ©©©

Tout près du centre-ville, ce 4-étoiles de 66 chambres et 3 suites est d'un bon confort, et une petite avancée bétonnée lui sert de plage privée... Double à partir de 730kn, avec vue mer 850kn.

RIJEKA (plan 9, B1 n°41) Šetalište XIII divizije 46 (051) 216 600
www.jadran-hoteli.hr

L'ÎLE DE KRK

Marina ©©©

Un hôtel design au service impeccable et aux 10 chambres claires, spacieuses et meublées avec goût. Et quel emplacement ! Au pied des remparts, au-dessus des restaurants, face au port animé nuit et jour. Une porte creusée dans la muraille permet d'accéder directement à la vieille ville ! Double à partir de 1 140kn.

KRK-VILLE Obala Hrvatske Mornarice 8
(051) 221 128 www.hotelikrk.hr

Zvonimir Sunny Hotel ©©©

Luxe et élégance à quelques pas de la plus belle plage de l'île... Tout simplement ! Chambres tout confort. Balcon et vue sur mer en option. Centre de bien-être, activités ludiques et sportives à proximité, restaurant. Service impeccable. Double à partir de 850kn.

BAŠKA Emila Geistlicha 34-38 (051) 656 223
valamar.com

LES ÎLES DE CRES ET DE LOŠINJ

Kimen ©©©

Dans une pinède, un grand hôtel de 225 chambres avec tout le confort moderne : boutique, bar, restaurant, club de sports, centre d'information, location de vélos, coiffeur... Comme le Kimen, la plage est en béton. Double 940kn.

CRES-VILLE Melin I/16 (051) 573 305
www.hotel-kimen.com Avr.-oct.

Pansion Tramontana ©©

Une adorable pension familiale de 12 chambres, à l'entrée de Beli, camp de base idéal pour ceux qui veulent découvrir les escarpements rocheux et les sentiers de la Tramontana, dans le nord de l'île. En contrebas, une plage et un club de plongée. Restaurant hautement recommandable. Double 600-675kn, petit déjeuner compris.

BELI (CRES) (051) 840 519
www.beli-tramontana.com

Mare Mare Suites ©©©

Un petit hôtel avec beaucoup de charme : 3 chambres doubles, 3 suites et 2 appartements (avec cuisine) décorés dans des tons chauds, alliant confort et vue sur le port, avec, en bonus, un jacuzzi sur le toit-terrasse (en été). Service attentif. Vélos et kayaks de mer mis à disposition des hôtes. Double 1 050kn, appartement 1 350kn.

MALI LOŠINJ Riva lošinjskih kapetana 36
(051) 232 010 www.mare-mare.com

Vitality Hotel et Apartments Punta ©©©

Cet énorme complexe établi au cœur d'une pinède jouit d'une situation agréable dominant le cap Vila. Il compte pas moins de 234 chambres et 48 suites fonctionnelles, d'un très bon standing (TV, sdb et balcon). Restaurant, bar, concerts, location de bateaux, sports nautiques. Comptez 555-965kn la double, 645-1 250kn la suite.

VELI LOŠINJ (à l'entrée du port)
(051) 661 111 www.losinj-hotels.com

L'ÎLE DE RAB

Residence Astoria ⚲⚲

Posté sur la place principale face au port, cet ancien palais vénitien abrite de grands appartements avec cuisine pour 2, 3 ou 4 pers., dont deux disposent d'une petite terrasse donnant sur les toits de la vieille ville. Excellent rapport qualité-prix : de 550 à 800kn. Bon restaurant.

RAB-VILLE Trg Municipium Arba 7
(051) 774 844 www.astoria-rab.com
Mai-oct.

Imperial Valamar Collection Hotel ⚲⚲⚲

Ses 136 chambres spacieuses profitent toutes d'une vue sur le magnifique parc Komrčar. Courts de tennis, minigolf et tables de ping-pong au pied de l'hôtel. Double à partir de 700kn.

RAB-VILLE Šetalište Markantuna Dominisa 9
(052) 465 000 www.valamar.com
Haute saison

Arbiana Hotel ⚲⚲⚲

Sans doute le plus bel (et le plus cher) hôtel de Rab ! Ce palace de 1924 a été rénové pour retrouver son lustre d'antan. Les 27 chambres avec balcon donnent soit sur la mer, soit sur la vieille ville. Une escale luxueuse et romantique. Double 1 200-1 680kn.

RAB-VILLE Krajila Petra Krešimira IV 12
(051) 775 900 arbianahotel.com

LE NORD DE LA DALMATIE

ZADAR

Villa Hrešć ⚲⚲⚲

Cette villa méditerranéenne dispose de 2 chambres et 6 appartements (1 ou 2 chambres). Pas de luxe superflu, mais un confort parfaitement adapté à la villégiature. Piscine, plage en contrebas et vue sur le port et la baie... Restaurant de qualité. Double à partir de 650kn.

ZADAR (hors plan 11 par A2) Obala kneza Trpimira 28 (dans Brodarica, à mi-chemin de la vieille ville et de Puntamika, au nord-ouest)
(023) 337 570 www.villa-hresc.hr Avr.-oct.

Art Hotel Kalelarga ⚲⚲⚲

En plein centre de la vieille ville, un "boutique-hôtel" plein de style et de charme, avec 9 doubles et un appartement. Ce dernier juché au dernier étage dispose d'une terrasse et d'un petit jacuzzi. Double à partir de 1 550kn avec petit déj., appartement 2 400kn.

ZADAR (plan 11, A2 n°40) Majke Margarite 3
(023) 233 000 www.arthotel-kalelarga.com

Hotel Bastion ⚲⚲⚲

Installé dans un ancien château vénitien, cet établissement de 23 chambres doubles et 5 suites (dont certaines avec jacuzzi et balcon) s'enorgueillit d'accueillir les stars de passage à Zadar. On apprécie son centre de remise en forme et le Kaštel, son restaurant gastronomique. Double 1 900kn, suite à partir de 2 600kn.

ZADAR (plan 11, A4 n°41) Bedemi zadarskih pobuna 13 (023) 494 950 www.hotel-bastion.hr

Hotel Rajna ◐

Il accueille depuis longtemps les alpinistes venus se mesurer aux falaises du parc Paklenica. Dix chambres bien tenues donnant sur le canal du Velebit et ses belles plages, 3 maisons, quelques chambres et un chalet dans la montagne. Double 420kn. Restaurant. L'hôtel organise des excursions dans toute la région.

STARIGRAD Dr Franje Tuđmana 105
(023) 359 121 www.hotel-rajna.com
Tlj. 7h-23h

L'ÎLE DE PAG

Camping Šimuni ◐

Un vrai camping les pieds dans l'eau, bordé d'une plage de sable fin ! Les 800 emplacements partagent 30ha plantés d'oliviers, un cadre paradisiaque du moment que l'on regarde la mer… Bungalows climatisés et tout équipés. Emplacement pour 2 pers. 350kn tout compris en haute saison.

KOLAN Šimuni bb (12km au nord-ouest de Pag-ville, dir. Novalja, au bord de l'eau)
(023) 697 441 www.camping-simuni.hr

Vila Skalinada ◐

Gros atout de la villa de la famille Šavar, la petite plage peu fréquentée en contrebas. Sinon les 3 chambres et 4 appartements sot spacieux, propres et bon marché. Comptez 340kn la double avec salle de bains l'été, 300kn le reste de l'année. Ajoutez 60kn/pers. pour le petit déj. Également des studios équipés (550kn) et des appartements.

PAG-VILLE Dubrovačka 15 (au bout de Šetalište A. Starčevića, au nord-ouest de la vieille ville, à 15min à pied du centre)
(023) 611 436 vilaskalinada.jimdo.com
Mi-mai-début oct.

Hotel Biser ◐◐

Trente-six chambres sans charme particulier, mais tout à fait correctes, avec TV, clim. et balcon. Excepté celles de la dépendance, elles bénéficient, côté nord, d'une belle vue sur la vieille ville de l'autre côté de la baie. Plage de sable au pied de la terrasse. Double env. 700kn.

PAG-VILLE A. G. Matoša 10 (023) 611 333
www.hotel-biser.com Toute l'année

Hotel Boškinac ◐◐◐

Installé dans un pinède, non loin de Novalja, la belle demeure de pierre cache quelques vastes chambres au 1er étage (parquets cirés, meubles design, lits et baignoires *king-size*) qui ouvrent sur la terrasse, la piscine et un panorama de vignes et de champs d'oliviers. Restaurant gastronomique (p.179). Double à partir de 1 500kn.

NOVALJA Novaljsko polje (053) 663 500
www.boskinac.com Mars-déc.

ARCHIPEL DE ZADAR

Hotel Sali ◐◐

Distribuées dans quatre bâtiments à flanc de coteau, sous les pins, les 48 chambres bénéficient d'un confort correct (réfrigérateur, clim.) et d'une superbe vue plongeante sur une petite baie. Plage aménagée en contrebas, restaurant, location de vélos et de quads, club de plongée. Double env. 650kn avec petit déj.

SALI (DUGI OTOK) (023) 377 049
www.hotel-sali.hr Avr.-oct.

Phare de Veli Rat ◐◐◐

Quel site que celui de ce phare de 1847 au bout d'une pinède au nord de Dugi otok ! Vue magnifique et repos garanti. Ne comptez pas jouir de la plus complète solitude : le site attire bien des curieux ! Deux appartements (3-4 pers.) de 8 360kn à 9 120kn/sem. Longue liste d'attente !

VELI RAT (DUGI OTOK) (021) 390 609
www.lighthouses-croatia.com

ŠIBENIK ET LA KRKA

Medulić Palace

Idéalement situé en plein centre, ce petit hôtel loue 8 chambres simples, dont la décoration mêle pierre et bois et communicantes pour certaines – une avec terrasse. Double env. 550kn.

ŠIBENIK (plan 12, B2 n°20) Ivana Pribislavica 4
098 938 3213 www.medulicpalace.com

La Konoba

Maaike, Néerlandaise d'origine, propose un studio et deux appartements nichés dans la vieille ville. Vous y trouverez tout le confort moderne, allié à la fraîcheur de la pierre apparente et au bon goût de votre logeuse : parquet, napperons, meubles anciens... Double 500-700kn, petit déj. 70kn.

ŠIBENIK (plan 12, B3 n°21) Andrije Kačića 8
091 601 9789 www.bbdalmatia.com

Hotel Skradinski Buk

La proximité de l'entrée du parc de la Krka est son principal atout. Ses 25 chambres sont confortables mais tristounettes. Préférez celles du dernier étage. Double 650kn. Parking 22kn.

SKRADIN Burinovac bb (022) 771 771
www.skradinskibuk.hr

LE CENTRE ET LE SUD DE LA DALMATIE

SPLIT

Goli & Bosi

Une auberge de jeunesse idéalement proche de la Riva. Couleurs pop et ambiance conviviale au programme. Chambres de 4 ou 6 lits au premier étage (250kn/pers.) et chambres doubles au second (à partir de 700kn). Sanitaires et wifi dans toutes.

SPLIT (plan 15, B3 n°40) Morpurgova poljana 2
(021) 510 999 www.golibosi.eu

Hotel Slavija

Dans une ruelle du palais envahie l'été par les terrasses des bars de nuit, la façade de pierre de cet hôtel dissimule une jolie réception et 25 chambres d'un bon standing. Double à partir de 1 300kn.

SPLIT (plan 15, B3 n°41) Buvinina 2
(021) 323 840 www.hotelslavija.hr

Hotel Park

Non loin de la baie de Bačvice, à 10min à pied du centre historique, cette belle villa des années 1920 est de loin le meilleur établissement de sa catégorie. Outre l'excellent confort de ses 65 chambres et 7 suites, on appréciera l'élégance de la terrasse sous les palmiers et le luxueux buffet du petit déjeuner. Double à partir de 1 450kn.

SPLIT (plan 14, B1 n°20) Hatzeov perivoj 3
(021) 406 400 www.hotelpark-split.hr

Jupiter Luxury Hotel

Un luxueux boutique-hôtel niché au cœur du palais de Dioclétien. Par contraste, le style est délibérément contemporain : murs blancs. baignoires à remous... Le rooftop agrémenté d'un jacuzzi décidera les plus difficiles ! Double à partir de 1 400kn.

SPLIT (plan 15, C3 n°42) Grabovčeva širina 1
(021) 786 500 www.lhjupiter.com

TROGIR

Klaudija

À deux pas de la vieille ville, une pension familiale qui propose 3 appartements et 4 chambres doubles très spacieuses et confortables (clim., wifi, réfrigérateur, TV sat.), ainsi qu'une grande terrasse commune. Double 265-550kn, appartement 350-650kn, petit déj. 65kn. Les propriétaires proposent aussi un service de blanchisserie et des sorties en mer.

TROGIR Tina Ujevića 1a (021) 881 183 klaudijatrogir.com Mars-nov.

Apartmani Trogir ☺☺

Une pension aux allures d'hôtel, bénéficiant d'un accueil familial et d'un rapport qualité-prix imbattable : chambres et appartements 350-600kn avec parking, clim., TV sat., wifi, kitchenette, et balcon.

TROGIR K.A. Stepinca 78a (021) 884 687 www.apartmani-trogir.com

Vila Sikaa ☺☺☺

Sur le quai de Čiovo, face à la vieille ville, un bâtiment classé abrite les 10 chambres, magnifiques (meubles vernissés, parquet...) de cette superbe adresse. Préférez celles donnant sur le jardin : le côté quai peut être bruyant. Location de scooters. Double 620-1 100kn. À réserver longtemps à l'avance !

TROGIR Obala kralja Zvonimira 13 (021) 798 240 www.vila-sikaa-r.com

MAKARSKA ET SA RIVIERA

Hotel Biokovo ☺☺☺

L'hôtel Biokovo jouit d'une situation idéale sur le quai principal de Makarska. Ses 55 chambres et 1 suite sont d'un excellent confort, et celles qui donnent sur la mer particulièrement agréables. Café, restaurant et pizzeria au rdc. À partir de 800kn la double en haute saison. Réduction de 20% au-delà de 3 nuits.

MAKARSKA Obala kralja Tomislava 14 (021) 615 244 hotelbiokovo.com-book.com

Bluesun Hotels ☺☺

Marina (3-étoiles), Berulia (4-étoiles), Maestral (3-étoiles) et Soline (3-étoiles) : les 4 hôtels de Brela sont gérés par la même société hôtelière, Bluesun. Il s'agit de grands immeubles sans âme des années 1970-1980, mais dotés de tout le confort (piscines, restaurants, centres de fitness...) et abrités dans les pinèdes du bord de mer.

BRELA Centrale de rés. (01) 38 44 288 www.bluesunhotels.com

Boutique Hotel Marco Polo ☺☺☺

Sur le port de Gradac, une terrasse, une grande véranda, un jardin d'hiver, un salon avec cheminée et coin bibliothèque... Ce petit hôtel aux 25 chambres et suites impeccables est le gage d'un séjour relaxant en toute saison ! Vivement conseillé également pour son restaurant, où les amateurs de sucré-salé pourront goûter les calamars au *prošek*. Double de 765 à 1 600kn selon le confort en haute saison. Réduction de plus de 40% en hiver.

GRADAC Obala 15 Zaostrog (021) 695 060 www.hotel-marcopolo.com

Villa Marija ☺☺☺

Un 4-étoiles de 30 chambres idéalement situé à l'entrée de Tučepi. Chambres agréables et confortables, salles de bains spacieuses, balcons, clim., réfrigérateur, etc. Petit parking et service prévenant. Comptez 1 200kn la double en haute saison.

TUČEPI Donji Ratac 24 (021) 695 000 www.hotelvillamarija.com

L'ÎLE DE BRAČ

Villa Adriatica ☺☺☺

Ce petit hôtel récent dispose de 24 chambres lumineuses et claires (4 avec vue sur mer) mais pas très grandes. Une agréable cour sous les palmiers, une petite piscine et le franc sourire des gérants complètent cette belle adresse. Double 650-1 400kn avec petit déj.

SUPETAR Put Vele Luke 31 (021) 755 011
www.villaadriatica.com

Villa Daniela ☺☺☺

Juste à côté du port, un petit hôtel un peu vieillot mais bien équipé. Les chambres sont fonctionnelles et l'établissement dispose même d'une (petite) piscine et d'une (petite) salle de fitness. Double 670-970kn avec petit déj.

BOL Domovinskog rata 54 (021) 635 959
www.villadaniela.com

Villa Giardino Heritage Boutique Hotel ☺☺☺

Une jolie villa du 19e s. située dans une ruelle au-dessus du port. Ses 10 chambres cosy sont meublées d'antiquités. Ajoutez-y deux grands jardins fleuris, de gros chats ronronnants et des petits déjeuners prolongés sous la treille, et vous obtenez une pension aussi douillette qu'élégante ! Double 800-875kn. Pas de CB.

BOL Novi Put 2 (021) 635 900
villagiardinobol.com Avr.-oct.

L'ÎLE DE HVAR

L'été, entre VIP descendus de leur yacht et hordes de touristes débarqués de leur ferry, la ville de Hvar sature ! Mieux vaut séjourner à Stari Grad, à 20km de là. Loger chez l'habitant (*sobe*) y revient bien moins cher, et vous pourrez explorer facilement tout l'ouest de l'île.

Hvar Out Hostel ☺

Confort moderne à deux pas de la mer et prestations de qualité : cette auberge de jeunesse séduira les petits budgets. Chambres doubles et dortoirs de 6 lits, cuisine commune, connexion wifi, clim. De 120 à 180kn/pers.

HVAR-VILLE Kroz Burak 32 (021) 717 375
hvarouthostel@gmail.com

Chambres chez Mira Barbarić ☺

Dans le paisible quartier de Križa, juste au-dessus du monastère franciscain, 4 appartements et 1 double confortable. Demandez si possible le côté mer, pour la luminosité et les balcons fleuris. La propriétaire, francophone et charmante, pourra vous donner une foule de renseignements sur l'île. Double 300-450kn.

HVAR-VILLE Ambroza Barišića 7 Kriźa
091 503 5020 Avr.-oct.

Villas Meneghello ☺☺☺

L'une des pensions les plus originales de Croatie ! Installée à Palmižana, au milieu d'un jardin botanique dominant des eaux cristallines, elle consiste en une douzaine de ravissantes petites maisons indépendantes pour 2 à 7 pers. Locations pour 3 nuits minimum, à réserver très longtemps à l'avance ! Environ 1 340kn pour 2 pers., repas 200kn.

PALMIŽANA (PAKLENI) Accès en bateau-taxi du port de Hvar, ou avec celui de la pension
099 457 8345 www.palmizana.com
Avr.-nov.

L'ÎLE DE VIS

Komiža provita ☺☺

Une ravissante pension familiale qui donne sur les quai de Komiža, en bord de mer. Avec chaleur et enthousiasme, Mira Prohaska accueille ses visiteurs dans son petit monde, une cour et trois étages où se succèdent chambres et studios, une cuisine commune et enfin, au sommet, une terrasse. Double 470kn.

KOMIŽA Obala pape Aleksandra III 5
(021) 713 463 provita-komiza.com

Hotel San Giorgio ☺☺☺

Blotti dans une ruelle de Kut, ce petit établissement familial propose une dizaine de chambres colorées, à la déco individualisée, et dont le prix dépend de la taille et du standing. Les plus luxueuses sont dotées d'un jacuzzi et d'une terrasse. Restaurant (le Boccadoro) installé dans un charmant patio sous une voile de bateau. Double 1 080-1 720kn.

VIS-VILLE Petra Hektorovića 2
(021) 607 630 www.hotelsangiorgiovis.com

LA PRESQU'ÎLE DE PELJEŠAC

Hotel Ostrea ☺☺☺

Cette admirable maison en pierre du 19ᵉ s., campée en majesté sur les quais de Mali Ston, abrite une suite présidentielle et 13 chambres raffinées et climatisées, avec meubles anciens. Double 850-1 000kn avec petit déj.

MALI STON Obala A. Starčevića 9
(020) 754 555 www.ostrea.hr

Konoba Maris ☺

Une retraite hors des sentiers battus, installée dans un petit port authentique et une baie tranquille, idéale pour se baigner. Trois appartements (3-5 lits) avec clim., TV, wifi, lave-linge pour certains. Ceux situés au-dessus du restaurant (p.252) bénéficient d'une vue (sur mer) épatante. Appartement à partir de 300kn. Formules demi-pension et pension complète. Accueil chaleureux.

TRSTENIK Kraj 39 (020) 691 584
www.trstenikhouse.com

Aminess Grand Azur Hotel ☺☺

Un immeuble sans charme, mais les 185 chambres (avec ou sans balcon, avec ou sans vue mer) offrent tout le confort, et la piscine dans la verdure marque une transition parfaite avec la plage en contrebas. Double à partir de 600kn, supplément de 200kn/pers. en pension complète.

OREBIĆ Kralja Petra Krešimira IV 107
(052) 858 600 www.aminess.com

L'ÎLE DE KORČULA

Pansion Hajduk 1963 ☺

Un peu excentrée, cette pension familiale cumule les atouts. Outre une quinzaine de chambres parfaitement tenues, vous y trouverez un excellent accueil, une piscine et un grand jardin où vous seront servies, le soir venu, d'excellentes viandes cuites sous la cloche. Double 335kn avec petit déj., demi-pension 290kn/pers.

KORČULA-VILLE (hors plan 16 par A3)
Ulica 67, br. 6 Korčula (020) 711 267
www.hajduk1963.com

Apartments Karisima ☺☺

La famille Grbin vous propose, à moins de 150m du centre-ville de Korčula, 3 appartements bien équipés. Décoration à la fois basique, moderne et amusante. Double 610-690kn.

KORČULA-VILLE (hors plan 16 par A3)
Ulica 22 Lipnja 1941 bb (020) 715 394 ou 099 246 2547 igrbin.wixsite.com/karisima

Hotel Korčula De la Ville ☺☺☺

Restauré en 2015, le seul hôtel historique de la vieille ville est installé sur le quai ouest, dans un édifice du début du 20ᵉ s. à l'élégante façade et à la terrasse frangée de palmiers. Ses 20 chambres et appartements sont dotés d'un balcon sur le port. Double à partir de 1 200kn.

KORČULA-VILLE (plan 16, A2 n°40)
Obala dr. Franje Tuđmana 5 (020) 726 900
www.korcula-hotels.com

Pansion Bebić ❶
Cette confortable pension, perchée au-dessus de la mer, réunit 2 chambres doubles et une dizaine d'appartements (2-4 pers., clim., balcon). L'endroit est particulièrement convivial avec sa grande terrasse, sa salle de billard, ses kayaks à louer et son très bon accueil. Double 250-450kn, appartement 370-500kn. Demi-pension et pension complètes possibles.

LUMBARDA Lumbarda 240 ☎ (020) 712 505 www.bebic.hr ◷ Avr.-oct.

Hotel Korkyra ❷
Installé sur le front de mer de Vela Luka, cet établissement de luxe a été rénové dans un style épuré. Très belles chambres avec parquet et salles de bains élégantes. Piscine (modeste), spa, salle de sport et restaurant réputé. Double 400-1 000kn. Parking 75kn.

VELA LUKA Obala 3 br. 21 ☎ (020) 601 000 www.hotel-korkyra.com

DUBROVNIK

De juin à septembre, la ville déborde de touristes et les prix de certains hôtels peuvent ripler ! Mieux vaut éviter tout particulièrement la période du Festival d'été (début juillet-fin août). Vous trouverez des hébergements plus accessibles à Gruž, Lapad ou Mlini.

Villa Gloria ❷
Cette demeure des hauteurs de Ploče abrite 2 chambres d'hôtes et 7 petits appartements (2-4 pers.), clairs, soignés et bien équipés. Petite piscine. Accueil charmant. Seul point délicat : la centaine de marches à monter de la ruelle d'accès. Double 550kn, studio 660kn, petit déj. 22kn.

DUBROVNIK (plan 17, B1 n°34) Iva Racica 3 ☎ 091 530 2799 www.villa-gloria.com ◷ Avr.-oct.

House Boninovo ❸
Postée à égale distance de la ville close et des plages, face à un arrêt de bus, la pension Boninovo dévoile 4 chambres spacieuses pourvues de tout le confort (clim., TV sat.). Belle tonnelle couverte de vigne pour le petit déjeuner. Bémol : cette jolie maison est longée par deux rues passantes. Double 750kn.

DUBROVNIK (plan 17, B2 n°32) Branitelja Dubrovnika 54 ☎ (020) 412 787 www.houseboninovo.net

Hotel Stari Grad ❸
Ce petit boutique-hôtel 5 étoiles de 8 chambres occupe l'ancienne demeure des comtes Drašković, à l'intérieur des remparts. La coquette terrasse sur le toit, meublée de fauteuils en rotin, offre un panorama bluffant de Dubrovnik. Double 2 890kn. Un conseil : réservez tôt.

DUBROVNIK (plan 18, A2 n°40) Od Sigurate 4 ☎ (020) 322 244 ou 098 534 819 www.hotelstarigrad.com

Villa Dubrovnik ❸
À 10min à pied à l'est de la porte Ploče, la Villa Dubrovnik est un édifice moderne construit sur un rocher au-dessus de la mer. Elle propose 56 chambres et les prestations d'un 5-étoiles : restaurant et bar, avec belles terrasses dominant la mer, piscine, plage privée et spa. Double à partir de 3 740kn.

DUBROVNIK (plan 17, B1 n°33) Vlaha Bukovca 6 ☎ (020) 500 300 www.villa-dubrovnik.hr ◷ Mi-mars-nov.

Hotel Lapad ❸
Un peu isolé sur la rive méridionale du port de Gruž, à env. 3km du centre historique, ce vaste hôtel loue

157 chambres et 6 suites réparties entre un élégant bâtiment du début du 20e s. et un autre, plus récent. Avec sa piscine découverte et ses palmiers, l'ensemble ne manque pas d'allure. À partir de 1 600kn la chambre double.

DUBROVNIK (plan 17, A3 n°30) Lapadska obala 37 (020) 455 555 www.hotel-lapad.hr Mars-oct.

Hotel Supetar ☺☺☺

Dans une belle demeure en pierre donnant sur le vieux port de Cavtat, 28 chambres (8 avec vue sur les flots), un restaurant en terrasse et un jardin fleuri où il fait bon paresser. Double 1 200kn.

CAVTAT Obala Dr. Ante Starčevića 27 (020) 479 833 www.adriaticluxuryhotels.com Avr.-nov.

L'ÎLE DE MLJET

Pansion Mljet ☺

Petite adresse mais grand coup de cœur ! Nichée dans un jardin fleuri, flanquée d'une pergola recouverte par la vigne, elle domine la mer toute proche. Ses 8 chambres impeccables avec balcon bénéficient d'une cuisine commune, et d'un calme olympien. Double 300kn. Possibilité de demi-pension.

POLAČE Polače 46 (020) 744 162 www.pansion-mljet.com

Pansion Matana ☺☺

L'accueil chaleureux fait que l'on se sent vite comme chez soi dans cette pension familiale de Pomena qui domine le port. Elle dispose de 5 appartements (2-5 pers.) et de 2 chambres plus modestes. Double avec petit déj. et appartement 440-550kn. Connexion wifi.

POMENA Pomena 10 (020) 744 066 ou 098 573 099 www.croatia-mljet-apartment.com Tlj.

Hotel Odisej ☺☺

Bâti sur le port de Pomena, l'unique hôtel de l'île propose 155 chambres doubles et 2 appartements pour 4 pers. d'un bon confort. Restaurant, excursions. Double 500-890kn, appartement 1 450-2 500kn. Attention, les prix affichés sont curieusement beaucoup plus élevés, payez d'avance le prix annoncé et vous dormirez plus tranquille !

POMENA (020) 362 111 www.adriaticluxuryhotels.com Avr.-oct.

Stermasi ☺☺

Neuf appartements et une chambre avec clim., sans prestations exceptionnelles, mais le site naturel justifie le prix, avec une vue incroyable sur deux îlots sauvages et les Élaphites. Double 485-560kn.

SAPLUNARA Saplunara 2 098 939 0362 www.stermasi.hr Avr.-oct. : tlj. 8h-23h

PREMIERS CONTACTS

Oui Da
Non Ne
Bienvenue Dobrodošli
Bonjour Dobar dan
Bonsoir Dobra večer
Bonne nuit Laku noć
Salut ! Bog !
Au revoir Doviđenja
Merci (beaucoup) Hvala (lijepo)
S'il vous/te plaît Molim vas/te
Pardon Oprostite
Bon appétit Dobar tek
Santé ! Živjeli !
D'accord U redu
Je ne comprends pas Ne razumijem
Je ne parle pas le croate Ne govorim hrvatski

COMPTER

Zéro Nula
Un Jedan
Deux Dva
Trois Tri
Quatre Četiri
Cinq Pet
Six Šest
Sept Sedam
Huit Osam
Neuf Devet
Dix Deset
Onze Jedanaest
Douze Dvanaest
Treize Trinaest
Vingt Dvadeset
Vingt et un Dvadeset i jedan
Trente Trideset
Quarante Četrdeset
Cinquante Pedeset
Cent Sto
Deux cents Dvjesto
Mille Tisuća

TEMPORALITÉ

Jour Dan
Nuit Noć
Matin Jutro
Midi Podne
Après-midi Popodne
Soir Večer
Aujourd'hui Danas
Maintenant Sada
Hier Jučer
Demain Sutra
Tôt Rano
Tard Kasno
Semaine Tjedan
Week-end Vikend
Lundi Ponedjeljak
Mardi Utorak
Mercredi Srijeda
Jeudi Četvrtak
Vendredi Petak
Samedi Subota
Dimanche Nedelja

SE DÉPLACER

Nord Sjever
Sud Jug
Est Istok
Ouest Zapad
Où est ? Gdje je ?
Est-ce la direction pour... ? Je li ovo smjer za... ?
Près Blizu
Loin Daleko
À gauche Lijevo
À droite Desno
Tout droit Ravno
Place Trg
Rue Ulica
Route Cesta
Autoroute Autocesta
Carrefour Raskršće
Rond-point Kružni tok
Pont Most
Promenade Šetalište

TRANSPORTS

Train Vlak
Autobus/car Autobus
Voiture Auto(mobil)
Avion Avion
Bateau Brod

Ferry Trajekt
Gare Željeznički kolodvor
Gare routière Autobusni kolodvor
Parking Parkiralište
Aéroport Zracna luka
Port Luka
Station-service Benzinska crpka
Arrivée Dolazak
Départ Odlazak/Polazak
Billet Karta
Aller-retour Odlazak-dolazak
Première/seconde classe Prvi/drugi razred
Couchette Kušet
Bagages Prtjaga, koferi
Consigne Garderoba

EN VISITE

Ouvert/e Otvoren/o/a
Fermé/e Zatvoren/o/a
Horaires Radno vrijeme/red vožnje/vozni red
Cathédrale Katedrala
Château Dvorac
Église Crkva
Forteresse Tvrđava
Hôtel de ville Gradska vijećnica
Île Otok
Lac Jezero
Monastère Samostan
Montagne Brdo/Planina
Monument Spomenik
Musée Muzej
Office de tourisme Turistički ured
Palais Palača
Plage Plaža
Théâtre Kazalište
Tour Toranj/Kula
Village Selo
Ville Grad

SERVICES ET URGENCES

Banque Banka
Carte de crédit (Kreditna) kartica
Poste Pošta
Police Policija
Pompiers Vatrogasci
Hôpital Bolnica/klinički centar
Pharmacie Ljekarna
Médecin Liječnik/Doktor
Dentiste Zubar/Stomatolog
Urgences Hitna pomoć
Je suis malade Bolestan/sna sam
Au secours ! U pomoć !

SHOPPING

Où puis-je acheter... ? Gdje mogu kupiti... ?
Marché Tržnica/Pazar/Pijaca
Supermarché Robna kuća
Boulangerie Pekarnica
Poissonnerie Ribarnica
Boucherie Mesnica
Magasin Trgovina/dućan/prodavaonica
Librairie Knjižara
Prix Cijena
Combien coûte... ? Koliko košta/pošto je... ?
C'est trop cher To je preskupo
Payer Platiti
Puis-je payer en euros ? Mogu li platiti u eurina ?
Prenez-vous les cartes de crédit ? Primate li kreditne kartice ?
Distributeur de billets Bankomat

PRONONCIATION

c se prononce "ts" (ex. Plitvice : Plitvitsè)
č "tch" (ex. Učka : Outchka)
ć "tch" légèrement plus doux (ex. noć : notch)
đ "dj" (ex. Đakovo : Djakovo)
e "è"
g "gu" (ex. gitara : guitara)
h comme la jota espagnole (ex. Hvar : Rvar)
j "y" (ex. Mljet : Mlièt ; Pelješac : Pelyechats)
nj "gn" (ex. Senj : Sègn)
r entre deux consonnes "eur" (ex. Krk : Keurk)
š "ch" (ex. kaštel : kachtèl)
u "ou"
ž "j" (ex. Varaždin : Varajdin)

HÉBERGEMENT

Hôtel Hotel
Camping Auto Kamp /auto camp
Auberge de jeunesse Omladinski Hostel
Agrotourisme Agroturizam
Appartement Apartman
Chambre Soba
– simple Jednokrevetna soba
– double Dvokrevetna soba
Avec vue sur mer Ss pogledom na more
Avec salle de bains Ss kupaonicom
Lit Krevet
Tente Šator
Avez-vous une chambre libre ? Imate li jednu slobodnu sobu ?
Baignoire Kada
Douche Tuš
Toilettes Klozet/wc/toalet
Terrasse Terasa
Balcon Balkon
Air conditionné Klimatizacija
Draps Plahte
Couverture Deke/pokrivači
Petit déjeuner Doručak
B&B (nuit + petit déj.) Noćenje i doručak
Demi-pension Polupansion
Pension complête Puni pansion
Taxe de séjour Boravišna pristojba
Réductions Sniženja

AU RESTAURANT

Avez-vous une table ? Imate li stol ?
Petit déjeuner Doručak
Déjeuner Ručak
Dîner Večera
Menu Menu
Carte Jelovnik
Assiette Tanjur
Verre Čaša
Couverts Prostirak
Couteau Nož
Fourchette Vilica
Cuiller Žlica
Serviette Ubrus
Œuf Jaje
Jambon Šunka
Salade Salata
Sandwich Sendvič
Poisson Riba
Viande Meso
Légumes Povrće
Dessert Desert
Fruit Voće
Gâteau Kolač
Glace Sladoled
Beurre Maslac, putar
Huile Ulje
Vinaigre Ocat
Poivre Papar
Sel Sol
Pain Kruh
Eau Voda
Vin (blanc, rouge, rosé) Vino (bijelo, crno, crverno)
Bière Pivo
Café (au lait) Kava (s mlijekom)
Chocolat Čokolada
Jus de fruits Voćni sok
Lait Mlijeko
Thé Čaj
Addition Račun
Pourboire Napojnica

LIRE UN MENU

ENTRÉES
Burek (sa sirom/sa mesom) Feuilletés (au fromage/à la viande)
Juha Soupe
Kajgana
Kozji sir Fromage de chèvre
Kulen Saucisse sèche au paprika
Ovčji sir Fromage de brebis
Pašteta Pâté
Pršut Jambon fumé
Rižoto Risotto
Salata od hobotnice Salade de poulpe
Salata od plodova mora Salade de fruits de mer
Zelena Salata Salade verte

POISSON ET FRUITS DE MER
Bakalar Morue
Brudet Soupe de poisson
Crni rižot Risotto à l'encre de seiche

Dagnje/mušule Moules
Fiš paprikaš Poisson en sauce au paprika
Gregada Bouillabaisse
Hobotnica Poulpe
Jastog Homard
Kamenice/ostrige Huîtres
Kućie/vongole Palourdes
Lignje Calamars
Ribice Friture de petits poissons
Srdele Sardines
Škampi Langoustines
Školjke Coques
Vongole/kućice Palourdes
Žablji kraci Cuisses de grenouille

VIANDE
Čevapčići Boulettes de viande
Divljač Gibier
Govedina Bœuf
Gulaš Goulasch
Janjetina Agneau
Kobasice Saucisses
Kunić Lapin
Miješano meso Assortiment de viandes grillées
Pašticada Bœuf mariné
Pečeno meso Viande grillée
Perad Volaille
Piletina Poulet
Pura, purica Dinde
Ražnjići Brochettes
Svinjetina Porc
Teletina Veau

MODES DE CUISSON
Dobro pečen Bien cuit
Ispod peke/pod peka Cuit sous la cloche
Krvav Saignant
Kuhano Bouilli
Na žaru Grillé
Pečeno Au four
Pohano Pané
Prženo Frit

ACCOMPAGNEMENTS
Ajvar Purée de poivrons
Blitva Blette
Gljive Champignons
Grah Haricots secs
Karfiol Chou-fleur
Krumpir Pomme de terre
Kupus Chou
Mahune Haricots verts
Mlinci Pâtes
Mrkva Carottes
Njoki Gnocchis
Paprika Poivron
Paradajz/pomadora/rajčica Tomate
Patlidžan Aubergine
Pomfrit Frites
Riža Riz
Špinat Épinards
Štrukle Gros ravioli au fromage
Tartufi Truffes

DESSERTS
Breskva Pêche
Dinja Melon
Fritule Petit beignet croustillant
Grožđe Raisin
Jabuka Pomme
Jagoda Fraise
Krafna Beignets
Kremšnita Sorte de millefeuille
Kruška Poire
Lubenica Pastèque
Marelica Abricot
Naranča Orange
Palačinke Crêpes
Rožata Crème aux œufs
Šlag Crème Chantilly
Smokva Figue
Torta Gâteau

A-B

C

D-E

G

H

I

J

K

NOTES

Crédits photographiques

ILLUSTRATION RÉALISÉE EN PARTENARIAT AVEC hemis-Fr

Couverture © Franck Charton / hemis.fr **4e** - © Jacques Sierpinski / hemis.fr
3 - © Jon Arnold Images/ hemis.fr **4** - haut à gauche © Tuul et Bruno Morandi / hemis.fr, haut à droite © Franck Guiziou / hemis.fr, bas à gauche © Minoli / Shutterstock, bas à droite © Bertrand Gardel / hemis.fr **6** - © Sylvain Sonnet / hemis.fr **10** - © OPIS Zagreb / Shutterstock **11** - haut © Bertrand Gardel / hemis.fr, bas © phant / Fotolia **12** - haut © imageBROKER/ hemis.fr, bas © maurosessanta - Fotolia **13** - © Tuul et Bruno Morandi / hemis.fr **14** - © Westend 61 / hemis.fr **15** - haut © Bertrand Gardel / hemis.fr, bas © Samantha Ohlsen / Alamy Stock Photo **16** - haut © Nolte Lourens, bas © Jaroslaw Janczuk / Fotolia **17** - © Franck Guiziou/ hemis.fr **19** - © Panther Media GmbH / Alamy / hemis.fr **20** - © Cool chap / Fotolia **23** - © Sinisa Botas / Fotolia **24** - © xbrchx / Shutterstock **27** - © Alen Ferina / Alamy / hemis.fr **28** - © Dave Z / Shutterstock **30** - © xbrchx / Shutterstock **32** - © Westend 61 / hemis.fr **34** - © Bertrand Gardel / hemis.fr **36** - haut © Nino Pavisic / Fotolia **40** - haut © Goran Jakus / Shutterstock, bas à gauche © xbrchx / Shutterstock, bas à droite © Dalibor Brlek / Alamy / hemis.fr **41** - haut © Miroslav Posavec / Shutterstock, bas © Bertrand Gardel / hemis.fr **42** - © DR **43** - © René Mattès / hemis.fr **45** - © Bertrand Gardel / hemis.fr **50** - © Tim E White / Alamy / hemis.fr **53** - © Robert Harding / hemis.fr **54** - © xbrchx / Shutterstock **57** - © Ilija Ascic / Shutterstock **58** - © Goran Šafarek / Alamy / hemis.fr **61** - © Nino Marcutti / Alamy / hemis.fr **62** - © Minoli / Shutterstock **64** - © Jean-François Mallet / hemis.fr **67** - © Yasemin Olgunoz Berber / Shutterstock **69** - © Maro Kouri - IML / hemis.fr **71** - © xbrchx / Shutterstock **72** - © Dario Bajurin / Alamy / hemis.fr **75** - © Anastasia Kamysheva / Shutterstock **77** - © imageBROKER/ hemis.fr **78** - © xbrchx / Shutterstock **81** - © xbrchx / Shutterstock **83** - © MaZvone / Alamy / hemis.fr **85** - © Richard Rajnai / Shutterstock **86** - © Intherayoflight / Shutterstock **89** - © Tuul et Bruno Morandi / hemis.fr **91** - © Blend Images / hemis.fr **92** - © René Mattès / hemis.fr **96** - haut © Irina Rogova / Shutterstock, bas à gauche © Viliam. M / Shutterstock, bas à droite © Aleksandar Todorovic / Shutterstock **97** - haut © Marcin Krzyzak / Shutterstock, bas © René Mattès / hemis.fr **99** - © LidiaLydia /Shutterstock **101** - © Tuul et Bruno Morandi / hemis.fr **105** - © Camille Moirenc / hemis.fr **107** - © imageBROKER/ hemis.fr **109** - © danilo ducak / Shutterstock **110** - © Zoonar GmbH / Alamy / hemis.fr **112** - © StockFood / hemis.fr **115** - © Kuttig - Travel / Alamy / hemis.fr **117** - © Martin Habluetzel / Alamy / hemis.fr **118** - © Jon Arnold Images / hemis.fr **121** - © imageBROKER/ hemis.fr **124** - © imageBROKER/ hemis.fr **127** - © Dalibor Brlek / Alamy / hemis.fr **128** - © Goran Šafarek / Alamy / hemis.fr **131** - © Peter Forsberg/People / Alamy / hemis.fr **133** - © Dalibor Brlek / Alamy / hemis.fr **136** - © Mykola59 / Shutterstock **138** - © p.forsberg / Alamy / hemis.fr **141** - © Valery Bareta / Alamy / hemis.fr **142** - © Nino Marcutti / Alamy / hemis.fr **145** - © Martin A. Doe / Alamy / hemis.fr **147** - © Funkyfood London - Paul Williams / Alamy / hemis.fr **148** - © Robert Zehetmayer / Alamy / hemis.fr **151** - © Image Source / hemis.fr **153** - © funkyfood London - Paul Williams / Alamy / hemis.fr **155** - © CHROMORANGE / Mueller / Alamy / hemis.fr **156** - © Ivan Coric / Alamy / hemis.fr **160** - haut © Jon Arnold Images/ hemis.fr, bas © Radoslaw Maciejewski / Shuttestock **161** - haut © Jon Arnold Images/ hemis.fr, bas © Bertrand Gardel / hemis.fr **163** - © Sergey Zuenok / Shutterstock **165** - © Franck Guiziou / hemis.fr **169** - © Jon Arnold Images/ hemis.fr **171** - © xbrchx / Shutterstock **172** - © Ivan Batinic / Alamy / hemis.fr **174** - © stina Kuptsevich / Shutterstock **177** - © Zoonar GmbH / Alamy / hemis.fr **179** - © StockFood / hemis.fr **181** - © Bertrand Gardel / hemis.fr **182** - © Goran Šafarek / Alamy / hemis.fr **185** - © Hervé Hugues / hemis.fr **187** - © xbrchx / Shutterstock **190** - © Tuul et Bruno Morandi / hemis.fr **192** - © All Canada Photos / Alamy / hemis.fr **195** - © Jean-François Mallet / hemis.fr **196** - © John Frumm / hemis.fr **200** - haut © Mrak.hr / Shutterstock, bas - © Jon Arnold Images/ hemis.fr **201** - haut © Bertrand Gardel / hemis.fr, bas © Richard Manin / hemis.fr **203** - © Denis Buble / Shutterstock **205** - © Bertrand Gardel / hemis.fr **206** - © piotrbb / Shutterstock **210** - © Franck Guiziou / hemis.fr **212** - © Peter Forsberg / Alamy / hemis.fr **214** - © Westend 61 / hemis.fr **217** - © Peter Forsberg / Alamy / hemis.fr **219** - © Blend Images / hemis.fr **221** - © Bertrand Gardel / hemis.fr **223** - © Jean-Daniel Sudres / hemis.fr **225** - © Panther Media GmbH / Alamy / hemis.fr **227** - © Jiri Hofman / Alamy Stock Photo **228** - © Radovancev Zarko / Shutterstock **231** - © Dalibor Brlek / Alamy / hemis.fr **232** - © Tuul et Bruno Morandi / hemis.fr **235** - © Jean-François Mallet / hemis.fr **237** - © Pascale et Bruno Boigontier / hemis.fr **238** - © Dalibor Brlek / Alamy / hemis.fr **240** - © Bertrand Gardel / hemis.fr **243** - © Ludovic Maisant / hemis.fr **245** - © CHROMORANGE / Mueller / Alamy / hemis.fr **246** - © Jean-Daniel Sudres / hemis.fr **249** - © Russ Bishop / Alamy / hemis.fr **250** - © Cultura / hemis.fr **253** - © Per Karlsson - BKWine.com / Alamy / hemis.fr **255** - © Tuul et Bruno Morandi / hemis.fr **258** - © Travelfile / Alamy / hemis.fr **261** - © Nino Marcutti / Alamy / hemis.fr **263** - © StockFood / hemis.fr **264** - © steven gillis hd9 imaging / Alamy / hemis.fr **267** - © Sylvain Sonnet / hemis.fr **272** - © Jon Arnold Images / hemis.fr **275** - © Pshenichka / Shutterstock **277** - © Alamy / hemis.fr **278** - © Robert Harding / hemis.fr **281** - © Bertrand Gardel / hemis.fr **283** - © Peter Forsberg / Alamy / hemis.fr **284** - © paul prescott / Alamy / hemis.fr **287** - © Jon Arnold Images/ hemis.fr **289** - © Nino Marcutti / Alamy / hemis.fr **291** - © Jon Arnold Images/ hemis.fr **292** - © Jean-François Mallet / hemis.fr **310** - © xbrchx / Fotolia **313** - © Robert Harding / hemis.fr **315** - © Alamy / hemis.fr **316** - © Jon Arnold Images/ hemis.fr **319** - © René Mattès / hemis.fr **320** - © Lefteris Papaulakis / Shutterstock **322** - © Bertrand Gardel / hemis.fr **325** - © Tuul et Bruno Morandi / hemis.fr **326** - © Tuul et Bruno Morandi / hemis.fr **329** - © Ludovic Maisant / hemis.fr **331** - © Philippe Body / hemis.fr **332** - © Jean-François Mallet / hemis.fr **334** - © Marcin Krzyzak / Shutterstock

Croatie

Auteurs Antoine Besse, François-Xavier Brabant

Et Laurent Boscq, Julien Collet, Miljenko Jurković, Kristijan Jusic, Élisabeth Mauris, Nicolas Peyroles, Julie Subtil, Giovanni Vale

Directrice éditoriale Hélène Firquet
Responsable éditoriale Christina Beckers
Édition Anne-Valérie Cadoret, avec Florence Lagrange-Leader
Responsable artistique Flora Monnin

Conception graphique Elhadi Yazi
Mise en page David Alazraki
Infographie Stéphane Jungers
Cartographie ÉdiCarto

Mise à jour Eva Greblo

Publicité Régie publicitaire KETIL Media 76, bd de la République 92100 Boulogne-Billancourt
Responsable de clientèle Vincent Buffin Tél. 01 78 90 11 40

Gallimard Loisirs 5, rue Gaston-Gallimard 75328 Paris Cedex 07
Tél. 01 49 54 42 00 contact@geo-guide.fr guides-gallimard.fr/geoguide-coups-de-coeur/
La collection GEOGuide a été créée en association entre Prisma Presse/GEO et Gallimard Loisirs

Numéro d'édition 368640 - ISBN 978-2-74-246214-8
Impression Lego (Italie) **Photogravure** Nord Compo (Villeneuve-d'Ascq)

Avis aux GEOVoyageurs Entre l'enquête effectuée sur le terrain et la parution du guide, et compte tenu de l'épidémie de Coronavirus (Covid-19), les établissements mentionnés peuvent avoir fermé et certaines informations s'être périmées. Renseignez-vous auprès des prestataires pour organiser vos déplacements et votre séjour et pensez à réserver. N'hésitez pas à nous faire part de vos commentaires et de vos corrections à : contact@geo-guide.fr !

PEFC
PEFC/18-31-280

Cartes

- Autoroute et 2x2 voies
- Route principale
- Route secondaire
- Autre route
- Zone urbaine
- Frontière
- Parc naturel
- Sommet
- Tunnel, col, défilé
- Liaison maritime
- Aéroport
- Plage
- Départ de randonnée

Profondeur (en mètres)
- Plus 200
- De 50 à 200
- Moins de 50

Altitude (en mètres)
- De 0 à 100
- De 100 à 200
- De 200 à 500
- De 500 à 1 000
- De 1 000 à 1 500
- Plus de 1 500

Plans

- Axe urbain
- Espace vert
- Cimetière
- Bâtiment
- Voie ferrée
- Site remarquable
- Office de tourisme
- Gare ferroviaire
- Gare routière
- Gare maritime
- Station de tramway
- Point de vue
- Parking
- Hôpital